Procédure civile en RDC
Explications pratiques

Tome I

- **Principales règles applicables en matière civile**
- **Règles propres à une instance au premier degré**

Collection « Études africaines »

dirigée par Denis Pryen et son équipe

Forte de plus de mille titres publiés à ce jour, la collection « Études africaines » fait peau neuve. Elle présentera toujours les essais généraux qui ont fait son succès, mais se déclinera désormais également par séries thématiques : droit, économie, politique, sociologie, etc.

Dernières parutions,

Joseph Tony DJUNGA, *L'entrepreneuriat en Afrique. En faire un choix*, 2021

Sandavoy Adamoh DJHELI YAHOT, *L'endettement international : mythe ou réalité en Afrique ?*, 2021.

Basile ANYIA ENYEGUE, *Cameroun : les renseignements généraux français dans la lutte contre l'insurrection armée en Sanaga-Maritime*, 2021.

Moustapha SOUMAHORO (dir.), *Aménagement, décentralisation et développement local en Afrique subsaharienne*, 2020

Maixant MEBIAME ZOMO & Ludovic MBA NDZENG (dir.), *Le travail anthropologique de Paulin Nguema-Obam, Dettes et critiques*, 2020.

Christian SCHOENAERS, *Trois hommes des Lumières à l'île de Gorée*, 2020.

Joseph Tony DJUNGA, *Et si on s'était tous trompé ? Repenser le développement de l'Afrique des leçons tirées de la pandémie du Coronavirus*, 2020

André LISONGOMI BATIBONDA, *Afromarché électoral. Heuristique des ambivalences des pratiques électorales en République Démocratique du Congo*, 2020

Samba DIOP, *La diaspora africaine en Norvège. Immigration et intégration en Europe*, 2020

Jacques N'TONI KIESSE

Procédure civile en RDC
Explications pratiques

Tome I

- Principales règles applicables en matière civile
- Règles propres à une instance au premier degré

Préface

Dieudonné KALUBA DIBWA
Professeur à l'Université de Kinshasa
Juge à la Cour constitutionnelle

Postface

Installation de la chambre provinciale des huissiers de justice du ressort de la Cour d'Appel de Kinshasa/Gombe prévue par la loi n° 16/011 du 15 juillet 2016 portant création, organisation de la profession d'huissier de justice.

L'Harmattan

5-7, rue de l'École-Polytechnique 75005 Paris

http://www.librairieharmattan.com

ISBN : 978-2-343-21166-4
EAN : 9782343211664

Autre publication su même auteur :

- Ouvrage en collaboration :
  Observatoire Congolais des Droits Humains (OCDH), Vade-mecum de prévention de la torture, Kinshasa, Ed. Observatoire, juin 2004, pp. 106.

SOMMAIRE

Préface

Je suis très honoré de préfacer le présent volume écrit par Maître J. N'TONI KIESSE lequel est, au juste, le premier tome de l'ouvrage intitulé « *Procédure civile : explications pratiques* ». Cet honneur me vaut la lourde tâche de lire en primeur un manuscrit dont l'utilité opératoire est grande pour les jeunes professionnels du droit dont je fus il y a quelques décennies.

En parcourant cet ouvrage, on se rend compte, d'une part, qu'il est assez original par rapport aux autres ouvrages abordant le même intitulé que l'on trouve sur le marché congolais du livre et, d'autre part, qu'il a été particulièrement écrit pour les avocats, profession à laquelle j'appartiens toujours, même si, depuis quelques temps j'en suis temporairement éloigné. J'ai donc été heureux d'y trouver beaucoup d'éléments tirés de la pratique du Barreau.

L'auteur développe dans les différents titres et chapitres les diverses règles de la procédure civile avec beaucoup de détails afin d'apporter des réponses aux questions pratiques liées à la profession d'avocat devant les cours et tribunaux. En effet, les avocats stagiaires y trouveront un manuel propice à leur apprentissage.

L'ouvrage est en soi subdivisé en deux parties. La première partie est consacrée aux principales règles applicables en matière civile et la seconde, aux règles propres à une instance au premier degré. Chaque partie comprend cinq titres. Chaque titre est enrichi, à la fin, par un résumé schématique. Certains points considérés comme importants ont fait l'objet d'un tableau illustratif dans le souci d'en donner une meilleure explication. C'est ce qui donne à cet ouvrage un aspect particulier. Pédagogique.

On y découvre, par exemple, l'origine de l'exploit d'A-venir et de celui de l'intervention en droit congolais ainsi que d'autres explications. Les lecteurs découvriront également les caractéristiques de la défense en justice expliquées avec certains détails, notamment le droit de se défendre personnellement et celui de se faire assister par un défenseur de son choix.

La preuve y est abordée par rapport aux articles 198 et suivants du Code civil Livre III qui sont les règles d'organisation en la matière et par rapport aux articles 29 à 60 du Code de procédure civile qui édictent les règles de son administration en justice.

Une attention particulière a été mise sur les mesures d'instruction ainsi que sur la mise en état (en procédure classique et en matière urgente) qui ne font l'objet d'aucune disposition légale particulière ni l'objet d'une doctrine abondante. Sur ces points, Maître J. N'TONI KIESSE mène une étude comparative de droit comparé avec le droit français. J'apprécie fort opportunément cet apport de la méthode comparative qui vient ainsi enrichir le texte et éclairer la pratique devant nos juridictions.

Contrairement à d'autres ouvrages de procédure civile, dans le présent volume, les frais de justice font l'objet d'un titre à part entière avec plusieurs chapitres. On y développe, sous forme de chapitre, le droit proportionnel et l'état de frais. Le dernier chapitre se termine par la liquidation de l'état de frais et du compte courant des parties au procès.

En définitive, ce volume devrait répondre au besoin de tous les avocats. Ils pourront certainement y trouver des réponses à leur préoccupation. J'encourage donc le jeune barreau de notre pays à emboiter le pas à l'auteur pour une recherche orientée vers la solution des problèmes pratiques de l'exercice quotidien de la profession, dans un cadre juridique qui se veut d'un Etat de droit. Celui-ci exige, comme tout le monde le sait, une bonne connaissance des lois et règlements dont l'application correcte passe inéluctablement par une pratique intelligente de la loi.

Il ne me reste qu'à souhaiter à tous les lecteurs, professionnels et profanes, une bonne lecture !

Fait à Kinshasa, le 24 août 2020.

Dieudonné KALUBA DIBWA
Professeur à l'Université de Kinshasa
Juge à la Cour constitutionnelle

Avertissement

Le présent volume est le premier tome de l'ouvrage intitulé « *Procédure civile : explications pratiques* » prévu en plusieurs tomes. Ce volume aborde essentiellement deux points, à savoir :

- les principales règles applicables en matière civile
- les règles propres à une instance au premier degré

Ce premier tome n'est pas un cours de droit de procédure civile pour être utilisé à l'enseignement. Il n'a pas été conçu pour les étudiants car, ceux-ci risquent de se perdre dans les explications des différentes procédures à cause des détails et du juridisme qui y sont développés. Cependant, il a été spécialement conçu pour les praticiens de droit, principalement pour les avocats. Toutefois, il reste également à la portée de toute personne qui maîtrise le droit de procédure civile congolais comme les magistrats.

L'objectif poursuivi par l'auteur lors de la rédaction du présent volume est de combler les insuffisances ou les faiblesses dans la connaissance de la procédure civile dont souffrent certains avocats en arrivant à la profession. S'étant inspiré des difficultés qu'il a rencontrées dans ses débuts lorsqu'il était encore stagiaire, l'auteur a voulu apporter des réponses aux questions qu'il s'est posé à l'époque. C'est pourquoi, il s'est fixé un seul objectif, celui d'expliquer la procédure civile congolaise dans ses moindres détails et d'aborder certains sujets que le code ne parle pas ainsi que ceux dont la majorité des doctrinaires éludent.

Donc, les lecteurs y trouveront des explications tirées de ce qui se fait à la barre ainsi que de beaucoup de juridisme tiré de la doctrine. Ce qui risque de lasser certains non-pratiquants dans la mesure où la plupart des thèmes abordés ici le sont dans un angle tout à fait professionnel.

Les lecteurs trouveront, en outre, dans ce volume un peu de droit comparé, principalement le droit de procédure civile français qui est à son apogée et qui a permis de mettre en exergue les failles du droit congolais.

Avant-propos

J'ai eu beaucoup de plaisir à écrire ce volume malgré le fait qu'il n'était pas évident de trouver le temps nécessaire. Mais, l'essentiel était avant tout de commencer sans trop m'attarder sur la date ou le jour de sa finition. Mon premier pas était de trouver les ouvrages de procédure civile congolaise intéressants et pertinents qui pouvaient m'aider. Parmi les nombreux ouvrages disponibles sur le marché, j'en ai trouvé que quatre (4) dont deux (2) écrits par des doctrinaires belges, à savoir : le droit de procédure du Congo Belge d'Antoine SOHIER (1955) et le droit judiciaire congolais d'Antoine RUBBENS (1978). Les deux (2) autres sont contemporains et écrits par des doctrinaires congolais, à savoir : la Procédure civile de MUKADI BONYI et KATUALA KABA KASHALA (1999) et le droit judiciaire privé de MATADI NENGA GAMANDA (2006). Alors que je clôturais le présent ouvrage, je suis tombé sur le dernier ouvrage de LUZOLO BAMBI LESSA intitulé « le traité de droit judiciaire » publié en 2018 que j'ai également trouvé intéressant. Il faut noter cependant que ce livre n'aborde pas, à titre principal la procédure civile, mais la justice dans son ensemble ainsi que ses institutions.

En les parcourant, je me suis rendu compte que c'était des ouvrages rédigés comme un cours, accessibles à tant aux étudiants qu'aux professionnels du droit. Je n'y ai pas trouvé de la pratique, sauf, peut-être, dans celui du professeur MATADI NENGA GAMANDA en quelques endroits, à qui je rends un vibrant hommage. Cependant, ces ouvrages n'abordent pas tous les sujets de ce qui se fait à la barre. Une idée m'est venue en tête, celle d'écrire un livre théorique avec beaucoup d'explications détaillées et des thèmes que certains auteurs n'abordent pas.

Fort de mon expérience de plus de quinze ans de profession dans le droit, je me suis décidé de me lancer sans savoir où cette aventure littéraire allait m'emmener. Celle-ci m'a conduit à relire beaucoup d'ouvrages et autres parmi lesquels mon ancien syllabus de procédure civile du professeur BAYONA ba MEYA, ce savant à qui je rends hommage en passant. Ce dernier a grandement marqué mon parcours universitaire.

J'ai lu également le nouveau code de procédure civile français que je ne connaissais pas. Ce NCPC français a été une source importante d'inspiration et d'émerveillement. En le lisant, je me suis rendu compte le droit congolais était loin d'être un droit de procédure civile moderne. Alors que ce droit français est mis régulièrement à jour pour s'adapter à la réalité de la société française, le nôtre vieux, de 59 ans n'a pas bougé d'un iota. Et, pourtant les réalités qui existaient au sein de la société congolaise lors de sa promulgation, ne sont plus d'actualité. Devant cette réalité que fait la commission de réforme du droit ? En parcourant le NCPC français, je me suis rendu compte que ce droit étranger a institué une procédure appelée la mise en état. Elle a le mérite d'empêcher aux avocats à faire du dilatoire. Je peux même dire sans être contredit que cette procédure de la mise en état a supprimé le dilatoire. Je me suis aussi rendu compte que la procédure de suspicion légitime est traitée différemment ici et en France.

En France, la suspicion légitime est examinée en chambre du conseil, en présence de ministère public et sans qu'il ne soit nécessaire d'appeler les parties. Malheureusement en RDC, cette même procédure est devenue une gangrène. Elle est engagée non selon l'objet que le législateur lui a assigné, mais uniquement pour créer un dilatoire. Il m'est même arrivé de voir dans une même affaire qu'une partie introduise deux fois la requête en suspicion légitime ayant le même objet. Chose qui ne peut être admissible en droit français.

Qu'on se comprenne ! Je ne dis pas que le droit de procédure civile congolais est mauvais. Loin de là, il est simplement vieux et inadapté aux réalités actuelles. Il doit être mis à jour selon un objectif prédéfini qui tient compte de l'évolution de la société congolaise et du droit dans le monde. J'en prends pour preuve le droit Ohada. Son introduction a bouleversé le droit de procédure civile par des principes nouveaux et non connus jadis. Ces nouveautés ont fait des victimes parmi les praticiens du droit, tant chez les avocats que chez les magistrats. On a vu en plein audience publique, certains sortir des hérésies à cause du manque de maitrise de certains principes Ohada qui sont désormais applicables devant toutes les juridictions congolaises, spécialisées ou non. Il faut noter cependant que ces nouveautés tirées de ce droit communautaire sont entrées en droit congolais non pas par la création du législateur, mais par l'accession de la RDC au sein de la communauté Ohada. Ce qui n'est pas une victoire pour le Congo dans la mesure où cela n'est pas le fait de son initiative. Pour qu'il le devienne, il a l'obligation de mettre le code de procédure civile à jour.

Regardez par exemple ! Il existe beaucoup procédures applicables depuis longtemps devant le premier juge congolais, mais qui ne sont pas instituées par la loi. Cependant, leur application est principalement fondée sur la doctrine. C'est ce qui me trouble dans la mesure où il n'appartient pas à la doctrine en tant que source du droit de créer une règle de droit, mais de l'expliquer, de la justifier ou de modifier son application, etc. Cependant, dans ce cas-ci, elle crée carrément la règle de droit alors que ce n'est pas son rôle. Il s'agit notamment de l'intervention volontaire ou forcée, des mesures d'instruction et de la mise en état.

S'agissant de l'intervention volontaire ou forcée ; actuellement, il n'existe que l'intervention devant la Cour de Cassation qui a été créée par la loi. Celle applicable devant les cours et tribunaux est la résultante de la doctrine ;

S'agissant des mesures d'instruction ; elles sont régulièrement utilisées au cours d'un procès, mais parfois n'importe comment. Leur régime juridique n'est pas connu. Ce qui laisse libre cours à leur interprétation qui varie selon le juge saisi ;

S'agissant de la mise en état ; on en parle souvent à la barre sans pourtant en connaitre les différentes étapes. Le droit français l'a organisé de manière à éviter les dilatoires des avocats.

Parmi ces anomies que la doctrine a consacrées, il y a lieu de citer aussi l'exploit A-venir et les principes directeurs.

S'agissant de l'A-venir ; ici à la RD Congo, il est tantôt dit avec ou sans sommation. Cet exploit n'existe plus en en droit français. Il a été remplacé par la mise en état. C'est une invitation à la plaidoirie à une date certaine pour une affaire qui était au rôle général ;

S'agissant des principes directeurs ; on en parle, mais on ne connait pas leur valeur juridique dans la procédure civile.

Il faut noter que si le législateur décide de mettre à jour du code de procédure civile, les avocats aussi devraient mettre leur code de déontologie à jour car, les deux sont liés. Par exemple, dans le souci de mettre fin au dilatoire, le code français oblige les avocats à transmettre au juge saisi, en version copie, toutes les conclusions et courriers échangés pendant la mise en état afin de lui permettre d'en apprécier l'évolution. Or, ce principe de communication des correspondances échangées entre avocats est interdit par la déontologie.

Il y a une autre chose qui m'a toujours troublé à savoir : le formalisme qui est reconnu aujourd'hui à la procédure civile congolaise. En remontant jusqu'aux travaux préparatoires qui ont abouti à la promulgation du décret du 7 mars 1960 portant code de procédure civile, ses auteurs affirment que la procédure civile congolaise n'est pas formaliste. L'absence de formalisme signifie qu'il ne devrait pas avoir de la rigueur dans la procédure civile. Mais, c'est le contraire qui est constaté dans la réalité. Comment en est-on arrivé là ? Sauf mauvais constat de ma part, je pense que cette erreur vient des différents doctrinaires congolais. En les lisant, ils affirment sans complexe que la procédure civile congolaise est formaliste. Ainsi, ce principe s'est répandu comme tel.

Au cours de mes recherches, je suis tombé de manière fortuite sur des textes de loi que je considère comme le trésor d'Ali baba. Je l'ai trouvé en Belgique. Il s'agit des trois (3) premiers bulletins du journal officiel congolais de 1886 organisant la procédure civile congolaise. A l'époque, on l'appelé « Bulletin officiel de l'Etat Indépendant du Congo ». Ils ont été publiés par la librairie du Roi dénommé « Librairie C. MUQUARDT ». J'ai pu constater en le lisant que contrairement à ce qu'affirment certains doctrinaires, le premier code de procédure civile ne fut pas promulguée par l'Administrateur Général, Sir Francis de WINTON, mais par Monsieur Camille JANSSEN, alors vice-Administrateur Général du Congo. J'en ai tiré une copie que je garde jalousement pour la postérité.

Il y a un autre évènement que je ne peux passer sous silence. Il est, peut-être, bénin pour certains, mais important pour moi. Je suis le premier avocat à introduire la première requête aux fins d'injonction de payer devant le Tribunal de Commerce de Kinshasa/Gombe. Le Traité OHADA est entrée en vigueur en RDC le 14 septembre 2014. Ma requête date de 17 novembre 2014. Celle-ci a été sanctionnée par l'ordonnance présidentielle n°0685/2014 du 11 décembre 2014 portant injonction de payer signée par le Président Robert SAFARI ZAHALIRWA. L'affaire fut enrôlée sous le numéro RPSRVE 001.

Kinshasa, le 21 novembre 2018.

Jacques N'TONI KIESSE

Principales abréviations

AUDCG	:	Acte Uniforme portant sur le Droit Commercial Général
AUM	:	Acte Uniforme relatif à la Médiation
AUSCGIE	:	Acte Uniforme relatif au Droit des Sociétés Commerciales et de Groupement d'Intérêt Economique
AUSPRVE	:	Acte Uniforme portant organisation des procédures simplifiées de recouvrement et des voies d'exécution
B.A.	:	Bulletin des arrêts de la Cour Suprême de Justice
CCJA	:	Cour Commune de Justice et d'Arbitrage
CCLI^{er}	:	Code civil livre premier
CCLIII	:	Code civil livre troisième
CDF	:	Code de la famille
CNO	:	Conseil national de l'Ordre des Avocats
Col.	:	Colonial. Ex. : Jur. col. : jurisprudence coloniale
CPC	:	Code de procédure civile
CPLII	:	Code pénale livre deux
CSJ	:	Cour Suprême de Justice
DGRAD	:	Direction générale des recettes administratives et domaniales
Elis.	:	Elisabethville (aujourd'hui Lubumbashi)
GUCE	:	Guichet unique de Création d'Entreprise
Inst.	:	Instance. Ex. : 1ère inst. : 1ère instance
Jur.	:	Jurisprudence
L'shi	:	Lubumbashi
Kin	:	Kinshasa
Léo	:	Léopoldville (aujourd'hui Kinshasa)
NCPC	:	Nouveau code de procédure civile
OHADA	:	Organisation pour l'Harmonisation en Afrique du Droit des Affaires

R. Const.	:	Registre constitutionnel
RC	:	Registre civil
RCJB	:	Revue Critique de Jurisprudence Belge
Rev. Jur.	:	Revue juridique
RJ	:	Revue de juridique du Congo Belge
RJAC	:	Revue juridique d'Afrique centrale
RJZ	:	Revue de jurisprudence du Zaïre
TPE	:	Tribunal pour enfants

INTRODUCTION

1. DE L'APERCU HISTORIQUE DE LA PROCEDURE CIVILE CONGOLAISE

Il existe plusieurs définitions de la procédure civile. Selon la doctrine congolaise, elle désigne « *L'ensemble des règles de droit qui sont imposées aux parties aux fins de soumettre à une juridiction leurs prétentions de droit civile et d'en soutenir le bien-fondé, et qui sont imposées aux juges pour s'éclairer sur les faits leur soumis et sur le droit qui s'y applique, afin de dire le droit et d'en déduire la décision conséquence* »[1].

Le code de procédure civile a été institué en RD Congo par l'ordonnance du 14 mai 1886 de Monsieur Camille JANSSEN, alors vice-Administrateur Général du Congo. C'est lui qui va remplacer le premier Administrateur Général, Sir Francis de WINTON, le 30 juillet 1886[2].

Cette ordonnance du 14 mai 1886 intitulée « *Procédure civile et commerciale* » a été approuvée par le décret royal de 12 novembre 1886 avec deux (2) autres textes, du 14 mai 1886 et du 25 juillet 1886[3] dont on ne peut passer sous silence à cause de leurs particularités.

S'agissant de l'ordonnance du 14 mai 1886 édictant le code de procédure civile et commerciale[4] ; la particularité de ce texte de 114 articles, est qu'il organise de manière sommaire les règles de la procédure civile et ne possède que quatre (4) titres. Elle prévoit certaines dispositions qui sont assez particulières par rapport à ce qui est connu aujourd'hui, notamment à :

- l'article 1er ; cet article donne la compétence du Tribunal de première instance du Bas-Congo de ne connaître que les contestations entre non-indigènes, l'Etat ou une administration publique ;
- l'article 3 ; celui-ci précise que le tribunal de première instance siège sans l'intervention de l'Officier du Ministère Public. Ce dernier n'intervient que s'il est la partie principale ;

---

[1] Antoine RUBBENS, Le droit judiciaire congolais [1978], TII, Kinshasa, PUC, 2005, n°4, p. 11.

[2] Bulletin officiel de l'Etat Indépendant du Congo, n°8, Librairie C. MUQUARDT (Librairie du Roi), 2ème année, 1886, pp. 131 et 132.

[3] Ibidem, n°11, pp. 188 à 189.

[4] Ibidem, n°6, pp. 89 à118.

- l'article 4 ; il dispose que les différends entre indigènes sont laissés à la compétence des chefs locaux ;
- l'article 12 ; cet article énonce du délai d'assignation. Il fixe un délai de huit (8) jours, augmenté d'un jour par trois (3) myriamètres[5] et de trois (3) mois pour ceux qui en dehors du territoire national ;
- l'article 15 ; il précise qu'une affaire peut, avec l'autorisation des parties, lorsqu'elles comparaissent volontairement, être jugée en premier et dernier ressort par le tribunal de première instance ;
- l'article 16 ; celui-ci stipule de la conciliation et précise que lorsque les parties sont des congolais, le juge devra les convoquer selon les usages locaux pour une palabre tenue d'après la coutume ;
- l'article 19, alinéa 2 ; cet article dispose que les affaires doivent être jugées sur-le-champ ou tout au plus à la première audience ;
- etc.

S'agissant de l'ordonnance du 14 mai 1886 intitulée « *Principes à suivre dans les décisions judiciaires* » [6] ; la particularité de texte de loi est qu'il ne comporte que trois (3) articles. Cette ordonnance organise les conditions de contestation civile et commerciale devant les juridictions congolaises et impose aux juges de rendre leurs décisions en s'inspirant des coutumes locales, des principes généraux de droit et de l'équité. Elle leur demande aussi au cas où, ils doivent appliquer la coutume locale avant de prendre toute décision de faire appel à des indigènes ou non-indigènes, choisis parmi les notables pour entendre leur avis.

S'agissant de l'ordonnance du 25 juillet 1886 intitulée « *Devoirs des interprètes, traducteurs, médecins ou experts* »[7] ; La particularité de cette loi est qu'elle ne compte que sept (7) articles. Elle fait d'une part, l'obligation à tous les non-indigènes à aider la Justice lorsqu'ils sont appelés comme interprète, traducteur, médecin ou expert et crée d'autre part, les conditions dans lesquelles ces derniers doivent le faire devant la barre.

---

[5] Ancienne mesure de l'époque correspondant à 10 km.

[6] Ibidem, n°11, pp. 189 à 190.

[7] Ibidem, n°11, pp. 190 à 192.

Comme dit plus haut, le code procédure civile a été introduit en RDC le 14 mai 1886. Il a été modifié et complété par plusieurs autres ordonnances notamment l'ordonnance du 05 décembre 1892, approuvée par le décret du 21 mars 1893 ; l'ordonnance du 29 mars 1906 approuvée par le décret du 31 août 1906 ; et enfin, l'ordonnance-loi du 23 juillet 1931 approuvée par le décret du 22 février 1932 et par plusieurs décrets notamment le décret du 31 janvier 1920, le décret du 13 juillet 1923, le décret du 20 décembre 1927, le décret du 24 décembre 1930, et décret du 25 juillet 1938 ; et l'arrêté du 8 mai 1899 et l'arrêté du 4 juin 1908 [8].

Ce code de procédure civile de 1886 est resté en vigueur jusqu'à la promulgation du décret du 7 mars 1960 du roi Baudouin 1er, souverain des Belges et du Congo portant code de procédure civile, lequel code est en application à ce jour.

Selon le rapport des travaux préparatoires de septembre 1959, en publiant ledit code, le législateur colonial a voulu combler des vides et apporter des innovations en s'inspirant du nouveau code de procédure français de l'époque, avec le souci de rendre la justice plus expéditive, tout en conservant à la procédure congolais la simplicité et l'absence de formalisme qui la caractérisent[9].

2. DES SOURCES DE LA PROCEDURE CIVILE CONGOLAISE

Les sources de la procédure congolaise sont nombreuses et classées en deux (2) catégories, à savoir : les sources directes de la règle de droit et les sources d'interprétation de la loi.

Les sources directes sont principalement : le traité, la loi, les principes généraux du droit, la coutume et les sources d'interprétation de la loi : la jurisprudence et la doctrine.

---

[8] Léon STROUVENS, Codes et lois du Congo Belge : textes annotés d'après les rapports du Conseil colonial, les instructions officielles et la jurisprudence des tribunaux, Léopoldville, Edition de guerre des codes Louwers et Editions des Codes et Lois du Congo Belge, 1943, pp. 207-220.

[9] Travaux préparatoires du décret du 7 mars 1960 portant code de procédure civile. Voir Pierre PIRON et Jacques DEVOS, Codes et Lois du Congo belge (Organisation administrative et judiciaire), Tome II, Bruxelles et Léopoldville, Maison Ferdinand Larcier SA Editeurs et Edition des Codes et Lois du Congo Belge, 1960, p. 23.

2.1. Des sources directes de la règle de droit

2.1.1. Du traité

L'article 215 de la Constitution dispose de la primauté de traité sur la norme interne. Elle l'énonce dans les termes suivant : « *Les traités et accords internationaux régulièrement conclus ont, dès leur publication, une autorité supérieure à celle des lois, sous réserve pour chaque traité ou accord, de son application par l'autre partie* ».

Parmi les traités importants que la RDC a signés, il y a lieu de citer ici le Traité OHADA étant donné qu'il introduit des nouveaux mécanismes de procédure civile devant le Tribunal de commerce. C'est la loi n°10/002 du 11 février 2010 autorisant l'adhésion de la RDC au Traité du 17 octobre 1993 relatif à l'harmonisation du droit des affaires en Afrique qui a permis à notre pays d'accès à cette communauté. L'acte d'adhésion a été déposé au Ministère des forces Armées du Sénégal, qui en est le pays dépositaire, le 13 juillet 2012 en lieu et place du Ministère des Affaires Etrangères du même pays.

Le Traité OHADA est entré en vigueur en République Démocratique du Congo, conformément à son alinéa 2 de l'article 52, deux (2) mois après la date de dépôt d'instruments de ratification, soit le 13 septembre 2012. Il a connu une période probatoire de deux (2) ans qui s'est terminée le 12 septembre 2014.

Les actes uniformes OHADA ont inauguré en RDC le principe de supranationalité des normes. Ce droit communautaire s'applique immédiatement et directement dans l'ordre juridique interne des Etats-parties sans aucune formalité particulière[10]. L'acte uniforme portant organisation des procédures simplifiées de recouvrement et de voies d'exécution[11] a introduit certaines règles nouvelles de procédure civile notamment : les injonctions de payer[12] et de délivrer ou de er restituer[13], la saisine d'office du juge[14], la saisine du juge par une déclaration écrite ou verbale[15], etc.

---

[10] Désiré-Casimir KOLONGELE EBERANDE, L'entrée en vigueur du droit OHADA en République Démocratique du Congo et ses conséquences sur l'ordre juridique, in : *Doc & Juris, revue de droit privé*, janvier-février-mars 2014, n°001, pp.11-22.

[11] AUPSRVE.

[12] Article 1er AUPSRVE.

[13] Article 19 AUPSRVE.

[14] Article 275 de l'AUPSRVE.

[15] Article 216 de l'AUPSRVE.

2.1.2. De la loi

2.1.2.1. De la notion de loi

La loi doit être prise dans son sens le plus large, c'est-à-dire il faut entendre par là, toutes les dispositions ayant un caractère général, impersonnel et obligatoire prises par les autorités publiques. Telle qu'énoncée la loi peut désigner aussi bien la loi au sens strict que les actes règlementaires. Il y a donc, lieu de distinguer la loi *stricto sensu* et les actes règlementaires.

2.1.2.2. De la distinction entre la loi stricto sensu et les actes règlementaires

La distinction entre la loi *stricto sensu* et les actes règlementaires peut être analysée sous deux (2) angles, à savoir : selon leur origine et selon leur domaine d'intervention.

S'agissant de la distinction entre la loi et les actes règlementaires selon leur origine ;

- la loi au sens strict est l'émanation du parlement, c'est-à-dire votée par le parlement et promulguée par le Président de la République.

  La loi apparait comme l'œuvre commune de l'Assemblée nationale et du Sénat. En principe, l'Assemblée nationale et le Sénat doivent se mettent d'accord pour l'adoption d'un texte unique. Il peut s'agir d'un texte d'initiative gouvernementale (projet de loi proposé par le Premier ministre) ou d'initiative parlementaire (proposition de loi). Il faut noter que parmi les lois, on distingue les lois ordinaires et les lois organiques.

  Notons que l'actuel code de procédure civile du 7 mars 1960 est une loi au sens large du terme, mais qui n'a pas été voté par le parlement car, conformément à l'article 7 de la Charte coloniale du 18 octobre 1908, c'est au Roi des Belges qu'était attribué le pouvoir législatif. Il l'exerçait par voie de décret, sur proposition du ministre des Colonies[16].

---

[16] Evariste BOSHAB et MATADI NENGA GAMANDA, Le statut de représentants du peuple dans les assemblées politiques délibérantes, Bruxelles, Academia-Bruylant, 2010, n°51, pp. 69-70.

- Les actes règlementaires sont des décisions du pouvoir exécutif et des autorités administratives. Cette notion désigne différents types de textes qui se situent à des différents niveaux, dans un ordre hiérarchique plus marqué que celui des lois et qui correspond en réalité aux hiérarchies internes que constitue l'autorité publique. Au premier rang se trouve les ordonnances du Président de la République (article 26 alinéa 2 de la Constitution), au second, les décrets du Premier ministre (article 92 alinéa 2 de la Constitution), au troisième et enfin, les arrêtés des ministres (article 93 alinéa 2 de la Constitution).

  Il faut signaler que le code de procédure civile du 7 mars 1960 n'est pas une loi au sens strict car, il n'est pas l'œuvre d'une assemblée nationale, soit-elle belge, mais plutôt un acte édicté par le Roi Baudouin 1er en tant que pouvoir législatif.

S'agissant de la distinction entre la loi et les actes règlementaires selon leur domaine d'intervention ;

- la loi fixe les règles ou déterminer les principes fondamentaux dans un domaine donné de son intervention. Selon l'article 153 *in fine* de la Constitution, c'est à la loi qu'incombe le devoir de déterminer l'organisation, le fonctionnement et les compétences des juridictions de l'ordre judiciaire, c'est-à-dire notamment, la loi de procédure civile, la loi organique n°13/011-B du 11 avril 2013 portant organisation, fonctionnement et compétences des juridictions de l'ordre judiciaire, la loi n°002-2001 du 3 juillet 2001 portant création, organisation et fonctionnement des tribunaux de commerce, la loi n°016-2002 du 16 octobre 2002 portant création, organisation et fonctionnement des tribunaux du travail, etc.

- en règle générale, les actes réglementaires édictent les modalités d'exécution des lois en déterminant les conditions de leur mise en œuvre. Bien que la Constitution ne le précise pas clairement, en lisant l'article précité de la Constitution, on peut comprendre assez aisément que le pouvoir constituant en confiant expressément aux lois la charge de fixer ou de déterminer les lois de procédures, a laissé aux règlements les domaines autres que ceux confiés à la loi.

2.1.3. Des principes généraux de droit

Les principes généraux de droit de la procédure civile congolaise appliqués devant les juridictions nationales sont ceux tirés du droit français et belge sous forme d'adage ou maxime. Il s'agit notamment, à titre illustratif, des adages suivants :

- «*Accessorium sequitur principale*» : L'accessoire sui t le principal ;
- «*Actor incumbit probatio*» : La preuve incombe au demandeur
- considéré comme né quand son intérêt est en cause ;
- « *Nemo auditur propriam turpitudinem allegans* » : Nul ne peut se prévaloir de sa propre turpitude ;
- « *In pari causa turpitudinis cessat repetitio* » : Lorsque les parties sont d'une égale turpitude, toute répétition est exclue ;
- « *Nemo cencetur ignorare legem* » : Nul n'est censé ignorer la loi ;
- « *Error communis facit jus* » : L'erreur commune fait le droit ;
- « *Fraus omnia corrompit* » : La fraude vicie tout ;
- « *Obscuri libelli* » : Le libellé est obscur ;
- « *Nul ne plaide par procureur* » : Personne ne peut se présenter en justice sans avoir la qualité ;
- « *Le juge de l'action est juge de l'exception* » : Le juge qui est compétent pour juger une action en justice est également compétent pour se prononcer sur l'exception qui lui est opposée, même si la question posée par l'exception devrait relever d'un autre juge ;
- « *Electa una via* » : Une voie (judiciaire) ayant été choisie, on ne peut en adopter une autre ;
- « *Specialia generalibus derogant* » : La loi spéciale déroge aux lois qui ont une portée générale.

2.1.4. De la coutume

La coutume est définie comme une « *Norme de droit objectif fondée sur une tradition populaire (consensus utentium) qui prête à une pratique constante, un caractère juridiquement contraignant* »[17]. De manière plus simpliste, on peut dire que la coutume est une pratique juridique qui présente un caractère habituel et qui s'impose en règle de droit.

La coutume est constituée selon certains auteurs de deux (2) éléments, à savoir :

---

[17] Gérard CORNU, Vocabulaire juridique, 9ème édition, Paris, PUF/Quadrige, Coll. Dicos Poche, 2011, p. 948.

- l'élément matériel : en tant que pratique juridique, la coutume doit être un usage ancien, constant, notoire et générale ;
- l'élément psychologique : la coutume doit être une conviction d'agir en vertu d'une règle obligatoire.

2.2. Des sources d'interprétations de la loi

Il existe deux (2) sources qui se fondent sur l'interprétation des lois. Ces sources sont : la jurisprudence et la doctrine.

2.2.1. De la jurisprudence

La jurisprudence représente l'« *Ensemble des décisions de justice rendues pendant une certaine période soit dans une matière (jurisprudence immobilière), soit dans une branche du droit (jurisprudence civile, fiscale, etc.), soit dans l'ensemble du Droit* »[18]. Certains auteurs pensent que cette définition ne suffit pas parce qu'elle est trop large et estiment que la jurisprudence doit être considérée comme une interprétation de la règle de droit admise par les juges. Ce courant considère également que les juges sont des créateurs de la règle de droit ou des « petits législateurs supplétifs ».

Pour étayer leur définition, ces auteurs partent du principe que la mission du juge est celle d'appliquer les lois. Cependant, s'il arrive que les cas soumis à ces derniers ne sont pas prévus par le législateur, (soit parce que le problème est nouveau, soit parce que personne ne les avait envisagé, soit parce que les textes ne sont pas clairs, etc.), le juge peut en se référant à la motivation des décisions de ses collègues, interpréter la loi par des diverses méthodes et créer une jurisprudence qui deviendra une règle de droit qui va s'imposer en tant que norme juridique. C'est pourquoi, selon eux la jurisprudence doit être considérée comme une interprétation de la règle de droit par les juges.

Notons qu'en RDC, la jurisprudence est abondamment répertoriée dans les bulletins des arrêts de l'ancienne Cour Suprême, dans certains codes annotés commentés par des doctrinaires ainsi que dans certains ouvrages qui leur est consacrés. En droit OHADA, la plupart de jurisprudences viennent encore des différents codes annotés rédigés par les doctrinaires appartenant à la grande communauté du même nom.

---

[18] Ibidem, p. 280.

2.2.2. De la doctrine

2.2.2.1. De la notion de la doctrine

La doctrine est l'« *Opinion des auteurs qui écrivent dans la domaine du droit* »[19]. On peut distinguer trois (3) types d'ouvrages d'où sont tirées les doctrines :

- les ouvrages généraux sont ceux consacrés en un ou plusieurs volume, des traités, les manuels et les précis ;
- les ouvrages spécialisés sont des thèses de doctorat ou autres destinés essentiellement aux praticiens ;
- les écrits ponctuels sont des articles, des études ou des chroniques, etc.

Notons que les principales doctrines sont tirées des ouvrages écrits par les professeurs de droit et autres universitaires, par les magistrats, les avocats, etc.

2.2.2.2. De la fonction de la doctrine

La doctrine joue principalement trois (3) rôles :

- un rôle pédagogique : par les commentaires des textes de loi, en les confrontant avec la réalité sociale ou en les rapprochant avec d'autres textes, les doctrinaires émettent des opinions édifiant qui ont un rôle pédagogique ;
- une aide apportée au législateur à la création de la règle de droit : par les interprétations et études, les doctrinaires critiquent les lois et dénoncent des défauts de la règle de droit afin que le législateur intervienne pour la modifier ou l'abroger par une autre meilleure ;
- une influence du législateur dans la création des projets de lois ou dans les propositions des lois : le législateur tient souvent compte des critiques des doctrinaires pour élaborer les projets de lois ou les propositions des lois.

[19] Raymond GUILLIEN et Jean VINCENT, Lexique des termes juridiques 2010, 17ème édition, Paris, Dalloz, 2009, p. 318.

3. DU CHAMP D'APPLICATION DE LA REGLE DE PROCEDURE CIVILE CONGOLAISE DANS LE TEMPS

Lorsque le code de procédure civile est entré en vigueur en mars 1960, les dispositions transitoires prévues à l'article 200 avaient déjà tranchées quant à son application dans le temps.

En effet, cet article dispose que « *Les règles antérieures relatives à la procédure civile reste d'application pour toutes les affaires dont les cours et tribunaux étaient régulièrement saisis au moment de l'entrée en vigueur du présent décret* ». Dans cette disposition, le législateur a limité la portée du principe d'application immédiate de la nouvelle règle de procédure civile aux seules affaires nées après l'entrée en vigueur du code. Il a voulu simplement éviter d'éventuels conflits de règles qui pouvaient germer entre les praticiens de droit pour les causes qui étaient pendantes.

De façon générale, il faut noter que les règles de procédure sont d'application immédiate lorsque la loi n'a pas prévue de disposition transitoire. Cela veut dire qu'elles s'appliquent sans exception à toutes les affaires en cours lorsqu'elles concernent les lois de compétence, de procédures et d'organisation judiciaire. Mais, elles ne s'appliquent pas lorsque le juge a déjà statué sur le fond de l'affaire en cours ou lorsqu'elles concernent la recevabilité d'une voie de recours ou de l'admissibilité de modes de preuve préconstituée[20].

Il en sera de même le jour où le législateur va intervenir soit pour modifier ou soit pour compléter le code de procédure civile. Les nouvelles règles de procédure seront également d'application immédiate sauf si les dispositions transitoires en disposent autrement.

4. DU CHAMP D'APPLICATION DE LA REGLE DE PROCEDURE CIVILE CONGOLAISE DANS L'ESPACE

En principe, la règle de procédure civile s'applique sur toute l'étendue du territoire national. Par territoire congolais, il faut entendre le territoire terrestre et maritime.

S'agissant du territoire terrestre, il est délimité par les frontières naturelles et artificielles. Il arrive des fois où les limites frontalières ne correspondent pas avec la réalité sur le terrain. A cause de cela, on ne sait pas quelle délimitation considérée. Il faut signaler dans ce cas que les

---

[20] Cédric TAHRI, Procédure civile, Paris, Ed. Bréal, coll. Lexifac droit, 2007, p. 16.

conflits de délimitation des frontières en Afrique sont réglés par le principe de l'*Uti possidetis juris*, c'est-à-dire que les Etats africains issus d'anciennes colonies doivent demeurer dans leurs limites administratives fixées par l'ancienne métropole lors de la conférence de Berlin de 1885.

Quant au territoire maritime, il est délimité par les eaux intérieures et la mer territoriale.

5. DES CRITQUES DU CODE DE PROCEDURE CIVILE CONGOLAISE

Lorsqu'on compare le nouveau code de procédure civile français à celui du Congo, on se rend compte assez facilement que celui-ci est largement lacunaire. Beaucoup doivent se poser la question de savoir : pourquoi cette comparaison ?

Pour bien comprendre son bien-fondé, il faut remonter jusqu'aux travaux préparatoires de 1959. Le législateur colonial précise dans ces travaux que le code « *S'inspire notamment du nouveau code de procédure français et des travaux de la commission belge de réforme de la procédure civile, avec le souci de rendre la justice plus expéditive, tout en conservant à la procédure congolaise la simplicité et l'absence de formalisme qui le caractérisent* »[21].

Cette citation révèle principalement trois (3) éléments dont il est intéressant d'analyser, notamment l'inspiration du droit français et les travaux de la commission belge de réforme ; la simplicité de la procédure civile ; et l'absence de formalisme.

5.1. De l'inspiration du droit français et des travaux de la commission belge de réforme

Il est certes vrai, le code de procédure civile congolais est d'inspiration française, mais l'ancien code de procédure civile français a lui-même connu plusieurs compléments et modifications depuis 1935 et a été profondément remanié au cours de quatre (4) dernières décennies. Du point de vue de son contenu, le code français donne les détails de toute la procédure civile et aborde certaines institutions qui n'existent pas en droit congolais comme la requête conjointe, le contredit, la conciliation et la médiation devant le juge, l'inscription en faux, etc. qui seraient très intéressant d'introduire en droit congolais de procédure civile pour faciliter la résolution de certaines causes soumises devant le juge. Du point de vue volumique, le nouveau code de procédure civile français

[21] Travaux préparatoires du décret du 7 mars 1960 portant code de procédure civile. Voir Pierre PIRON et Jacques DEVOS, Op. cit., p. 23.

possède six (6) livres et a au total 1582 articles et une annexe de sept (7) chapitres ayant 44 articles.

D'autre part, les travaux de la commission belge de réforme de la procédure civile datent d'avant l'indépendance. Aujourd'hui, les réalités de la société congolaise sont tout à fait différentes à celles de l'avant l'indépendance.

5.2. De la simplicité de la procédure civile congolaise

La simplicité de la procédure civile congolaise fait que les avocats congolais éprouvent d'énormes difficultés d'adaptation lorsqu'ils se retrouvent devant les juridictions de la même famille romano-germanique, principalement celles de l'Europe. Car, il y a un trop de décalage entre les différents droits. Les praticiens de droit congolais peinent à comprendre la procédure civile de ces pays. Notez que le code de procédure civile congolaise n'a que 201 articles alors que le même code français, comme dit ci-haut, possède 1582 articles sans compter les annexes.

5.3. De l'absence formalisme

Contrairement à ce que proclament les travaux préparatoires, la procédure civile congolaise est considérée aujourd'hui comme formaliste. En effet, au départ le législateur avait édicté un droit de procédure civile qui n'était pas formaliste. Il faut dire qu'avant l'indépendance, bon nombre de congolais n'avaient pas un niveau requis pour comprendre de la procédure civile qui pouvait paraître pour eux comme du charabia. D'où, l'absence de formalisme pouvait s'expliquer. Aujourd'hui, ce même droit est, d'ailleurs, devenu de lui-même très formaliste dans la pratique car, les éléments indicateurs du formalisme comme le délai, les mentions substantielles de l'assignation, etc. sont strictement respectés et d'autres comme la litispendance, *obscuri libelli*, etc. sont tant d'exceptions que l'on peut soulever devant le juge pour faire retarder le procès.

Cependant, il faut noter que ce formalisme de fait est entaché dans mesure où dans certains cas lorsqu'il est strictement exigé, le droit congolais reste muet. Et, pour en tirer toute la substance, il faut le plus souvent recourir au droit étranger, notamment en ce qui concerne la procédure de la mise rôle des affaires en cours d'une cause qui est au rôle général par un exploit A-venir. Cet exploit n'existe, d'ailleurs, plus dans certains pays (au profit de procédure de mise en état). D'autres procédures comme l'intervention, les critères de renvoi de juridiction pour cause de suspicion légitime ou de sureté publique, etc., ne sont pas organisées au Congo. Dans la pratique, on recourt aux us et coutume ainsi qu'à la jurisprudence congolaise ou étrangère pour en percer le contenu et en comprendre le sens.

De tout ce précède, il faut noter que les travaux préparatoires de la commission belge de réforme affirment que le droit congolais n'est pas formaliste. Comment peut-on dire aujourd'hui, sans l'intervention d'aucun texte de loi, que ce droit est formaliste ? La règle voudrait que l'on ne puisse pas exiger le formalisme lorsque la loi ne le prévoit pas.

6. DES PRINCIPES DIRECTEURS DE LA PROCEDURE CIVILE

Il existe plusieurs principes directeurs de la procédure civile[22]. Certains auteurs les définissent comme un *« Ensemble des règles placées en tête du Code de procédure civile qui ont pour objet essentiel de déterminer le rôle respectif des parties et du juge dans le procès civil … et d'établir certaines garanties fondamentales de la bonne justice,… ainsi nommées bien qu'ayant la même valeur positive que les autres règles (toute cette valeur, seule cette valeur), en raison du rayonnement que leur donne, d'une part leur généralité d'application (devant toutes les juridictions en toute matière), d'autre part la légitimité intrinsèque que leur infuse l'esprit de justice et d'équité qui les anime et donc leur aptitude en tant que maximes résumant la conception française du procès civil et porteurs de l'esprit de la loi, à guider l'interprète dans l'application du code »*[23].

A ce stade, il faut donc retenir : *primo*, qu'il s'agit de règles à caractère légale ou réglementaire qui occupent une place tout à fait particulière dans la procédure civile et *secundo*, qu'ils constituent pour le juge, les parties et les experts, une référence et un guide d'interprétation de la procédure lorsqu'ils sont butés à une difficulté.

Cependant, il faut noter que la doctrine congolaise appelle les principes directeurs de la procédure civile, les techniques de la procédure civile[24]. Ce terme n'est pas approprié car, une technique est un ensemble des procédés et des méthodes propres à une science. Or, les procédés ou les méthodes ne sont pas contraignantes. Tandis qu'un principe directeur est

---

[22] Lire avec intérêt M. Etienne VERGES, Les principes directeurs du procès judiciaire : Etude d'une catégorie juridique, pp. 551, Thèse de doctorat, Discipline : Droit, Marseille (Université de droit, d'économie et des sciences d'Aix-Marseille), 2000, n° Réf ANRT : 35469.

[23] Gérard CORNU, Op. cit., p. 346-347.

[24] Antoine RUBBENS, Op. cit., pp. 16-22.

définie comme un ensemble de règles, c'est-à-dire qu'en tant que règles, il est contraignant pour le juge et les parties.

Comme dit plus haut, il existe plusieurs sortes de principes directeurs de la procédure civile, notamment ceux tirés de la Constitution, du code de procédure civile et de la doctrine.

6.1. Des principes directeurs tirés de la Constitution de la République Démocratique du Congo telle que modifiée par la loi n°11/002 du 20 janvier 2011 portant révision de certains articles de la Constitution de la République Démocratique du Congo du 18 février 2006

La Constitution congolaise édicte certains principes directeurs de la procédure civile sous forme de principes de droits de l'homme, mais qui ne restent pas moins vrais des principes directeurs de procédure civile, notamment :

- le principe de la garantie du droit de la défense[25]. Ce principe signifie que toute personne assignée a le droit de se défendre elle-même ou de se faire assister d'un défenseur de son choix et ce, à tous les niveaux.
- le principe de publicité des audiences des cours et tribunaux[26] : Ce principe signifie que tous les procès sont publics, à moins que cette publicité ne soit jugée dangereuse pour des raisons d'ordre public ou des bonnes mœurs. Dans ce cas, le tribunal ordonne le huis clos.
- le principe de la motivation et de l'écriture du jugement[27] : Ce principe signifie que tous les jugements doivent être écrits et suffisamment argumentés par les juges qui ont pris la décision.
- le principe du prononcé de jugement en audience publique[28] : Ce principe signifie que les jugements ou les arrêts sont rendus (ou prononcés) en audience publique où tout le monde peut prendre part. Il faut noter cependant que certains jugements font, en plus du prononcé, l'objet d'une publicité spéciale au Journal officiel.

[25] Article 19 de la Constitution.
[26] Article 20 de la Constitution.
[27] Article 21 de la Constitution.
[28] Article 21 de la Constitution.

- du principe du droit de former un recours contre un jugement[29] : Ce principe signifie que toute personne a le droit d'interjeter appel d'un jugement, si elle estime que le premier juge a mal dit le droit.

6.2. Des principes directeurs tirés du code de procédure civile et d'autres lois de procédure

Le code de procédure civile a également prévu certains principes directeurs suivants :

- le principe du contradictoire de la procédure civile[30] : Ce principe signifie que le juge ne peut pas être saisi d'une prétention si la partie contre laquelle elle formulée n'a été pas avisée en bonne et due forme ni présenter ses moyens de défense.
- le principe du secret du délibéré[31] : Ce principe signifie que les juges d'une même composition doivent, en absence de tout public, prendre une décision de justice sans en divulguer le vote des uns et des autres.
- le principe du prononcé de jugement dans le délai légal : selon la loi, le prononcé doit intervenir au plus tard dans les trente (30) jours en matières civile, commerciale ou sociale. Toutefois, un délai supplémentaire de quinze (15) jours peut être accordé au juge saisi par le chef de juridiction en cas de force majeur ou si les éléments de la cause le justifient[32]. Il faut noter que le problème majeur dans les juridictions congolaises est qu'il existe beaucoup trop d'arriérés judiciaires au sens strict du terme, c'est-à-dire les affaires qui n'ont pas pu obtenir une décision dans le délai de la loi[33].
- le principe du rôle du ministère public dans la procédure civile[34] : Ce principe signifie que dans toutes les affaires, le Ministère public doit donner un avis (ou prendre les dossiers

[29] Article 21 de la Constitution.

[30] Article 15 du CPC.

[31] Article 41 de la loi organique n° 13/011-B du 11 avril 2013 portant organisation, fonctionnement et compétences des juridictions de l'ordre judiciaire.

[32] Article 43 de la loi organique n° 13/011-B du 11 avril 2013 portant organisation, fonctionnement et compétences des juridictions de l'ordre judiciaire.

[33] Hakim BOULARBAH, (2007-2008), Droit privé judiciaire : 1ère année du grade de Master en Droit, Syllabus, Université de Liège, Liège, § G, p. 14.

[34] Article 46 de l'arrêté du 20 août 1979 d'organisation judiciaire n°299/79 portant règlement intérieur des cours, tribunaux et parquets.

en communications en vue de donner un avis). Il faut noter que depuis la dernière réforme le Ministère public assiste à toutes les audiences civiles même devant le tribunal de paix.

- le principe de là publicité des registres et archives du greffe[35] : Ce principe signifie que le registres ainsi que les archives se trouvant au greffe sont ouverts au public, non seulement aux parties qui ont pris part au procès, mais également aux tiers qui y trouvent un intérêt. Il faut noter cependant qu'une mauvaise pratique injustifiée s'est installée depuis longtemps aux greffes de plusieurs juridictions, celle de refuser l'accès aux dossiers aux tiers qui n'ont pas été parties au procès.

6.3. Des principes directeurs tirés de la doctrine

Certains principes directeurs ont été introduits par la doctrine il s'agit :

- du principe de l'oralité de la procédure civile : Ce principe signifie que tous les débats doivent être faits oralement, c'est-à-dire que les parties doivent comparaitre en personne ou représentées pour soutenir verbalement leurs prétentions.
- du principe accusatoire de la procédure civile : Ce principe signifie procès est la chose des parties c'est-à-dire que l'action appartient aux parties qui, seules, peuvent mettre en branle l'activité judiciaire et délimiter la saisine des juges. Ce principe est traduit l'adage *« Da mihi factum, tibi dabo jus »*[36].
- du principe du dispositif ou du principe dispositif : Ce principe signifie que le procès est l'affaire des parties et que le juge ne peut dire le droit ni formuler une décision qu'en fonction de la demande de ces dernières. Pour les parties, elles ont pour rôle de produire les faits du litige et de fixer le cadre juridique de la demande dans leurs dispositifs. Quant au juge, il a pour rôle de participer à la recherche de la règle de droit applicable sans pour autant soulever de lui-même des faits que les parties n'auraient pas invoqués. Il ne peut pas faire état de sa connaissance personnelle des faits. Il se doit de juger en fonction de ce qui lui est présenté et demandé, ni plus ni moins. Il ne peut pas juger *infra petita*, c'est-à-dire en laissant certaines demandes sans réponse ou *ultra petita*, c'est-à-dire trancher sur des faits qui ne lui sont pas présentés.

---

[35] Article 56 alinéa 4 de l'arrêté du 20 août 1979 d'organisation judiciaire n°299/79 portant règlement intérieur des cours, tribunaux et parquets.

[36] Donne-moi le fait je te donnerais le droit.

- du principe du rôle du juge dans la procédure civile[37] : Ce principe signifie, le rôle du juge dans la procédure civile se limite à la direction et à la police des débats pour mener le procès à une bonne fin, qu'étant donné que cette procédure obéit au principe accusatoire.

7. DE LA QUESTION DE L'EMPLOI DES LANGUES NATIONALES DEVANT LES JURIDICTIONS CIVILES

L'emploi des langues nationales en justice est capital dans la mesure où la procédure civile est en français. Bien que les avocats et les magistrats soient formés dans cette langue, la majorité des justiciables congolais ne sont pas parfaitement francophones. C'est pourquoi, il est question de savoir, peut-on parler uniquement le français devant les cours et tribunaux ? En RD Congo, le problème de l'emploi des langues nationales devant la justice ne se pose pas. L'article 1er de la Constitution est clair, la langue officielle est le français, c'est-à-dire la langue utilisée dans l'administration. Cet usage linguistique est le résultat d'un choix politique opéré par tous les congolais qui ont voté l'actuelle Constitution telle que modifiée par la loi n° 11/002 du 20 janvier 2011 portant révision de certains articles de la Constitution de la République Démocratique du Congo du 18 février 2006. En bref, l'emploi du français comme langue de la procédure civile devant les juridictions est un choix libre du peuple congolais.

La question qui peut tarauder la tête de plusieurs justiciables est celle de savoir, qu'en est-il des quatre (4) autres langues nationales, en occurrence le lingala, le Kikongo, le Swahili et le Tshiluba ? Peut-on prendre des conclusions orales ou écrites dans une des langues nationales ? Non, parce que celles-ci ne sont pas des langues officielles, mais nationales. Une langue nationale est généralement celle parlée dans le pays et reconnue comme telle par la Constitution, mais qui ne constitue pas celle usitée dans l'administration.

Ainsi, pour répondre à la question posée, il faut noter que chaque fois que l'une des quatre (4) langues nationales est utilisée devant les juridictions nationales, elle doit faire l'objet d'une traduction en français, sauf peut-être si toutes les parties présentes au procès ainsi que les magistrats la comprennent. Dans tous les cas de figure, même dans ce cas-ci, les exploits et les conclusions écrites ou orales doivent demeurer en français.

---

[37] Antoine RUBBENS, Op. cit., n°21, p. 21.

PREMIERE PARTIE : DES PRINCIPALES REGLES APPLICABLES EN MATIERE CIVILE

Il existe plusieurs règles en procédure civile applicables dans une affaire civile. Celles qui sont énumérées ci-dessous font l'objet de la première partie de cet ouvrage. Il s'agit notamment de celles dont l'absence ne permet pas à une affaire d'exister ou d'avoir lieu. Ce sont des règles liées à :

- l'action en justice ; celles relatives à la validité de l'action en justice ;
- la demande en justice ; celles relatives à la demande en tant qu'exploit introductif d'une action en justice ;
- la défense en justice ; celles relatives au développement des moyens de défense ;
- la preuve ; celles relatives à l'administration de la preuve devant le juge ;
- et aux mesures d'instruction ; celles relatives à l'éclairage du juge dans sa recherche de la vérité ;

Les points ci-dessus font l'objet d'un développement sous forme des titres dans les pages suivantes.

TITRE 1 : DE L'ACTION EN JUSTICE

CHAPITRE 1 : DE L'ACTION EN JUSTICE

SECTION 1 : DE LA NOTION DE L'ACTION EN JUSTICE

1. DE LA NOTION DE L'ACTION EN JUSTICE

Malheureusement la loi ne définit pas ce qu'on entend par action en justice. Celle-ci fait l'objet d'assez vives controverses doctrinales. Pendant longtemps, la notion a été confondue avec le droit subjectif dont elle permet la sanction judiciaire. La doctrine en donne toute une série de définition plus ou moins appréciable selon les auteurs.

D'après le Lexique des termes juridiques, l'action en justice est un « *Pouvoir reconnu aux sujets de droit de s'adresser à la justice pour obtenir le respect de leurs droits ou de leurs intérêts légitimes. Désigne aussi le droit pour l'adversaire de discuter le bien-fondé de la prétention émise contre lui* »[38].

D'après le Dictionnaire du vocabulaire juridique, l'action en justice est un « *Droit reconnu aux personnes d'agir en justice afin de faire respecter les règles de droit* »[39].

Selon le droit congolais, l'action en justice est un « *« Pouvoir » accordé par la loi au titulaire d'un droit, lui permettent de faire intervenir la « puissance publique » en vue de protéger ou de restaurer son droit* »[40].

Cependant, il faudrait noter que la définition qui semble la plus exacte pour définir une action en justice est celle donnée par le Vocabulaire juridique, c'est-à-dire « *Droit d'agir en justice ; droit (ouvert à certaines conditions : intérêt, qualité, etc.), pour l'auteur d'une prétention (principale, incidente, appel, pourvoi en cassation, etc.) d'être entendu et jugé sur le fond de celle-ci, sans que cette prétention puisse être écartée comme irrecevable, le juge étant tenu de la déclarer bien ou mal fondée ; désigne aussi, en ce sens, le droit pour l'adversaire de la prétention d'en discuter le bien-fondé* »[41].

---

[38] Raymond GUILLIEN et Jean VINCENT, Op. cit., p. 28.

[39] Remy CABRILLAC, Dictionnaire du vocabulaire juridique, 3ème édition, Paris, Ed. LexisNexis Litec, Coll. Objectif Licence-Master dico droit, 2008, p. 417.

[40] Antoine RUBBENS, Op. cit., n°36, p. 33.

[41] Gérard CORNU, Op. cit., p. 24.

On constate qu'à la différence des autres doctrinaires, cette définition-ci est globalisante. Elle prend en compte les prétentions de l'auteur de l'action (le demandeur) ainsi que celles de son adversaire (le défendeur). C'est qui est vrai dans la réalité judiciaire car, une action en justice ne peut pas se limiter à définir seulement les prétentions du demandeur. Elle doit inclure, pour être exacte, non seulement pour le demandeur d'exercer son droit à une prétention, mais aussi pour le défendeur d'exercer le sien en se défendant par divers moyens, voire par une action reconventionnelle.

2. DE LA NAISSANCE DE L'ACTION JUDICIAIRE

Beaucoup de gens se posent souvent la question de savoir, à quel moment une action judiciaire prend-t-elle naissance ? Une action judiciaire prend naissance au greffe de la juridiction concernée. Cependant, il ne faut pas confondre le droit subjectif d'un individu et l'action judiciaire. Un droit subjectif voit le jour à la date à laquelle l'obligation ou le droit d'agir de son titulaire commence. Ce droit peut exister indépendamment de la justice. Cependant, il ne devient une action judiciaire que lorsque le titulaire du droit subjectif introduit sa demande en justice. Pour être plus précis, c'est exactement au moment où le greffier enrôle la demande en justice. C'est donc l'enrôlement au greffe qui fait naitre cette action judiciaire. D'ailleurs, cela se comprend plus aisément dans la procédure devant la Cour de Cassation où le greffier a une part belle. Il est l'homme-orchestre dans la mise en état des affaires. Après avoir enrôlé l'affaire il communique directement la requête du demandeur à la partie adverse sans passer par le juge. Il en fait de même, pour les mémoires jusqu'à la mise en état[42]. Le juges n'interviennent qu'ultérieurement.

Ce n'est donc pas à la suite de la notification de l'exploit introductif d'instance ni à la première audience que l'action judiciaire nait comme certains le croient. La notification ne sert qu'à inviter et à informer une partie qu'il y a une action judiciaire qui pèse contre elle. Et, la première audience ne permet qu'au juge de donner des orientations pour faciliter la mise en état et de se rendre compte de son évolution.

Certains peuvent se demander, si à partir la naissance de l'action judiciaire classique, on peut déjà communiquer à la partie adverse les pièces du dossier. La réponse est non car, les remises du juge ont pour

[42] Articles 51 et suivants de la loi organique n°13/010 du 19 février 2013 relative à la procédure devant le Cour de Cassation.

objectifs, comme dit plus haut, de permettre aux parties de mettre l'affaire en état et de se rendre compte de son évolution.

Par ailleurs, il faut aussi noter que les parties peuvent valablement et ce, de commun accord décider de mettre l'affaire en état en se communiquant les pièces avant ou à la naissance de l'action judiciaire afin de faire diligence de plaider à la première audience.

3. DE LA DISTINCTION ENTRE LE DROIT ET L'ACTION

Les deux notions entretiennent des liens entièrement étroits et les plus souvent brusques. Il n'en reste pas moins vrai que les deux termes doivent être distingués parce que dans certains cas, on peut être titulaire d'un droit et non d'une action tandis que dans d'autres cas, on peut avoir une action, mais non d'un droit.

3.1. Du droit sans action

Un droit existe sans pour autant que l'action qui en est attaché le soit lorsqu'on le compare aux effets de la prescription extinctive. C'est le cas où, une créance existe, mais on ne peut plus saisir un tribunal pour en obtenir l'application parce qu'elle est simplement prescrite.

3.2. De l'action sans droit

Une action judiciaire existe sans qu'il y ait un droit lorsqu'on parle du ministère public. Il met en œuvre l'action publique, mais on ne peut pas dire qu'il a un droit subjectif dans cette action.

4. DE LA DISTINCTION ENTRE L'ACTION EN JUSTICE, LA DEMANDE EN JUSTICE ET LA DEFENSE EN JUSTICE

L'action, en quelques mots, est un pouvoir de saisir une juridiction afin d'obtenir du juge la reconnaissance du droit que l'on invoque. Il faut noter que ce pouvoir, on peut en disposer indépendamment de l'exercice qu'on serait amené à en faire : le droit existe indépendamment de son exercice. Cette distinction entre le droit et son exercice permet de comprendre celle de l'action et à la demande en justice.

La demande en justice, en quelques mots, est un acte juridique par lequel on met en œuvre l'action qui saisit les tribunaux. Elle est donc un acte de procédure qui prend la forme soit à la suite d'une assignation ou d'une requête soit d'une comparution au greffe. Elle peut être effectuée même lorsque son auteur n'a pas d'action. Tandis que la défense en justice est une réaction contre la demande en justice. Elle ne peut exister isolément sinon qu'à la suite d'une demande en justice. Elle désigne sur le plan de la forme, une action de se défendre en justice, de faire valoir devant le juge ses droits ou ses intérêts contre une demande en justice et sur le plan du fond, ses moyens des défenses utilisés ou développés pour contrecarrer une action en justice.

SECTION 2 : DES DIFFERENTES SORTES D'ACTIONS EN JUSTICE

Il existe plusieurs sortes d'action en justice. Les plus répandues sont :

1. l'action collective : action en justice exercée au nom et/ou pour le compte d'une collectivité de personnes organisée ;
2. l'action confessoire : action réelle (pas forcément judiciaire) exercée par un usufruitier ou le titulaire d'une servitude afin de faire reconnaitre son droit contre le nu-propriétaire ou le propriétaire du fonds servant ;
3. l'action en contestation d'état civil : action en justice visant à détruire une filiation établie ;
4. l'action directe : action ouverte à un créancier, en son nom personnel, contre le débiteur de son débiteur ;
5. l'action estimatoire : action en garantie des vices cachés par laquelle l'acheteur demande une réduction du prix correspondant à la perte de la valeur de la chose viciée ;
6. l'action d'état : action en justice visant à modifier l'état civil d'une personne ;
7. l'action *de in rem verso* : action ouverte à l'appauvri contre l'enrichi dans l'enrichissement sans cause ;
8. l'action négatoire : Action en justice par laquelle une personne conteste l'existence d'un usufruit ou d'une servitude sur un fonds ;
9. l'action oblique : Action ouverte à un créancier, agissant au nom et pour le compte de son débiteur négligent et insolvable, contre un débiteur de son débiteur ;
10. l'action paulien : Action en inopposabilité ouverte au créancier agissant en son nom personnel contre les actes accomplis en fraude de ses droits par son débiteur ;
11. l'action pétitoire : Action en justice exercée par le titulaire d'un droit réel immobilier devant un tribunal afin d'assurer la protection de son droit ;
12. l'action possessoire : Action en justice exercée devant le tribunal pour prévenir ou faire cesser un trouble de la possession ou de la détention d'un immeuble ;

13. l'action en rapport : Action en justice de l'administrateur judiciaire ou du mandataire judiciaire contre le tireur d'un lettre de change ou son donneur d'ordre en cas de tirage pour le compte, contre le bénéficiaire d'un chèque ou contre le premier endosseur d'un billet à ordre, aux fins d'obtenir restitution du montant de l'effet de commerce payé après la cessation des paiements du débiteur, connue d'eux ;
14. l'action récursoire : Action par laquelle une partie, à l'issu d'un procès, se retourne contre un tiers tenu, en tout ou en partie, de la même obligation afin de lui faire supporter le poids de sa condamnation ;
15. l'action rédhibitoire : Action en garantie des vices cachés par laquelle l'acheteur demande la résolution du contrat ;
16. l'action réelle : Action en justice exercée afin d'obtenir la reconnaissance ou la protection d'un droit réel relatif à un bien mobilier ou immobilier ;
17. l'action en revendication : Action en justice exercée par le titulaire d'un droit de propriété sur le bien meuble ou immeuble détenu par un tiers qui n'accepte pas la restitution.

SECTION 3 : DES DIFFERENTES CLASSIFICATIONS DE L'ACTION EN JUSTICE

Il existe plusieurs sortes de classification de l'action en justice. Le droit congolais propose principalement quatre (4) classifications basées essentiellement sur certains critères spécifiques et objectifs, à savoir :

- la classification fondée sur la nature du droit litigieux ;
- la classification selon l'objet ;
- la classification suivant le caractère du droit poursuivi ;
- la classification selon le régime juridique.

Il faut noter que ces différentes classifications ne sont pas figées, elles peuvent se recouper entre elles.

1. DE LA CLASSIFICATION FONDEE SUR LA NATURE DU DROIT LITIGIEUX

Il s'agit de l'action patrimoniale et l'action extrapatrimoniale.

Les actions patrimoniales sont celles qu'on peut évaluer en argent. Par exemple : action mobilière ou immobilière. Par contre les actions extrapatrimoniales sont celles qui s'intéressent à la personne elle-même et non à ses biens. Par exemple : action en divorce, action en filiation, etc.[43].

Il faut noter que les actions patrimoniales sont subdivisées en actions personnelles, réelles et mixtes.

- **De l'action personnelle**

  C'est une action en justice par laquelle on demande la reconnaissance d'un droit personnel. Par exemple, l'action sollicitant la reconnaissance d'un droit de créance, les actions en contestation ou en reconnaissance d'état époux.

- **De l'action réelle**

  C'est une action en justice par laquelle on demande la reconnaissance d'un droit réel. Par exemple, l'action en revendication un droit réel de propriété.

- **De l'action mixte**

  C'est une action en justice par laquelle on demande la reconnaissance à la fois d'un droit réel ou personnel sur un immeuble.

2. DE LA CLASSIFICATION FONDEE SUR L'OBJET

Il s'agit principalement de l'action mobilière et de l'action immobilière.

L'action est immobilière lorsqu'elle porte sur un droit dont l'objet est un immeuble, tandis que l'action mobilière porte sur un bien mobilier ou qui n'est pas immobilier.

3. DE LA CLASSIFICATION SUIVANT LE CARACTERE DU DROIT POURSUIVI

Citant CORNU et FOYER, la doctrine congolaise[44] propose une classification suivant le caractère du droit poursuivi. Il s'agit des actions attachées à la personne du titulaire du droit : les actions attitrées et les actions banales.

---

[43] Antoine RUBBENS, Op. cit., n°s39 et 40, p. 34-36.

[44] Ibidem, n°40, p. 35.

Les actions attachées à la personne du titulaire du droit ne peuvent faire l'objet d'aucune cession et ne peuvent être exercées par les ayants droit ou quelqu'un d'autre. Par exemple, le divorce, désaveu d'enfant, dommages-intérêts pour atteinte à l'intégrité physique. A partir de cette action, la même doctrine propose les actions attitrées et les actions banales.

Les actions attitrées sont celles exercées par les personnes désignées par le législateur à l'exclusion de toute personne intéressée. Par exemple, l'action en divorce n'est légalement reconnue qu'aux couples mariés. Les actions banales sont celles pouvant être exercées par toute personne qui trouve un intérêt quelconque. Par exemple, l'action en contestation de mariage[45].

4. DE LA CLASSIFICATION SELON LE REGIME JURIDIQUE

La doctrine congolaise distingue les actions de droit écrit des actions de droit coutumier.

Les actions de droit écrit sont celles dont le fondement est inspiré du droit écrit, tandis que les actions coutumières sont fondées sur le régime coutumier.[46].

[45] Ibidem, n°40, p. 35.
[46] Ibidem, n°41, p. 36.

CHAPITRE 2 : DES CONDITIONS D'EXISTENCE ET DE LA PERTE DE L'ACTION EN JUSTICE

SECTION 1 : DES CONDITIONS D'EXISTENCE DE L'ACTION EN JUSTICE

Pour qu'une action en justice existe, il y a principalement deux (2) conditions, à savoir :

- l'intérêt pour agir ;
- la qualité pour agir.

1. DE L'INTERET POUR AGIR

Pas d'action sans intérêt, dit-on en droit ? Cet adage résume en quelques mots l'importance de l'intérêt dans une action judiciaire. Cependant, il faut noter que le législateur congolais ne le définit pas. C'est la doctrine qui s'en est chargée.

La doctrine définit l'intérêt pour agir, comme une « *Condition de recevabilité de l'action consistant dans l'avantage que procurerait au demandeur la reconnaissance par le juge de la légitimité de sa prétention* »[47].

Nonobstant le silence de la loi congolaise sur la définition de l'intérêt pour agir en justice, celle-ci se limite le plus souvent à en déterminer les contours ou les circonstances donnant droit à l'action en justice. On le comprend mieux lorsqu'on considère une action attitrée. Par exemple, l'action en divorce. Elle ne peut être mue que les époux, conformément aux dispositions 549 du code de la famille, en fondant leur action sur la destruction irrémédiable de l'union conjugale.

2. DE LA QUALITE POUR AGIR

La qualité pour agir définie par la doctrine, comme un « *Titre auquel est attaché, dans certains actions, le droit d'agir en justice (dites actions attitrées)* ». De façon plus générale, elle est une « *Qualification pour agir en justice exigée à peine d'irrecevabilité, du demandeur et du défendeur, qui résulte soit de la qualité requise par la loi, dans les actions réservées à certaines personnes, soit dans les actions ouvertes à tout intéressé, de la justification d'un intérêt* »[48].

---

[47] Raymond GUILLIEN et Jean VINCENT, Op. cit., p. 481

[48] Gérard CORNU, Op. cit., p. 828.

La qualité pour agir en justice est précisée à l'article 2 alinéa 1er du CPC. Cette disposition précise *expressis verbis* que l'assignation contient « *...les noms, profession et domicile du demandeur et les noms et prénoms du défendeur..* ». Il va sans dire que l'absence de ces titres et qualifications peuvent être retenue par le juge comme un défaut de qualité pour agir en justice.

Le même article à l'alinéa 2 stipule que « *Lorsque le demandeur n'agit pas en son nom personnel ou que le défendeur n'est pas assigné en nom personnel, l'assignation doit mentionner en outre leur qualité* ». Cette règle oblige le mandataire qui n'este pas le défendeur en nom personnel de préciser ses titres et qualifications.

L'absence de précision de la qualité du mandataire pour agir est tout aussi un défaut de qualité pour agir en justice, comme c'est le cas pour le demandeur. Ce principe est consolidé par l'adage « Nul ne plaide par procureur ».

2.1. De la qualité pour agir exercée par le titulaire de droit lui-même

Le principe énoncé à l'article 2 alinéa 1er du CPC. Le titulaire de droit exerce lui-même son droit, c'est-à-dire en son nom personnel. Dans ce cas, il doit simplement préciser dans l'exploit introductif d'instance ses noms, sa profession ainsi que son domicile.

2.1.1. Des noms et prénom du titulaire de droit

Lorsque le titulaire de droit est une personne physique, les noms signifient tout aussi bien le nom lui-même que les post-noms et prénoms. Il faut signaler au passage qu'étant donné que l'article 58 du code la famille n'a pas changé, les noms des congolais doivent être puisés dans le patrimoine culturel congolais. Par conséquent, il faut exclure les prénoms étrangers. Mais, cette disposition est désuète depuis l'avènement de la démocratie.

Il faut noter que les noms dans l'exploit introductif d'instance servent à identifier correctement le titulaire du droit et à vérifier si c'est bien lui qui agit en son nom personnel.

Lorsque le titulaire de droit est une personne morale, au regard des articles 14 et suivants de l'acte uniforme (AUSCGIE) il faut entendre par nom d'une personne morale, la dénomination sociale telle que mentionnée dans ses statuts. Le titulaire de droit est obligé d'indiquer le nom de son représentant légal censé agir en justice, le numéro de registre de commerce et de crédit mobilier et, l'adresse du siège social pour l'exploit introductif soit valable.

2.1.2. De la profession du titulaire de droit

L'indication de la profession dans l'exploit introductif sert parfois à compléter utilement l'absence d'autres éléments du nom lorsqu'il existe deux (2) personnes portant le même nom[49]. C'est simplement un élément de confirmation de l'identité du demandeur.

Il faut noter que la mention de la profession peut être faite de façon générale et sommaire.

Qu'en est-il des abréviations des titres fonctionnels en français ou en langues étrangères ?

Il semble normal que les juridictions agréent les abréviations ou les acronymes en français des titres professionnels connus et reconnus au sein des sociétés commerciales congolaises. Logiquement, ils peuvent être mentionnés dans un exploit sans pour autant poser des problèmes pour son irrégularité notamment, Mr W, DG ou Mr X, DRH ou DAF de la société telle. De même que les acronymes fonctionnels en langues étrangères principalement en anglais ne peuvent pas être sujets à caution lorsqu'ils sont immédiatement suivis de leur traduction. Par exemple : « Mr. J., CEO ..... (Mr K, PDG de la société ....) » ou « Mr K., CFO .... (Directeur financier de la société ...) ».

2.1.3. Du domicile du titulaire de droit

Il s'agit du domicile réel ou élu.

- Le domicile réel (articles 161 à 166 du code de la famille)

  Aux termes de l'article 161 du code de la famille, le domicile de toute personne est au lieu où elle a son principal établissement. La doctrine affirme que c'est le lieu dans lequel une personne est censée demeurer en permanence.

  Il faut noter qu'à défaut de domicile connu, la résidence actuelle où se trouve la personne produit les effets juridiques.

---

[49] BAYONA ba MEYA, (avril 1998), Procédure civile, Syllabus, Université Protestante au Congo, Kinshasa, avril 1998, p. 59.

Lorsque la personne change de domicile, ce changement s'opère par le fait d'une habitation réelle et effective dans un autre lieu avec l'intention d'y fixer son principal établissement. Selon l'article 162 alinéa 2 du code la famille, cette intention est présumée lorsqu'une personne s'est établie en un autre lieu.

Cependant, lorsqu'une personne à ses occupations professionnelles dans un lieu et sa vie familiale ou sociale dans un autre, son domicile est présumé, en cas de doute, se trouver au lieu de ses intérêts familiaux ou sociaux.

L'article 164 du même code interdit, sauf en cas d'élection de domicile, à toute personne d'avoir au même moment son domicile en plusieurs lieux.

Notons que la femme mariée a son domicile chez son mari, à moins que la loi n'en dispose autrement, l'interdit chez la personne qui exerce la tutelle sur lui et le mineur non émancipé selon le cas, chez ses père et mère ou auprès de la personne qui assume l'autorité tutélaire sur lui.

Cependant s'agissant personnes morales, aux termes de l'article 167 du code de la famille, elles ont leur domicile réel :

- au siège de leur administration en ce qui concerne les institutions publiques ou paraétatiques ;

- en ce qui est des personnes morales de droit privé reconnues ou instituées par l'État, à leur siège social ou à leur siège administratif au sens de l'article premier, alinéa 2, de l'ordonnance-loi 66-341 du 7 janvier 1966 ;

- au siège social au sens du décret-loi du 18 septembre 1965 pour les associations sans but lucratif ayant la personnalité civile ;

- au domicile élu en RDC pour les sociétés de droit étranger qui y exercent leurs activités.

En somme, il faut noter que la mention du domicile dans l'exploit d'introductif d'instance ne sert pas à identifier le titulaire de droit comme cela est le cas pour les noms et profession, mais il sert de lieu de localisation de la personne qui agit en justice. Il permet au défendeur de le notifier toute signification, tout acte de procédure, etc. en rapport avec l'affaire voire avec d'autres affaires à venir. Notez qu'il n'en est pas le cas pour le domicile élu. Son indication dans un exploit ne concerne que l'affaire pour laquelle l'élection a été faite.

- Le domicile élu (articles 168 du code de la famille)

Aux termes de l'article 168 du code de la famille, toute personne (physique ou morale) peut élire domicile pour l'exécution de tous actes. La doctrine surenchérit en définissant le domicile élu comme le lieu choisi par les parties pour l'exécution d'un acte juridique. Il faut noter que cette élection de domicile doit se faire de façon expresse et ne peut être faite que par écrit.

D'ailleurs, c'est à cette adresse élue que peuvent valablement être notifiées toute signification et exécutés tout acte, demande et poursuite. Le juge du domicile élu est le juge naturel de la personne qui a fait élection dans son ressort.

Qu'en est-il de la validité de l'élection de domicile du demandeur établie directement dans l'exploit introductif d'instance qu'on observe dans la pratique judiciaire ?

L'exploit introductif d'instance étant un acte d'huissier[50] ou de greffier ne peut pas établir une élection de domicile de manière expresse en lieu et place du titulaire du droit, sinon qu'à titre indicatif car, l'expressivité implique en dehors des mentions de la cause pour laquelle on établit l'élection, la signature personnelle du requérant qui élit domicile. Or, on constate que sur l'exploit introductif d'instance ce dernier ne le signer pas.

En bref, il faut retenir que pour que l'élection de domicile soit expresse, elle doit être établie par un écrit séparé (simple écrit

---

[50] La fonction d'huissier de justice, agent et fonctionnaire de l'ordre judiciaire va, dès l'installation des chambres provinciales connaitre une mutation vers une fonction indépendante d'officier public et ministériel. Pour plus de détails lire LUZOLO BAMBI LESSA, Traité de droit judiciaire : la justice congolaise et ses institutions, Kinshasa, PUC/Centre de recherche sur le Justice Transitionnelle, 2018, n°747-757, pp. 481-484.

ou mandat) ou autre que l'exploit introductif d'instance pour qu'elle soit valable devant le juge.

C'est dans ce même sens que le professeur MATADI NENGA GAMA NDA parle du domicile élu lorsqu'il affirme ceci : « *Il en découle que tout exploit se référant à un prétendu domicile élu est irrégulier. Celui qui élit domicile doit donc l'exprimer préalablement dans un écrit, à moins que ce soit une déclaration actée au cours de l'audience par le greffier. La déclaration de l'avocat selon laquelle son client avait élu domicile en son cabinet ne vaut que si ce dernier l'avait exprimé dans une lettre ou dans tout autre écrit de façon expresse* »[51] ; ce même point de vue est partagé par le professeur MUKADI BONYI[52] ;

D'ailleurs, la jurisprudence va plus loin et affirme que celui qui élit domicile doit donner mandat à la personne chez qui le domicile a été élu[53] ; ce même point de vue est appuyé par la doctrine[54] ;

L'élection de domicile obéit scrupuleusement aux mêmes conditions que celles d'une procuration spéciale, c'est-à-dire qu'il doit y figurer :

- les noms, post-noms et prénom de la personne élisant domicile ;
- son adresse réelle complète ;
- pour l'accomplissement des actes judiciaires pour une cause donnée, les références de la cause devant la juridiction (numéro de rôle et mentions des parties) ;
- l'adresse élue ;
- la date ;
- et la signature du soussigné.

---

[51] MATADI NENGA GAMANDA, Droit judiciaire privé, Bruxelles, Bruyland/Academia AB, Bibliothèque de droit africain, 2006, n°272, b), p. 259.

[52] MUKADI BONYI et KATUALA KABA KASHALA, Procédure civile, Kinshasa, Ed. Batena Ntambua, 1999, n°2, p. 49.

[53] Elis., 9 mars 1913, Rev. Jur. 1931, p. 212 – Jurisprudence citée Ruffin LUKOO MUSUBAO, La jurisprudence congolaise en procédure civile, T.I, Kinshasa, Ed. On s'en sortira, 2010, n°5, p. 177.

[54] MUKADI BONYI et KATUALA KABA KASHALA, ibidem.

2.1.4. De la résidence du titulaire de droit

L'article 2 du CPC n'exige pas au titulaire du droit qui veut assigner quelqu'un de mentionner sa résidence. C'est donc, une mention superfétatoire dans l'exploit introductif d'instance lorsque ce domicile y figure déjà.

2.2. De la qualité pour agir exercé par un mandataire

2.2.1. Des différentes sortes de mandataire

Le principe est énoncé à l'article 2 alinéa 2 du CPC. Lorsque le titulaire du droit ne peut exercer lui-même son action en justice et que pour un raison quelconque il doit agir par un mandataire, il est obligé de mentionner la qualité de ce dernier.

Il existe trois (3) sortes de mandataires.

a) Du mandataire légale ou judiciaire

Certaines personnes compte tenu de leur état sont obligées par la loi d'agir en justice par un mandataire légal ou judiciaire notamment les mineurs, les interdits et les personnes placées sous curatelle.

- S'agissant des mineurs ;

  Conformément aux dispositions des articles 219 et suivants du code de la famille, les mineurs dont les père et mère sont en vie par l'incapacité liée à leur âge ne peuvent agir en justice que par leurs parents (mandataire légal) ou par le ministère d'un tuteur judiciaire désigné par le tribunal pour enfants ou par le tribunal de paix sur proposition du conseil de famille.

  Les mineurs dont les pères et mère ne sont pas connus, estent par un tuteur délégué désigné par le conseil de tutelle.

- S'agissant des interdits ;

  Ces sont personnes majeures frappées par une mesure d'interdiction.

Les interdits, selon la loi congolaise, sont des personnes majeures dont leur état de démence ou d'imbécilité ne leur pas permet de poser des actes valides. Ainsi, la loi les soumet à un régime de protection spéciale en les plaçant sous l'autorité parentale ou tutélaire par une décision du tribunal de paix afin d'agir en justice à leur place (articles 300 et suivants du code la famille) ;

Signalons au passage que la notion d'interdit est différente en droit français. L'interdit français est toute personne frappée d'une mesure d'interdiction judiciaire. Cela importe peu qu'elle soit aliénée ou simplement placée sous une interdiction judiciaire des droits civils, civiques ou de la famille[55].

- S'agissant des personnes mises sous curatelle ;

Ce sont des personnes faibles d'esprit, des prodigues et des personnes dont les facultés corporelles sont altérées par la maladie ou l'âge. Les articles 310 et suivants du code de la famille prescrivent qu'elles doivent être assistées par un curateur nommé par le tribunal de paix sur proposition du conseil de famille pour agir en leur nom et pour leur compte.

b) Du mandataire conventionnel

Le mandataire conventionnel est une personne qui agit pour le compte de la personne représentée par le biais d'un mandat écrit ou d'une procuration écrite. C'est ce document qui va déterminer l'étendue du pouvoir du mandataire. Tantôt, le pouvoir sera général. On parlera de mandat général ou de procuration générale. Tantôt, il sera spécial. On parlera alors de mandat spécial ou de procuration spéciale.

c) Du mandataire social

Le mandataire social est le représentant du conseil d'administration dans une société anonyme. Le droit OHADA l'appelle le Président-Directeur-Général. Il est secondé par un

[55] Gérard CORNU, Op. cit., pp. 559-560.

ou plusieurs Directeurs généraux adjoints. Ils sont tous des mandataires sociaux nommés parmi les membres du conseil d'administration pour un mandat irrévocable dont la durée ne peut dépasser celui des administrateurs.

Le mandat d'une mandataire social n'est pas cumulable plus de deux (2) fois en tant qu'administrateur général ou directeur général des sociétés[56].

2.2.2. Des critères d'appréciation de la qualité d'un mandataire

Un mandataire est désigné par une procuration ou un mandat. Aux termes de l'article 529 du CCLIII, son mandat est spécial lorsqu'il ne concerne qu'une affaire précise ou certaines affaires bien précises seulement ou général lorsqu'il s'agit de toutes les affaires du mandant.

Lorsqu'il est conçu en des termes généraux, le mandat est général et ne concerne que les actes d'administration tandis lorsqu'il est conçu pour accomplir des actes précis, notamment ceux d'aliénation ou d'hypothèque ou de quelque autre acte de propriété ou de postulation devant les juridictions, le mandat est exprès. Le mandat exprès est un mandat spécial ou une procuration spéciale. Qu'il s'agisse d'un mandataire spécial ou général, les deux (2) représentants sont tenus d'agir dans les limites de ce qui est porté dans leur mandat.

S'agissant de la procuration générale ou du mandant général, le problème de son interprétation ne se pose pas en droit. Cependant, en ce qui concerne la procuration spéciale ou le mandat spécial, c'est là que les Athéniens s'atteignirent. C'est pourquoi, le Premier Président de la Cour de Cassation est intervenue par la lettre d'instruction[57] pour déterminer les critères devant permettre au juge d'apprécier une procuration spéciale à sa juste valeur. Il s'agit notamment de l'examen des conditions de la désignation du mandataire, de l'objet de la demande soumis au juge, de la partie adverse, s'il échet et de la juridiction à saisir.

Il y a lieu de signaler en passant que dans la même lettre d'instruction, le Premier Président de cette haute cour précise que « *si cette procuration est*

[56] Articles 463 et suivants de l'AUSCGIE. Voir jurisprudence CCJA, Arrêt n°087/2012 du 4 décembre 2012, Aff. Banque Nationale d'investissement (BNI) contre AKOBE Georges Armand, JURIDATA N°J087-12/2012, jurisprudence de l'article 473 de l'AUSCGIE. Lire MBOCK BIUMLA Jean-Michel, Code bleu OHADA : textes annotés, Ed. Juriafrica, Paris, 2014, p. 253.

[57] Lettre d'instruction n°442/D9/PP/CSJ/LMND/2018 du 30 mars 2018 du Premier Président de la Cour de Cassation concernant l'examen d'une procuration spéciale.

produite en photocopie libre, la juridiction ne pourra l'écarter qu'en cas de contestation par la partie adverse ou si la partie qui l'a produite ne défère pas à l'invitation du juge de produire l'original avant la clôture des débats ».

SECTION 2 : DE LA PERTE DE L'ACTION EN JUSTICE

Toute personne qui remplit valablement les conditions d'existence de l'action en justice peut la perdre de cinq (5) manières, à savoir :

- par la transmission ;
- par la prescription ;
- par la renonciation ;
- par l'autorité de la chose jugée ;
- par la force de la chosée jugée.

1. DE LA TRANSMISSION

La transmission d'une action peut se faire de trois (3) manières :

1.1. Pour cause de mort

Lorsqu'une personne vient à décéder, elle perd automatiquement son droit d'ester en justice. Ses droits et obligations constituant l'hérédité passent à ses héritiers et légataires. Ce sont ces derniers qui vont ouvrir la succession du *de cujus*, laquelle peut être *ab intestat* ou testamentaire. Dans tous les cas, les héritiers et les légataires en héritant des droits et obligations du défunt héritent également de son action en justice, dans les mêmes conditions de fond et de forme que ce dernier.

Si le défunt a laissé un testament, le liquidateur testamentaire peut poursuivre toutes les actions en justice en cours par la volonté de ce dernier. En cas de succession *ab intestat*, les héritiers de la première catégorie désignent parmi eux un liquidateur. A défaut, le plus âgé des héritiers sera chargé de la liquidation de celle-ci. Si celui-ci se désiste, ces héritiers en choisissent un autre parmi eux ou en dehors d'eux lors de la réunion du conseil de famille. En cas de contestation, le premier d'entre eux peut saisir le tribunal compétent pour la nomination d'un liquidateur judiciaire[58].

[58] Articles 795 et suivants de la loi n°87-010 portant code de famille du 1er août 1987.

1.2. De la novation

La novation est une convention par laquelle une obligation est éteinte et remplacée par une obligation nouvelle[59]. La novation est prévue par les articles 163 et suivants du CCLIII. Il existe trois (3) manières dans lesquelles elle s'opère. Une seule donne lieu à une perte de l'action en justice. C'est le cas où, par l'effet d'un nouvel engagement, un nouveau créancier est substitué à l'ancien, envers lequel le débiteur se trouve déchargé, c'est-à-dire dans ce cas-ci, le créancier qui avait une dette certaine, liquide et exigible envers le débiteur perd automatiquement, par l'effet de la novation, son droit d'ester en justice au profit du nouveau créancier.

La novation par substitution d'un nouveau créancier ne se présume pas. Elle doit être expresse et préalablement conventionnelle, c'est-à-dire voulue par les parties.

Cependant, il faut noter les privilèges et hypothèques de l'ancienne créance ne passent pas à celle qui lui est substituée, à moins que le créancier ne les ait expressément réservés.

1.3. De la subrogation

La subrogation peut être conventionnelle ou légale[60]. Elle est une opération juridique triangulaire dans laquelle le subrogeant transmet au subrogataire, la créance qu'il détient sur un tiers (le subrogé). Lorsque une action judiciaire est fondée sur une créance certaine, liquide et exigible, par le fait d'un paiement avec subrogation, le subrogeant perd immédiatement son droit sur sa créance au profit du subrogataire qui devient le nouveau créancier du tiers, le subrogé, dans les mêmes conditions de fond et de forme que l'ancien créancier.

S'agissant de la subrogation conventionnelle prévue à l'article 148 du CCLIII ; elle est admise dans les conditions suivantes :

- lorsque le créancier, recevant son paiement d'une tierce personne, la subroge dans ses droits, actions, privilèges ou hypothèques contre le débiteur. Dans ce cas, cette subrogation doit être expresse et faite en même temps que le paiement ;

---

[59] Serge GUINCHARD et Thierry DEBARD, Lexique des termes juridiques 2012, 19ème édition, Paris, Dalloz, 2011, p. 585.

[60] Article 147 et suivants du CCLIII.

- lorsque le débiteur emprunte une somme à l'effet de payer sa dette et de subroger le prêteur dans les droits du créancier. Il faut noter que dans ce cas-ci, pour que cette subrogation soit valable, que l'acte d'emprunt et la quittance passent devant notaire et que, dans l'acte d'emprunt, il soit déclaré que la somme a été empruntée pour faire le paiement, et que, dans la quittance, il soit déclaré que le paiement a été fait des sommes fournies à cet effet par le nouveau créancier. Cette subrogation s'opère sans le concours de la volonté du créancier.

S'agissant de la subrogation légale ; elle s'opère de plein droit dans le trois (3) cas suivants, au regard de l'article 149 du CCLIII au profit de :

- celui qui, étant lui-même créancier, paie un autre créancier qui lui est préférable à raison de ses privilèges ou hypothèques ;
- l'acquéreur d'un immeuble, qui emploie le prix de son acquisition au payement des créanciers auxquels cet héritage était hypothéqué ;
- celui qui, étant tenu avec d'autres ou pour d'autres au payement de la dette, avait intérêt de l'acquitter.

2. DE LA PRESCRIPTION

2.1. De la notion de prescription

La prescription est un terme légal défini par le législateur congolais lui-même. L'article 613 du CCLIII stipule que « *La prescription est un moyen d'acquérir ou de se libérer par un certain laps de temps et sous les conditions déterminées par la loi* ». Généralement, ces conditions légales sont fonctions de l'action en justice à considérer.

En matière civile, toutes les actions, tant réelles que personnelles, sont prescrites par trente (30) ans sans que celui qui allègue cette prescription soit obligé d'en rapporter un titre, ou qu'on puisse lui opposer l'exception déduite de la mauvaise foi[61]. Il faut noter qu'il existe quelques particularités d'actions qui se prescrivent par moins de dix (10) ans telles que énumérées aux articles 652 à 658 du CCLIII, à savoir :

- **Des actions qui se prescrivent par six (6) mois sont :**

    - l'action des maîtres et instituteurs des sciences et arts, pour les leçons qu'ils donnent au mois ;

[61] Article 647 CCLIII.

- l'action des hôteliers et des traiteurs, à raison du logement et de la nourriture qu'ils fournissent ;
- l'action des ouvriers et gens de travail, pour le payement de leurs journées, fournitures et salaires,

- **Des actions qui se prescrivent par un (1) an sont :**

  - l'action des médecins, chirurgiens et apothicaires, pour leurs visites, opérations et médicaments;
  - l'action des marchands, pour les marchandises qu'ils vendent aux particuliers non marchands ;
  - l'action des maîtres de pension, pour le prix de la pension de leurs élèves ;
  - l'action des autres maîtres, pour le prix de l'apprentissage ;
  - l'action des domestiques qui se louent à l'année, pour le payement de leur salaire.

- **De l'action en revendication d'une chose perdue ou volée entre les mains de celui qu'on l'a trouvé se prescrivent par trois (3) ans**

- **Des actions qui se prescrivent par cinq (5) ans sont :**

  - l'action en paiement des arrérages des pensions alimentaires ;
  - l'action en paiement des loyers des maisons et le prix de ferme des biens ruraux ;
  - l'action en paiement des intérêts des sommes prêtées, et généralement tout ce qui est payable par année, ou à des termes périodiquement plus courts.

En matière de travail, généralement, les actions se prescrivent par trois (3) ans après le fait qui a donné naissance à l'action, à l'exception[62] :

- des actions en paiement du salaire qui se prescrivent par un (1) an à compter de la date à laquelle le salaire est dû ;
- des actions en paiement des frais de voyage et de transport qui se prescrivent par deux (2) ans après

[62] Article 317 du code de travail.

l'ouverture du droit au voyage, en cours d'exécution du contrat, ou après la rupture de ce dernier.

2.2. De la suspension de la prescription

Généralement, la prescription court contre toutes personnes, à moins qu'elles ne soient dans quelque exception établie par une loi, à savoir[63] :

- à l'égard d'une créance qui dépend d'une condition, jusqu'à ce que la condition arrive ;
- à l'égard d'une action en garantie, jusqu'à ce que l'éviction ait lieu ;
- à l'égard d'une créance à jour fixe, jusqu'à ce que ce jour soit arrivé.

2.3. De l'interruption de la prescription

En matière civile, la prescription est interrompue par une citation en justice, un commandement de payer ou une saisie signifiés à la personne que l'on veut ester[64].

Il faut noter cependant que pour certaines actions particulières lorsqu'il y a continuation de fournitures, de livraisons, de services et de travaux, la prescription ne cesse de courir que lorsqu'il y a eu un compte arrêté, une cédule ou une obligation ou une citation en justice[65].

En matière de travail, la prescription n'est interrompue que par[66] :

- la citation en justice ;
- l'arrêté de compte intervenu entre les parties mentionnant le solde dû au travailleur et demeuré impayé ;
- la réclamation formulée par le travailleur auprès de l'employeur, par lettre recommandée avec avis de réception ;
- la réclamation formulée par le travailleur devant l'inspecteur du travail, sous réserve de formuler en cas de l'établissement du procès-verbal de non-conciliation une action en justice dans un délai d'un (1) an.

---

[63] Article 644 du CCLIII.

[64] Article 638 du CCLIII.

[65] Article 654 du CCLIII.

[66] Article 317 alinéa 2 du code de travail.

2.4. Des causes légales empêchant la prescription

Les articles 630 et suivants du CCLIII énoncent les causes qui empêchent la prescription. En effet, les personnes qui détiennent pour autrui ne prescrivent jamais, par quelque laps de temps que ce soit car, il est évident la chose ou le droit en possession ou en jouissance ne leur appartient pas. Ainsi, le fermier, le dépositaire et toutes autres personnes qui détiennent précairement la chose du propriétaire, ne peuvent la prescrire. De même que les héritiers du *de cujus* qui détenaient précairement la chose à autrui par des titres désignés ne peuvent non plus la prescrire.

Il faut noter toutefois que :

- les personnes en détention précaire peuvent prescrire la chose ou le droit, si le titre de leur possession se trouve être changé, soit par une cause venant d'un tiers, soit par la contradiction qu'elles ont opposée au droit du propriétaire[67].

- les personnes à qui les dépositaires et autres détenteurs précaires ont transmis la chose par un titre translatif de propriété peuvent la prescrire[68].

Dans tous les cas, en matière de prescription le législateur congolais a établi un principe clair à l'article 634 du CCLIII pour éviter des abus, à savoir : « *On ne peut pas prescrire contre son titre, en ce sens que l'on ne peut point se changer à soi-même la cause et le principe de sa possession* ».

3. DE LA RENONCIATION

La renonciation est définie par la doctrine comme un « *Acte de disposition par lequel une personne abandonnant volontairement un droit déjà né dans son patrimoine (droit substantiel ou action en justice) éteint ce droit (renonciation à une créance, à un usufruit, à une servitude) ou s'interdit de faire valoir un moyen de défense ou d'action (renonciation à une prescription acquise…)* »[69].

Bien que la loi congolaise ne définisse pas ce qu'on entend par la renonciation, cependant elle se limite à préciser qu'il en existe deux (2), à savoir : la renonciation expresse et renonciation tacite[70].

---

[67] Article 632 du CCLIII.
[68] Article 633 du CCLIII.
[69] Gérard CORNU, Op. cit., p. 884.
[70] Article 615 du CCLIII.

La renonciation expresse est un abandon volontaire écrit ou verbal d'un droit ou d'une chose tandis que la renonciation tacite résulte d'un fait qui suppose l'abandon du droit acquis.

Il faut souligner qu'aux termes de l'article 616 du CCLIII, seules les personnes qui peuvent aliéner, peuvent renoncer à la prescription acquise. Cela veut dire en d'autres mots que seuls les propriétaires de la chose ou titulaire d'un droit peuvent renoncer.

4. DE L'AUTORITE DE LA CHOSE JUGEE

L'autorité de la chose jugée est définie par la doctrine comme une « *Autorité attachée à un acte juridictionnel, qui interdit la remise en cause en dehors des voies de recours légalement ouvertes* »[71]. Cette autorité de la chose jugée impose de tenir pour acquis ce qui a été jugé, c'est-à-dire que l'on ne peut le remettre en cause une décision judiciaire par le même juge qui l'a rendue sinon que par l'exercice des voies de recours ordinaires dans la mesure où elles sont encore ouvertes. Il ne faut surtout pas la confondre avec la force de la chose jugée qui a un caractère exécutoire et intervient lorsque les voies de recours ordinaire sont épuisées.

L'autorité de la chose jugée veut dire, en des mots simples, que le juge, par sa décision, a épuisé sa saisine à l'égard des parties et que celles-ci ne peuvent plus le saisir à nouveau pour la même question. Elle repose sur une présomption légale prévue à l'article 226 du CCLIII. D'après cette disposition, elle n'a lieu qu'à l'égard de ce qui a fait l'objet du jugement, à savoir :

- il faut que la chose demandée soit la même ;
- il faut que la demande soit fondée sur la même cause ;
- il faut que la demande soit entre les mêmes parties et formée par elles et contre elles en la même qualité.

Selon la doctrine congolaise, « *Tout jugement civil a, dès le prononcé, l'autorité de la chose jugée. Ce qui veut dire que doit être reconnue pour vérité ce qui est dit dans le dispositif du jugement* »[72]. Cependant, il noter qu'aussi longtemps que la décision du juge est susceptible de recours ordinaires, cette autorité de la chose jugée est précaire. Elle est coulée en la force de la chose jugée après épuisement des toutes les voies de recours ordinaire. Elle devient donc irrévocable.

---

[71] Raymond GUILLIEN et Jean VINCENT, Op. cit., p. 152.

[72] Antoine RUBBENS, Op. cit., n°134, p. 138.

L'autorité de la chose jugée annonce aux parties que le procès est terminé et que l'on ne peut plus le recommencer sur les mêmes bases devant le même juge. La partie qui a succombée perd le procès. Mais, cette perte demeure relative dans la mesure où les voies de recours ordinaires sont encore ouvertes.

5. DE LA FORCE DE LA CHOSE JUGEE

La force de la chose jugée n'est pas à confondre avec l'autorité de la chose jugée. Beaucoup d'auteurs encore aujourd'hui continuent à faire un amalgame entre les deux (2) notions. La force de la chose jugée signifie « *Efficacité particulière qu'à (ou obtient) une décision de justice lorsque, n'étant pas (ou plus) susceptible d'une voie de recours suspensive, elle est (ou devient) exécutoire* »[73].

Une décision de justice acquiert la force de chose jugée ou entre en force lorsqu'elle n'est susceptible d'aucune voie de recours ordinaire (notamment l'opposition ou l'appel), ou qui ne l'est plus parce que les recours ont été épuisés ou bien parce que les délais pour les exercer sont expirés. Un jugement qui a l'autorité de la chose jugée acquiert la force de chose jugée lorsqu'il n'est plus susceptible de connaitre d'un recours ordinaire, par conséquent devient exécutoire.

Il ne faut pas confondre la force de chose jugée avec l'autorité de la chose jugée qui fait obstacle au juge qui a rendu une décision de revenir sur celle-ci et qui l'empêche de connaitre d'autres procès sur les mêmes questions qui ont déjà été jugées.

[73] Gérard CORNU, Op. cit., p. 467.

CHAPITRE 3 : DES CONDITIONS D'EXERCICE DE L'ACTION EN JUSTICE

L'action en justice s'exerce au moyen d'un acte juridique, une demande ou une défense en justice. Cet acte doit remplir un certain nombre de conditions sous peine de nullité, à savoir :

- les conditions de fond ;
- les conditions de forme.

SECTION 1 : DES CONDITIONS DE FOND

Pour exercer valablement une action en justice, il faut être capable d'ester en justice et en avoir le pouvoir.

1. DE LA CAPACITE D'ESTER EN JUSTICE

Le législateur congolais ne définit pas la capacité d'ester en justice. C'est la doctrine qui l'a fait. Selon celle-ci, la capacité d'ester en justice est l'« *Aptitude à plaider en justice, à être partie (en nom) devant les tribunaux (capacité de jouissance) soit comme demandeur (capacité active), soit comme défendeur (capacité passive)* »[74]. Cette définition mentionne trois (3) sortes de capacité, à savoir : La capacité de jouissance, la capacité active et la capacité passive dont Il est donc intéressant de les développer.

1.1. De la capacité de jouissance

La capacité de jouissance signifie l' « *Aptitude à être titulaire d'un droit ou d'une obligation* »[75]. C'est de cette capacité qu'il s'agit lorsque le législateur congolais énonce à l'article 212 du code de la famille que « *Toute personne capable peut exercer ses droits civils conformément à la loi ou à la coutume, sauf les exceptions établies par la loi* ». Pour bien comprendre le terme « toute personne » utilisé dans cette disposition, le législateur a énuméré à l'article 215 du même code les personnes excluent de cette catégorie qui sont considérées par la loi comme des incapables, à savoir :

- les mineurs ;
- les majeurs aliénés interdits ;
- les majeurs faibles d'esprit, prodigues, affaiblis par l'âge ou infirmes placés sous curatelle.

---

[74] Ibidem, p. 146.

[75] Remy CABRILLAC, Op. cit., p. 61.

Il faut noter cependant que législateur ne classe plus la femme mariée parmi les incapables précités. Mais jadis, celle-ci se trouvait limiter dans l'exercice de ses droits par l'article 450, aujourd'hui abrogé depuis la réforme du code de la famille du 15 juillet 2016. Il lui était interdit d'ester en justice en matière civile, d'acquérir, d'aliéner ou de s'obliger sans l'autorisation maritale. Aujourd'hui, la femme est élevée au même rang que son mari. Désormais, ils agissent ensemble après échange d'idées[76]. Cependant, il faut souligner en passant que la gestion du patrimoine commun et propre confiée, par l'article 490 alinéa 2 du code de la famille, par présomption au mari, peu importe le régime matrimonial, n'a rien avoir avec la capacité de la femme.

1.2. De la capacité active et de la capacité passive

La capacité active ou passive est l'aptitude à solliciter le juge pour qu'il se prononce sur le bien-fondé d'une prétention en qualité de demandeur (capacité active) ou en qualité de défendeur (capacité passive). Cette définition est fondée sur un stéréotype procédural qui fait croire que seul le demandeur peut être offensif dans un procès et que le défendeur est passif. Or, en réalité, le défendeur peut tout aussi bien devenir offensif lorsqu'il fait acter la demande reconventionnelle.

2. DU POUVOIR

Selon la doctrine, le pouvoir est un « *Droit d'accomplir valablement un acte juridique pour son compte ou pour le compte d'autrui* »[77].

En principe, la question du pouvoir ne se pose pas lorsqu'une personne agit pour son propre compte ou en son nom personnel car, étant capable, elle est présumée de la loi avoir le pouvoir. Le législateur l'énonce à l'article 211 du code de la famille lorsqu'il affirme que toute personne jouit des droits civiles depuis sa conception, à condition qu'elle naisse vivante.

Cependant, il y a un problème lorsqu'il s'agit d'exercer un pouvoir qui appartient à autrui. Ici, généralement, le problème qui se pose est de savoir si le représentant est réellement habilité à agir au nom d'autrui, c'est-à-dire en termes plus clairs, un problème relatif au représentant et au mécanisme de la représentation. Par exemple, quel pouvoir le gérant d'une société (le représentant) a-t-il pour représenter la société qu'il gère

[76] Article 477 du CDF.

[77] Remy CABRILLAC, ibidem.

(le mécanisme de la représentation) ou quel pouvoir le tuteur a-t-il pour représenter le mineur ? Avant d'y répondre, il faut d'abord noter que ce pouvoir s'apprécie par rapport à la qualité que possède le représentant pour agir en justice même s'il n'a pas d'intérêt direct et par rapport au mécanisme de la représentation qui est sa source de légitimité, d'où il tire son intérêt d'agir en justice. C'est pourquoi, le représentant ne doit jamais masquer la qualité de la personne qu'il représente. Il faut pour ce faire que l'identité du titulaire de l'action apparaisse dans tous les actes de procédure, de peur de plaider par procureur car, le pouvoir qu'il détient pour se représenter en justice appartient à autrui. Il faut en outre que le représentant justifie la source du mécanisme de sa représentation qui peut être multiple, c'est-à-dire légale judiciaire, contractuel, statutaire, etc.

SECTION 2 : LES CONDITIONS DE FORME

L'exercice d'une action en justice implique forcément certaines conditions de forme. Ces conditions sont celles qui sont attachées à la régularité des actes de procédure et à la consignation des frais

1. DES CONDITIONS DE REGULARITE DES ACTES DE PROCEDURE

L'article 1er du CPC stipule que « *Toute personne qui veut en assigner une autre fournit au greffier de la juridiction où la demande sera portée, tous les éléments nécessaires à la rédaction de l'assignation. Si le requérant sait écrire, il remet au greffier une déclaration signée* ».

De même l'article 26 de la loi n° 016-2002 du 16 octobre 2002 portant création, organisation et fonctionnement des tribunaux du travail stipule également que :

« *Le tribunal du travail est saisi par une requête écrite ou verbale du demandeur ou de son conseil.*

La requête écrite est déposée entre les mains du greffier qui en accuse réception ou adressée au greffier par lettre recommandée à la poste contre récépissé….

La requête verbale est actée par le greffier et signée conjointement par ce dernier et le déclarant ».

Les deux (2) dispositions sus-évoquées émanant de deux codes différents montrent bel et bien qu'il y a nécessité d'un écrit pour la validité des actes de procédure, même si tous les actes de procédure ne sont pas forcément des écrits, ainsi que le respect de certaines règles de signification.

1.1. De la nécessité d'un écrit

Même si les règles de rédaction des actes de procédure varient en fonction de l'objet de l'acte considéré, certaines mentions substantielles doivent y figurées à peine de nullité, notamment :

- l'identité du requérant ou demandeur ou encore celle de la personne représentée (nom, prénom, date et lieu de naissance, domicile et s'il y a lieu son domicile élu, profession) ;
- l'identité du défendeur ou de la personne à qui il est destiné l'acte (nom, prénom, domicile et s'il y a lieu son domicile élu). S'il s'agit d'une personne morale, il faut indiquer la dénomination. Cependant, l'identité de la personne physique la représentant n'est pas nécessaire ;
- l'objet de l'acte ;
- l'indication du lieu, jour et l'heure de la comparution ;
- l'indication du tribunal où l'affaire est portée ;
- la signature du greffier.

Il faut noter que dans certains cas, l'identité de l'auteur de l'acte est exigée ainsi que sa signature ou celle de son conseil. Par exemple, la requête en matière de travail.

1.2. Du respect des règles de signification des actes de procédure

Selon la doctrine française, la signification est une « *Notification faite par huissier de justice, consistant en la remise de la copie d'un acte de procédure à son destinataire*[78] ». Il faut noter que si en France il n'y a que les huissiers qui sont compétents pour la signification des actes de procédure, en RD Congo, les greffiers le sont également, principalement en ce qui concerne l'assignation[79]. Il faut noter que lorsque les chambres provinciales d'huissiers seront installées ces derniers auront le monopole de la signification[80].

[78] Gérard CORNU, Op. cit., p. 958.

[79] Article 3 du CPC.

[80] Articles51, alinéa 2 de la loi n°16011 du 15 juillet 2016 portant création et organisation de la profession d'huissier de justice.

La signification doit obéir à certains conditions à peine d'irrecevabilité notamment celles liées au ressort, au choix de modes de signification et au moment de le faire.

1.2.1. Du ressort de la signification

Le greffier ou l'huissier est obligé de respecter son ressort. En d'autres mots, ce dernier ne peut signifier l'acte de procédure que dans le ressort de la compétence de la juridiction à laquelle il a été attaché. Si le destinataire habite en dehors de son ressort, il doit s'adresser à son collègue du ressort où se trouve le destinataire pour la signification.

1.2.2. Des modes de la signification des actes de procédure

La signification peut se faire de plusieurs manières à savoir :

- à personne ;
- à domicile ou à la résidence ;
- par lettre missive ;
- à l'étranger ;
- et à domicile inconnu.

1.2.3. Du moment de la signification

Le principe du moment de la signification est énoncé à l'article 196 du CPC. La règle est qu'aucune signification ne peut être faite dans un lieu non ouvert au public soit avant six heures du matin et après sept heures du soir, soit un jour férié légal, si ce n'est en cas d'urgence ou en vertu d'une permission du juge.

Cette règle est de strictes applications et doit être respecté par le greffier ou par l'huissier à peine d'irrecevabilité de l'acte signifié devant le juge.

2. DE LA CONSIGNATION DES FRAIS

La consignation au greffe est une formalité destinée à garantir le paiement des frais de justice. Elle doit être payée par le demandeur à peine d'irrecevabilité de la demande en justice. Aux termes de l'article 144 du CPC, après que le demandeur ait fourni les éléments nécessaires à la rédaction de l'assignation, il consigne entre les mains du greffier la somme exigée au premier degré ou au degré d'appel. Lorsque, au cours de la procédure, cette somme consignée paraît insuffisante, le greffier peut fixer des sommes supplémentaires.

La consignation des frais est une contrainte préalable exigée au moment de l'établissement des actes de procédure par l'article 145 du code précité. Le principe est énoncé en ces termes-ci : « *Aucun acte de procédure ne sera exécuté avant que la consignation prescrite ait été opérée et la cause sera rayée du rôle en cas de non-versement de la somme requise à titre de supplément* ». Il faut noter que cette consignation n'a pas un caractère rémunératoire par rapport à la justice, mais simplement fiscal.

Tableau 1 : Résumé schématique de l'exercice de l'action en justice

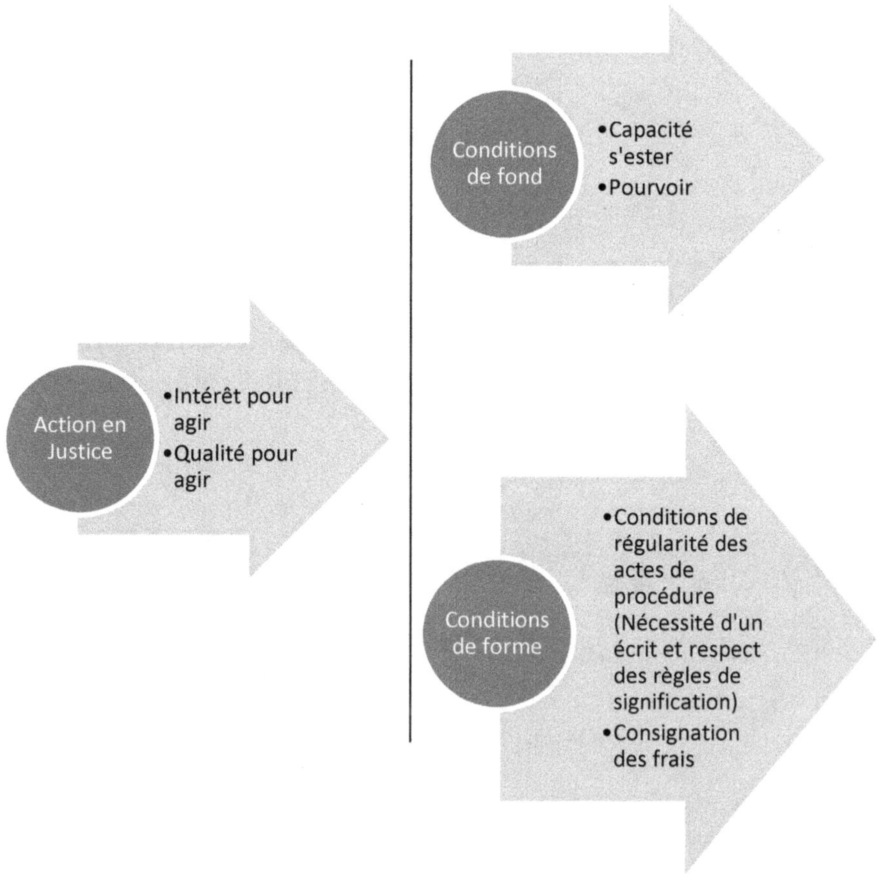

TITRE 2 : DE LA DEMANDE EN JUSTICE

CHAPITRE 1 : DE LA DEMANDE EN JUSTICE

SECTION 1 : DE LA NOTION DE LA DEMANDE EN JUSTICE

Selon la doctrine, une demande en justice est un « *Acte par lequel une personne soumet au tribunal une prétention* »[81].

En matière civile et commerciale, cette demande en justice se concrétise par plusieurs actes de procédure. Ils portent des appellations différentes en fonction de la procédure engagée ou en fonction de la juridiction saisie. Il s'agit notamment de l'assignation, des diverses sortes des requêtes (en matière gracieuse ou contentieuse), de la requête en matière de travail, des diverses requêtes introduites par la droit OHADA, de la comparution volontaire, de la notification d'appel ou d'opposition et assignation, de la requête aux fins de renvoi et de la requête introductive de pourvoi.

1. DE L'ASSIGNATION

L'assignation est une demande en justice d'origine légale[82]. Elle désigne l'acte de procédure qui ouvre initialement le procès, par lequel le demandeur invite le défendeur par l'intermédiaire du greffier ou d'huissier à comparaître devant une juridiction de droit commun pour entendre ses prétentions sur l'objet de la cause.

L'assignation est toujours formulée par le demandeur. Elle vaut généralement conclusions de ce dernier dont le défendeur doit y répondre après communication des pièces ou pas[83].

2. DES DIVERSES SORTES DE REQUETES

2.1. De la requête en matière gracieuse

La requête en matière gracieuse est une demande en justice d'origine légale[84]. Elle désigne un acte de procédure par lequel un justiciable

---

[81] Raymond GUILLIEN et Jean VINCENT, Op. cit., p. 242

[82] Article 2 du CPC.

[83] Pour plus de détails voir infra, deuxième partie, titre 1er, chapitre 2, section 1 : De la notion d'assignation.

[84] La requête en matière gracieux est consacrée notamment par plusieurs articles du CDF ainsi qu'à l'article 4 du décret de 27 juillet 1934 relatif aux faillites.

s'adresse directement à un magistrat (juge ou procureur), sans qu'il y ait forcément une mise en cause de quelqu'un pour solliciter une décision urgente, une autorisation, etc.

La requête est généralement formulée par n'importe quel individu qui trouve un intérêt dans cette procédure. Il est appelé pour l'occasion « requérant ». En principe, elle est admise devant le juge de la matière gracieuse, c'est-à-dire une matière où il n'y a pas de défendeur ni d'adversaire notamment, en ce qui concerne les demandes en déclaration d'absence, celles sollicitant l'exercice de l'autorisation parentale, l'homologation d'acte de notoriété ou l'apposition d'une formule exécutoire, etc. Dans ce cas, le juge y répond par une ordonnance qui a généralement un caractère exécutoire.

Notons par ailleurs que le magistrat du parquet saisi par une requête sollicitant un acte à caractère civil, n'y répond pas comme pour le juge par une ordonnance, mais par plusieurs actes de procédure mis à sa disposition notamment, la convocation des parties, la réquisition d'information ou de saisie, etc.

2.2. De la requête en matière contentieuse

La requête en matière contentieuse est une demande en justice d'origine légale[85] qui obéit aux mêmes conditions de fond et de forme pour sa validité que la requête en matière gracieuse à l'exception du fait que dans le cas ici, il y a un défendeur qui, malheureusement pour lui, ne pourra intervenir qu'après la notification de l'ordonnance du président de la juridiction notamment en matière de saisie conservatoire ou d'injonction de payer, de délivrer ou de restituer.

3. DE LA REQUETE EN MATIERE DE TRAVAIL

La requête en matière de travail est une demande en justice d'origine légale[86].

Conformément à la loi n°16-2002 du 16 octobre 2002 portant création, organisation et fonctionnement des tribunaux de travail, depuis le 30 avril 2014, deux tribunaux de ressort ont été installés en RD Congo, l'un à Kinshasa et l'autre à Lubumbashi (ex-Katanga). Ce tribunal est saisi

[85] Article 111 de la loi organique portant OCJ et articles 1 et suivants et, 19 et suivants de l'acte uniforme AUPSRVE.

[86] Article 26 de la loi n° 016-2002 du 16 octobre 2002 portant création, organisation et fonctionnement des tribunaux du travail.

par une requête écrite ou verbale du demandeur ou de son conseil. Lorsqu'elle est écrite, elle doit être déposée entre les mains du greffier qui en accuse réception ou adressée au greffier par lettre recommandée à la poste contre récépissé. Elle est datée et signée par son auteur. Lorsqu'elle est verbale, elle est actée par le greffier et signée conjointement par ce dernier et le déclarant.

La requête écrite ou l'acte dressé sur requête verbale par le greffier doit contenir l'identité, la profession et le domicile des parties. Une ampliation du procès-verbal de non-conciliation ou de conciliation partielle dressé par l'inspecteur du travail du ressort doit obligatoirement y être jointe.

4. DIVERSES REQUETES INTRODUITES PAR LE DROIT ODAHA

4.1. De la requête en injonction de payer

La requête en injonction de payer est une demande d'origine légale introduite par le droit OHADA[87]. Elle désigne un acte par lequel un créancier saisit le juge afin d'en obtenir un ordonnance aux fins d'injonction de payer pour le recouvrement de sa créance. Cette procédure a le mérite d'être rapide, peu onéreuse et permet à un créancier de contraindre son débiteur à honorer son engagement.

4.2. De la requête en injonction de délivrer ou de restituer

La requête en injonction de délivrer ou de restituer est comme la requête en injonction de payer, une demande d'origine légale introduite par le droit OHADA[88]. Elle obéit aux mêmes principes que la requête en injonction de payer sauf que dans ce cas-ci, il s'agit d'un bien meuble corporel au lieu d'une créance.

5. DE L'INTERVENTION

L'intervention est une demande incidente de justice d'origine doctrinale et jurisprudentielle. Elle est l'acte par lequel un tiers entre dans un procès déjà commencé. L'intervention peut être de deux (2) sortes, à savoir : les interventions volontaires et les interventions forcées.

[87] Article 1 et suivants de l'acte uniforme AUPSRVE.

[88] Article 19 et suivants de l'acte uniforme AUPSRVE.

5.1. Des interventions volontaires

Il existe deux (2) sortes d'interventions volontaires, à savoir : l'intervention volontaire principale et l'intervention volontaire accessoire. C'est une classification fondée sur l'objet recherché par l'intervenant.

5.1.1. De l'intervention volontaire principale

L'intervention volontaire principale est une demande qui se produit lorsqu'une personne étrangère à l'instance déjà mise en mouvement décide d'elle-même d'intervenir pour y élever une prétention contre l'une ou l'autre partie.

5.1.2. De l'intervention volontaire accessoire

L'intervention volontaire accessoire est une demande qui se produit lorsqu'une personne étrangère à l'instance déjà née décide de s'y mêler afin de soutenir l'une des parties.

5.2. Des interventions forcées

Les interventions forcées peuvent être regroupées en trois (3) catégories, à savoir :

- pour une mise en cause de l'intervenant ;
- pour une condamnation commune d'une des parties avec l'intervenant ;
- et pour garantir une des parties ou l'appel en garantie.

Cette classification est fondée sur le but poursuivi par l'une des parties.

5.2.1. De l'intervention forcée pour mettre en cause un tiers

C'est est une demande pour mettre en cause et faire condamner l'intervenant à la place de l'une des parties.

Par exemple :

L'action contre d'une victime contre l'auteur du préjudice et l'intervention forcée dirigée contre son assureur.

5.2.2. De l'intervention forcée pour condamnation commune d'une des parties avec l'intervenant

C'est est une demande pour faire condamner solidairement l'intervenant et une des parties en instance.

5.2.3. De l'intervention forcée pour garantir le défendeur ou l'appel en garantie

C'est une « *Action appartenant au plaideur qui a la faculté de se retourner contre un garant* »[89].

Aux termes de l'article 27 du CPC, le défendeur qui veut mettre un garant en cause doit le faire à la première audience, solliciter une remise et un délai suffisant à raison de la distance du domicile du garant pour l'assigner. Cependant, si cette mise en cause n'a pas été demandée à la première comparution ou si l'assignation n'a pas été faite dans le délai fixé, il est procédé, sans délai, au jugement de l'action principale, sauf à statuer séparément sur la demande en garantie.

La jurisprudence admet cependant qu'une personne responsable peut être assimilée au garant et d'une façon plus générale qu'un délai suffisant ne peut être refusé par le juge parce qu'il permet de s'assurer que toutes les parties mises en cause ont été appelées à l'instance[90].

6. DE LA COMPARUTION VOLONTAIRE

Bien que le législateur ne l'ait pas dit expressément, la comparution est une demande en justice non formelle d'origine légale. Elle est classée par la doctrine congolaise parmi les demandes en justice[91].

En effet, la comparution volontaire est une demande par interprétation de l'article 12 du CPC alinéa 2. Cette disposition stipule que « *La déclaration des parties qui demandent jugement est actée par le greffier. Elle est signée par les parties, ou mention est faite qu'elles ne peuvent signer* ». Ces déclarations des parties qui demandent jugement signifient en d'autres mots, une demande en justice.

---

[89] Raymond GUILLIEN et Jean VINCENT, Op. cit., p. 423.

[90] Antoine RUBBENS, Op. cit., n°75, p. 81.

[91] MUKADI BONYI et KATUALA KABA KASHALA, Op. cit., n°2, p. 56-59.

Dans la pratique et surtout à l'audience, on fait souvent acter la comparution volontaire lorsque la demande d'instance principale, c'est-à-dire l'exploit introductif d'instance est entaché d'irrégularités. Dans ce cas, le demandeur ou le défendeur qui a un intérêt de voir le procès continuer accepte ou déclare simplement comparaitre volontairement. Cette comparution est aussitôt actée par le greffier. Il faut noter que la comparution dans ce cas-ci n'est pas une nouvelle demande en justice du demandeur ou du défendeur, mais une simple acceptation de l'un ou de l'autre de comparaitre malgré ces conditions d'irrégularités. La question qu'il faut se poser dans ce cas-ci est celle de savoir si la comparution volontaire a pour objectif de régulariser les erreurs que porte un exploit entaché ? La réponse est négative car, l'acceptation de comparaitre volontairement n'a pas pour objectif de couvrir les irrégularités d'un acte entaché, mais plutôt de comparaitre dans cet état sans en tenir compte. La couverture en soi, n'est qu'une simple conséquence de cette acceptation puisque dans certains cas comme ceux liés à l'ordre public, elle est incapable de couvrir quoique ce soit. C'est pourquoi d'ailleurs, selon la doctrine congolaise, les tribunaux auront toujours tendance à admettre que les irrégularités que porte une demande en justice soient couvertes par une comparution volontaire à l'exception, des omissions ou des erreurs de procédure qui violent ou qui portent atteintes aux droits de la défense. Dans ce même ordre d'idée, la jurisprudence affirme que la comparution volontaire ne peut couvrir les absences de date et de signature du greffier ou d'huissier[92].

La comparution volontaire peut aussi être actée au greffe par un bulletin de comparution volontaire signée conjointement par les parties en instance afin d'éviter une notification de l'exploit A-venir pour relancer une affaire mise au rôle général. Cependant, il faut noter même si dans la pratique cela ne se fait pas, le législateur n'interdit pas que le tribunal soit saisit par une comparution volontaire actée au greffe comme une demande principale à la place d'un exploit introductif d'instance.

7. DE LA NOTIFICATION D'APPEL OU D'OPPOSITION ET ASSIGNATION

La notification d'appel ou d'opposition et assignation est une demande en justice formée par voie de recours ordinaire. Elle est d'origine hybride par sa dénomination. La « notification d'opposition ou d'appel » est un acte d'origine légale d'un côté et administrative de l'autre côté. Un acte légal parce que l'assignation en opposition ou en appel sont prévus par les articles 63 alinéa 5 et 70 du CPC et, un acte d'administratif parce que

[92] CSJ, 2 février 1978, BA 1979, p. 19 - Jurisprudence citée par MUKADI BONYI et KATUALA KABA KASHALA. Ibidem, n°52, p. 57.

le terme notification dont il porte ne sert qu'au greffe et n'est pas prévu par le législateur.

En bref, la notification d'appel ou d'opposition et assignation désigne l'acte de procédure qui ouvre un procès au niveau d'appel ou d'opposition par lequel l'appelant ou l'opposant invite l'intimé ou cité par l'intermédiaire du greffier ou d'huissier à comparaître devant une juridiction d'appel ou qui a rendu la décision au premier degré.

Il est certes vrai que certains auteurs ne classent pas la notification d'appel ou d'opposition et assignation comme une demande en justice. Cependant, la réponse se trouve aux articles 63 alinéa 5 et 70 du CPC qui précisent que le greffier reçoit l'appel ou l'opposition et fait assigner l'intimé ou la cité dans les formes et délais prévus par la loi au chapitre 1er du titre 1er du CPC, c'est-à-dire en d'autres mots que le législateur en fait un acte de procédure à part entière, mais dont les formes et délais obéissent à ceux de l'assignation.

8. DE LA REQUETE AUX FINS DE RENVOI

La requête aux fins de renvoi est une demande en justice. Elle est introduite devant une juridiction supérieure en vue d'en solliciter le renvoi d'une affaire pendante devant une autre juridiction inférieure.

Il en existe deux (2) sortes, à savoir : la requête aux fins de renvoi pour cause de suspicion légitime et la requête aux fins de renvoi pour cause de sureté publique. Les deux (2) requêtes saisissent valablement le juge[93].

8.1. De la requête aux fins de suspicion légitime

Le législateur a prévu que la requête aux fins de renvoi pour cause de suspicion légitime puisse être introduite par les parties en instance ou par l'officier du ministère public. Selon l'article 356 et suivants du NCPC français, elle est une demande de dessaisissement d'une juridiction saisie lorsque l'une des parties fait valoir que les juges qui la composent collectivement (et non individuellement), font preuve ou risque de faire preuve d'inimitié ou d'animosité à son égard, c'est-à-dire en d'autres mots, risque de partialité. Cependant, le législateur congolais n'a pas comme celui de la France énuméré les cas d'ouverture de la suspicion légitime. Ce qui laisse la porte ouverte à tous les abus. Il arrive même qu'une partie complètement déboussolée face aux arguments de la partie

[93] Articles 60 et suivants de la loi organique n° 13/011-B du 11 avril 2013 portant organisation, fonctionnement et compétences des juridictions de l'ordre judiciaire.

adverse quant au fond, saisisse la juridiction supérieure par cette procédure dans un but purement dilatoire. En France, cela n'est pas possible car, l'article 359 du CPC enjoint le juge de renvoi, de statuer en chambre de conseil dans le mois qui suit sa saisine, uniquement en présence du ministère public et sans qu'il soit nécessaire d'appeler les parties. Il semble judicieux que le juge congolais de renvoi épouse cette disposition française pour une bonne administration de la justice. Toutefois, en attendant la grande réforme du code de procédure civile congolais, il semble plus intéressant de corriger ce comportement par une circulaire du Premier Président de la Cour Suprême de Justice.

D'après la jurisprudence française citée par Serge BRAUDO[94], « *Le défaut d'impartialité d'une juridiction ne peut résulter du seul fait qu'elle ait rendu une ou plusieurs décisions défavorables à la partie demanderesse à la récusation ou favorables à son adversaire. Fût-il démontré que les magistrats concernés auraient commis des erreurs de procédure ou des applications erronées des règles de droit, de telles erreurs, qui pourraient donner lieu qu'à l'exercice de voies de recours, ne sauraient établir la partialité ni des magistrats qui ont rendu les décisions critiquées ni des magistrats de la cour d'appel, pris dans leur ensemble, non plus que faire peser sur eux un doute légitime sur leur partialité* »[95].

La Cour de cassation française, en outre, estime qu'une demande de renvoi pour cause de suspicion légitime ne peut être dirigée contre toutes les juridictions du ressort d'une cour d'appel et ne peut pas non plus être formée à titre préventif, c'est-à-dire avant qu'une juridiction ne soit saisie[96].

L'ancienne Cour Suprême de Justice, quant à elle, a estimé qu'une demande de renvoi pour cause de suspicion légitime ne peut être recevable que dans les cas-ci après, qui ne sont pas exhaustives :

---

[94] Serge BRAUDO. Dictionnaire de droit privé [en ligne]. Disponible sur : https://www.dictionnaire-juridique.com/definition/suspicion-legitime.php

[95] Chambre civile 2, 24 novembre 2016, pourvoi n°16-01646, Bulletin d'information de la Cour de Cassation (BICC) n°860 du 15 avril 2017 - Jurisprudence française. Disponible sur : https://www.legifrance.gouv.fr/affichJuriJudi.do?oldAction=rechJuriJudi&idTexte=JURITEXT000033484365&fastReqId=902927339&fastPos=1

[96] Chambre civile 2, 11 décembre 2008, pourvoi n°08-01802, Bulletin d'information de la Cour de Cassation (BICC) n°700 du 15 avril 2009 - Jurisprudence française. Disponible sur : https://www.legifrance.gouv.fr/affichJuriJudi.do?oldAction=rechJuriJudi&idTexte=JURITEXT000019922783&fastReqId=1162966595&fastPos=1.

- le manque de confiance au juge naturel par l'une des parties pour des motifs de manque de probité[97] ;

- la crainte de ne pas obtenir une justice équitable parce que la juridiction suspectée a été signifiée un exploit en la personne du demandeur alors qu'elle était absent du pays en cette date[98] ;

- le fait que le défendeur poursuit judiciairement et de manière acharnée le demandeur et sa famille, qu'il exerce une emprise certaine sur les juridictions contestées et que la Cour, elle-même pour des causes similaires concernant le défendeur, a déjà ordonné des renvois[99].

Selon la doctrine congolaise[100], la demande de renvoi pour cause de suspicion légitime peut être valablement fondée sur la méfiance qu'inspire le président d'une juridiction qui exerce son autorité sur les autres juges ou sur la crainte, malgré la gravité et la précision des motifs, d'un prononcé partiale du fait d'un intérêt personnel de l'un ou de plusieurs juge de la même juridiction.

De façon générale, lorsqu'une juridiction est saisie par une requête aux fins de renvoi, elle doit déférer par une décision l'affaire devant une autre juridiction inférieure de son ressort. Ainsi, le tribunal de grande instance peut renvoyer la connaissance d'une affaire d'un tribunal de paix de son ressort à un autre tribunal de paix du même ressort. La cour d'appel peut renvoyer d'un tribunal de grande instance de son ressort à un autre tribunal de grande instance du même ressort. Et enfin, la cour de cassation peut renvoyer d'une cour d'appel à une autre ou d'une juridiction du ressort d'une cour d'appel à une juridiction de même rang du ressort d'une autre cour d'appel.

[97] Arrêt RR 542/543 en cause Claude POLET c/ Georges Arthur FORREST/ Georges Arthur FORREST c/ Claude POLET, la société Gécamines et Entreprise MALTA FORREST. Lire Bulletin des arrêts de la Cour Suprême de justice (2004-2009), Tome I, Kinshasa, 2010, pp. 324-327.

[98] Arrêt RR 650 en cause Pierre NAKWETI KIKANGU c/ KATEMBO KAHEHERO et consorts. Lire Bulletin des arrêts de la Cour Suprême de Justice (2004-2009), Tome II, Kinshasa, 2010, p. 28-33.

[99] Affaire STRAVOS PAPAIONNOU contre le Tribunal de paix de Lubumbashi, le Tribunal de paix de Kamalondo et KATEBE KATOTO, arrêt RR 187/188 du 02 février 1995. Lire Bulletin des arrêts de la Cour Suprême de Justice (1990 à 1999), Kinshasa, 2003, pp. 112-115.

[100] LUZOLO BAMBI LESSA, Op cit, I, n°228, p. 155.

La juridiction saisie de la demande de renvoi donne acte du dépôt de la requête. Tandis que la juridiction saisie quant au fond sursoit à statuer sur production d'une expédition de la décision de renvoi par la partie requérante.

Il faut signaler qu'il y a une mauvaise pratique qui existe devant les juridictions, celle de saisir la juridiction de renvoi par une requête en suspicion légitime qui ne reprend que le numéro du rôle de l'affaire de fond, le nom du requérant et le mot « consorts », sans citer la juridiction suspectée ni nommément les parties réellement au procès de fond, voire avec les parties imaginaires afin d'empêcher les vraies parties à l'instance de fond de comparaitre et d'y faire leurs observations. Cette pratique est un manque de loyauté et de probité à l'égard d'un l'avocat qui le fait vis-à-vis de l'autre partie.

Cependant, il faut noter qu'une requête aux fins de suspicion légitime doit contenir le numéro du rôle de l'affaire de fond qui est devant la juridiction inférieure, les noms du requérant, des parties avec les autres détails exigés aux exploits qui sont prévus à l'article 2 du CPC (sauf le lieu, le jour et l'heure de la comparution) ainsi que le nom de la juridiction suspectée. Ces références sont substantielles et cumulatives. Substantielles parce qu'elles sont exigées, à peine de nullité, par les règles de procédure civile liées aux conditions de forme des actes introductifs d'instance. Et, cumulatives parce que l'absence de l'une d'elles ne permet pas de statuer valablement sur la cause. Notons par ailleurs que la mention des noms des parties, particulièrement de la partie opposée sert à renseigner, dans tous les actes introductif d'instance, l'identité du défendeur dont le droit est protégé par la Constitution. Celle du numéro de rôle de l'affaire de fond sert à renseigner la cause qui doit être sursise. Celle de la juridiction suspectée sert à renseigner la juridiction qui fait l'objet des poursuites.

Cependant, il y a lieu de noter que jusqu'en mai 2000, la requête aux fins de renvoi pour cause de suspicion légitime n'était introduite devant l'ancienne Cour suprême de Justice que dans les conditions prévues à l'article 2 alinéa de l'Ordonnance-loi 82-017 du 31 mars 1982 relative à la procédure devant la Cour suprême de justice, c'est-à-dire uniquement par les avocats à la Cour suprême de justice. A la suite de l'arrêt RR 302 opposant les sociétés MINOCONGO et SOCIMEX, le Tribunal de paix de Matadi et le Procureur général de la République rendu le 4 mai 2000, le ministère des avocats à la Cour d'appel a été étendu jusqu'à la Cour suprême de justice uniquement en ce qui concerne les procédures spéciales comme le renvoi de juridiction, la prise à partie, la révision et le règlement des juges[101].

8.2. De la requête aux fins de renvoi pour cause de sûreté publique

Elle est une demande introduite uniquement par l'officier du ministère public dans le but garantir l'ordre public, la tranquillité et la stabilité de la population dans la cité. L'exemple type est donné en matière pénale.

Par exemple :

Une juridiction peut ordonner le renvoi pour cause de sûreté publique parce que le jugement de l'affaire dans le ressort de la commission de l'infraction peut provoquer des scènes de désordre qui peuvent porter atteinte à la sûreté publique.

9. DE LA REQUETE INTRODUCTIVE DE POURVOI

La requête introductive de pourvoi est une demande en justice. Elle est prévue à l'article 2 de la loi organique n°13/10 du 19 février 2013 relative à la procédure devant la Cour de cassation. Elle peut être introduite par le ministère public ou par un avocat à la Cour de cassation.

SECTION 2 : DES DIVERSES FORMES DES DEMANDES EN JUSTICE

Il existe plusieurs sortes de demandes. Il s'agit ici d'une classification en fonction de l'objectif poursuivi. Dans la présente étude, il est intéressant d'en retenir huit (8), à savoir : la demande principale ou initiale, la demande incidente, la demande en intervention, la demande additionnelle, la demande reconventionnelle, la demande nouvelle, la demande provisionnelle et la demande accessoire.

1. DE LA DEMANDE PRINCIPALE OU INITIALE

Elle est définie comme une demande qui ouvre le procès civil par laquelle une prétention est soumise au juge. Comme dit plus haut, elle ne peut être formulée qu'à l'initiative du demandeur.

---

[101] Jurisprudence de la CSJ, 4 mai 2000, RR 302, MINOCONGO contre SOCIMEX, le Tribunal de paix de Matadi et le Procureur Général de la République in Revue de droit africain, numéro 16, octobre 2000, R.D.J.A., Bruxelles, pp. 536-551. Lire aussi les commentaires de l'article 103 ; Maîtres WASENDA N'SONGO et MUPILA NDJKE, Code de déontologie des avocats, 2ème éd., Kinshasa, Ed. Pax-Congo « Editions universitaires », 2010, p.113.

2. DE LA DEMANDE INCIDENTE

Elle est définie comme toute demande qui n'ouvre pas l'instance, mais qui intervient pendant le déroulement du procès.

La demande incidente peut être formulée à l'initiative du demandeur (on parlera alors de demande additionnelle) ou à celle du défendeur (on parlera de demande reconventionnelle) ou encore d'un tiers (on parlera de demande en intervention volontaire) ou encore être dirigée contre ce dernier par l'une des parties déjà au procès (on parlera de demande en intervention forcée).

3. DE LA DEMANDE EN INTERVENTION

Elle est avant tout une demande incidente. Il en existe deux (2). Il s'agit de la demande en intervention volontaire, généralement appelée aussi « intervention » et celle en intervention forcée.

3.1. De la demande en intervention volontaire

Elle est définie comme celle par laquelle une personne qui était originairement tiers au procès intervient pour y faire valoir ses prétentions par rapport à un intérêt certain à défendre.

De façon générale, la demande en intervention volontaire ne peut être formulée qu'à l'initiative d'une partie tierce au procès.

3.2. De la demande en intervention forcée

Elle est définie comme celle par laquelle l'une des parties déjà en instance invite un tiers à les rejoindre au procès. Dans ce cas deux (2) hypothèses se présentent :

- le cas où l'une des parties force un tiers à intervenir dans une instance pour prendre fait et cause en sa faveur.
- et, le cas où l'une des parties force un tiers à intervenir pour que le jugement qui sera rendu lui soit opposable.

En principe, la demande en intervention forcée peut être formulée à l'initiative du demandeur ou du défendeur.

4. DE LA DEMANDE ADDITIONNELLE

Elle est définie comme une demande incidente par laquelle le demandeur d'instance formule devant le juge une autre prétention connexe à la demande principale. Il peut s'agir soit d'une rectification, soit d'une augmentation ou soit d'une diminution des prétentions du demandeur.

5. DE LA DEMANDE RECONVENTIONNELLE

Elle est également considérée comme une demande incidente. Elle est définie comme celle par laquelle le défendeur qui, non content de se trouver en instance, attaque à son tour et soumet au juge une autre demande différente de la principale.

En principe, la demande reconventionnelle est toujours formée à la suite d'une demande principale contre une action jugée téméraire et vexatoire par le défendeur. Généralement, c'est ce dernier qui fait acter l'action reconventionnelle à l'audience ou au greffe pour devenir un demandeur reconventionnel afin de pouvoir prendre l'initiative de mener le procès et éventuellement, de sommer le demandeur lorsque celui-ci s'abstient à conclure ou à comparaitre, malgré les différentes remises.

6. DE LA DEMANDE NOUVELLE

Elle est définie comme une demande introduite en cours d'instance par le demandeur ou par le défendeur ou encore par un tiers, laquelle diffère de l'action initiale par certains éléments constitutifs comme l'objet ou la cause.

7. DE LA DEMANDE PROVISIONNELLE

Elle est considérée comme une demande incidente par laquelle le demandeur sollicite du juge la condamnation du défendeur à payer ou à bénéficier provisoirement et partiellement d'une partie des sommes sollicitées ou d'un avantage certain en attentant l'issue de l'instance.

En principe, elle est formulée par le demandeur lorsque sa créance ou son avantage auprès du défendeur est certain et incontestable.

8. DE LA DEMANDE ACCESSOIRE

Elle est définie comme une demande incidente introduite par le demandeur en vue de solliciter un avantage quelconque, mais qui est accessoire à la demande principale.

En règle générale, elle n'est formulée que par le demandeur.

SECTION 3 : DES CONDITIONS D'INTRODUCTION DE LA DEMANDE EN JUSTICE DEVANT LA JURIDICTION COMPETENTE

En matière civile, lorsqu'une personne décide de saisir une juridiction civile pour lui soumettre une prétention, elle doit préalablement vérifier si cette dernière est compétente ou non. Cette compétence s'apprécie territorialement (*ratione loci*) et matériellement (*ratione materiae*).

1. DE LA COMPETENCE *RATIONE MATERIAE* OU MATERIELLE DES JURIDICTIONS

La compétence matérielle est une aptitude des juridictions à connaitre une affaire, qui est déterminée en fonction de l'ordre auquel appartient une juridiction, du degré de la juridiction, de la nature de la juridiction et celle des affaires. Le législateur congolais a déterminé les compétences matérielles de chaque juridiction de plusieurs manières telles que développées dans les paragraphes ci-après :

1.1. Du tribunal pour enfants[102]

Le tribunal pour enfant est compétent pour connaitre les matières se rapportant à l'identité, à la capacité, à la filiation, à l'adoption et à la paternité de l'enfant.

1.2. Du tribunal de paix[103]

Le tribunal de paix est compétent pour connaitre :

- de toute contestation portant sur le droit de la famille, les successions, les libéralités et les conflits fonciers collectifs ou individuels régis par la coutume ;

---

[102] Article 99 de la loi n°09/001 du 10 janvier 2009 portant protection de l'enfant.

[103] Article 110 de la loi organique portant OCJ.

- de toutes les autres contestations susceptibles d'évaluation pour autant que leur valeur ne dépasse pas deux millions de francs congolais ;
- de l'exécution des actes authentiques.

1.3. Du tribunal de grande instance[104]

Le tribunal de grande instance est compétent pour connaitre :

- de toutes les contestations qui ne sont pas de la compétence des tribunaux de paix. Toutefois, saisi d'une action de la compétence des tribunaux de paix, le tribunal de grande instance statue au fond en dernier ressort si le défendeur fait acter son accord exprès par le greffier ;
- de l'exécution de toutes décisions de justice, à l'exception de celle des jugements des tribunaux de paix qui est de la compétence de ces derniers ;
- de l'exécution des autres actes authentiques.

1.4. Du tribunal de commerce[105]

Le tribunal de commerce est compétent pour connaître :

- des contestations relatives aux engagements et transactions entre commerçants ;
- des contestations entre associés, pour raisons de société de commerce ;
- des contestations entre toutes personnes relatives aux actes de commerce, en ce compris les actes relatifs aux sociétés commerciales, aux fonds de commerce, à la concurrence commerciale et aux opérations de bourse ;
- des actes mixtes si le défendeur est commerçant ;
- des litiges complexes comprenant plusieurs défendeurs dont l'un est soit caution, soit signataire d'un chèque bancaire, d'une lettre de change ou d'un billet à ordre ;
- des litiges relatifs et concordats judiciaires.

Il faut noter au passage que dans sa note circulaire du 06 juin 2019[106], le Premier Président de la Cour de Cassation interdit aux juges présidents

---

[104] Article 112 de la loi organique portant OCJ.

[105] Article 17 de la loi n°002-2001 du 03 juillet 2001 portant création, organisation et fonctionnement des tribunaux de commerce.

de tous les tribunaux de commerce de pratiquer les saisies arrêts et les saisies conservatoires en absence de tout titre authentique. Interprétant correctement, selon lui, l'article 54 de l'AUPSRVE, il estime que cette compétence particulière doit être laissée aux tribunaux de paix ou à défaut, à ceux de grande instance, tant en matière civile que commerciale, conformément à l'article 111 et 113 de la loi organique n°13/011-B du 11 avril 2013 portant organisation, fonctionnement et compétences de juridiction de l'ordre judiciaire.

Cette note circulaire est critiquable pour deux (2) raisons suivantes :

- elle se base sur une loi de 2013 qui n'est pas plus spéciale en matière commerciale que l'acte uniforme portant organisation des procédures simplifiées de recouvrement et des voies d'exécution qui est entrée en vigueur en RDC en 2014 ;
- en exigeant aux tribunaux de paix ou, à défaut, à ceux de grande instance de pratiquer les saisies arrêts et les saisies conservatoires en matière commerciale, en absence de tout titre authentique, au détriment des tribunaux de commerce, cette note circulaire donne par ricochet la compétence à ces juridictions de connaitre certains actes juridiques privés à caractère commercial notamment, les accords issus d'une médiation dans le cadre des affaires tels que prévus par l'acte uniforme sur la médiation. Ceux-ci sont des actes sous seing privés (non authentiques) susceptibles d'appuyer une saisie. Selon le droit OHADA, ils sont de la compétence des tribunaux de commerce et de la CCJA.

1.5. Du tribunal de travail[107]

Le tribunal du travail est compétent pour connaitre :

- des litiges individuels survenus entre le travailleur et son employeur dans ou à l'occasion du contrat de travail ;
- des conventions collectives ou de la législation et de la réglementation du travail et de la prévoyance sociale ;
- des conflits collectifs de travail en général, notamment, les conflits survenus entre un ou plusieurs employeurs d'une part

[106] Note circulaire n°002 du 06 juin 2019 relative à l'interdiction d'autorisation des saisies arrêts et les saisies conservatoires par les présidents des tribunaux de commerce.

[107] Article 15 et 16 de la loi n°016-2002 du 16 octobre 2002 portant création organisation et fonctionnement des tribunaux de travail.

et un certain nombre de membres de leur personnel et, d'autre part, au sujet des conditions de travail lorsqu'ils sont de nature à compromettre la bonne marche de l'entreprise ou la paix sociale.

1.6. De la cour d'appel[108]

La cour d'appel est compétente pour connaitre de l'appel des jugements rendus en premier ressort par les tribunaux de grande instance, les tribunaux de commerce et les tribunaux de travail.

1.7. De la cour de cassation[109]

La cour de cassation est compétente pour connaitre des pourvois en cassation pour violation des traités internationaux dûment ratifiés, des lois et de la coutume contre les arrêts et jugements rendus en dernier ressort par les juridictions de l'ordre judiciaire en matière civile, commerciale et sociale.

2. DE LA COMPETENCE *RATIONE LOCI* OU TERRITORIALE DE LA JURIDICTION SAISIE

La compétence territoriale est déterminée *« en fonction des critères géographiques relatifs soit à la résidence des parties, soit à l'objet du litige et de désigner, entre les tribunaux de même nature, celui qui connaîtra de l'affaire »*[110]. La compétence territoriale est définie par le législateur congolais de la manière suivante :

2.1. Des actions concernant les enfants[111]

Le tribunal pour enfants compétent territorialement parlant pour connaitre toute matière concernant les enfants est celui de la résidence habituelle de ce dernier, de ses parents ou de son tuteur, du lieu des faits, du lieu où celui-ci aura été trouvé ou du lieu où il a été placé, à titre provisoire ou définitif.

---

[108] Article 115 de la loi organique portant OCJ.

[109] Article 116 de la loi organique portant OCJ.

[110] Remy CABRILLAC, Op. cit., p. 92.

[111] Article 101 de la loi n°09/001 du 10 janvier 2009 portant protection de l'enfant.

2.2. Des actions entre les travailleurs et leur employeur[112]

Les actions entre les travailleur et son employeur est à la compétence du tribunal de travail du lieu du travail sauf dérogation intervenue à la suite d'un accord international. Toutefois, en cas de force majeure ou par le fait de l'employeur si le travailleur se retrouve au lieu d'engagement ou au siège de l'entreprise, le tribunal du travail de ce lieu devient compétent.

Lorsqu'il y a un conflit collectif de travail qui affecte un ou plusieurs établissements situés dans plusieurs districts d'une même province, le tribunal du travail compétent est celui du chef-lieu de cette province. Et, lorsqu'un même conflit collectif touche plusieurs établissements d'une même entreprise ou plusieurs entreprises situés dans plusieurs provinces, le tribunal de travail compétent est celui de Kinshasa qui se trouve dans la commune de Gombe.

2.3. Des actions dirigées contre un défendeur, personne physique ou morale[113]

Pour connaître la compétence territoriale d'une juridiction saisie par le demandeur, il faut d'abord chercher à savoir si ce dernier veut assigner un ou plusieurs défendeurs.

- Lorsqu'il y a un seul défendeur, en principe, la juridiction compétente territorialement pour connaître la cause est celle du domicile ou de la résidence du défendeur ;
- Lorsqu'il y a plusieurs défendeurs, la cause est portée au choix du demandeur devant la juridiction du domicile ou de la résidence de l'un d'eux.

2.4. Des actions dirigées contre l'Etat ou l'une des entités étatiques[114]

Lorsqu'une action est dirigée contre l'Etat, le demandeur doit introduire la cause devant le juge du lieu où est établi le siège du gouvernement ou du chef-lieu de province. Si l'action est menée contre les provinces et les entités territoriales décentralisées, la cause est introduite devant le juge du lieu où ces entités ont le siège de leur administration.

---

[112] Articles 17 et 18 de la loi n°016-2002 du 16 octobre 2002 portant création, organisation et fonctionnement des tribunaux de travail.

[113] Article 130 de la loi organique portant OCJ.

[114] Article 131 de la loi organique portant OCJ.

2.5. Des actions en matière mobilière[115]

Lorsqu'une action civile doit être introduite en matière mobilière, le demandeur à trois (3) possibilités pour la porter devant le juge, à savoir :

- Le juge du lieu de la naissance de cette obligation ;
- Le juge du lieu de l'existence de cette obligation ;
- Le juge du lieu d'exécution de cette obligation.

2.6. Des actions concernant les cours d'eau traversant deux ressorts judicaires différentes[116]

Les actions nées à la suite d'un délit civil ou d'un quasi-délit sur une cours d'eau appartenant à deux ressorts judiciaires différentes, sont déférées soit devant l'un ou soit devant l'autre, c'est-à-dire que les deux ressorts sont tous les deux compétents pour connaitre de l'affaire.

2.7. Des actions contre les associés et les administrateurs de société[117]

Les actions en contestation mues entre associés ou entre administrateurs et associés sont portées devant le tribunal de commerce du ressort du siège social s'il y en a un dans le ressort. Notons au passage qu'à l'époque, avant l'installation du tribunal de commerce, c'était le tribunal de grande instance qui était compétent.

Le même juge qui a été compétent connaitre l'action précitée, l'est aussi, même après la dissolution de la société, pour le partage et pour les obligations qui en résultent, à condition que l'action soit intentée dans les deux (2) ans du partage.

2.8. Des actions en reddition de compte[118]

L'action en reddition du compte de tutelle est portée devant le juge du lieu où la tutelle s'est ouverte. Ce même juge est également compétent pour décharge le tuteur de la garde du mineur et pour confier ce dernier à une autre personne ou institution caritative qu'il désigne après avis du conseil de famille.

115 Article 132 de la loi organique portant OCJ.
116 Article 133 de la loi organique portant OCJ.
117 Article 134 de la loi organique portant OCJ et loi n°002-2001 du 03 juillet 2001 portant création, organisation et fonctionnement des tribunaux de commerce.
118 Article 135 de la loi organique portant OCJ.

Les comptables et les séquestres commis par justice sont assignés devant les juges qui les ont commis.

2.9. Des actions en matière immobilière[119]

En matière immobilière, les constations ou toute autre action portant sur un immeuble (les demandes accessoires en restitution de fruits et de dommages-intérêts) sont portées devant la juridiction de la situation de dudit immeuble.

Toutefois, si l'immeuble est situé dans deux (2) juridictions différentes, la compétence est fixée par la partie de l'immeuble dont la superficie est la plus étendue. Dans tous les cas, la demande peut être introduite devant le juge dans le ressort duquel est située une partie quelconque de l'immeuble, pourvu que la situation partielle dudit immeuble coïncide en même temps avec le domicile ou la résidence du défendeur.

2.10. Des actions en matière de succession[120]

Les actions en matière de succession sont portées devant le juge du ressort où la succession a été ouverte, en occurrence :

- les actions en pétition d'hérédité, les actions en partage et toutes autres actions entre cohéritiers jusqu'au partage ;
- les actions contre l'exécuteur testamentaire, si elles sont intentées dans les deux (2) ans de l'ouverture de la succession ;
- les actions en nullité ou en rescision du partage et en garantie des lots intentées au plus tard dans les deux (2) ans du partage ;
- les actions des légataires et des créanciers contre les héritiers ou l'un d'eux, si elles sont intentées dans les deux (2) ans du décès.

Cependant, lorsque la succession est ouverte dans un pays étranger, la juridiction compétente pour connaître des actions précitées est celle de la situation des immeubles de la succession.

Les actions action en reddition du compte de tutelle d'un cohéritier ou des cohéritiers mineurs est portée devant le juge du lieu où la tutelle a été ouverte.

Les actions comptables et les séquestres commis à l'occasion d'une succession par la justice sont assignés devant le juge qui les a commis.

---

[119] Article 136 de la loi organique portant OCJ.

[120] Articles 137 et 138 de la loi organique portant OCJ.

Lorsque la succession ne comprend pas d'immeubles situés en République Démocratique du Congo, mais d'autres biens mobiliers, deux (2) hypothèses se présentent.

1. Cas où les demandes successorales sont pendant devant les juridictions nationales[121] :

Lorsque les demandes successorales sont pendantes devant un tribunal de paix, elles peuvent, à la requête de l'une des parties, être jointes à des demandes connexes pendantes devant le tribunal de grande instance. La juridiction ainsi saisie statue en premier ressort.

Lorsque des demandes successorales pendantes devant les juridictions différentes de même rang sont connexes, elles peuvent, à la demande de l'une des parties, être renvoyées à celle de ces juridictions qui a déjà rendu une décision autre qu'une disposition d'ordre intérieur, sinon, à la juridiction saisie la première.

Dans ce cas, lorsque les parties ne sont pas les mêmes dans toutes les actions connexes et que la juridiction de renvoi a déjà rendu un jugement qui ne la dessaisit pas, le renvoi à cette juridiction ne peut être prononcé si le demandeur ou le défendeur qui n'a pas été partie à ce jugement s'y oppose. Les décisions de renvoi sont en dernier ressort.

La juridiction de renvoi ne peut décliner sa compétence sur les causes dont elle est saisie. Une expédition de la décision de renvoi est transmise avec les pièces de la procédure au greffe de la juridiction à laquelle la cause a été renvoyée.

2. Cas où les cohéritiers sont de nationalité étrangère[122] :

Les cohéritiers de nationalité étrangère peuvent être assignés devant les juridictions nationales dans les cas suivants :

a. si l'un ou tous ont un domicile ou une résidence en République Démocratique du Congo ou ils y ont fait élection de domicile ;

[121] Article 146 de la loi organique portant OCJ.

[122] Article 147 de la loi organique portant OCJ.

b. si l'obligation successorale qui sert de base à la demande est née, a été ou doit être exécutée en République Démocratique du Congo ;
c. si une action successorale est ouverte en République Démocratique du Congo ;
d. s'il s'agit d'une demande en validité ou en mainlevée de saisie-arrêt en matière de succession sont formées en République Démocratique du Congo ou de toutes autres mesures provisoires ou conservatoires ;
e. si la demande successorale est connexe à un procès déjà pendant devant un tribunal de la République Démocratique du Congo ;
f. s'il s'agit de faire déclarer exécutoires en République Démocratique du Congo les décisions judiciaires rendues en matière de succession ou les actes authentiques en matière successorale passés en pays étranger ;
g. s'il s'agit d'une contestation de faillite en matière successorale, lorsque la faillite est ouverte en République Démocratique du Congo ;
h. s'il s'agit d'une demande en garantie ou d'une demande reconventionnelle lorsque la demande originaire, pendante devant un tribunal nationale, est en matière successorale ;
i. dans les cas où il y a plusieurs défendeurs dans une cause en matière en matière successorale dont l'un à son domicile ou sa résidence en République Démocratique du Congo ;

Il faut noter par ailleurs que les cohéritiers de nationalité étrangère qui sont présents en République Démocratique du Congo peuvent toujours décliner la compétence des juridictions nationales, à condition de le faire au plus tard au moment du dépôt des premières conclusions. Sinon, le juge retiendra la cause et y fera droit.

Toutefois, les cohéritiers de nationalité étrangère défaillant devant le tribunal sont présumés décliner les juridictions nationales.

2.11. Des actions en matière de faillite[123]

L'action en contestation en matière de faillite sont portées devant le tribunal dans le ressort de la juridiction où la faillite est ouverte.

2.12. Des actions en matière d'exécution des jugements et des arrêts[124]

L'action en contestation lors de l'exécution d'un jugement ou d'un arrêt est portée devant la juridiction ou du lieu où l'exécution doit avoir lieu.

[123] Article 139 de la loi organique portant OCJ.

[124] Article 140 de la loi organique portant OCJ.

CHAPITRE 2 : DE LA SAISINE DE LA JURIDICTION COMPETENTE

SECTION 1 : DE LA NOTION DE LA SAISINE DE LA JURIDICTION

La doctrine définit la saisine d'une juridiction comme une « *formalité par laquelle un plaideur porte son différend devant une juridiction afin que celle-ci examine la recevabilité et le caractère fondé de ses prétentions. La saisine est normalement provoquée par le dépôt au greffe d'une copie de l'assignation ou d'une requête conjointe, ou par requête ou déclaration…* »[125].

La saisine désigne donc une formalité (n'importe quelle formalité) permettant simultanément à une juridiction d'examiner la recevabilité et le caractère fondé des prétentions des parties. Or, la recevabilité de l'action est appréciée par rapport à l'exploit introductif d'instance et le caractère fondé de l'action, par rapport tantôt à l'ensemble des éléments de fait et de droit faisant l'objet d'une contestation ou tantôt à tout ce qui dans le débat tend à établir le bien-fondé ou le non-fondé des prétentions.

1. DE LA RECEVABILITÉ DE L'EXPLOIT INTRODUCTIF

1.1. De la condition de forme liée à l'exploit introductif d'instance

La saisine du juge par un exploit introductif d'instance est conditionnée par sa forme, c'est-à-dire les formalités liées à l'acte déposé au greffe et permettant l'examen de sa recevabilité et du bien-fondé de l'action, en bref la condition de forme. Par « condition de forme », il faut entendre aux termes de l'article 2 et suivants du CPC :

- les mentions relatives au demandeur ;
- les mentions relatives au défendeur ;
- l'objet et les moyens de la demande ;
- l'indication du tribunal où la demande est portée ;
- la date d'émission de l'exploit ;
- le lieu, le jour et l'heure de la comparution ;
- l'huissier ou le greffier signifiant l'exploit ;
- la signification à personne, à domicile réel ou élu ou à la résidence du défendeur ;
- la signification par lettre missive et par messager, à l'étranger ou à domicile inconnu ;

---

[125] Raymond GUILLIEN et Jean VINCENT, Op. cit., p.784.

- les noms et prénoms de la personne réceptionnant l'exploit, son lien de parenté, de subordination ou de voisinage, etc. avec le signifié.

Dans la pratique, lorsque la cause est appelée, le juge s'adonne généralement à deux (2) exercices principaux, considérés comme mentions substantielles, à savoir :

- un calcul rapide de délai (*dies aquo et dies ad quem*) ;
- et la vérification des conditions de signification de l'exploit introductif d'instance, c'est-à-dire les noms et prénoms de la personne à qui le greffier à parler et qui a réceptionné l'exploit, son lien de parenté, de subordination ou de voisinage, etc. Les autres éléments liés à la forme de l'exploit qui sont moins visibles aux yeux du juge, sont soulevés sous forme d'exceptions d'irrégularité de la saisine par le défendeur notamment celles liées au défaut de qualité du demandeur, *obscuri libelli*, etc.

Il faut noter que toutes les mentions de l'exploit ne sont pas forcément substantielles. C'est pourquoi, l'appréciation de l'absence d'éléments peut se faire au cas par cas, selon qu'il s'agit d'une erreur ou d'une omission qui porte ou non atteinte au droit de la défense.

Qu'en est-il lorsqu'il s'agit de l'absence de date d'émission dans l'exploit d'instance, de l'absence du nom du greffier signataire ou encore de l'absence dans l'exploit d'instance de la signature du greffier l'instrumentant ? Dans ce trois (3) cas, beaucoup de doctrines considèrent qu'un tel acte est inexistant [126]et doit dessaisir le juge, pour principalement deux (2) raisons :

- d'abord parce que l'absence de date d'émission de l'exploit viole les droits à la défense dans la mesure où le défendeur ne peut pas apprécier le délai d'assignation de huit (8) francs, délai que le législateur lui accordé pour préparer sa défense devant le juge ;
- et ensuite, l'exploit introductif étant un acte de greffier ou d'huissier, l'absence de son nom ou encore l'absence de sa

[126] L'acte inexistant en droit civil est tiré de la théorie de l'inexistence des actes administratifs. Selon celle-ci, l'inexistence d'un acte est la sanction qui s'applique à tout acte lorsqu'il est privé d'un élément essentiel et indispensable pour sa création. Il faut noter cependant que la conséquence de l'inexistence d'un acte en droit civil diffère de celle de droit administratif.

signature dans l'exploit voire, les deux à la fois ne rassure pas que ledit acte émane bel et bien du greffier ou d'huissier. C'est qui viole article 2 alinéa 1er du CPC.

1.2. De l'examen de la procédure et de la régularité de la comparution des parties

Dans la pratique du droit congolais, appuyée par certaines doctrines et jurisprudences, le juge saisi par un exploit introductif d'instance, a tendance à examiner sa saisine au début de chaque audience et peut, malgré les différentes remises accordées aux parties, se déclarer saisi ou non saisi en fonction de la régularité de la procédure suivie à l'audience précédente ou en fonction de la régularité de la comparution des parties. D'aucuns pensent qu'il n'est pas normal qu'un juge vérifie sa saisine à la troisième audience, étant donné qu'il a déjà dans la cause procédé à des remises ou à des mesures d'instruction diverses[127].

Certes, il est vrai qu'au début de chaque audience, en introduction ou en continuation, le juge examine toujours sa propre saisine, c'est-à-dire par rapport à la régularité liée à la comparution des parties à l'audience en cours et par rapport, à celle de la procédure engagée devant le tribunal dans son ensemble.

S'agissant de la régularité liée à la comparution des parties à l'audience en cours ; le juge vérifie d'une part, si les parties qui comparaissent sont celles qui ont été invitées et d'autre part, la décision du tribunal à la clôture de l'audience précédente. Par exemple, le juge peut examiner la dernière remise accordée pour régulariser la procédure à l'encontre d'une des parties, en cas de multiplicité des défendeurs, pour savoir si celui qui a été défaillant à la première audience, a été finalement notifié pour que le tribunal se déclare saisi à son égard ou encore lorsqu'une affaire sort du rôle général, si l'exploit A-venir a été fait à l'égard des mêmes parties qui ont comparu depuis le début de l'instance.

S'agissant de la régularité liée à la procédure engagée devant le tribunal dans son ensemble ; le juge se rassure que les parties qui se présentent au tribunal ont été régulièrement conviées à comparaitre devant lui et si la remise qui leur a été accordée a été faite contradictoirement à l'égard de toutes et enfin, si la mention « remise contradictoire » a bel et bien était actée dans le plumitif. Sinon, en cas d'oubli du greffier, le juge n'a pas

[127] Hervé-Michel BIA BUETUSIWA, La saisine ambiguë. Analyse des errements de la terminologie autour de la notion de saisine et des modes de comparution en droit judiciaire congolais in : *Doc & Juris, Revue de droit privé*, Janvier-février-mars 2014, n°001, pp. 39.

d'autre choix que de se déclarer non saisi malgré le fait que l'exploit introductif d'instance a déjà été déclaré régulièrement saisi à la première audience et de demander aux parties d'accepter de comparaitre volontairement ou non.

Il faut noter qu'une certaine doctrine estime qu'il y a confusion entre la saisine liée aux conditions de forme de l'exploit introductif d'instance que le juge examine à la première audience et les différences saisine que ce dernier vérifie au début de chaque audience. Cette même doctrine propose que ces différentes saisines soient qualifiées différemment pour se distinguer de la première, c'est-à-dire de la « *régularité de la comparution de chacune des parties* »[128].

2. DU CARACTÈRE FONDÉ DE LA PRÉTENTION DES PARTIES

La prétention des parties constitue l'objet de la demande pour laquelle elles se sont engagées à faire reconnaître le bien-fondé et pour laquelle elles sollicitent du juge qu'il leur soit fait droit. Les différentes prestations sont fixées par l'acte introductif du demandeur et par les conclusions que les parties échangent au cours du procès.

En principe, les prétentions des parties forment le cadre juridique du litige. Le juge est tenu de répondre à chacune d'elles par une disposition de son jugement. Il ne peut, ni statuer sur ce qui ne lui a pas été demandé, c'est-à-dire par une décision *extra petita*, ni au-delà de ce qu'il lui a été demandé, c'est-à-dire par une décision *ultra petita*, ni omettre de statuer sur un des chefs de la demande, c'est-à-dire par une décision *infra petita.*

Pendant le procès, les prétentions du demandeur sont présentées sous forme d'une réclamation formée par une revendication dont il demande au juge de confirmer le droit dont il prétend être titulaire ou à réparer le préjudice dont il prétend être victime. Celles du défendeur sont fondées par une contestation pour laquelle il ne consent pas à donner une suite favorable. Dans ce cas typique de l'action en justice, chacun s'oppose à la prétention adverse, c'est-à-dire que le demandeur cherche à faire accueillir sa prétention et le défendeur, de son côté, entend la faire échouer ou la faire repousser. Donc, les parties au procès ont chacune des prétentions contraires.

[128] Ibidem.

Le juge saisi de la prétention des parties doit statuer sur l'objet du litige, autrement dit sur leurs prétentions respectives. La partie qui aura l'avantage de convaincre le juge dans le procès ou qui réussira à faire reconnaître le bien-fondé de ses prétentions devant le tribunal, c'est celle qui sera « gagnante ».

Le caractère fondé des prétentions des parties à l'instance se basent sur des moyens de fait ou de droit ou sur des moyens mixtes de droit et de fait. Ces moyens sont un argumentaire composé des allégations de fait ou de droit, des circonstances, des faits de la cause qu'elles invoquent au soutien de leurs prétentions. C'est pourquoi, elles doivent produire des preuves en appui de leurs prétentions pour que l'action principale ou incidente soit déclarée recevable ou irrecevable, selon les cas.

Si les prétentions d'une partie sont conformes aux règles de droit qui leur sont applicables et si elles sont justifiées en fait comme en droit, elles sont déclarées fondées. Dans le cas contraire, c'est un rejet et elles doivent être déclarées non-fondées.

SECTION 2 : DE LA CLASSIFICATION DES ACTES SAISISSANT LE JUGE SELON LEURS ORIGINES

Les actes qui saisissent le juge ont généralement pour origine l'une des sources de droit de la procédure civile. Ils sont plusieurs et peuvent avoir pour origine la loi (d'origine légale) d'une part et d'autre part, la coutume, la jurisprudence et la doctrine (d'origine non légale).

1. DES ACTES SAISISSANT LE JUGE D'ORIGINE LEGALE

Les actes d'origine légale sont comme leurs noms l'indiquent ceux que le législateur a prévus dans la loi de procédure civile pour saisir le juge. Ils sont nombreux, à savoir :

- l'assignation ;
- les différentes requêtes ;
- la comparution volontaire ;
- l'acte de notification d'appel ou d'opposition et assignation ;
- la décision de renvoi de juridiction ;
- la tierce opposition ;

1.1. De l'assignation

L'assignation est un acte qui saisit le juge. Le législateur l'a prévu à cet effet au chapitre 1er du titre 1er du CPC. C'est un acte de greffier par excellence même si dans la pratique ce sont les avocats qui le rédigent. La responsabilité du greffier est engagée par l'apposition de sa signature au bas de cet exploit, à l'endroit indiqué à cet effet. La question que beaucoup se pose est-ce celle de savoir quels sont les éléments indicatifs de la saisine dans l'assignation ? La réponse se trouve, comme dit plus haut, au chapitre 1er du titre 1er du CPC, c'est-à-dire que la saisine de l'assignation n'est régulière que lorsque l'on respecte les conditions des formes et délai prévu par le législateur.

1.2. Des différentes requêtes

1.2.1. De la requête en matière gracieuse

La requête en matière gracieuse saisit le juge. Elle est prévue par plusieurs articles du code la famille, notamment aux articles suivants :

- 64 aliéna 2, la requête en changement de nom de l'adopté ;
- 106 aliéna 1er, la requête sollicitant un jugement supplétif de rectification d'acte de l'état civil ;
- 142, la requête sollicitant un jugement déclaratif de décès d'une personne portée disparue ;
- 144, la requête sollicitant un jugement collectif de décès dû à un événement, une catastrophe aérienne, un tremblement de terre, un glissement de terrain, etc.
- 186, la requête sollicitant un jugement déclaratif d'absence ;
- etc.

Généralement, le juge saisit d'une demande en matière gracieuse peut fonder sa décision sur tous les faits relatifs au cas qui lui est soumis, y compris ceux qui n'auraient pas été allégués. Il peut procéder, même d'office, à toutes les investigations utiles. Il a la faculté d'entendre sans formalités particulières les personnes qui peuvent l'éclairer ainsi que celles dont les intérêts risquent d'être affectés par sa décision. Il peut se prononcer sans débat.

1.2.2. De la requête en matière de travail

La requête en matière de travail saisit le juge. Sous le régime du code de procédure civile, c'est-à-dire avant l'installation des tribunaux de travail, la saisine était prévue à l'article 143-2 alinéa 1er du CPC.

Il y a lieu de soulever au passage qu'il existait jadis une polémique quant à savoir, l'exploit régulier qui pouvait saisir le juge de la chambre du travail. Certaines doctrines et surtout dans la pratique, certains juges de cette chambre de travail acceptaient l'idée d'être saisis par une assignation[129] parce qu'ils estimaient qu'elle est le mode ordinaire de la saisine d'une juridiction de droit commun et ce, les dispositifs de l'article 143-2 aliéna 1er du CPC qui cite *expressis verbis* la requête comme le seul exploit saisissant la chambre de travail. Cette polémique a continué même après la promulgation de la loi n° 016/2002 du 16 octobre 2002 portant création, organisation et fonctionnement des tribunaux de travail dans la mesure où son article 45 énonçait que jusqu'à l'installation des tribunaux du travail, les juridictions de droit commun demeuraient compétentes pour connaitre des litiges de travail. Le commentaire du titre III bis du CPC concernant la procédure particulière aux affaires du travail [130]a abordé le problème en affirmant ceci :

> « *La loi n° 016/2002 du 16 octobre 2002 crée et organise les tribunaux de travail. Les dispositions du Code de procédure civile demeurent d'application pour autant qu'elles ne sont pas contraires à la nouvelle loi. À titre transitoire, les juridictions de droit commun connaîtront des litiges individuels du travail, jusqu'à l'installation des tribunaux du travail* ».

Il faut noter qu'aujourd'hui, cette polémique n'existe plus car, les tribunaux de travail ont déjà été installés depuis le 30 avril 2014 et l'article 26 alinéa 1er de la loi n° 016/2002 du 16 octobre 2002 portant création, organisation et fonctionnement des tribunaux de travail est clair à ce sujet : « *Le tribunal du travail est saisi par une requête écrite ou verbale du demandeur ou de son conseil* ».

---

[129] Luc NGANDA FUMABO, L'audience judiciaire, Kinshasa, Ed. Rivages africains, Coll. La pratique judiciaire, p. 32 et Guillain MALERE MUDEKEREZA, La saisine du tribunal en matière de travail : Assignation ou requête ?, in : Revue *annuelle de doctrine*, 2005, p. 135-136.

[130] Lire commentaire du titre III bis du code de procédure civile, édition Larcier, p. 282.

1.2.3. De la requête aux fins de renvoi

Comme dit plus haut, il existe deux sortes de requête aux fins de renvoi, à savoir : la requête aux fins de renvoi pour cause de suspicion légitime et la requête aux fins de renvoi pour cause de sûreté publique. Les deux (2) sortes saisissent valablement le juge[131]. Voir plus haut.

1.2.4. De la requête introductive de pourvoi

L'article 1er de la loi organique n°13/10 du 19 février 2013 relative à la procédure devant la Cour de cassation stipule que la Cour est saisie par requête des parties ou par réquisitoire du Procureur Général de cette cour, déposé au greffe. Ce qui veut dire en d'autres mots que ladite requête introductive saisit valablement le juge de la Cour de cassation.

Il faut noter par ailleurs que cette requête introductive ne peut être introduite et signée que par un avocat à la Cour de cassation.

1.3. De l'assignation à bref délai

L'assignation à bref délai saisit le juge. Elle est prévue à l'article 76 du CPC. Si l'exécution provisoire a été ordonnée par le jugement dont l'appel a été formé alors qu'elle ne devait pas l'être, l'appelant peut introduire une requête en défenses à exécuter auprès du juge et en obtenir une ordonnance autorisant l'assignation à bref délai et assigner l'intimé dans un laps de temps très court. A l'audience, ce dernier peut solliciter des défenses à exécution.

1.4. De la comparution volontaire

La comparution volontaire est un acte de procédure qui saisit le juge. L'article 12, alinéa 1er du CPC stipule : « *Les parties peuvent toujours se présenter volontairement devant le juge* ». De la manière dont cet article est énoncé, on comprend assez aisément qu'il s'agit des parties et non d'une partie. Il faut noter cependant que si plusieurs parties sont capables de comparaitre volontairement devant le juge et le saisir par leurs déclarations verbales, il est évident qu'une seule personne en est également capable même si l'autre refuse.

Même si le législateur congolais ne fait aucune différence, la doctrine cite deux (2) modes de comparution volontaire, à savoir : la comparution

[131] Articles 60 et suivants de la loi organique n° 13/011-B du 11 avril 2013 portant organisation, fonctionnement et compétences des juridictions de l'ordre judiciaire.

par une requête conjointe et, la comparution personnelle et volontaire des parties[132].

1.4.1. De la comparution par une requête conjointe

Il s'agit ici du bulletin de comparution volontaire, c'est-à-dire les parties se mettent préalablement d'accord pour se présenter ensemble à une date certaine devant un juge. Dans ce cas, elles établissent une requête conjointe qui reprend les mentions relatives à l'affaire en cours, la contresignent et la déposent greffe pour enrôlement au rôle des affaire en cours.

1.4.2. De la comparution personnelle et volontaire des parties

Il s'agit de la comparution personnelle des parties ou d'une partie qui, à l'audience à laquelle le juge n'est pas saisi, acceptent de régulariser la procédure par sa comparution volontaire.

1.5. De l'acte de notification d'appel ou d'opposition et assignation

Les actes de notification d'appel ou d'opposition saisissent le juge. S'agissant de la l'acte de notification d'appel et assignation prévu par le législateur à l'article 70 du CPC. Comprenez ici assignation en appel. En principe, comme l'énonce la loi, elle doit se faire dans les formes prévues au chapitre 1er du titre 1er du CPC, intitulé : « Des assignations », c'est-à-dire que l'acte de notification d'appel et assignation doit obéir aux même conditions de forme que les assignations.

En ce qui concerne l'acte de notification d'opposition et assignation, elle est prévue à l'article 63 alinéa 5. Elle est faite également dans les mêmes conditions de forme que celle prévue à l'article 1er et suivant du CPC.

1.6. De la tierce opposition

La tierce opposition est un acte de procédure qui saisit le juge et, est prévu par le législateur congolais aux articles 80 et suivants du CPC.

Toute personne qui estime qu'un jugement dans lequel il est tiers préjudicie ses droits, lors duquel ni lui, ni ceux qu'il représente n'ont été appelés peut former tierce opposition. Elle est formée par une action principale et est portée au tribunal qui a rendu le jugement attaqué.

[132] Antoine RUBBENS, Op. cit., n°59, p. 62-63.

2. DES ACTES SAISSANT LE JUGE D'ORIGINE COUTUMIERE OU JURISPRUDENCIELLE OU DOCTRINALE

Les actes d'origine coutumière ou jurisprudentielle sont ceux consacrés soit par la coutume ou soit par la jurisprudence notamment :

- l'A-venir ;
- l'intervention ;
- l'acte de notification de la date d'audience.

2.1. De l'A-venir

L'A-venir est un terme supprimé en droit français depuis l'institution de la mise en état. Il désigne un « *Acte de procédure délivré par l'avocat (ou l'avoué) d'un plaideur à l'avocat (ou avoué) de l'autre partie, pour l'inviter à se présenter à une audience déterminé de la juridiction afin d'y accomplir une formalité ou une diligence précises (par ex. signifier des conclusions ou plaider)* »[133]. Selon son étymologie, A-venir pouvant s'écrire « à-venir », « avenir », « à venir » est un terme de palais, composé de « à » et de « venir », tiré de la locution « avoir à venir »[134].

Contrairement à la définition donnée par la doctrine française, l'A-venir est en droit congolais une assignation adressée à l'une des parties en instance et non aux avocats des parties pour l'inviter à venir plaider un certain jour ou pour relancer la cause se trouvant au rôle général[135].

Il faut noter en outre qu'en droit congolais, il y a deux sortes d'actes A-venir, à savoir : A-venir simple et A-venir avec sommation. Il est dit « simple » par déformation de langage par rapport à l'A-venir avec sommation qui n'existe pas et n'a jamais existé en droit français. La procédure civile française, comme dit plus haut, a institué la « mise en état » comme acte de procédure contraignant pour sortir une cause du rôle général à la place de l'A-venir simple ou avec sommation. En principe, ces actes pris indistinctement obligent l'avocat à plaider la cause à la date fixée.

Il faut signaler au passage qu'il existe en France et en Belgique, une procédure de mise en état des causes au cours de laquelle le juge de la mise en état fixe, au fur et à mesure, après avoir recueilli l'accord des

[133] Gérard CORNU, Op. cit., p. 111.

[134] Avenir [en ligne]. Disponible sur : http://www.cnrtl.fr/definition/%C3%A0-venir

[135] Antoine RUBBENS, Op. cit., n°54, p. 54.

avocats, un calendrier de la mise en état qui détermine le nombre prévisible des audiences, la date des échanges de conclusions, la date de la clôture des débats et celle du prononcé de la décision. Cependant, lorsque les avocats ne respectent pas ce schéma, l'affaire est renvoyée au rôle général. Elle ne sera fixe pour plaidoirie que lorsqu'elle aura été mise contradictoirement en état d'être plaidée, soit amiablement ou soit de façon contraignante par un acte de mise en état.

Il sied de noter que l'exploit A-venir avec sommation est institué en RD Congo par la jurisprudence notamment par une décision de la Cour d'Appel de Kinshasa[136] et une autre de celle de Lubumbashi[137]. Il permet de ramener au rôle des audiences en cours, à une date déterminée une cause qui a été renvoyée au rôle général et oblige l'une des parties qui a comparu aux audiences antérieures et qui n'est pas prête à prendre des conclusions ou à présenter sa plaidoirie, à conclure au fond et à plaider. Généralement, cet exploit A-venir reprend l'intégralité des dispositions de l'article 19 du CPC. Cependant, il faut retenir que cette procédure pêche contre de l'article 63 du règlement intérieur cadre des barreaux de la RDC car, selon le code de déontologie des avocats[138], ceux qui veulent prendre ses avantages doivent d'abord, avant tout sommation judicaire, lancer une sommation courtoise. Ce n'est que si celle-ci est demeure infructueuse pendant huit (8) jours qu'ils pourront sommer par la voie judiciaire. Or, en pratique, personne ne le fait dans ce cas.

En bref, de tout ce qui précède, il faut simplement retenir que l'A-venir est un acte d'origine jurisprudentielle. Il saisit le juge. Cet acte permet, comme dit ci-haut, de sortir une cause qui avait été renvoyée au rôle général pour l'inscrire au rôle des affaires en cours.

Dès lors plusieurs questions subsistent. Que se passe-t-il lorsque dans une affaire sort du rôle général par un A-venir simple ou avec sommation, dans les cas-ci après :

- lorsque les deux parties comparaissent après un A-venir avec sommation, deux (2) hypothèses sont possibles à savoir :

    - l'une des parties sollicite une remise et l'autre refuse. La règle est qu'une affaire qui sort du rôle général est censé

[136] CA Kin, 7 mars 1967, in RJC 1967, n°3 et 4, p. 254 - Jurisprudence citée par Ruffin LUKOO MUSUBAO, Op. cit., n°1, p. 41.

[137] CA L'shi, RTA 124, 23 mai 1994, Sté Agricom c/ Demosthne. Ibidem, p. 209.

[138] Article 63, § 7 du règlement intérieur cadre des Barreaux de la République Démocratique du Congo tel modifié par la décision n°04/CNO du 24/02/2001.

être mise en état de recevoir une plaidoirie avec ou sans sommation. Elle doit, en principe, être obligatoirement plaidée à cette même audience. Dans ce cas, il appartient au juge de s'imposer et de contraindre les parties à plaider. Quant à l'avocat qui tient à vider l'affaire, étant donné que la déontologie lui interdit d'obliger un confrère à plaider[139], il doit s'en remettre à la décision du juge.

- l'une des parties veut absolument plaider et l'autre non. Dans tous les cas, le juge doit absolument contraindre l'autre partie à plaider pour les mêmes raisons et causes sus-évoquées.

- lorsqu'une seule partie comparait, la déontologie interdit à l'avocat de surprendre son adversaire par un défaut lorsqu'il sait qu'il a un adversaire qui a la qualité d'avocat, sauf au jour où celui-ci est tenu de plaider[140]. Par conséquent, la partie qui a comparu doit solliciter une remise et régulariser la procédure vis-à-vis de l'autre. A l'audience de remise, elle peut faire acte le défaut, s'il persiste et solliciter le bénéfice intégral de son exploit.

  Cependant, il faut noter que si à l'audience de remise la plaidoirie n'intervient pas, l'affaire doit être de nouveau renvoyée au rôle général car, le renvoi au rôle général est une décision administrative et non judiciaire. C'est pour éviter l'encombrement du rôle des affaires en cours. Par conséquent, elle peut se faire indéfiniment.

- lorsque les deux parties comparaissent après un A-venir simple et que l'une des parties sollicite une remise pour sommer. Dans ce cas, le juge doit la lui accorder car, l'exploit A-venir simple n'étant pas une sommation judiciaire, personne ne peut se sentir obliger de plaider. Or, la seule procédure contraignante que le législateur a créé pour contraindre un avocat à plaider est celle prévue à l'article 19 du CPC qui doit préalablement être précédée

[139] SHEBELE Michel, « Petit guide pratique de l'avocat congolais en matières de droits, de devoirs et d'interdits professionnels », Kinshasa, Edition NGSHLaw, 2011, pp. 51-53.

[140] Article 63, § 10 du règlement intérieur cadre des Barreaux de la République Démocratique du Congo tel modifié par le décisionn°04/CNO du 24/02/2001. Lire WASENDA N'SONGO et MUPILA NDJIKE KAWENDE, « Code de déontologie des avocats », 2ème édition, Kinshasa, Pax-Congo Editions Universitaires, 2010, p. 192 et SHEBELE Michel, Op. cit., p. 55.

par une sommation courtoise, conformément aux devoirs de l'avocat dans l'accomplissement de son ministère de postulation et de plaidoirie prévus à l'article 63, § 7 du règlement intérieur cadre des Barreaux de la République Démocratique du Congo tel modifié par la décision n°04/CNO du 24/02/2001.

2.2. De l'intervention

L'intervention est un acte de procédure qui saisit le juge, mais qui n'est pas prévu par le législateur congolais dans le code de procédure civile. Selon la doctrine congolaise, elle est simplement fondée sur une tradition constante[141]. Nonobstant cette opinion, il semble qu'il faut considérer l'intervention volontaire ou forcée comme un principe général de droit tiré du droit français qui l'a institutionnalisée.

L'intervention prévue à l'article 66 du NCPC français est classée parmi les demandes incidentes. Le législateur français la définit comme une « *...demande dont l'objet est de rendre un tiers partie au procès engagé entre les parties originaires. Lorsque la demande émane du tiers, l'intervention est volontaire ; l'intervention est forcée lorsque le tiers est mis en cause par une partie* ». Il va sens dire que le droit de procédure civile congolaise s'en est fortement inspiré.

2.3. De l'acte de notification de la date d'audience

L'acte de notification de la date d'audience est acte controversé, mais qui saisit le juge. Elle est d'origine jurisprudentielle. Dans la pratique, le greffier l'utilise abondamment pour relancer une affaire non saisie.

La controverse consiste à ce que certains juristes congolais ne le considèrent pas du tout comme un exploit de justice ni à fortiori comme acte pouvant saisir le juge. Ils préfèrent à la place de celui-ci que le greffier notifie à l'autre partie, autant de fois que cela est nécessaire, l'un des actes d'origine légale cités-ci haut pour relancer le procès.

SECTION 3 : DES ACTES SAISSANT LE JUGE D'ORIGINE LEGALE AYANT DES FORMES DIVERSES

1. DE LA DECISION DE RENVOI DE JURIDICTION

Les juridictions peuvent être saisies par une décision de renvoi rendue par une autre juridiction. Dans ce cas, une expédition de la décision de

---

141 MUKADI BONYI et KATUALA KABA KASHALA, Op. cit., 1999, n°62, p. 62.

renvoi est transmise avec les pièces de la procédure directement au greffe de la juridiction à laquelle la cause a été renvoyée[142].

En cas de litispendance, les causes pendantes devant les juridictions différentes sont renvoyées par l'une d'elles à l'autre selon les règles et dans l'ordre ci- après[143] :

1. la juridiction saisie au degré d'appel est préférée à la juridiction saisie au premier ressort ;
2. la juridiction qui a rendu sur l'affaire une disposition autre qu'une disposition d'ordre intérieur est préférée aux autres juridictions ;
3. la juridiction saisie la première est préférée aux autres juridictions.

En cas de connexité, les règles applicables sont les suivantes[144] :

1. les demandes pendantes devant un tribunal de paix peuvent, à la requête de l'une des parties, être jointes à des demandes connexes pendantes devant le tribunal de grande instance. La juridiction ainsi saisie statue en premier ressort ;
2. les demandes connexes et pendantes devant les juridictions différentes de même rang sont, à la demande de l'une des parties, renvoyées à celle de ces juridictions qui a déjà rendu une décision autre qu'une disposition d'ordre intérieur, sinon, à la juridiction saisie la première ;
3. dans les actions connexes, lorsque les parties ne sont pas les mêmes et que la juridiction de renvoi a déjà rendu un jugement qui ne la dessaisit pas, le renvoi à cette juridiction ne peut être prononcé si le plaideur qui n'a pas été partie à ce jugement s'y oppose.

2. DE L'ACTE D'OPPOSITION

L'acte d'opposition est un acte de greffier. Il saisit le juge. Lorsqu'il est absent, ce dernier ne peut que déclarer l'action en justice irrecevable, mais non fondée. Cela se comprend dans la mesure où l'acte d'opposition consigne la volonté de l'opposant de contester le jugement

[142] Antoine RUBBENS, Op. cit., n°62, pp. 66-67.

[143] Article 145 de la loi organique n° 13/011-B du 11 avril 2013 portant organisation, fonctionnement et compétences des juridictions de l'ordre judiciaire.

[144] Article 146 de la loi organique n° 13/011-B du 11 avril 2013 portant organisation, fonctionnement et compétences des juridictions de l'ordre judiciaire.

par défaut avant d'assigner le demandeur originaire. Or, lorsqu'il fait défaut le juge ne peut apprécier cette volonté de l'opposant.

L'acte d'opposition selon l'article 63 du CPC peut être reçu au greffe du tribunal qui a rendu le jugement sous la forme :

- d'un acte reçu et acté par le greffier ;
- d'une lettre recommandée à la poste adressée au greffier de cette même juridiction ;
- de déclaration écrite sur le commandement, procès-verbal de saisie et de tout autre acte d'exécution, à charge de le réitérer dans les dix (10) jours à défaut de quoi elle n'est plus recevable et l'exécution peut continuer sans qu'il soit besoin de la faire ordonner.

L'acte d'opposition est un acte de procédure contre une décision rendue par défaut pour une rétractation de la décision attaquée. Il comprend à peine de nullité les mentions substantielles suivantes :

- les noms de l'opposant et du demandeur originaire ;
- la référence de la cause et du tribunal qui a rendu la décision attaquée
- le motif d'opposition.

3. DE L'ACTE D'APPEL

L'acte d'appel est un acte qui consigne la volonté manifeste de l'appelant de rejeter la décision du premier juge avant d'assigner l'intimé devant la juridiction d'appel. Il saisit le juge. Cela a été confirmé par une jurisprudence de la Cour d'Appel de Lubumbashi qui le consacre comme un acte saisissant valablement le juge[145].

L'acte d'appel a été supprimé en France au profit de la déclaration d'appel qui n'est pas, contrairement à l'acte d'appel, un acte de greffier, mais des parties qui le remettent à ce dernier. Aux termes des articles 901 et suivants du NCPC français, cette déclaration peut revêtir plusieurs formes, à condition que les mentions légales s'y trouvent.

Il a été dit plus haut dans ce chapitre que l'acte de notification d'appel et assignation saisit également le juge d'appel. La question est de savoir, s'il peut exister deux (2) modes de saisine de la juridiction d'appel ? On peut

[145] Jurisprudence de la Cour d'Appel de Lubumbashi, 1er avril 1969, in RJC, 19767, p. 203. Lire avec intérêt Hervé-Michel BIA BUETUSIWA, op. cit., p. 38.

sans ambages y répondre par le négatif. Il faut noter que ces deux (2) actes sont complémentaires par rapport à leur objectif et agissent à des niveaux différents. L'acte d'appel saisit le juge en amont, tandis que la notification d'appel et assignation en aval. L'acte d'appel atteste en amont que l'appel a été acté, c'est-à-dire en d'autres mots, qu'il atteste simplement la détermination ou la motivation de l'appelant à attaquer la décision du premier juge, tandis que la notification d'appel et assignation agit en aval comme l'acte positif d'attaque de la décision du premier juge. Ainsi, lorsque le juge se trouve en présence de ces deux (2) actes, il est saisi une seule fois. Donc, il y a lieu de dire que les deux (2) actes saisissent ensemble le juge d'appel, mais à des degrés différents. D'où, leur complémentarité.

Cette complémentarité existe également sur le plan de la forme. L'acte d'appel a un seul objectif, celui de permettre à l'appelant d'acter l'appel. Les autres conditions de forme exigées aux exploits par l'article 2 du CPC, notamment l'énoncé sommaire de ses prétentions, la date à laquelle l'affaire doit être appelée devant la juridiction saisie, etc., qu'il devait comporter, sont complétées par la notification d'appel et assignation pour faciliter la saisine du juge.

Sous le plan de la forme, l'acte d'appel se présente sous la configuration suivante :

- d'un acte reçu et acté par le greffier de la juridiction d'appel ou dans certaines conditions par le greffier de la juridiction qui a rendu le jugement. ;
- d'une lettre recommandée à la poste adressé au greffier de la juridiction d'appel.

L'acte d'appel est un acte de procédure établi par le greffier. Il manifeste la volonté de l'appelant d'interjeter appel de la décision rendue par le premier juge pour une reformation de la décision attaquée. Lorsqu'il fait défaut le juge ne peut examiner le fond et doit déclarer l'action irrecevable.

L'acte d'appel comprend à peine de nullité les mentions substantielles suivantes :

- les noms de l'appelant et de l'intimé ;
- la référence de la cause et du tribunal qui a rendu la décision attaquée
- le motif d'appel

SECTION 4 : DES ACTES PREALABLES A LA SAISINE D'UNE JURIDICTION

Les actes préalables à la saisine ne sont pas définis par la loi, mais par la doctrine. Ils désignent toute sorte des formalités ou d'actes nécessaires ne correspondant pas à un acte ou un exploit introductif d'instance, portée devant une juridiction dont l'absence empêche le juge d'examiner la recevabilité et le caractère fondé d'une action.

Il y a lieu de noter que les actes préalables à la saisine ne saisissent pas le juge, mais leur défaut empêche le juge de connaître le fond.

Ils en existent plusieurs, à savoir : l'expédition pour appel, la consignation des frais et la requête abréviative de délai.

1. DE L'EXPEDITION POUR APPEL

L'expédition pour appel est un acte préalable à la saisine du tribunal et ne saisit pas le juge d'appel. Mais, aux termes de l'article 66 du CPC, le juge ne peut déclarer une action recevable si l'appelant ne produit une expédition régulière de la décision attaquée qui contient le dispositif des conclusions des parties et, le cas échéant, les autres actes de la procédure nécessaires pour déterminer l'objet et les motifs de la demande.

Cependant, il faut noter que selon une jurisprudence constante, ne viole pas l'article 66 du code précité, la décision qui reçoit l'appel en absence de l'expédition pour appel, lorsque le juge se réfère à une copie régulière signifiée de la décision attaquée, aux dispositifs des conclusions des parties et aux autres actes de procédure nécessaires pour déterminer les motifs de la demande[146].

2. DE LA CONSIGNATION DES FRAIS

La consignation des frais est un acte préalable à la saisine du tribunal. De façon générale, le juge, avant toute analyse de la régularité de la saisine liée à la condition de fond et de forme de l'exploit introductif d'instance, doit vérifier au dossier l'existence d'une preuve de consignation de frais. Cette preuve est constituée par une note de perception de la DGRAD et un bordereau d'une banque agréée dûment cacheté. Les deux pièces sont généralement agrafées à l'intérieur de la farde du dossier.

[146] Aff. KAMBA c/ ITELA, Arrêt RC 217. Bulletin des arrêts de la Cour Suprême de Justice (1980-1984), 2001, p. 184-187.

Il faut noter que la consignation se fait généralement au greffe. Mais, elle peut aussi se faire sur le banc, à l'audience. Cependant, lorsqu'il y a défaut de consignation de frais, voire défaut de provision suffisante et qu'aucune des parties n'annonce son intention de la fournir, le juge décrète d'office une fin de non-procéder qui le dessaisit. L'affaire est aussitôt rayée du rôle général. La même cause ne pourra revenir, après consignation, que sous un nouvel enrôlement.

3. DE LA REQUETE ABREVIATIVE DE DELAI

La requête abréviative de délai est un acte préalable à la saisine du tribunal, aux termes de l'article 10 du CPC. Il désigne un acte par lequel le requérant sollicite du juge l'autorisation d'assigner à bref délai lorsqu'il y a célérité.

La requête abréviative de délai est également exigée, au regard de l'article 76 du CPC, lorsque une exécution provisoire a été ordonnée par un jugement qui fait l'objet de l'appel, l'appelant peut solliciter du juge par la même requête, une assignation à bref délai afin d'obtenir à l'audience les défenses à exécuter.

Tableau 2 : Résumé schématique de la demande en justice devant les juridictions

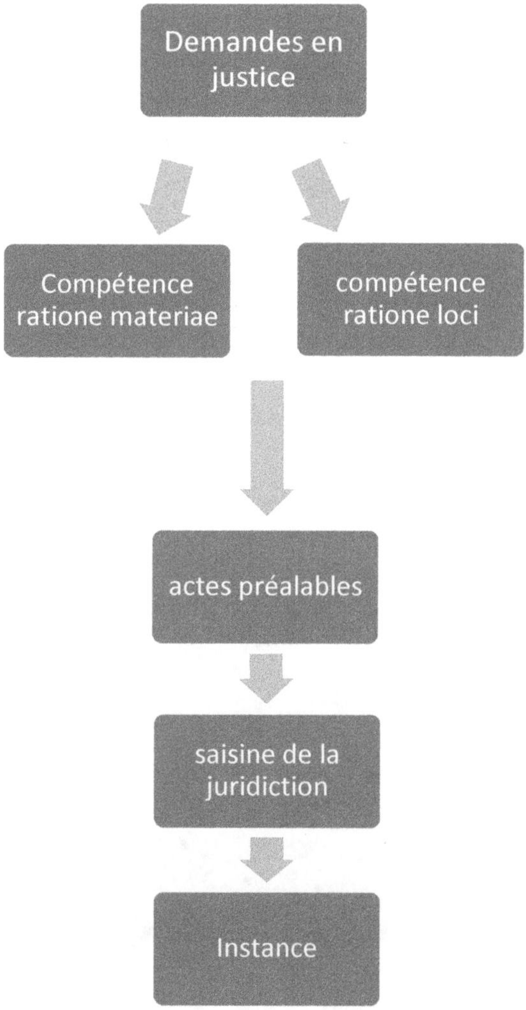

TITRE 3 : DE LA DEFENSE EN JUSTICE

CHAPITRE 1 : DE LA DEFENSE EN JUSTICE

SECTION 1 : DE LA NOTION DE LA DEFENSE EN JUSTICE

1. DE LA NOTION DE LA DEFENSE EN JUSTICE

Lorsqu'une personne est traduite en justice, elle va tenter de s'opposer ou de faire en échec à la demande de son adversaire en développant plusieurs moyens de défense.

La défense en justice est définie par la doctrine[147] comme :

- une « *Action de se défendre en justice, de faire valoir devant le juge ses droits ou ses intérêts (comme demandeur ou défendeur) soit par soi-même (seul ou avec assistance), soit par représentation selon ce que la loi permet d'ordonner* » ;
- « *Un moyen de défense* ».

En tant qu'action de se défendre en justice, la défense s'entend comme toute action de contestation (du demandeur ou du défendeur) qui porte sur l'existence même de l'objet de la demande (principale ou incidente) ou sur l'étendue du droit invoqué par l'adversaire.

En tant que moyen de défense, elle est définie par la doctrine comme une :

« *Raisons que le plaideur oppose aux prétentions de son adversaire (le défenseur à celles du demandeur, et réciproquement) pour les faire rejeter par le juge comme irrégulières (exception de procédure) irrecevables (fin de non-recevoir) ou mal fondées (défense au fond)* »[148].

La défense en justice en tant qu'action de se défendre ou en tant que moyen de défense a pour finalité la contestation de l'action en justice. Cette contestation se fait par un développement d'un argumentaire bien soutenu. Cet argumentaire est composé de plusieurs moyens de défense, notamment les moyens de défense liés à la forme et ceux dits moyens de défense au fond.

---

[147] Gérard CORNU, Op. cit., p. 307.
[148] Ibidem, p. 666.

2. DU DROIT DE LA DEFENSE

La défense en justice est consacrée par le droit du même nom, autrement appelé le droit de se défendre en justice. Ce droit est inné à la personne humaine. Il est reconnu comme l'un des droits de l'homme le plus important dans plusieurs textes internationaux tels que la Déclaration universelle des droits de l'homme et le Pacte international relatif aux droits civils et politiques.

Le droit de la défense est protégé en RD Congo par l'article 19, alinéa 3 de la Constitution, plus exactement au chapitre 1er intitulé : « Des droits civils et politiques ». Cette disposition énonce ceci : « *Le droit de la défense est organisé et garanti* ». Cependant, contrairement à cette affirmation ce droit n'est organisé que par la Constitution. Dans tous les cas, en tant que prérogative faisant partie des droits de l'homme, il ne peut être organisé que par la Constitution.

En lisant entièrement l'alinéa 4 de l'article 19 précité, la manière dont ce droit de la défense est présenté, il semble être une institution de droit pénal. Mais, il faut noter que le droit pénal n'en a pas le monopole. Tel qu'il est organisé par la Constitution, il concerne également le droit civil, en occurrence le droit de la procédure civile.

Le droit de la défense en justice est une prorogative dont le défendeur n'a pas l'exclusivité. Il peut aussi bien concerne tant le demandeur que le défendeur, étant donné que chacun d'entre eux au cours d'un procès peut changer de rôle en fonction de la procédure incidente poursuivie. L'exercice de ce droit lors d'un procès apporte l'équilibre. Ainsi donc, chaque partie peut exposer sa cause et ses preuves dans les mêmes conditions que l'autre. En bref, le droit de la défense permet aux parties au procès d'être à arme égale. Il faut noter cependant que ce droit lorsqu'il est violé par le juge, le procès n'est plus équitable et le défendeur peut faire recours à l'exception d'inconstitutionnalité pour s'en garantir.

Le droit de la défense implique deux (2) autres d roits qui lui sont étroitement liés et qui sont prévus à l'alinéa 4 de l'article 19 de la Constitution, à savoir :

- le droit de se défendre personnellement ;
- le droit de se faire assister d'un défenseur de son choix.

2.1. Du droit de se défendre personnellement

Le droit de se défendre personnellement implique dans un procès que chaque partie particulièrement le défendeur puisse intervenir individuellement pour exposer sa cause et pour réfuter selon les cas, les arguments du demandeur. Ce droit suppose deux (2) autres droits notamment, le droit de comparaitre en personne et le droit de prendre la parole.

2.1.1. Du droit de comparaitre en personne

La comparution personnelle est énoncée à l'article 14 du CPC. Son alinéa premier stipule ceci : « *Les parties comparaissent en personne …* ».

En tant que droit, la comparution personnelle protège toute personne appelée à comparaitre à son propre procès, de se présenter en personne, s'il le souhaite. A moins que le juge l'y oblige. Dans ce cas, il n'a pas d'autre choix que celui de comparaitre. Dans tous les cas, aucune décision du juge ne peut empêcher quelqu'un de se défendre devant la justice. Cette décision serait inconstitutionnelle.

2.1.2. Du droit de prendre la parole

Le droit de prendre la parole est étroitement lié à celui de se défendre personnellement car, la procédure civile étant contradictoire, la seule manière de le faire, tant lors de l'instruction qu'à la plaidoirie, est de prendre la parole. Ce droit protège aussi la faculté de pouvoir discuter contradictoirement des moyens soulevés par le demandeur dans les limites de la surveillance du juge qui a la police des débats et de la plaider librement à l'audience en développant ses propres moyens de défense.

2.2. Du droit de se faire assister par un défenseur de son choix

L'alinéa 1er de l'article 14 du CPC prévoit que les parties puissent comparaitre en personne ou par un avocat porteur des pièces. La comparution par avocat[149] est également protégée par le droit de la défense. C'est un choix libre de la personne qui souhaite se défendre en justice.

[149] Il faut noter au vu des éclaircissements apportés par la circulaire du Bâtonnier national n°001/01/2017 adressée à tous les avocats, l'avocat peut valablement comparaitre et ce, sans autorisation préalable lorsque son client poursuit l'un de ses confrères, un magistrat, un officier ministériel ou un auxiliaire de justice.

Ce droit de se faire assister protège également celui de constituer son conseil, de s'entretenir et de communiquer librement avec lui afin de préparer sa défense.

3. DES SORTES DE DEFENSE EN JUSTICE

Les moyens de défense peuvent être, soit des moyens de forme (qui ne vont pas toucher le fond) ou soit des moyens de fond.

S'agissant des moyens de forme, il s'agit des défenses liées à la forme. Elles désignent un argumentaire développé, sans constatation des prétentions de la demande, pour contrarier l'action en justice. Il en existe plusieurs appelés exceptions de procédure.

S'agissant des moyens de fond, il s'agit des défenses au fond. Ce sont un argumentaire développé pour contester le fondement des prétentions de la demande et pour épuiser l'action en justice.

SECTION 2 : DE LA DEFENSE LIEE A LA FORME

La défense liée à la forme est principalement constituée des exceptions de procédure.

1. DE LA NOTION D'EXCEPTIONS DE PROCÉDURE

Les exceptions ou exceptions de procédure sont de moyens de forme, sauf les exceptions péremptoires de fond, qui préjuge le fond.

Les exceptions désignent au sens strict, « *Tout moyen de défense qui tend, avant tout examen au fond ou contestation du droit d'action, soit à faire déclarer la procédure irrégulière ou éteinte (exception d'incompétence, exception de nullité), soit à en suspendre le cours (exception dilatoire), toutes les exceptions devant, à peine d'irrecevabilité, être soulevées simultanément et avant toute défense au fond ou fin de non-recevoir* »[150].

Les exceptions sont classées somme suit :

- les exceptions déclinatoires ;
- les exceptions de nullité de procédure ;
- les exceptions dilatoires ;

[150] Gérard CORNU, Op. cit., p. 424.

- les exceptions de communication des pièces ;
- les exceptions péremptoires ou les fins de non-recevoir ;
- les exceptions péremptoires de fond : celles qui peuvent préjuger le fond.

Il faut noter qu'aucunement le demandeur peut développer les exceptions en justice contre sa propre action. Cela serait une turpitude.

2. DES DIVERSES CATÉGORIES DES EXCEPTIONS

Le code de procédure civile ne définit ni n'explique les exceptions. A son article 26, il énonce simplement le principe en affirmant que les exceptions et les déclinatoires peuvent être joints au fond par le juge qui peut ordonner aux parties de conclure à toute fin.

Cependant, il faut noter que la doctrine a fait un effort en les regroupant en plusieurs catégories, à savoir : les exceptions déclinatoires, exceptions de nullité de procédure, les exceptions dilatoires, les exceptions de communication des pièces, les exceptions péremptoires ou les fins de non-recevoir et les exceptions péremptoires de fond.

2.1. Des exceptions déclinatoires

Ce sont celles qui peuvent mettre fin à l'instance sans faire obstacle à ce que l'action soit réintroduite par une nouvelle demande devant la même ou une autre juridiction.

- **De l'exception d'incompétence**

  C'est celle qui oblige le juge à examiner sa compétence par rapport au litige qui lui est soumis avant de statuer sur le fondement de l'action en justice. Si l'exception est fondée, le demandeur devra réintroduire sa demande devant un autre tribunal, qui cette fois-ci doit être compétent.

- **Des exceptions de litispendance ou de connexité**

  S'agissant de l'exception de litispendance ; elle est soulevée lorsque deux (2) actions qui ont une même cause et un même objet et, qui se trouvent devant deux (2) juridictions différents. Elle met fin à l'instance devant l'une des juridictions saisies, mais pas à l'action en justice. Généralement, elle permet de renvoyer ladite action devant une des juridictions selon la règle suivante : les causes pendantes devant les juridictions différentes sont renvoyées par l'une d'elles à l'autre selon l'ordre de renvoi suivant[151] :

1. la juridiction saisie au degré d'appel est préférée à la juridiction saisie au premier ressort ;
2. la juridiction qui a rendu sur l'affaire une disposition autre qu'une disposition d'ordre intérieur est préférée aux autres juridictions ;
3. la juridiction saisie la première est préférée aux autres juridictions.

Quant à l'exception de connexité[152], elle permet également aux deux (2) actions qui ont une même cause et un même objet et, qui se trouvent devant deux (2) juridictions différents d'être jointes, selon l'ordre de renvoi suivant[153] :

1. les demandes pendantes devant un tribunal de paix peuvent, à la requête de l'une des parties, être jointes à des demandes connexes pendantes devant le tribunal de grande instance. La juridiction ainsi saisie statue en premier ressort.
2. les demandes pendantes devant les juridictions différentes de même rang, elles sont renvoyées à celle de ces juridictions qui a déjà rendu une décision autre qu'une disposition d'ordre intérieur, sinon, à la juridiction saisie la première.

2.2. Des exceptions de nullité de la demande

Ce sont celles qui tendent à faire annuler une pièce de la procédure ou, éventuellement, l'ensemble de la procédure, en raison de la violation par l'une des parties d'une disposition essentielle du droit.

---

[151] Article 145 de la loi organique n° 13/011-B du 11 avril 2013 portant organisation, fonctionnement et compétences des juridictions de l'ordre judiciaire.

[152] « *La connexité désigne le lien étroit pouvant exister entre deux litiges ou les parties sont en cause et devant la même juridiction ou deux juridictions différentes, de sorte qu'il est nécessaire qu'ils soient instruits et jugés ensemble pour une bonne administration de la justice* », définition donnée par LUZOLO BAMBI LESSA, Op. cit,, H, I, p. 125.

[153] Article 146 de la loi organique n° 13/011-B du 11 avril 2013 portant organisation, fonctionnement et compétences des juridictions de l'ordre judiciaire.

- **De l'obscuri libelli**

L'*obscuri libelli* est une exception qui est soulevée lorsque le libellé de la demande, c'est-à-dire les faits évoqués, les prétentions et l'exposé sommaire des moyens sur lesquels le demandeur fonde son action ne sont pas clairement définis. Dans ce cas, si le défendeur ne peut préparer utilement sa défense en lisant l'exploit introductif d'instance, il pourra invoquer l'exception de nullité « *obscuri libelli* », à la condition de démontrer le grief que le manque de clarté de l'acte lui cause.

Il faut noter que les conclusions échangées en cours d'instance ne peuvent suppléer à l'insuffisance du libellé, si l'exception est soulevée *in limine litis*. En principe, l'action doit être déclarée non recevable[154].

- **De l'absence de certaines mentions substantielles telles que la date, la signature du greffier, etc.**

L'absence de certaines mentions substantielles peuvent amener le juge a déclaré l'action non recevable notamment lorsque la date et le lieu de la tenue de l'audience ne sont pas repris dans l'exploit ou lorsque la désignation des parties porte équivoque ou lorsque le demandeur a omis de mentionner son domicile ou lorsque le domicile du défendeur n'est pas inscrit dans l'exploit ou lorsque le demandeur plaide par procureur ou lorsque la cause n'est pas indiquée.

Il faut noter cependant que le juge retiendra d'office l'irrecevabilité de l'action lorsqu'il se trouvera devant un acte inexistant ou devant un exploit où les éléments de forme sont prescrits à peine de nullité.

L'acte de procédure est dit inexistant lorsque l'un de ses éléments essentiels fait défaut, notamment lorsque le nom et la signature du greffier ne se trouve pas sur l'exploit ou que celui a été instrumenté par quelqu'un qui n'a pas qualité.

[154] 1er Inst. Elis., 4/8/1961, RJAC, 1962, p. 99 - Jurisprudence citée par Ruffin LUKOO MUSUBAO, Op. cit., n°5, p. 268.

- **Du non-respect de délai d'assignation, etc.**

En cas de non-respect de délai d'assignation le tribunal doit se déclarer non saisi. Ce délai est généralement accordé au défendeur pour préparer sa défense. L'article 9 du CPC donne certaines précisions suivantes :

- le délai d'assignation est de huit (8) jours francs entre l'assignation et la date de la comparution. Il faut comprendre par là pour des personnes qui ont leur domicile dans une même ville que la juridiction saisie. Cette disposition poursuit et précise qu'il peut être augmenté d'un jour par kilomètre ;
- le délai d'assignation pour des personnes qui n'ont pas de domicile en RDC est de trois (3) mois.
- le délai est ordinaire, c'est-à-dire de huit (8) francs, lorsque le défendeur bien, que domiciliée en dehors de la RDC, l'assignation lui é été remise à sa personne ;
- le délai en cas de célérité peut être aussi compressé par l'ordonnance du président de la juridiction et permettre d'assigner à bref délai.

2.3. Des exceptions dilatoires

Les exceptions dilatoires sont celles qui retardent l'action en justice sans pour autant l'anéantir. Il faut noter que l'abus de l'exercice des exceptions dilatoires est interdit par l'article 63 de la décision n°CNO8/87 du 19 août 1987 portant règlement intérieur cadre des Barreaux de la République Démocratique du Congo tel que modifié par décision n°04/CNO du 2402/2001 et a été rappelé aux avocats de deux (2) barreaux de Kinshasa par la circulaire commune n°001/BKM/BRKG/BTR/TK/08/2014 du 15 août 2014. En dépit de cela, les avocats d'y adonnent à cœur joie.

- **De l'exception d'inconstitutionnalité**

L'exception d'inconstitutionnalité peut être soulevée d'office par le juge ou par une des parties ou encore par le Ministère Public.

Par interprétation de l'article 162 de la Constitution, l'exception d'inconstitutionnalité est soulevée devant n'importe quelle juridiction, en invoquant une violation d'une des dispositions de la Constitution, notamment celles qui portent atteinte aux droits et libertés des citoyens que la Constitution garantit.

Il faut noter qu'à cause de la mauvaise interprétation de l'article 162 de la Constitution par les avocats, la Cour Suprême de Justice est intervenue pour mettre un peu d'ordre. Dans sa circulaire n°001 du 07 mars 2017 portant transmission des dossiers à la Cour constitutionnelle pour examen de l'exception d'inconstitutionnalité après surséance, le Premier Président de l'ancienne Cour Suprême de Justice donne un ordre de marche strict à toutes les juridictions d'ordre judiciaire. En fait, il corrige la procédure de surséance devant le juge de fond, de la saisine et de la transmission des dossiers à la Cour Constitutionnelle.

De façon pratique, cette circulaire demande à toutes les juridictions d'ordre judicaire de fond devant lesquelles cette exception d'inconstitutionnalité est soulevée *in limine litis*, de surseoir l'instruction et de saisir la Cour Constitutionnelle. Toute autre procédure relative à cette exception d'inconstitutionnalité doit être considérée inopérante et irrecevable.

Il faut signaler par ailleurs, cette exception ne peut être soulevée à répétition dans une même affaire, conformément à la jurisprudence R.const. 310/311 TSR.

La question que beaucoup se posent est celle de savoir si l'exception d'inconstitutionnalité peut-elle être jointe au fond, comme les autres exceptions ? Il faut y répondre par la négative, car l'article 52, aliéna 3 de la loi organique n° 13/026 du 15 octobre 2013 portant organisation et fonctionnement de la Cour Constitutionnelle oblige la juridiction devant laquelle cette exception est soulevée de sursoir, toutes affaires cessantes, à statuer et à saisir ladite Cour. Ce point de vue de législateur est justifié dans la mesure où,

- *Primo*, l'exception d'inconstitutionnalité est une mise en cause par le défendeur de toute la procédure engagée devant la juridiction d'ordre judiciaire, par rapport à sa conformité à la Constitution ;

- *Secundo*, l'exception d'inconstitutionnalité étant une matière qui relève exclusivement de la compétence de la Cour Constitutionnelle, échappe complètement au contrôle du juge judiciaire car, joindre une exception au fond, c'est la préjuger. Il faut noter cependant que le juge judiciaire jouit d'une compétence liée prévue à l'article 26 du CPC, lui permettant de décider valablement de la jonction au fond des exceptions ne relevant que d'ordre judiciaire.

- **Du défaut de communication des pièces**

La règle de procédure exige que les parties communiquent préalablement à leur adversaire leurs pièces et moyens qu'elles comptent soutenir devant le tribunal par la communication des pièces et des conclusions. Le défaut de cette communication des pièces entraine uniquement le rejet par le juge des pièces et des moyens qui n'ont pas été communiquées.

Toutefois, il faut noter que les parties ne sont pas obligées de communiquer leurs notes de plaidoirie, ni la doctrine encore moins la jurisprudence qu'elles comptent développées à l'audience[155].

- **De la fin de non-procéder**

La fin de non-procéder est une exception que la partie adverse ou le juge peut soulever d'office lorsqu'il y a défaut de consignation des frais de justice ou absence de preuve de consignation de frais de justice.

- **Du criminel tient le civil en état**

Cet adage demande à ce que, dans une cause civile qui est pendante et connexe à une affaire pénale, le juge civil puisse

155 Note jurisprudentielle de l'article 15 du CPC. Lire Pierre PIRON et Jacques DEVOS, Op. cit., p. 27.

surseoir à statuer au fond jusqu'à ce que le procès pénal soit vidé.

- **De l'appel en garantie**

C'est une exception qui permet au défendeur (le garanti) qui est poursuivi en justice contre un danger qui le menace, de faire à la première audience, appel à un garant afin soit de joindre leur effort pour une défense plus efficace ou soit, le cas échéance, soit de subir solidairement la même condamnation aux dommages et intérêts.

Pour que cette exception soit valable, il faut qu'il y ait un lien juridique (lien légal ou conventionnel) entre le garant et le garanti.

Il faut noter que cette exception a des similitudes avec l'intervention forcée. Elle diffère de celle-ci par le fait que l'appel en garantie est une demande réservée uniquement au défendeur alors que l'intervention non.

- **De la récusation de magistrats**

Cette exception permet tout aussi bien au demandeur qu'au défendeur, par une déclaration motivée, de solliciter avant la clôture des débats le déport du juge saisi dans une cause pendante dans laquelle il comparait et ce, pour les causes limitatives ci-après :

- si le juge ou son conjoint a un intérêt personnel quelconque dans l'affaire ;
- si lui ou son conjoint est parent ou allié soit en ligne directe, soit en ligne collatérale jusqu'au troisième degré inclusivement de l'une des parties, de son avocat ou de son mandataire ;
- s'il existe une amitié entre lui et l'une des parties ;
- s'il existe des liens de dépendance étroite à titre de domestique, de serviteur ou d'employé entre lui et l'une des parties ;
- s'il existe une inimitié entre lui et l'une des parties ;
- s'il a déjà donné son avis dans l'affaire ;

- s'il est déjà intervenu dans l'affaire en qualité de juge, de témoin, d'interprète, d'expert, d'agent de l'administration, d'avocat ou de défenseur judiciaire ;
- s'il est déjà intervenu dans l'affaire en qualité d'officier de police judiciaire ou d'officier du ministère public.

Cette exception est prévue à l'article 49 de la loi organique n°13/011-B du 11 avril 2013 portant organisation, fonctionnement et compétences des juridictions de l'ordre judiciaire et à l'article 63 de la loi organique n°06/020 du 10 octobre 2006 portant statut des magistrats.

2.4. Des exceptions péremptoires ou des fins de non-recevoir

Ce sont celles qui mettent fin définitivement à l'action en justice et ne permettent pas une réintroduction.

- **De l'autorité de la chose juge**

Cette exception est souvent utilisée comme moyen de défense pour mettre fin définitivement à un procès qui a déjà connu un jugement définitif. Les conditions de validité de cette exception sont stipulées à l'article 227 du CLIII, c'est-à-dire que « *L'autorité de la chose jugée n'a lieu qu'à l'égard de ce qui a fait l'objet d'un jugement ; il faut que la chose demandée soit la même ; que la demande soit fondée sur la même cause ; que la demande soit entre les mêmes parties, et formée par elles et contre elles en la même qualité* ».

Il faut noter que cette exception n'est recevable qu'en matière contentieuse sur contestations judiciaires, arbitrales et disciplinaires. Cependant, elle n'est pas admissible en matière gracieuse qui est susceptible d'être modifiée ou rapportées.

- **De la prescription**

Cette exception exprime l'extinction de l'action en justice à cause de l'écoulement d'un laps de temps déterminé par la loi[156].

[156] Article 613 CCLIII.

Selon l'article 618 du CCLII, la prescription « *peut être opposée en tout état de cause, même en instance d'appel, à moins que la partie qui n'aurait pas opposé le moyen de la prescription ne doive, par les circonstances, être présumée y avoir renoncé* ».

2.5. Des exceptions péremptoires de fond

Ce sont celles qui peuvent préjuger le fond et permettre de rejeter l'action sans qu'il soit nécessaire de vérifier les faits et son bien-fondé. Il faut noter qu'elles ne sont pas des exceptions liées à la forme, mais celles qui préjugent le fond.

- **De l'inexistence de l'une des parties**

Cette exception est souvent soulevée lorsque l'une des parties, personnes physiques, au procès est déjà décédée à l'insu de l'autre qui attrait en instance ou lorsque l'une parties, personnes morales, n'a pas de personnalité juridique.

Généralement lorsque une personne décède, le requérant en justice peut toujours assigner ses ayants-droits et lorsque la personne morale n'a pas encore de personnalité juridique, assigner chacun de ses fondateurs personnellement.

Par exemple :

Dans les cas des sociétés de fait ou en participation.

- **Du défaut de capacité d'une personne**

L'exception de défaut de capacité peut être soulevée lorsque l'une des personnes au procès n'a pas la capacité légale.

Pour les personnes physiques, cette capacité s'apprécie au regard de l'article 215 du code la famille. Celui-ci énumère les incapables légaux. Il s'agit des mineurs d'âge, des majeurs aliénés ou interdits, les majeurs faibles d'esprit, prodigues affaiblies par l'âge ou infirmes placées sous curatelle[157].

---

[157] Note jurisprudentielle de l'article 23 du CCLIII. Lire KATUALA KABA KASHALA, Code civil congolais annoté, Kinshasa, Edition Asyst sprl, Kinshasa, 2009, n°8, p. 19. Il faut noter que la femme mariée n'est plus considérée comme une personne incapable depuis la dernière mise à jour du code de la famille. Voir article 215 de la loi n°87-010

Pour les personnes morales, cette capacité s'apprécie par rapport à leurs statuts. Ceux-ci déterminent leur aptitude à être titulaire de droit et à pouvoir l'exercer. Aux termes de l'article 122 de l'acte uniforme (AUSCGIE), une personne morale doit rester dans les limites de son objet social pour être capable de s'engager valablement vis-à-vis des tiers. Lorsqu'elle dépasse son objet social, elle doit prouver que le tiers savait ou qu'il ne pouvait l'ignorer compte tenu des circonstances. Dans ce cas, elle est dédouanée et la responsabilité du gérant est automatiquement engagée selon les articles 161 et suivants de l'acte uniforme précité.

- **Du défaut de qualité d'une personne**

L'exception de défaut de qualité peut être soulevée lorsque l'une des personnes n'a pas un titre juridique pour se présenter au procès.

Pour les personnes physiques, cette qualité s'apprécie par l'aptitude d'une personne de pouvoir agir elle-même en justice à son propre nom ou lorsqu'elle est représentée, d'agir par un mandataire dûment habilité.

Pour les personnes morales, cette qualité s'apprécie par rapport à ses représentants légaux qui doivent être investis par les organes habilités.

- **Du défaut d'intérêt**

L'intérêt est à la mesure de l'action, dit-on souvent. Cette exception permet de trancher nettement sur l'absence de degré de lien qui existe entre le demandeur et l'action qu'il tente de mener devant la justice.

- **De l'illicéité de la demande ou de l'immoralité de la cause**

Cette exception inspirée de l'article 32 du CCLIII permet au défendeur de solliciter irrecevabilité de l'action du demandeur pour une demande ou une cause contraire aux

du 1er août 1987 portant code de la famille telle que modifiée par la loi n°16/008 du 15 juillet 2016.

bonnes mœurs (immoralité) et à l'ordre public (illicéité)[158]. C'est ainsi par exemple, une femme adultère qui assigne son amant, un homme marié en réclamation d'un devoir conjugal (immoralité) alors qu'elle a son propre mari ou un usurier qui assigne son débiteur (illicéité)

3. DU RÉGIME JURIDIQUE DES EXCEPTIONS

Les exceptions de procédure ont leur propre régime juridique. Celui-ci est déterminé, selon qu'elles sont d'ordre public ou pas. Ce caractère d'ordre public s'apprécie en fonction de la nature imposable et contraignante de l'exception concernée. Il faut noter que ce n'est pas forcément le législateur qui le détermine.

De manière générale, il est admis que les exceptions sont soulevées *in limine litis*, c'est-à-dire avant le débat au fond sauf, lorsqu'elles sont d'ordre public. D'une part, il faut noter que les exceptions qui ne sont pas d'ordre public, peuvent être regroupées en deux groupes, à savoir :

- celles qui ne peuvent qu'être soulevées à la première audience, sinon le défendeur perd son bénéfice ;
- celles qui peuvent être soulevées *in limine litis,* à importe quelle audience qui a lieu avant les débats sur le fond, pour ne pas en perdre le bénéfice.

S'agissant de celles qu'il faut absolument présentées à la première audience, il y a notamment l'appel en garantie (prévue par le législateur à l'article 27 du CPC) et l'exception de nullité de demande pour l'inobservation de l'une des mentions substantielles que comporte un exploit comme le délai d'assignation ou de notification, etc.

Quant à celles que l'on peut soutenir *in limine litis*, c'est-à-dire à importe qu'elle audience, l'essentiel qu'elles soient avant l'abordage du fond, il faut citer l'*obscuri libelli*, récusation de magistrats, etc.

D'autre part, il faut noter que les exceptions d'ordre public peuvent être soulevées en tout état de cause, comme la prescription, l'autorité de la chose jugée, etc. même pour la première fois au degré d'appel ou devant la Cour de cassation.

---

[158] Lire avec intérêt la note de l'article 32 du CCLIII. Voir KATUALA KABA KASHALA, Code civil congolais annoté, éd. cit., 2009, pp. 25-26.

Dans tous les cas, c'est le juge qui apprécie de la pertinence et le caractère d'ordre public ou pas de l'exception soulevée devant lui pour savoir à quel moment il peut y réserver une suite. Dans tous les cas, il peut décider soit de statuer sans délai par un jugement avant-dire droit, soit de la joindre à l'action principale pour ne se prononcer que par un seul jugement.

SECTION 3 : DE LA DEFENSE AU FOND

La défense au fond désigne «*Tout moyen qui tend à faire rejeter comme non justifiée, après examen au fond du droit, la prétention de l'adversaire*»[159].

La défense au fond fait appel à des dispositions de droit, soit pour contester l'exactitude des faits invoqués, soit pour nier ou minimiser l'existence même de la prétention. Elles peuvent, en principe, être invoquées aux divers stades de la procédure et pour la première fois en degré d'appel. Lorsqu'elles intéressent l'ordre public ou des dispositions impératives, elles peuvent même être invoquées pour la première fois devant la Cour de cassation.

Les défenses au fond sont développées, en principe, par le moyen des conclusions orales ou écrites. Elles concernent aussi bien les faits de la cause que le fondement de l'action en justice ou du droit réclamé par l'adversaire.

1. DE LA DÉFENSE AU FOND BASÉE SUR LES FAITS DE LA CAUSE

La défense au fond peut essentiellement être fondée sur la réalité des faits de la cause que l'adversaire allègue pour soutenir son action en justice ou son droit. Ce qui laisse sous-entendre trois (3) sortes de faits sur lesquels doivent se fonder un moyen[160] à savoir :

- le fait opérant ;
- le fait admissible ;
- le fait établi.

[159] Article 71 du nouveau code de procédure civile français.

[160] Jean-Claude WOOG, Pratique professionnel de l'avocat, Paris, Ed. Litec Gazette du palais, 1987, p.569-570.

1.1. De la défense au fond basée sur des faits opérants

Il s'agit, à l'état pur des faits qui, porteurs d'une déduction juridique, permettent de se diriger vers la phase décisoire en tenant compte de trois (3) facteurs essentiels suivants :

- la reconnaissance des faits qui peuvent avoir une influence immédiate sur le procès, c-à-dire que le défendeur doit cerner les faits qui ont une incidence directe avec l'affaire et écarter ceux qui n'en ont pas pour éviter de rendre ses moyens de défense incompréhensible ;
- la nécessité de réunir certains faits qui, sans être eux-mêmes déterminants, gravitent autour du fait essentiel pour l'éclairer ou le renforcer, c'est-à-dire que le défendeur doit collecter toutes les informations ayant un lien quelconque avec les faits afin d'appuyer ses moyens de défenses ;
- les faits indirects qui, sans renfermer en eux-mêmes une déduction immédiate conduisent à une démonstration, tantôt simple, tantôt par des degrés successifs. Le défendeur peut s'inspirer d'autres faits qui n'ont peut-être pas un lien avec les faits de la cause afin d'arriver une déduction logique et immédiate par une démonstration savante.

1.2. De la défense au fond basée sur des faits admissibles

La défense au fond doit être fondée sur les faits admis aux débats judiciaires, c'est-à-dire ceux qui ne sont pas couverts par le secret professionnel, ceux qui ne portent pas atteinte à l'intimité de la vie privée ainsi qu'à ceux qui ne sont pas diffamatoires.

1.3. De la défense au fond basée sur des faits établis

Les faits établis sont ceux qui se sont réellement passés. Ils ne sont pas forcément ceux qui sont énoncés dans l'exploit introductif d'instance qui peuvent être maquillés par la partie adverse pour pouvoir en tirer un avantage judiciaire. Ces faits ouvrent au défendeur deux (2) choix de défense :

- Le premier choix de défense est celui de contester de manière sélective, soit la déduction des faits développés par le demandeur ou soit simplement son interprétation ou soit encore son appréciation desdits faits ;

- Le deuxième choix de défense est celui de prendre parti des faits tels qu'ils ont été présentés et de tout contester, tant la déduction des faits que les faits eux-mêmes.

Dans les deux cas, l'administration de la preuve judiciaire est capitale. Elle est fonction du choix opéré et doit s'adapter à la manière dont chaque partie choisie d'établir les faits de la cause.

2. DE LA DÉFENSE AU FOND BASÉE SUR LES MOYENS DE DROIT

C'est principalement un moyen de contestation du fondement de l'action en justice elle-même ou du droit réclamé par l'autre partie et a pour objet de la vider. Cette manière de visualiser les choses permet de voir de quelle façon on peut aborder le fond ? Il existe trois (3) étapes pour y parvenir, à savoir :

- l'étape de la qualification de l'action ;
- l'étape de l'examen des conditions de mise en échec ou de constatation ;
- l'étape de la présentation ou de la soutenance de moyens de fond.

2.1. De l'étape de la qualification de l'action

Il s'agit d'une étape où il faut circonscrire les faits et les qualifier afin d'en tirer toutes les conséquences de droit, car on ne pourrait jamais organiser une défense efficace à partir d'une hypothèse de travail inexacte. Cette démarche tend à amener au défendeur à déterminer le cadre juridique du procès et lui permet de s'orienter vers la recherche des exceptions d'ordre public et les fins de non-recevoir qu'elles pourraient soulever et soutenir.

2.2. De l'étape de l'examen des conditions de mise en échec ou de constatation

Il s'agit ici de vérifier la qualification de l'action et de s'assurer qu'on a un argumentaire nécessaire pour mettre en échec l'action en justice, c'est-à-dire pour contrecarrer ou renverser les moyens de l'autre partie par la réunion des moyens qui tendront à faire déclarer l'action irrecevable ou non-fondé. Cette irrecevabilité sera principalement basée sur la non-justification des moyens qui n'abordent pas le fond tandis que le non-fondement sur ceux qui touche le fond et le vide.

2.3. De l'étape de la présentation ou de la soutenance de moyens de fond

Il s'agit ici de prouver que les prétentions présentées par l'autre partie pour soutenir son action en justice ne sont pas justifiés ou qu'elles reposent sur des moyens impuissants afin d'emporter la conviction du juge.

CHAPITRE 2 : DE L'OFFENSIVITE DU DEFENDEUR

Traditionnellement, le défendeur est considéré comme celui qui est passif devant l'action du demandeur. Cependant, il arrive que cela ne soit pas le cas. Il peut tout aussi bien être proactif et ce, de plusieurs manières, soit par une stratégie particulière ou, soit lorsqu'il acte la demande reconventionnelle.

SECTION 1 : DE LA STRATEGIE OFFENSIVE DU DEFENDEUR

Dans sa stratégie de défense, le défendeur doit avoir un objectif clair, net et précis car, une bonne défense doit être organisée en adéquation avec l'objectif que l'on poursuit. Il doit donc choisir, soit celui de contester toutes les prétentions du demandeur en totalité ou, soit seulement en partie. Il doit également déterminer quel objectif est principal et quel autre est secondaire ? Il est clair que celui qui est primordial doit être traité en priorité, car c'est sur ce point qu'il doit faire reposer tout l'argumentaire de la contrattaque. L'objectif secondaire pourra être traité plus tard. Celui-ci peut dans une certaine mesure ne consister qu'à créer un ou des dilatoires pour retarder le procès. C'est qui est d'ailleurs inutile parce que tôt ou tard l'affaire finira par recevoir une plaidoirie. C'est pourquoi, le défendeur doit opter pour la meilleure défense, c'est-à-dire la contrattaque.

La contrattaque ne se fait pas importe comment ? Elle est fonction des éléments que le défendeur a en sa possession et de la nature de l'affaire dans laquelle il est appelé à se défendre. Quoi qu'il en soit toute affaire est défendable. Mais, cela ne signifie pas nécessairement que cette défense doit mener à la victoire. On peut juste chercher le moindre mal.

Lorsque le défendeur décide de contester partiellement ou totalement les prétentions du demandeur et qu'il sait qu'il n'a pas d'arguments pour y parvenir, il doit se forcer à focaliser le débat sur la forme, si c'est possible. Sinon, il court le risque de perdre le procès. Il doit, avant tout, tenter d'user diverses stratégies judiciaires ou d'autres pratiques légales sans pour autant chercher à aborder le fond. S'il s'y prend bien, il peut valablement gagner le procès. Pour ce faire, il doit être assisté par un conseil aguerri dans la pratique du barreau qui devra déployer un arsenal juridique imparable. Il faut noter que la dextérité de jongler avec les règles de procédure civile est fonction de l'expérience professionnelle d'un avocat.

Le défendeur à court d'arguments peut aisément gagner un procès par les moyens de forme lorsqu'il se trouve devant un demandeur qui est assisté par un avocat inexpérimenté ou qui ne maitrise pas parfaitement les règles de la procédure civile ou encore de la spécifique de l'action.

Le défendeur qui s'attarde sur la forme est donc obligé de développer à l'encontre du demandeur ses propres moyens de contrattaque. Il doit être proactif et choisir un mécanisme adéquat pour tenter de le déstabiliser, car s'il échoue, il sera obligé d'aborder le fond avec les faibles éléments en sa possession. C'est la règle du jeu.

Le défendeur qui a des arguments puissants ne doit pas s'attarder sur la forme. Il doit minutieusement étudier le dossier afin de déceler les faiblesses dans les moyens offensifs de son adversaire, soit dans ses conclusions ou, soit dans les pièces qu'il communique. S'il en trouve, il doit construire tout son argumentaire contre elles. S'il est capable de renverser la vapeur, avant que le demandeur ne se rende compte que le procès change de main, il doit faire acter l'action reconventionnelle pour pouvoir en prendre les rênes au cas où ce dernier se sentant en péril, ne vienne à se dérober. Ainsi, il peut tirer profit de toutes les opportunités que lui offrent les faiblesses de son adversaire par une contrattaque puissante comme à l'aïkido. Il doit utiliser la force de son adversaire ou plutôt son agressivité contre lui-même. Pour y parvenir correctement, le défendeur doit toujours garder en tête l'objectif qu'il s'est fixé. S'il ne vise pas la victoire, il doit néanmoins essayer réduire les dégâts.

SECTION 2 : DE LA DEMANDE RECONVENTIONNELLE

La demande reconventionnelle est une demande incidente c'est-à-dire qu'il faut sous-entendre par-là, l'existence d'une demande principale auprès de laquelle elle n'exerce aucune influence. Elle est fondée principalement sur le caractère téméraire et vexatoire de l'action portée devant la juridiction saisie. C'est pourquoi, certains auteurs pensent qu'elle est à la fois un moyen de défense et une attaque.

1. DU CARACTERE TEMERAIRE ET VEXATOIRE FONDANT DE LA DEMANDE RECONVENTIONNELLE

L'article 142 de la loi organique n°13/011-B du 11 avril 2013 portant organisation, fonctionnement et compétences des juridictions de l'ordre judiciaire déclare que les demandes reconventionnelles doivent être fondées sur le caractère vexatoire et téméraire d'une action. Elles sont portées devant le tribunal saisi de cette action principale. Donc, cette demande reconventionnelle ne peut être recevable que si le demandeur reconventionnel arrive à prouver par les moyens de droit la véracité de son action incidente.

Le caractère téméraire qui fonde ladite demande est la conséquence de l'irrecevabilité du fond de l'action principale. En règle générale, le demandeur qui veut ester quelqu'un en justice doit s'assurer que son action aboutira en se donnant le temps d'y réfléchir et de réunir suffisamment des preuves. Lorsqu'il ne le fait pas et va en justice comme à l'aventure, c'est-à-dire sans preuves probantes et surtout en espérant sur des éléments aléatoires qu'il pourrait glaner auprès de la parties adverses pendant le procès, son action risque d'être déclarée téméraire.

Quant au caractère vexatoire ; il est fondé sur l'article 258 du CCLIII c'est-à-dire, pendant le procès, le demandeur avance certaines allégations contre le défendeur qu'il doit prouver en fait comme en droit. Généralement, celles-ci sont sommairement consignées dans l'exploit d'assignation. Cependant, si le demandeur n'arrive pas à fonder son action, celle-ci se retourne contre lui. Là, il touche à l'honneur du défendeur qui se sent forcément vexé et humilié par toutes les allégations infondées de l'action principale. C'est ce caractère vexatoire qui fonde principalement l'action reconventionnelle.

2. DE LA DEMANDE RECONVENTIONNELLE, UNE DEFENSE ET UNE ATTAQUE

Selon la doctrine congolaise, la demande reconventionnelle joue deux (2) fonctions mêlées, à savoir la fonction de défense et celle d'attaque[161].

2.1. De la demande reconventionnelle, une défense

En tant que moyen de défense, la demande reconventionnelle est formulée en réponse de l'action principale afin d'obtenir un avantage particulier qui ne se résout pas forcément au rejet des prétentions du demandeur.

Cette action reconventionnelle ne sera recevable que si le défendeur arrive à détruire l'argumentaire du demandeur dans l'action principale et à emporter la décision du juge. Donc, le défendeur, en tant que demandeur reconventionnel à tout intérêt à avoir des arguments solides pour renverser les allégations de fond de l'action principale et pour

[161] MATADI NENGA GAMANDA, Op. cit., n°212, p. 199.

prouver que cette action n'est pas fondée en fait comme en droit, mais elle est plutôt teintée d'un caractère téméraire et vexatoire.

2.2. De la demande reconventionnelle, une attaque

En tant que moyen d'attaque, la demande reconventionnelle permet au défendeur de défier la partie demanderesse, c'est-à-dire à inverser la tendance du procès et à prendre l'offensive. Elle devient une véritable contrattaque lorsque le demandeur principal abandonne son action.

Lorsque le défendeur contrattaque, les moyens qu'il développe en audience ne sont pas seulement pour se défendre des allégations lancées contre lui, mais aussi pour porter des coups et marquer des points contre le demandeur afin de le mettre K.O. comme le ferait un vrai boxeur. Il doit, donc, développer un argumentaire susceptible de détruire toutes les prétentions formulées dans l'action principale.

En principe, cette contrattaque se fait au cours du même procès. Cependant, l'action reconventionnelle se présente comme une conclusion déductive de ladite attaque et se termine par la formulation des dommages et intérêts. Le défendeur doit d'abord prouver et démontrer que le caractère de l'action principale est vraiment téméraire et vexatoire.

Cela se voit paisiblement lorsque cette action reconventionnelle est formulée à la première audience et que par la suite le demandeur original se dérobe pendant l'instance. A ce moment, en tant demandeur sur reconvention, le défendeur principal, peut valablement prendre en mains l'issue du procès et sommer le demandeur principal. Cette sommation peut se faire d'abord courtoisement, conformément à la déontologie des avocats, puis judiciairement en sur base l'article de 19 du CPC afin d'obliger le demandeur originel de plaider et de conclure ou à défaut, au jour où ce dernier est appelé à plaider, de prendre ses avantages en sollicitant le bénéfice intégral de la demande reconventionnelle.

Il faut savoir qu'une demande reconventionnelle faite à la suite d'une procédure engagée par l'article 19 du code précité, permet au juge de rendre une décision contradictoire à l'égard de toutes les parties, même à l'égard de celles qui ont été défaillantes.

3. DU REGIME JURIDIQUE DE LA DEMANDE RECONVENTIONNELLE

La demande reconventionnelle est une action en justice comme toutes les autres. Elle obéi aux mêmes conditions de fond et de forme qu'elles. Il faut noter cependant qu'elle n'exerce, quant à la compétence, aucune incidence sur l'action principale c'est-à-dire qu'elle peut tout aussi bien être disjointe ou instruite devant la même juridiction. Elle peut même pour la première fois être évoquée en appel. Lorsqu'elle est disjointe, elle est introduite comme une action principale sous forme d'une action en réclamation ou condamnation des dommages et intérêts si le demandeur original a succombé dans son action.

La juridiction compétente matérielle et territoriale pour connaitre d'action reconventionnelle est celle qui est saisie de l'action principale quelle que soient la nature et le montant, c'est-à-dire lorsqu'elle n'est pas disjointe, le juge qui connait l'action principale doit également instruire et statuer sur la demande reconventionnelle par un même jugement qui est susceptible de connaitre l'appel.

L'appel d'une action reconventionnelle est acté dans les mêmes conditions que toutes les actions en justice sauf, que cet appel ne peut pas être disjoint de l'action principale. Il ne peut que se faire qu'en même temps que l'appel de l'action principale.

Cependant, il faut noter que si le défendeur peut valablement faire acter le reconventionnelle contre le demandeur, celui-ci ne peut pas à son tour faire acter une autre action en reconvention contre lui car, l'adage « la reconvention sur reconvention ne vaut » le prohibe. Cela s'explique dans la mesure où l'action principale ne peut pas se transformer en action incidente. Cela ruinerait le procès. Donc, tout ce que le demandeur principal pourrait reprocher au défendeur concernant son action reconventionnelle, il doit le développer en tant que défendeur dans l'action reconventionnelle.

Il faut signaler en passant que l'action reconventionnelle étant une action comme une autre, le défendeur qui la fait acter à l'audience ou au greffe est tenu de consigner les frais de justice. Lorsque ce dernier ne le fait pas le juge doit d'office retenir une fin de non-procéder de cette action. S'il ne régularise pas la situation sur le banc, le défendeur n'a plus de choix que de se rattraper en appel en payant lesdits frais.

Au second degré, le demandeur reconventionnel demeure un demandeur sur incident, peu importe qu'il soit appelant ou intimé. L'action principale demeure intacte quant à la procédure, c'est-à-dire le juge d'appel qui instruit sur l'action principale doit statuer sur cette action reconventionnelle comme au premier degré dans une seule et même décision.

SECTION 3 : DE LA SOMMATION DU DEMANDEUR DE PLAIDER OU DE CONCLURE

1. DE LA SOMMATION DU DEMANDEUR

Il peut arriver qu'après la première audience ou au cours des audiences successives que le demandeur se dérobe ou bien que comparaissant régulièrement, s'abstient de conclure malgré la communication des pièces et conclusions du défendeur.

Dans ce cas, le défendeur ne peut poursuivre l'instance sans la comparution du demandeur que s'il acte préalablement l'action reconventionnelle. Cette action étant une action incidente, elle lui permet d'être demandeur sur incident. Lorsque cependant l'action principale n'est plus activée par la défaillance du demandeur, l'action reconventionnelle du défendeur étant demeurée intacte, il peut valablement la poursuivre sur base de l'article 19 du CPC en tant que demandeur incident et le demandeur principal devient ainsi défendeur incident. Cet article stipule ce qui suit :

« *Lorsqu'après avoir comparu, le défendeur ne se présente plus ou s'abstient de conclure, le demandeur peut poursuivre l'instance après sommation faite au défendeur* ».

Ainsi, le défendeur peut tirer profit du contenu de cette disposition pour poursuivre l'instance et plaider avec ou sans le demandeur principal. Le jugement à intervenir sera réputé contradictoire, mais en absence du demandeur.

2. DE LA PROCEDURE DE SOMMATION DU DEMANDEUR

Lorsque le défendeur décide de sommer le demandeur principal et de prendre ses avantages, il doit le faire sur base de l'article 19 du CPC.

En effet, si demandeur originel ne comparait plus ou d'abstient de conclure, le défendeur (demandeur reconventionnel) peut, en premier lieu, solliciter une remise pour le sommer courtoisement et, éventuellement régulariser la procédure à son égard, s'il ne comparait pas ou plus. Ensuite, le défendeur doit, à l'audience suivante, solliciter une autre remise à trois (3) semaines pour le sommer judiciairement par voie d'huissier.

Après épuisement des trois (3) semaines que le juge lui a accordées, le défendeur peut valablement plaider la cause. D'ailleurs, le juge va simplement le prier à vider, même si le demandeur principal venait à comparaitre à nouveau. Dans ce cas, ce denier n'a plus le droit d'objecter quoi que ce soit car, l'action principale qu'il avait jadis initiée est désormais désactivée à la suite de sa défaillance.

Cependant, il faut noter que si à cette audience, le défendeur ne plaide pas ou compatit au malheur du demandeur principal, l'affaire sera immédiatement renvoyée au rôle général.

CHAPITRE 3 : DE LA REPRISE D'INSTANCE PAR LE DEFENDERUR

Généralement, toute action intentée doit normalement aboutir à un jugement. Cependant, il arrive qu'au cours d'un procès que le demandeur décide, pour des motifs qui peuvent être variés, de ne plus poursuivre l'instance engagée, c'est-à-dire qu'il abandonne purement et simplement de son droit d'agir en justice par un désistement. Cela peut se faire par une déclaration faite à l'audience ou dans une certaine mesure dans les conclusions ou note de plaidoirie déposée au greffe.

Il faut noter qu'il existe deux types de désistement en matière civile, à savoir : le désistement d'instance et le désistement d'action.

SECTION 1 : DU DESISTEMENT D'INSTANCE PAR LE DEMANDEUR

Selon la doctrine congolaise, le désistement d'instance n'implique aucune renonciation définitive à la demande, puisque le demandeur peut toujours la réintroduire ultérieurement ou devant une autre juridiction[162]. A cet effet, plusieurs scénarii ci-après peuvent être imaginés :

1. DU DESISTEMENT DE LA DEMANDE PRINCIPALE

Lorsque le demandeur désiste d'une demande principale, il y a deux possibilités, à savoir : avant la première comparution du défendeur et après sa comparution.

- Si le désistement intervient avant que le contrat judiciaire ne se forme il peut être considéré comme valable ;
- Si cependant, il intervient pendant le procès, il ne peut être valable que si le défendeur en comparaissant a sollicité l'incompétence du tribunal saisi ou la non-recevabilité de l'action envisagée. Sinon, le défendeur peut valablement reprendre cette instance par une action incidente préalablement initiée.

2. DU DESISTEMENT DE LA DEMANDE INCIDENTE

Si le désistement ne porte que sur plusieurs demandes incidentes dont le tribunal a été saisi, le juge doit alors statuer sur les autres demandes demeurées intactes.

---

[162] Antoine SOHIER, Droit de procédure du Congo Belge, 2ème éd., Bruxelles et Elisabethville, Maison Ferdinand Larcier SA Editeurs, 1955, n°188 à 192, pp. 87-89.

Lorsque le demandeur désiste d'une demande d'incidente telle que la demande d'enquête ou autre demande de ce genre, le défendeur peut toujours faire la même demande devant le juge, s'il estime qu'elle est pertinente pour faire valoir ses droits de défense.

3. DU DESISTEMENT D'UN DES VOIES DE RECOURS ORDINAIRES PAR LE DEMANDEUR

Si le demandeur désiste de l'appel ou de l'opposition, sa renonciation emporte acquiescement du jugement rendu à son encontre. Le défendeur ne pouvant pas faire opposition de ce jugement, son droit de faire appel reste intact et peut toujours s'en prévaloir.

SECTION 2 : DU DESISTEMENT DE L'ACTION PRINCIPALE PAR LE DEMANDEUR

Dans ce cas-ci, la renonciation est définitive et toute nouvelle demande dirigée contre la même personne assignée en la même qualité, ayant le même objet et qui serait fondée sur les mêmes faits serait jugée irrecevable. Le désistement d'action produit en effet, les mêmes conséquences juridiques que lorsqu'un jugement définitif intervient entre les parties, c'est-à-dire les effets attachés à l'autorité de la chose jugée.

Le désistement d'action est généralement la conséquence d'une transaction mettant fin à l'objet du litige. Généralement, il fait l'objet d'une simple inscription sur le dossier physique. Cependant, le demandeur en renonçant à ses droits et actions sera simplement condamné aux frais et dépens.

Tableau 3 : Résumé schématique de la défense en justice

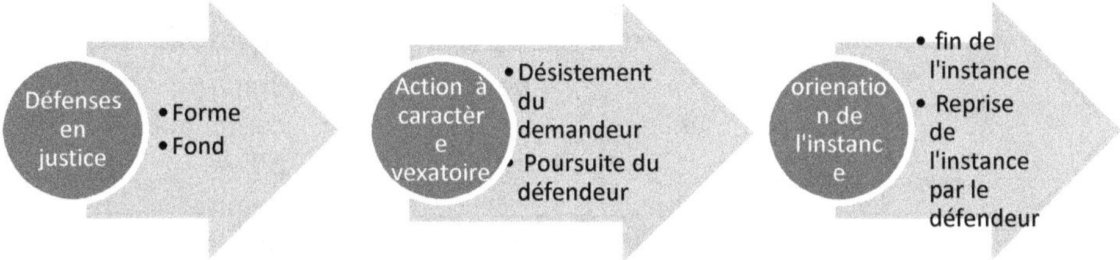

Tableau 4 : Moyens de défense (Tableau inspiré de celui d'Antoine RUBBENS. Voir A. RUBBENS, Op. cit, pp. 80-81)

Moyens de défense	Sortes	Conséquences judiciaires
Moyens de forme	**1. Les exceptions dilatoires :**	
	a. Mise en cause un tiers	a. Remise pour la mise en cause
	b. Défaut de communication des pièces ou des conclusions	b. Remise pour communication des pièces
	c. Abandon de résidence par la femme demanderesse en divorce	c. Remise pour régularisation
	d. Défaut de consignation des frais	d. Non saisi
	2. Les exceptions déclinatoires :	
	e. Récusation de magistrat	e. Modification ou nouvelle composition
	f. Nullité de la demande	f. Non saisi
	g. Mépris des délais de procédure	g. Non saisi
	h. Incompétence du tribunal	h. Non saisi ou déboutement de la demande
	3. Les exceptions de litispendance ou de connexité	Renvoi devant la juridiction qui a rendu une décision ou devant une

		juridiction de rang supérieur
	4. Les exceptions péremptoires ou les fins de non-recevoir :	
	i. Autorité de la chose jugée	i. Extinction définitive de l'action
	j. Prescription	j. Extinction définitive de l'action
	5. Les exceptions péremptoires de fond :	
	k. Incapacité des parties	k. Déboutement de la demande
	l. Défaut de qualité des personnes	l. Déboutement de la demande
	m. Manque d'intérêt	m. Déboutement de la demande
	n. Illicéité de la demande	n. Déboutement de la demande
	o. Immoralité de la cause	o. Déboutement de la demande
Moyens de fond	- Contestation des faits	- Déboutement de la demande
	- Contestation du droit	- Déboutement de la demande
	- Demandes probatoires incidentes	- Jugement avant dire droit

TITRE 4 : DE LA PREUVE EN MATIERE CIVILE

CHAPITRE 1 : DES REGLES GOUVERNANT LA PREUVE EN MATIERE CIVILE

SECTION 1 : DU REGIME DE LA PREUVE

1. DES GENERALITES

La preuve désigne une « *Démonstration de l'existence d'un fait (matérialité d'un dommage) ou d'un acte contrat, testament) dans les formes admises ou requises par la loi* »[163]. D'après cette définition, la preuve en matière civile est organisée par la loi. Cette loi, à vrai dire, est divisée en deux (2) parties, à savoir : le CCLIII et le code de procédure civile. Il faut noter cependant que le CCLIII plus particulièrement, le droit des obligations organise les différents modes de preuve admis en droit civil tandis que le droit judiciaire ou le code de procédure civile se charge de son administration.

La preuve a pour objectif de démonter la vérité. Dans le cas d'une affaire judiciaire, on dira la plutôt la vérité juridique. La preuve procède d'une démonstration cohérente des faits ou de droit afin d'arriver une conclusion qui permet d'établir la responsabilité des uns et des autres ou encore de se disculper par le moyen de la preuve contraire. Il y a donc, deux (2) types de raisonnement logique pour y parvenir, à savoir : la déduction et l'induction.

S'agissant de la preuve par déduction logique ; elle a un caractère absolu ou certain pour autant que l'on respecte l'hypothèse de départ c'est-à-dire, il s'agit d'un syllogisme. Il commence avec une prémisse vraie pour arriver à une conclusion ayant le même caractère vrai.

Par exemple :

Tous les congolais sont mortels. Or, tous les kinois sont des congolais. Donc, tous les kinois sont mortels. Cette déduction reste vraie aussi longtemps que la prémisse l'est aussi.

Notez au passage qu'il existe aussi des prémisses fausses qui ne peuvent démontrer que la fausse d'un syllogisme.

---

[163] Gérard CORNU, Op. cit., p. 792.

Quant à la preuve par induction logique ; elle n'est vraie qu'avec une certaine probabilité dont l'estimation dépend des connaissances disponibles de la personne qui la soutient ou la développe. Elle est souvent utilisée dans les théories scientifiques comme la mathématique et les sciences exactes. Ce raisonnement par induction se propose de chercher des lois générales à partir de l'observation des faits ou des données particulières en se basant sur une probabilité.

Par exemple :

Tous les congolais sont de race noire, je n'ai jamais rencontré un congolais d'une autre race. J'en induis une théorie générale que tous les congolais sont de race noire. Mais, il ne s'agit ici que d'une quasi-certitude tirée d'une présomption. Celle-ci reste vraie jusqu'à ce qu'une première personne démontre le contraire par une autre théorie. En effet, l'exemple contraire serait de démontrer en appui des statistiques qu'autant des congolais sont de race noire et qu'autant d'autres sont d'une autre race. Ce qui pourrait remettre en cause toute cette théorie inductive sur la race des congolais.

2. DE LA PREUVE DANS LE TEMPS ET ESPACE

La preuve reste vraie dans le temps, mais par forcément dans l'espace. S'agissant du temps ; une preuve qui a été admise à une certaine époque sous l'empire d'une ancienne loi demeure vraie même avec une nouvelle loi.

Par exemple :

L'acte de mariage délivré autrefois pour les mariages polygyniques ou monogamiques régit jadis par le décret royal du 4 mai 1895 relatif au droit civil des personnes[164] demeure une preuve valide à ce jour malgré la promulgation de la nouvelle loi n°87-010 du 1er août 1987 portant code de la famille telle que modifiée par la loi n°16/008 du 15 juillet 2016.

Cependant, il faut noter que la vérification d'un tel acte de mariage ne peut se faire qu'à la lumière du décret royal précité.

S'agissant de l'espace ; l'administration de la preuve en justice dépend de la loi du for. La preuve admise sur n'importe quelle partie du territoire congolais ne peut pas poser de problème sur son applicabilité dans une

[164] Ce décret royal était appelé jadis CCLIer.

autre partie du pays. Cependant, celle admise en RD Congo n'est pas forcement admise dans un autre pays ou vice versa.

SECTION 2 : DE L'ADMINISTRATION DE LA PREUVE

1. DE LA PREUVE DE LA LOI NATIONALE

En matière civile, la charge de la preuve incombe au demandeur. C'est ce qui ressort de l'article 197, alinéa 1er du CCLIII. Cette disposition est confortée par l'adage « *actori incumbit probatio* ».

Cette quête de preuve peut être complétée, le cas échéant, par une demande faite au juge d'ordonner d'une part, la production forcée des pièces que l'adversaire possède, mais qu'il n'accepte pas de verser aux débats (Cela se fait à la suite de l'action *ad exhibendum*) et d'autre part, des mesures d'instructions pouvant permettre d'étayer les prétentions de la demande.

Cependant, l'article 197, aliéna 2 du CCLIII stipule aussi que « *Réciproquement, celui qui se prétend être libéré doit justifier le paiement ou le fait qui a produit l'extinction de son obligation* ». Cette disposition met la charge de la preuve sous la responsabilité de toute personne qui se dit être libérée d'une obligation. Dans tous les cas, dans un procès, les parties ont toutes des prétentions contraires. Celles-ci sont fonctions de l'objectif qu'elles poursuivent. Le débat sur la preuve étant intimement lié à celui du fond du litige, le demandeur va tenter d'apporter la preuve pour imputer la responsabilité au défendeur. A son tour, ce dernier va, bien entendu, essayer de réfuter tous les éléments de preuve produits à sa charge par son adversaire. Ainsi de suite, il y aura à tour à tour des inversions successives de rôle afin d'essayer de faire valoir sa propre vérité et d'emporter par la même occasion la conviction du juge.

Il faut noter que le débat sur la preuve ne se passe pas seulement à l'audience. L'ensemble des preuves versé aux débats par les parties doit faire l'objet d'une discussion contradictoire. Cette contradiction se fait par la production et la communication des pièces entre parties par le biais de leurs avocats.

2. DE LA PREUVE DE LA LOI EXTRANATIONALE ET INTERNATIONALE

Pendant longtemps la doctrine considérait que celui qui, au cours d'un procès invoque une loi étrangère doit être à même de la prouver. Cependant, la tendance doctrinale et jurisprudentielle actuelle, tirée de la doctrine congolaise et de la jurisprudence française est que la charge de la preuve du droit extranational incombe au juge et non aux parties. Si la finalité poursuivie par les deux (2) sources de droit est la même cependant, les motivations bien que différentes sont toutes aussi valables.

S'agissant de la doctrine congolaise inspirée du droit belge ; le juge étant un spécialité du droit, il est présumé avoir une connaissance satisfaisante sur la législation non seulement étrangère, mais aussi internationale, notamment dans le domaine de sa spécialité ou tout au plus dans celui du litige qui lui soumis[165].

S'agissant de la jurisprudence française ; la Cour de cassation française, par deux arrêts, rendus le 28 juin 2005, a unifié le régime de la preuve du droit étranger. Ces arrêts affirment qu'« *Il incombe au juge français qui reconnaît applicable un droit étranger, d'en rechercher, soit d'office soit à la demande d'une partie qui l'invoque, la teneur, avec le concours des parties et personnellement s'il y a lieu, et de donner à la question litigieuse une solution conforme au droit positif étranger* »[166].

Quant à la preuve du droit international ; sur ce point, les traités et conventions internationales dans lesquels la RDC est partie prenante, la question de la preuve ne se pose pas, étant donné que l'article 153 de la Constitution telle que modifiée par la loi n° 11/002 du 20 janvier 2011 portant révision de certains articles de la Constitution de la République Démocratique du Congo du 18 février 2006 affirme que les Cours et Tribunaux, civils et militaires, appliquent les traités internationaux dûment ratifiés par la République. D'ailleurs à ce sujet l'article 215 de la même Constitution stipule qu'ils ont autorité sur les lois nationales.

Cependant, concernant les autres traités et conventions internationales dans lesquels la RDC n'est pas partie, la doctrine congolaise affirme que

---

[165] MATADI NENGA GAMANDA, Op. cit., n°351, pp. 335-336.

[166] 1re Civ., 28 juin 2005, pourvoi n° 00-15.734, Bull. 2005, I, n° 289 ; Com., 28 juin 2005, pourvoi n° 02-14.686, Bull. 2005, IV, n° 138 ; (pour les deux arrêts) RCDIP 2005, p. 645, note B. Ancel et H. Muir Watt ; D. 2005, p. 2853, note N. Bouche ; D. 2005, pan. p. 2748, obs. H. Kenfack ; D. 2006, pan. p. 1495, obs. P. Courbe ; (second arrêt uniquement) RTD com. 2005, p. 872, obs. Ph. Delebecque ; B. Ancel, Y. Lequette, Les Grands Arrêts de la jurisprudence française de droit international privé, Dalloz, 5e éd., 2006, n° 83). Jurisprudence citée dans le Rapport annuel et étude annuelle 2012 de la Cour de Cassation, Livre 3 : Etude - la preuve, Partie 1 : Objet de la preuve, Titre 1 : preuve du droit, chapitre 2 : Preuve du droit extranational - Jurisprudence française [en ligne]. Disponible sur : https://www.courdecassation.fr/publications_26/rapport_annuel_36/rapport_2012_4571/livre_3_etude_preuve_4578/partie_1_objet_preuve_4579/titre_1_preuve_droit_4580/preuve_droit_26205.html

la mondialisation actuelle impose au juge la connaissance des règles étrangères et internationales qui sont aujourd'hui dans le commerce du droit. En plus, la pratique d'échange d'arguments et la coopération judiciaire sont devenues courantes entre les juges. Tenant compte de ces relations soutenues et confiantes qui peuvent prendre plusieurs formes notamment les citations de la jurisprudence étrangère dans les décisions à portée nationale, les formations communes des juges à l'étranger, des clubs et associations extranationaux entre juges, etc., le juge ne doit pas rechigner à citer la jurisprudence étrangère qui serait pertinente à l'affaire qui lui est soumise[167].

SECTION 3 : DE LA VERIFICATION DE LA PREUVE

D'après le juriste allemand IHERING, la preuve est la rançon des droits, c'est-à-dire en d'autres mots, la preuve est nécessaire pour établir l'existence des droits de chacun. En effet, sans la preuve il est quasi-impossible de déterminer les droits des parties. C'est pourquoi, lorsque celle-ci est produite par exemple sous la forme préconstituée dans un débat judiciaire, rien n'empêche à la partie qui la conteste de demander sa vérification.

En France et en Belgique, la vérification d'une preuve littérale, en matière civile se fait par les procédures de vérification d'écriture (faux civil) ou de l'inscription en faux. La vérification d'écriture permet d'attaquer les actes sous seing privé tandis que l'inscription en faux, les actes authentiques. Ces sont deux (2) procédures qui sont assez intéressantes. Elles peuvent être introduites devant le juge civil, en principal ou sous forme d'incident.

Malheureusement en RDC, ces procédures n'existent pas. La vérification d'une preuve littérale ne peut être faite que devant le juge pénal à la suite d'une action principale. Celle-ci a le mérite de sursoir celle qui a été introduite, bien avant, au civil. Le juge pénal, au vu des éléments du dossier qu'on lui présente pourra ainsi statuer sur la fausseté ou non de l'acte attaqué. C'est une procédure qui est très longue par rapport à l'action civile qui a été sursise. En plus, cette action pénale est susceptible d'appel et d'autres voies de recours.

---

[167] MATADI NENGA GAMANDA, ibidem.

SECTION 4 : DES MODES DE PREUVE

1. DES MODES DE PREUVE NON RECONNUS PAR LA LOI CONGOLAISE

Les différents modes de preuve sont organisés par le décret royal du 30 juillet 1888 portant le livre première du code civil : des contrats ou des obligations conventionnelles, autrement dit le CCLIII. A vrai dire, ce code est très vieux. A la date du 30 juillet 2018, il a totalisé 130 ans. A ce jour, il n'a connu que deux (2) mises à jour datant toutes de l'époque coloniale à savoir, celle par le décret royal du 10 septembre 1916 et celle par celui du 16 juin 1947.

Le décret royal du 10 septembre 1916 a remplacé le texte initial de l'article 602 concernant le gage tandis que le décret royal du 16 juin 1947 a modifié les articles 217 à 221 concernant la preuve testimoniale et les articles 490 et 491 concernant le dépôt volontaire et l'article 513, le dépôt nécessaire.

Aujourd'hui, ce code apparait inadapté face à l'essor technologique que connait le monde actuel, à fortiori la RDC. Tout va de plus en plus vite. La communication, le transfert et la transmission des documents se font à la seconde par des voies que le législateur colonial ne pouvait imaginer. Logiquement avec l'évolution de la technologie, si ledit législateur était averti, la preuve par les nouvelles technologies ne pouvait pas poser problème. Malheureusement, cette vision évolutionniste du droit civil congolais n'est pas sa préoccupation majeure dans la mesure où faute de développement suffisant dans le pays, ladite technologie est parfois méconnue dans la plupart des cas.

Au regard de ce qui se passe ailleurs, on constate que le droit civil, particulièrement la preuve évolue avec le développement d'un pays. Mais, qu'en est-il de la RDC ? Il y a lieu de noter que la société congolaise n'évolue pas selon même rythme que celle de l'Occident. Le niveau d'alphabétisation étant aujourd'hui très bas, il ne servirait à rien d'organiser des modes preuve assez moderne liés à des technologies nouvelles que personne ne peut maitriser ni comprendre ou encore moins utiliser. Evidemment, il y a ceux qui ne sont compliqués comme la photocopie, le film et photographie, le papier carbone, etc. la loi peut déjà les édicter.

Le code civil français des obligations date du 1804. Mais, il est régulièrement mis à jour en fonction de l'évolution de la société française. Il a, d'ailleurs, connu plus d'une centaine d'édition à ce jour.

Par contre, le code congolais des obligations demeure statique telle une statuette alors que le monde évolue. Ainsi, faute d'une mise à jour pouvant organiser les nouveaux modes de preuve, les seuls qui demeurent recevables devant le juge civil se trouvent nommément cités dans le décret royal du 30 juillet 1888 portant code civil. Les modes de preuves adaptés à la technologie et énumérés ci-après doivent donc être rejetés d'office et en tout état de cause par le juge civil lorsqu'ils sont présentés comme preuves jusqu'à la réforme des textes de loi, à moins que la jurisprudence donne sa position là-dessus, notamment :

- la preuve par télécopie ou téléfax
- la preuve par microfilm
- la preuve par photocopie
- la preuve par copie carbone
- la preuve par film et photographie
- la preuve par téléphone
- la preuve par enregistrement magnétique

Il faut noter au passage que tous ces modes de preuve cités ci-dessus sont, tout à fait, recevables en matière pénale, là où la preuve est libre. Au civil, ils peuvent simplement être considérés comme un début de preuve devant être appuyer par d'autres preuves légales.

1.1. De la preuve par télécopie ou fax

Bien que l'usage de la télécopie est de plus en plus fréquent en Europe, en RDC par contre il est vraiment rare de trouver cet instrument dans un foyer ou dans un bureau, à moins qu'il ne s'agisse d'une représentation diplomatique ou d'une entreprise étrangère.

La télécopie fonctionne avec la ligne téléphonique traditionnelle que la RDC ne possède pas ou très peu. Cet appareil permet un envoi rapide des documents par pulsions électriques à un destinataire lointain ou proche. Pour certains, il est un outil fiable garantissant une certaine authenticité par rapport au document d'origine. Pour ses détracteurs, il ne peut pas être fiable pour plusieurs raisons, notamment par le fait que certaines mentions comme la date et l'heure de l'envoi, le nom et la qualité de l'émetteur peuvent être retouchées. Dans tous les cas, c'est un débat auquel, les justiciables congolais qui l'utilisent ne pourront pas faire parce que la télécopie ne peut pas servir de preuve devant le juge civil.

1.2. De la preuve par microfilm

Le microfilm est un support de stockage reproduisant des documents divers, tels que des pages de livres ou périodiques, des documents juridiques ou comptables ou des dessins techniques, etc., un outil propre aux agents secrets, même s'ils n'en ont pas le monopole. La preuve par microfilm n'est malheureusement pas recevable en matière civile.

1.3. De la preuve par photocopie

La photocopie a déjà fait l'objet des plusieurs polémiques. Tantôt, le juge civil l'accepte sans plus de détails comme preuve recevable tantôt, il la rejette. En principe, comme le législateur ne s'est pas prononcé là-dessus, une photocopie libre devrait être rejetée d'office. Cependant, on note plusieurs jurisprudences qui vont dans ce sens. La Cour d'Appel de Lubumbashi a tranchée en faveur du rejet des pièces versées en photocopie libre[168]. L'ancienne Cour Suprême de Justice a aussi confirmé ce point de vue lorsqu'elle affirme dans l'un de ses arrêts que la photocopie simple d'un acte sous seing privé n'a pas la valeur probante de cet acte et ne lui est pas équivalente[169].

Cette même haute juridiction a également rendu un autre arrêt mitigé dans lequel elle affirme que les photocopies libres produites au cours d'une procédure de fond devant elle, ont lorsqu'elles n'ont pas été contestées par la partie adverse, une force probante qu'elles méritent[170].

1.4. De la preuve par copie carbone

Il existe une jurisprudence congolaise qui est restée constante à ce jour et qui rejette la preuve par copie carbone. Celle-ci affirme ceci :

« La reproduction d'un écrit au moyen d'un papier carbone ne constitue qu'une copie ; il est cependant loisible aux parties de donner à pareille copie la valeur d'un original, à la condition de la signer et d'y faire figurer manuscrites, les mentions que la loi exige pour la validité de certaines actes.

---

[168] CA L'shi, 12 avril 1975, in RJZ, n°2, p. 23 – Jurisprudence citée par Ruffin LUKOO MUSUBAO, Op. cit., n°1, p. 276.

[169] Note jurisprudentielle de l'article 204 CCLIII. Lire KATUALA KABA KASHALA, Code civil congolais annoté, Kinshasa, Edition Batena Ntambua, 2009, n°1, p. 128.

[170] Affaire OMP contre KABEYA KASHADI et KABEYA MUPULA, arrêt RPR 005C du 11 mars 1998. Bulletin des arrêts de la Cour Suprême de Justice (1980-1984), Kinshasa, 2001, pp. 348-354.

Une signature obtenue par interposition d'un papier carbone en même temps que la signature originale n'a aucune valeur probante et ne donne donc pas à celui qui la détient, un titre complet se suffisant à lui-même, ni a preuve de l'adhésion ou du co-contractant »[171].

1.5. De la preuve par film (vidéo) et photographie

La preuve par film (vidéo) et photographie peuvent sembler être la perfection en matière de preuve puisqu'elle permet de constater directement les faits du litige de manière continue et séquencée. Malheureusement, ce mode de preuve ne fait pas l'objet de disposition particulière du législateur en matière civile. Il sera tout simplement rejeté par le juge civil.

1.6. De la preuve par téléphone

La preuve par téléphone est essentiellement basée sur les conversations via les appareils cellulaires. Celles-ci sont souvent difficiles à obtenir sans passer par l'opérateur du réseau téléphonique. En plus, il faudrait avoir préalablement l'autorisation judiciaire.

Ces conversations étant de nature privée, leur usage sans l'intervention d'une autorité judiciaire n'est pas aisé devant le juge civil parce que cela risquerait d'être interprété comme une violation des droits et de liberté individuelle. Toujours est-il que le fait que le législateur ne s'y est pas attardé pour l'organiser, cela ne servirait à rien de le verser aux débats civils car, il sera tout simplement rejeté comme preuve.

1.7. De la preuve par enregistrement magnétique

L'enregistrement par une bande magnétique d'une conversation est fiable lorsque, de manière intelligible on peut identifier les différents intervenants et surtout si la conversation est claire. Cependant, ce mode de preuve ne peut servir qu'en matière pénale. En matière civile, un enregistrement est juste un début de preuve qui doit être confirmé par d'autres preuves. Sinon, il doit être écarté des débats judiciaires.

---

[171] Note jurisprudentielle de l'article 207 du CCLIII. Lire Pierre PIRON et Jacques DEVOS, Codes et Lois du Congo belge (Matières civiles, commerciales, pénale), Tome I, Bruxelles et Léopoldville, Maison Ferdinand Larcier SA Editeurs et Edition des Codes et Lois du Congo Belge, 1960, p.113.

2. DES MODES DE PREUVE RECONNUS PAR LA LOI CONGOLAISE

Il existe deux (2) modes de preuves en matière civile à savoir : les modes de preuve en matière commerciale introduit par le droit OHADA et ceux en matière civile proprement dit.

2.1. Des modes de preuve en matière commerciale

Il est vrai que les relations d'affaires découlent le plus souvent d'échanges rapides pour répondre aux besoins de commerce, notamment un devis, une facture, une commande passée par email, etc. que du contrat lui-même qui devait être sa base juridique. C'est ainsi que parfois, le contrat n'est jamais utilisé ni évoqué dans certains cas. C'est pourquoi, il semble normale que le moyen ayant servi à ces transactions puissent être utilisé comme preuve en cas de litige entre les professionnels de commerce.

Cependant, il est intéressant de voir comment peut-on apporter la preuve de la qualité de commerçant, la preuve des actes de commerce et enfin, la limite de la preuve en droit commercial.

2.1.1. De la preuve de la qualité de commerçant

L'article 2 de l'acte uniforme (AUDCG) affirme que le commerçant est celui qui fait de l'accomplissement d'actes de commerce par nature sa profession. La jurisprudence insiste sur le fait que la qualité de commerçant se prouve par tout moyen. « *Elle peut être déduite de façon implicite des déclarations d'une personne faisant l'objet de poursuites pénales et des pièces de la procédure, notamment le jugement correctionnel* »[172]

Il y a lieu de noter que la qualité de commerçant est attribuée à ce dernier en fonction de l'exercice professionnel des actes de commerce par nature et non en vertu de son immatriculation. L'immatriculation au registre de commerce et du crédit immobilier ne donne pas la qualité de commerçant. Elle est une simple présomption aux termes de l'article 59, alinéa 1er de l'acte uniforme précité. Toutefois, cette présomption ne joue pas à l'égard des non-commerçants ni des personnes morales.
Le caractère commercial des personnes morales est déterminé soit par leur forme ou soit par leur objet, tels qu'exprimés dans leurs statuts. Ainsi, tous les actes qu'elles posent sont considérés comme des actes de

[172] Barthélémy MERCADAL, Code pratique OHADA annoté : Traité, Actes uniformes et Règlement annotés, Levallois-Perret, Ed. Francis Lefebvre, 2014, p 214. Notons que la motivation de ces trois éléments a été augmentée.

commerce conformément aux articles 3 et 4 de l'acte uniforme (AUDCG).

2.1.2. De la preuve des actes de commerce

La preuve des actes de commerce se fait librement. Ce principe est énoncé par l'article 5 de l'AUDCG. Cette disposition affirme que les actes de commerce se prouvent par tous moyens même par voie électronique à l'égard des commerçants. Ainsi, cette liberté de preuve permet au créancier de produire devant le juge toutes sortes de documents professionnels pour établir sa créance. D'ailleurs, dans une certaine mesure, ce dernier peut même l'ordonner d'office.

Pour certains auteurs, cette liberté de preuve en matière commerciale trouve son fondement dans trois (3) éléments[173], à savoir : la célérité des affaires, l'expérience professionnelle du commerçant et les livres de comptables tenus par ce dernier.

S'agissant de la célérité ; il faut dire que les affaires vont vite et que le temps c'est l'argent, dit-on. Le commerçant n'a pas souvent besoin d'un écrit pour constater l'engagement réciproque qu'il souscrit avec un autre commerçant. Sa conscience professionnelle l'oblige à être honnête lorsqu'il s'engage vis-à-vis de l'autre ;

S'agissant de l'expérience professionnelle du commerçant ; en tant que professionnel dans son métier, le commerçant sait apprécier lui-même dans ses relations qui sont basées sur la confiance avec qui il peut traiter avec un écrit ou avec qui il ne peut pas ;

S'agissant des livres comptables tenus par le commerçant ; la tenue des livres comptables par le commerçant est censé être faite avec rigueur selon des règles légales bien déterminées. C'est ce qui rassurent et rend fiable leur contenu ;

Par ailleurs, il faut noter que la preuve par tout moyen exige nécessairement pour être acceptable devant le juge la qualité de commerçant de celui qui la produit et l'existence d'un acte de commerce. Sauf, dans le cas de l'alinéa 2 de l'article 5 de l'acte uniforme précité, s'il y a un commencement de preuve par écrit contre à un non-commerçant.

[173] Olivier Coulon, (2010-2011), Droit commercial, Syllabus, Université Catholique de Louvain, Louvain-La-Neuve, p. 25.

Il faut signaler au passage que le « tout moyen » dont il s'agit suppose la production en justice de tout document professionnel (sans équivoque) tels que les emails échangés entre commerçants, les livres de comptables, les états financiers de synthèse, le livre journal et le livre des inventaires (le bilan), le compte de résultats, le relevé de clôture de compte-courant contradictoire[174], de la reconnaissance manuscrite de dette[175], etc.

2.1.3. De la limite de la preuve en matière commerciale

Le principe de la liberté de la preuve est un principe absolu en matière commerciale. Le juge n'a pas de limite pour recevoir un mode quelconque de preuve. Ici, le législateur communautaire a fait confiance et l'expérience de ce dernier pour qu'il apprécie souverainement le mode qui lui est soumis. Il est bien entendu que cette liberté ne signifie pas l'anarchie. Il appartient donc au juge de recevoir certaines preuves pour telles professions plutôt que d'autres.

Cependant, il faut noter que ce principe de liberté de preuve n'est admis que lorsque le commerçant agit dans l'exercice et pour l'intérêt de son propre commerce. En dehors de ce cas, les actes qu'il pose relève du droit civil proprement dit.

2.2. Des modes de preuve en matière civile

Les modes de preuve en matière civile sont limitativement prévus à l'article 198 du CCLIII. En dehors de cette liste, aucun autre mode n'est recevable devant le juge, à l'exception de celui prévu par le droit OHADA en ce qui concernant les documents électroniques. Ces preuves sont les suivantes :

- la preuve littérale ;
- la preuve testimoniale ;
- les présomptions ;
- l'aveu ;
- et le serment.

---

174 Jurisprudence de la CCJA, Arrêt n°009/2013 du 07 mars 2013, Affaire BIAO-CI contre la société Travaux Publics ZAROUR et CHOUR dite TPZC ; ZAROUR GASSANE et ZAOUR NAIF, Juridata n° J009-03/2013). Lire Jean-Michel MBOCK BIUMLA, Op. cit., pp. 402-403.

175 La reconnaissance de dette n'est valable que si seulement le débiteur mentionne lui-même dans un écrit le montant qu'il s'engage à rembourser, l'échéance et qu'il signe. Jurisprudence de la CCJA, Arrêt n°016/2008 du 25/03/2010, Affaire société industrielle de transformation de plastique et de produits chimiques dite INDUSTRAP C/Monsieur Amadou NYADA, Juridata n°J016-03/2010. Ibidem, pp. 412.

CHAPITRE 2 : DE LA PREUVE LITTERALE OU PRECONSTITUEE

Il existe cinq (5) modes de preuve écrite, à savoir :

- l'acte authentique ;
- l'acte sous seing privé ;
- les documents électroniques prévus par le droit OHADA ;
- l'acte recognitif ;
- l'acte confirmatif.

SECTION 1 : DE L'ACTE AUTHENTIQUE

L'acte authentique est, généralement, celui dressé par un officier public habilité à cet effet par la loi. Du point de vue de son authenticité, il faut en distinguer deux (2), à savoir : celui dressé par un officier public congolais et celui établi à l'étranger.

1. DE L'ACTE AUTHENTIQUE DRESSE PAR UN OFFICIER PUBLIC CONGOLAIS

L'acte authentique dressé par un officier public congolais est celui qui a été reçu par ce dernier sur le territoire national ou dans une des missions diplomatiques ou consulaires. Il n'y a que les officiers publics habilités à exercer les fonctions notariales par la loi qui ont le droit d'instrumenter dans le lieu où l'acte a été rédigé et ce, avec les solennités requises. Il s'agit aux termes de l'ordonnance-loi n°66-344 du 09 juin 1966 relatif aux actes notariaux, des personnes suivantes :

- à l'étranger, les agents diplomatiques et consulaires désignés à cet effet par le Ministre des affaires Etrangères ;
- en matière foncière et immobilière, les conservateurs des titres fonciers des différentes circonscriptions.

Il s'agit également des personnes suivantes désignées par le décret n°010/002 du 26 janvier 2010 portant création des offices notariaux, pour remplir les fonctions notariales :

- pour les villes de chaque province ainsi que celle de Kinshasa, un fonctionnaire désigné par le Ministre de la Justice à cet effet. Il faut noter cependant que chaque district de la ville de Kinshasa possède un notaire[176] ;

[176] Il a été créé quatre (4) offices notariaux dans la ville de Kinshasa par l'arrêté n°SC/062/ BGV/COJU/TNT/NB/2010 du 20 mars 2010 portant fixation du nombre, des sièges et des ressorts des Offices notariaux dans la Ville de Kinshasa.

- pour les chefs-lieux des territoires et d'autres localités, un magistrat ou à défaut, un agent de l'administration provincial désigné par le Ministre de la Justice pour remplir cette fonction ;

Lorsque les personnes précitées reçoivent un acte, celui-ci jouit d'une force probante intrinsèque conformément à la loi. Il fait foi jusqu'à la preuve contraire. Il faut noter qu'en cas de contestation, l'acte garde sa force probante tant que celui qui entend le contester n'a pas rapporté la preuve de sa fausseté.

Les actes authentiques de même que ceux pris sous seing privé font foi entre les parties dans les termes énoncés, pourvu que l'énonciation ait un rapport direct avec la disposition. Les énonciations étrangères à la disposition ne peuvent servir que d'un commencement de preuve.

S'agissant des actes authentiques entachés ; d'après l'article 200 CLIII qui est une reproduction de l'article 1318 du nouveau code civil français, « *L'acte qui n'est point authentique par l'incompétence ou l'incapacité de l'officier, ou par défaut de forme, vaut comme écriture privée s'il a été signé des parties* ». La jurisprudence française affirme en outre qu'« *Un acte authentique entaché de nullité peut néanmoins valoir comme acte sous seing privé établissant les conventions entre les signataires sans avoir pour autant à satisfaire à toutes les règles de forme des actes sous le signature privée* »[177]. Cependant, cette même jurisprudence limite sa portée de la manière suivante : « *Si un acte dressé par un notaire, mais non signé par lui, peut valoir comme acte sous seing privé, il n'est pas assimilable à un acte sous seing privé déposé au rang de minutes d'un notaire* »[178].

Notons au passage que la contre-lettre d'un acte authentique ne peut avoir d'effet qu'entre les parties contractantes. Elles n'en ont pas contre les tiers.

2. DE L'ACTE AUTHENTIQUE DRESSE A L'ETRANGER

L'acte authentique dressé à l'étranger est celui dressé par un notaire établi dans un Etat étranger. Il jouit en RDC de la même force probante que dans le pays où il a été délivré. Si l'acte est rédigé en une langue autre que le français, une traduction certifiée conforme doit être faite par un traducteur assermenté est jointe en annexe ce celui-ci.

---

[177] Note jurisprudentielle de l'article 1318, §1 et 2 du code civil français, édition 2005, Paris, Dalloz, p. 1187.

[178] Ibidem, §2, p. 1187.

Qu'en est-il de la preuve de son authenticité ? Elle est établie par une mission diplomatique ou consulaire congolaise telle que le prévoient la conjugaison des articles 2 *in fine* et 20 de l'ordonnance-loi n°66-344 du 09 juin 1966 relatif aux actes notariaux.

En effet, la mission diplomatique ou consulaire congolaise qui reçoit l'acte authentique étranger s'assure qu'il a été rédigé dans les formes requises par la loi de ce pays. Il peut tout aussi bien engager une procédure de vérification auprès des autorités compétentes en cas de doute persistant portant sur l'authenticité dudit acte. Si celui-ci est conforme, il reçoit un visa de la mission diplomatique ou consulaire congolaise. Ce visa lui sert de preuve d'authenticité.

Que se passe-t-il alors lorsque l'acte en question émane d'un Etat avec lequel la RDC n'a pas des relations diplomatiques[179] ou consulaires ? La réponse est difficile à trouver. Mais, il faudrait la chercher auprès du Ministère des Affaires Etrangères car, certaines missions diplomatiques ou consulaires congolaises couvrent dans leurs juridictions plusieurs pays dans la région où elles se trouvent. Si, cependant, l'Etat de délivrance n'est toujours pas répertorié dans cet éventail de couverture diplomatique ou consulaire, il n'y a pas d'autre procédure légale à suivre. Toutefois, il y a lieu de noter que la preuve étant un élément capital pour une personne qui en justice, un acte étranger dont l'authentification est impossible à établir à cause de l'absence d'une représentation diplomatique ou consulaire dans la région de son établissement, doit être présenté dans l'état devant la justice congolaise. Effet, dans l'arrêt RC 1659 opposant Louise Ghislaine LEFEBURE à Claude VAN HECK, l'ancienne Cour Suprême de Justice a abordé dans ce sens quant à la question de validité d'une procuration spéciale établie à l'étranger et qui est non légalisée. Cette haute juridiction affirme ce qui suit : « *La procuration spéciale établie à l'étranger en vue de la représentation en justice au Congo est régie par le droit international privé congolais. Ainsi, elle est soumise, quant à la preuve de son authenticité à la loi congolaise en tant que loi du juge saisi, la lex fori. Par application de cette dernière loi, la légalisation d'une telle procuration, bien que fréquente dans la vie pratique n'est pas nécessaire pour établir son authenticité ni pour lui conférer la force probante* »[180].

---

[179] La RDC ne possède à travers le monde que 55 ambassades dont 27 en Afrique, 17 en Europe, 6 en Asie et 5 aux Amériques.

[180] Bulletin des arrêts de la Cour Suprême de Justice (1990 à 1999), Kinshasa, 2003, pp. 381-385.

SECTION 2 : DE L'ACTE SOUS SEING PRIVE

1. DU REGIME JURIDIQUE DE L'ACTE SOUS SEING PRIVE

Il est difficile de donner une définition à un acte sous seing privé d'autant plus que la loi elle-même ne l'a pas défini et que la multitude de définitions que la doctrine donne sont parfois trop stricte ou trop large pour le déterminer. On peut toujours tenter une définition *stricto sensu*. Il peut donc être considéré comme n'importe quel document écrit signé par les parties ou par son auteur. La jurisprudence française affirme qu'en dehors des exceptions prévues par la loi, l'acte sous seing privé n'est soumis à aucune autre condition de forme que la signature de ceux qui s'obligent[181] et poursuit en précisant qu'en matière civile, la signature doit être manuscrite[182].

Selon la loi congolaise, un acte sous seing privé a entre les parties qui l'ont souscrit ainsi qu'entre leurs héritiers et leurs ayants-cause la même foi qu'un acte authentique. Celui auquel on l'oppose est obligé de l'avouer ou le désavouer formellement son écriture ou sa signature. Toutefois, ces héritiers ou ses ayant-cause peuvent se contenter de déclarer qu'ils ne connaissaient pas l'écriture ou la signature de l'auteur. Dans ce cas, la justice peut ordonner sa vérification.

Les actes sous seing privé qui contiennent des conventions synallagmatiques ne sont valables que lorsqu'ils ont été faits en autant d'originaux qu'il y a de parties ayant un intérêt distinct. Celles ayant le même intérêt peuvent se contenter d'un seul original. Chaque original doit contenir la mention du nombre des originaux qui en ont été faits. Néanmoins, le défaut de mention que les originaux ont été faits en double ou triple exemplaires, etc., ne peut être opposé à celui qui a exécuté sa part de la convention qui est portée dans l'acte.

Il faut noter cependant que le billet ou la promesse sous seing privé par lequel une seule partie s'engage envers l'autre à lui payer une somme d'argent ou une chose appréciable, doit être écrit en entier de la main de celui qui le souscrit ou du moins contenir sa signature. Il faut également qu'il soit écrit de sa main un « bon » ou un « approuvé », portant en toutes lettres la somme ou la quantité de la chose. Excepté dans le cas où l'acte émane de marchands, artisans, laboureurs, vignerons, gens de journée et de service.

---

[181] Note jurisprudentielle de l'article 1322 §A, 1 du code civil français, idem, p. 1191.
[182] Ibidem.

Selon la jurisprudence congolaise, les lettres missives ne peuvent être produites en justice comme preuve qu'avec l'autorisation de leurs destinateurs et si elles sont confidentielles qu'avec celle de leur auteur[183]. Le droit français considère une lettre missive de la même manière. Il enchérit en outre qu'elle est un mode de preuve de nature spéciale échappant aux dispositions de l'article 1325 du code français sur les actes sous seing privé[184]. Son assimilation à un acte sous seing privé est faite sous les conditions suivantes :

- il faut que celui qui l'invoque la possède régulièrement et non par fraude. Sinon, il risque des poursuites ;
- il faut qu'elle ne soit pas protégée par une clause de confidentialité ni de secret professionnel ;
- il faut que son contenu renferme une obligation qui existe entre le destinataire et l'expéditeur. Sinon, elle ne peut servir que de commencement de preuve.

2. DE LA SIGNATURE

2.1. De la signature manuscrite

Un acte sous seing privé n'est valable que lorsqu'il comporte une signature. Celle-ci atteste la présence physique du signataire lors de la conclusion dudit acte. Elle peut être apposée à n'importe quel emplacement, à la marge ou ailleurs. Mais, les habitudes voudraient qu'elles soient au bas de l'acte. Cependant, « *L'empreinte digitale ne peut valoir comme signature. L'acte est nul* »[185]. De même, un écrit portant l'empreinte du pouce d'un déclarant et certifié conforme par deux témoins qui y ont apposé leur signature ne peut avoir ni la valeur d'un écrit, ni celle d'une preuve testimoniale[186].

Il faut noter que contrairement à ce qui se passe dans d'autres pays, la signature n'est pas légiférée en RDC. Elle est donc laissée à appréciation de chacun. Ce qui est vraiment dommage car, cela laisse libre cours à ce

---

[183] Note jurisprudentielle de l'article 204 du CCLIII. Lire Pierre PIRON et Jacques DEVOS, Codes et Lois du Congo belge (Matières civiles, commerciales, pénales), Tome I, idem, p. 113.

[184] Note jurisprudentielle de l'article 1325 §3 du code civil français, ibidem, p. 1194.

[185] Antoine SOHIER, Droit civil du Congo Belge, TII, Bruxelles, Ed. Maison Fernand Larcier, 1956, n°705, p. 353.

[186] Note jurisprudentielle de l'article 204 du CCLIII. Pierre PIRON et Jacques DEVOS, ibidem.

dernier de signer comme il veut et de la changer autant de fois qu'il le veut sans aucune contrainte.

Une signature dans acte sous seing privé lui donne une valeur juridique. Le mot « seing » vient du vieux français et désigne simplement une signature. Le vocabulaire juridique[187], en donne plusieurs définitions dont la signification se comprend en fonction de la qualité du signataire. Selon son premier sens, elle est une « *Apposition (en général manuscrite) que fait une personne de son nom (accompagné ou non de son prénom), soit sur un acte comme partie à une convention (signature d'un bail) ou auteur d'un acte unilatéral (signature d'un testament), soit sur une œuvre personnelle (manuscrit, toile, lettre, comme auteur de celle-ci), soit sur un document quelconque (livre) en signe d'appropriation ou de dédicace* » et selon son deuxième sens, elle est *« la même opération accomplie par une autorité sur un document afin de conférer l'authenticité à un acte relevant de sa compétence ».* Ici, on peut citer par exemple la signature d'un décret, d'un jugement, etc.

Cependant, la définition plus simple qui lui donne un sens fonctionnelle se trouve à l'article 1316-4 du nouveau code civil français. Cette disposition stipule que la signature est nécessaire à la perfection d'un acte juridique et sert à identifier celui qui l'appose. Elle manifeste le consentement des parties aux obligations qui découlent de cet acte et lorsqu'elle est apposée par une autorité publique, elle confère l'authenticité à l'acte. Ce qui est important à retenir ici, c'est la fonction qui est attribuée à la signature, celle d'identification du signataire. Dans cette même optique, une certaine doctrine française pense qu'elle est, avant tout, tout signe (pas forcément le nom et prénom) qui permet au signataire de se faire connaître et ensuite, d'être reconnu comme son auteur. Il faut noter cependant que cette reconnaissance dépend de la capacité de l'individu qui l'interprète. Celui-ci peut ou pas en tirer les conséquences adéquates[188].

Une question peut tarauder la tête de plusieurs personnes, celle de savoir la forme qu'une signature peut avoir ? La loi française qui sert de principe général en cette matière ne le précise pas. Mais, on image que le signataire peut avoir toute sorte d'imaginations possibles et peut recourir

---

[187] Gérard CORNU, Op. cit., p. 957.

[188] Isabelle de LAMBERTERIE, La valeur juridique de la signature, perspective de la longue durée [en ligne]. Disponible sur : https://www.cairn.info/article_p.php?ID_ARTICLE=HYP_051_0361

à n'importe quel graphisme de son choix pour signer. L'essentiel est que cela puisse l'identifier lui seul et pas un autre[189].

Il faut noter qu'en matière commerciale, l'acte sous seing privé a certaines particularités. En effet, lorsqu'une somme exprimée au corps d'un acte sous seing privé est différente de celle exprimée à côté de la mention « bon ou approuvé » à proximité de la signature, l'obligation est présumée n'être que de la somme moindre quand bien même que l'acte ainsi que le bon soient écrits en entier de la main de celui qui s'est obligé, à moins qu'il ne soit prouvé qu'il s'agisse d'une erreur d'un côté ou d'un autre[190].

En outre, au regard de l'article 210 du CCLIII, lorsqu'un acte sous seing privé n'a pas de date certaine et que lorsque l'antidate est devenue impossible, il y a deux (2) cas suivants :

1. lorsque celui ou l'un de ceux qui l'ont souscrit est mort, l'acte ne peut avoir que la date certaine du jour du décès ;
2. lorsque la substance de l'acte est constatée par un acte authentique, dans ce cas, la date certaine du jour sera celle du jour de l'authentification par le notaire.

En ce qui concernent les registres et les livres comptables des commerçants ; selon les articles 211 et suivants du même code civil, ils ne peuvent servir de preuve qu'entre eux. Mais, celui qui en veut tirer avantage ne peut les diviser en ce qu'ils contiennent de contraire à sa prétention. Toutefois, ces registres et papiers domestiques ne sont pas un titre pour celui qui les a écrits, mais peuvent être utilisés contre lui dans les cas-après :

- dans tous les cas où ils énoncent formellement un payement reçu ;
- lorsqu'ils contiennent la mention expresse que la note a été faite pour suppléer le défaut de titre en faveur de celui au profit duquel ils énoncent une obligation.

L'écriture mise par le créancier à la suite, en marge ou au dos d'un titre qui est toujours resté en sa possession fait foi, quoique non signée ni datée par lui, lorsqu'elle tend à établir la libération

[189] Notez qu'en matière civile, l'empreinte digitale n'est pas la valeur d'une signature. Note jurisprudentielle de l'article 204 du CCLIII. Pierre PIRON et Jacques DEVOS, Codes et Lois du Congo belge (Matières civiles, commerciales, pénales), Tome I, idem, p. 113.

[190] Article 209 du CCLIII.

du débiteur. Il en est de même de l'écriture mise par le créancier au dos, ou en marge, ou à la suite du double d'un titre ou d'une quittance, pourvu que ce double soit entre les mains du débiteur.

2.2. De la signature électronique ou numérique

Aujourd'hui avec les nouvelles technologies, la signature peut se présenter sous plusieurs formes. On parle de plus en plus de la signature électronique ou numérique. Tout comme pour la signature manuscrite, le législateur congolais ne s'y est pas encore intéressé. Mais, le droit OHADA est venu combler ce vide. Il l'a prévu aux articles 82 *in fine* et 83 de l'acte uniforme (AUDCG). Selon cette disposition, la signature électronique qualifiée qui est appliquée à un document doit permettre d'identifier le signataire et de manifester son consentement aux obligations qui découlent de l'acte. Ses caractéristiques doivent être les suivants :

- la signature doit être liée uniquement au son auteur ;
- elle doit permettre son identification ;
- elle doit être créée par des moyens permettant au signataire de la garder sous son contrôle exclusif ;
- elle doit être liée au document auquel elle se rapporte de telle sorte que toute modification ultérieure du document soit détectable ;
- elle doit être formée dans un logiciel qui permet au même moment sa création et sa vérification ;
- elle doit avoir un certificat électronique ou une attestation électronique qui permet de lier les données relatives à sa vérification à une personne et de confirmer en même temps son identité.

Cet article 83 de l'acte uniforme précité qui aborde la signature électronique laisse des zones d'ombres quant à ses effets juridiques et ses caractéristiques. Ainsi, pour en comprendre les contours exacts, il faut s'inspirer du droit français, qui sert de principe général de droit dans la communauté OHADA, en cette matière. Ce droit l'a prévue aux articles 1316-1 et suivants du code civil. Quant à sa portée juridique, l'article 1316-3 est clair et précise ceci :

« *L'écrit sur support électronique à la même force probante que l'écrit sur support papier* ».

Quant à ses caractéristiques, les dispositions de l'article 1316-4, alinéa 2 du même code énonce :

« *Lorsqu'elle* (la signature) *est électronique, elle consiste en l'usage d'un procédé fiable d'identification garantissant son lien avec l'acte auquel elle s'attache* ».

Ce procédé fiable d'identification implique, par interprétation du décret n°2001-272 du 30 mars 2001 pris pour l'application de l'article 1316-4 du nouveau code civil français et relatif à la signature électronique, un mécanisme sécurisé par l'usage des mots de passe, des codes, de l'emprunte digital, etc. permettant d'une part, de garantir par des moyens techniques et des procédures appropriées l'exclusivité de son usage ainsi que la confidentialité des données du signataire et d'autre part, une protection infaillible contre toute falsification et contre toute utilisation par des tiers. Il ne doit, en outre, entrainer aucune altération du contenu de l'acte à signer ni empêcher que le signataire en prenne connaissance avant sa signature.

Abordant dans le même sens, l'article 82 *in fine* de l'acte uniforme précité, affirme que l'usage d'une signature électronique qualifiée par un procédé technique fiable doit garantir à tout moment l'origine des documents sous forme électronique, leur intégrité au cours de leurs traitements et de leurs transmissions électroniques.

En résumé, il ressort de ce qui précède que les conditions de fiabilité d'une signature électronique doivent être les suivantes :

- authentique : l'identité du signataire doit pouvoir être retrouvée de manière certaine ;
- infalsifiable : quelqu'un ne peut se faire passer pour un autre ;
- non réutilisable : elle fait partie du document signé et ne peut être déplacée sur un autre document ;
- inaltérable : une fois qu'un acte est signé, on ne peut plus le modifier ;
- irrévocable : la personne qui a signé ne peut le nier.

Il noter au passage qu'en pratique, l'essentiel des procédures de signature numérique s'appuie sur la cryptographie asymétrique.

SECTION 3 : DU DOCUMENT ELECTRONIQUE PREVU PAR LE DROIT OHADA

1. DES DOCUMENTS ELECTRONIQUES DELIVRES DANS LE CADRE DES FORMALITES ACCOMPLIES AUPRES DES REGISTRES DU COMMERCE ET DU CREDIT MOBILIER

L'article 82 de l'acte uniforme (AUDCG) énonce que les documents électroniques et de transmissions électroniques ayant été fait dans le cadre des formalités accomplies auprès des Registres du Commerce et du Crédit Mobilier (Guichet Unique de Création d'Entreprise, GUCE en sigle), ont les mêmes effets juridiques que celles accomplies avec des documents sur support papier, notamment en ce qui concerne leur validité juridique et leur force probatoire.

Ainsi, les documents sous forme électronique peuvent valablement se substituer aux documents sur support papier et sont reconnus comme équivalents lorsqu'ils sont établis et maintenus selon un procédé technique fiable, qui garantit, à tout moment, l'origine du document sous forme électronique et son intégrité au cours des traitements et des transmissions électroniques.

L'article 87 de l'acte uniforme précité permet au GUCE de délivrer les mêmes actes par la voie électronique que ceux délivrés en cas d'accomplissement des formalités sur support papier. Ces différents actes sont des accusés de réceptions suivants :

- accusé d'enregistrement de l'immatriculation mentionnant la date et le numéro d'immatriculation ;
- accusé d'enregistrement de la déclaration portant la date et le numéro de la déclaration d'activité ;
- accusé d'enregistrement mentionnant la date et la nature de la formalité ;
- accusé d'enregistrement ou certificat de dépôt portant la date, la désignation de la formalité effectuée et le numéro d'ordre ;
- accusé d'enregistrement ou certificat de renouvellement portant la date, la désignation de la formalité effectuée et le numéro d'ordre ;
- accusé d'enregistrement ou certificat de modification ou de radiation portant la date, la désignation et le numéro d'ordre.

En ce qui concerne les autres documents émis par la voie électronique, l'accusé doit indiquer que les formulaires, documents, acte ou les informations attendues, ont bel et bien été réceptionnés et sont exploitables par les traitements électroniques.

Toute personne peut solliciter à ses frais auprès du greffe ou de l'organe compétent la communication des extraits ou copies de tout ou parties des documents publiés au GUCE.

2. DES DOCUMENTS ELECTRONIQUES DELIVRES PAR LE GREFFIER OU LE RESPONSABLE DE L'ORGANE COMPETENT EN CHARGE DU REGISTRES DU COMMERCE ET DU CREDIT MOBILIER

D'après le droit OHADA, les documents délivrés sous la forme électronique par le greffier ou le responsable de l'organe compétent précité ont la même valeur juridique que ceux délivrés sur support papier.

Le greffier ou le responsable de l'organe compétent peut extraire des décisions de juridictionnelles ou administratives qui lui sont transmises sur support papier ou sous forme électronique, les mentions à porter dans les dossiers individuels ou en marge du registre et du répertoire, sont faites dans les conditions établies par l'article 88 de l'acte uniforme (AUDCG).

Toute demande ou toute déclaration peut lui être soumise sous la forme électronique. Il faut, bien entendu, pour que celle-ci ainsi que la transmission des documents numérisés par voie de messagerie électronique soient valables que le demandeur ou le déclarant fasse usage de sa signature électronique qualifiée. Le greffe ou l'organe compétent peut y répondre par la même voie sans qu'il soit nécessaire d'une confirmation en version papier. Les accusés de réception sont envoyés par les mêmes voies et portent la signature électronique de ce dernier. Par ailleurs il faut signaler qu'il est même permis au greffier ou au responsable de l'organe compétent, lorsqu'une demande est faite sous la forme électronique et qu'elle ne porte pas la signature électronique de son auteur, de la valider par sa propre signature électronique qualifiée.
Les informations, extraits et copies intégrales d'un document délivrés par le greffe ou de l'organe compétent sous la forme électronique ne nécessitent pas une certification préalable sauf demande expresse du demandeur (article 98 de l'acte uniforme précité). Dans ce cas, cette certification qui est faite sur des copies électroniques doit garantir à la fois leur authentification de leur origine et l'intégrité de leur contenu au moyen de la signature électronique du greffier ou du responsable de l'organe compétent.

SECTION 4 : DE L'ACTE RECOGNITIF

L'acte recognitif est un acte écrit (appelé aussi titre nouvel) par lequel une personne reconnaît l'existence de droits déjà constatés par un titre antérieur (nommé acte primordial) soit afin d'interrompre une prescription, soit afin d'assurer la preuve de ces droits lorsque le titre primordial est perdu ou menacé[191].

Cet acte recognitif peut être une reconnaissance de dettes lorsqu'il y lieu d'interrompre une prescription ou tout autre acte dont on a perdu le titre primordial qui servait de preuve.

Lorsque l'acte recognitif contient plus d'obligations que le titre primordial ou s'il diffère, les additions ne produisent aucun effet[192]. Il faut noter cependant qu'un acte recognitif qui remplace toutes les obligations anciennes par des nouvelles devient une novation[193].

Le créancier qui détient un acte recognitif qui contient plusieurs reconnaissances, dont l'une date depuis trente ans, peut être dispensé de représenter le titre primordial. Dans tous les cas de figure, les actes recognitifs ne dispensent pas de la représentation du titre primordial à moins que sa teneur ne soit spécialement relatée.

SECTION 5 : DE L'ACTE CONFIRMATIF

L'acte confirmatif est défini par la doctrine comme celui par lequel une personne renonce unilatéralement à se prévaloir de la nullité relative d'un acte juridique et qui, exprès ou tacite, peut résulter d'une exécution spontanée[194].

En droit congolais, l'acte de confirmation ou ratification n'est valable comme mode de preuve que lorsque l'obligation à laquelle le confirmateur était lié, a été viciée et pouvait être attaquée par une action en nullité ou en rescision pour cause de lésion. Dans ce cas, le confirmateur doit renoncer lui-même à son action contre l'obligation entachée et l'exécuter normalement sans se prévaloir de cette faiblesse. D'ailleurs, il peut arriver que cet acte ne soit pas nécessaire. Il suffit pour ce faire que le confirmateur exécute volontairement son obligation à l'époque où il était tenu de le faire. Cela suffit pour être considéré

[191] Gérard CORNU, Op. cit., p. 23.

[192] Article 215 du CCLIII.

[193] Voir plus haut à la première partie, titre 1er, chapitre 1er, section 2, § 1.2. De la novation.

[194] Gérard CORNU, Op. cit., p. 229.

comme une confirmation ou ratification. Il faut noter que la confirmation, ratification ou exécution volontaire du confirmateur dans les formes et à l'époque déterminée par la loi, emporte la renonciation aux moyens et exceptions qu'il pouvait opposer contre cette obligation viciée, sous réserve des préjudices causés au tiers[195].

En somme, la confirmation a pour effet d'effacer les vices qui entachent une obligation et qui pourraient permettre au confirmateur de l'attaquer par voie de nullité ou de rescision. Ce qui suppose que l'obligation à laquelle elle s'applique existe bel et bien d'après le droit positif, mais se trouve seulement soumise à une action en nullité ou en rescision.

[195] Article 216 du CCLIII.

CHAPITRE 3 : DE LA PREUVE TESTIMONIALE[196]

La preuve testimoniale est aussi appelée la preuve par témoin ou le témoignage. Elle est très utile à l'expression de la vérité lorsque la preuve littérale n'a pas pu être efficace ou encore pour compléter celle-ci. Le code civil livre III l'organise par les articles 217 et suivants et le code de procédure civile, par les articles 29 et suivants comme mesures d'instruction.

Ne peuvent comparaitre comme témoins que ceux qui ont été cités par les parties. Ils sont entendus sur les faits qu'ils connaissent directement ou indirectement. Il ne leur est pas permis de lire un projet écrit lors de leur déposition.

Un témoin peut être entendu autant de fois que cela est nécessaire. Il appartient au juge d'apprécier la portée de son témoignage. Le témoin peut même être appelé à participer à une phase d'enquête et être entendu après. Le juge peut lui permettre de consulter les pièces du dossier et de répondre aux questions y relatives.

Au cours du procès, les parties ne peuvent pas s'adresser à lui directement ou indirectement. Elles doivent s'adresser au juge qui peut lui poser directement les questions précises afin de compléter sa déposition ou celles qui lui semble utiles pour le dénouement du procès.

Le juge interroge d'office le témoin sur son lien de parenté ou d'alliance avec l'une des parties.

La déposition du témoin est consignée dans le plumitif.

---

[196] Voir plus amples explications à la deuxième partie, titre 2, chapitre 3, section 9, § 1. De la notion de témoins.

CHAPITRE 4 : DES PRESOMPTIONS

Les présomptions sont aux termes de l'article 225 du CCLIII des conséquences que la loi ou le magistrat tirent d'un fait connu à un fait inconnu. Tout comme cette disposition le dit, il en existe deux (2), à savoir :

- la présomption légale ;
- la présomption du fait de l'homme.

SECTION 1 : DES PRESOMPTIONS LEGALES

La présomption légale est celle qui est expressément attachée, par une loi spéciale, à certains cas ou à certains faits[197]. Cette présomption légale est une preuve toute faite. Le juge n'a donc pas à chercher son intime conviction lorsqu'il se trouve devant les cas où les faits considérés par la loi comme des preuves présumées.

Devant tels cas ou faits, le juge ne peut que les interpréter afin de les assimiler à ce mode de preuve. Il faut noter qu'il y en a plusieurs, mais le législateur ne donne, à titre illustratif, que trois (3) exemples ci-après :

- les cas dans lesquels la loi déclare la propriété ou la libération résultent de certaines circonstances déterminées.
- l'autorité que la loi attribue à la chose jugée ;
- la force que la loi attache à l'aveu de la partie ou à son serment

Il faut noter que la preuve par présomption légale dispense de toute autre mode preuve la personne en faveur de qui elle existe. Aucune preuve n'est admise contre la présomption de la loi lorsque, sur le fondement de cette présomption, elle annule certains actes ou dénie l'action en justice, à moins qu'elle n'ait réservé la preuve contraire, sauf ce qui sera dit sur le serment et l'aveu judiciaire.

1. DE LA PREUVE PAR PRESOMPTION DANS CERTAINES CIRCONSTANCES DETERMINEES PAR LA LOI

Le législateur a prévu dans plusieurs différents textes de loi que certains cas ou faits établis dans certaines circonstances servent de preuve légale

---

[197] Article 226 du CCLIII.

par présomption jusqu'à leur preuve contraire. Il en existe plusieurs. Mais, les dispositions de l'article 226 du CCLIII en énumèrent deux (2), à savoir :

- la preuve par présomption de la propriété ;
- la preuve par présomption de la libération d'une obligation.

Par exemple :

S'agissant de la preuve par présomption de la propriété ; l'article 8 de l'ordonnance-loi 86-033 du 5 avril 1986 portant protection des droits d'auteurs et des droits voisins stipule ceci : « *Est présumé auteur de l'œuvre, sauf preuve contraire, la personne dont le nom ou le pseudonyme est mentionné sur l'œuvre divulguée* », c'est-à-dire ici, la loi reconnait par présomption comme auteur d'une œuvre quelconque (livre, conférence, œuvre dramatique ou cinématographique, composition musicale, etc.) celui dont le nom ou son pseudonyme est mentionné lors de sa publication.

S'agissant de la preuve par présomption de la libération ; l'article 209 du CCLIII prévoit que « *Lorsque la somme exprimée au corps de l'acte est différente de celle exprimée au bon, l'obligation est présumée n'être que de la somme moindre ; lors même que l'acte ainsi que le bon sont écrits en entier de la main de celui qui s'est obligé, à moins qu'il ne soit prouvé de quel côté est l'erreur* ». Cela signifie que lorsqu'un débiteur doit 1.000 francs à un créancier et que dans la reconnaissance, il y a mention de deux sommes différentes. Celle exprimée en bas, au niveau de bon où doit être la signature est de 600 francs, il ne devra rembourser, sauf erreur que 600 francs. Il est donc par présomption légale libéré de 400 francs.

S'agissant d'autres cas de présomption légale, il y a lieu de citer :

- L'article 602 du Code de la famille concernant la présomption de paternité en cas de mariage. Cette disposition affirme que « *Nonobstant toute convention contraire, l'enfant né pendant le mariage ou dans les trois cents jours après la dissolution du mariage a pour père le mari de sa mère* ». Cette disposition présume automatiquement la filiation de l'enfant né dans ces conditions à l'ex-mari de sa mère ;
- L'article 8, alinéa 1er du même code concernant les congolais par présomption de la loi. Il stipule « *Est Congolais par présomption de la loi, l'enfant nouveau-né trouvé en République démocratique du Congo dont les parents sont inconnus* ». Un enfant qui est né dans les conditions de cet article est simplement présumé congolais même

s'il serait d'une autre race. Il demeure congolais jusqu'à la preuve contraire.

2. DE LA PRESOMPTION DE L'AUTORITE QUE LA LOI ATTRIBUE A LA CHOSE JUGEE

La loi congolaise organise l'autorité de la chose jugée à l'article article 226, n°2 du CCLIII concernant les décisions judiciaires et à l'article 591 du CCLIII, concernant les transactions.

S'agissant de l'article 226, n°2 du CCLIII qui organise l'autorité de la chose jugée des décisions judiciaires ; d'après cet article, l'autorité de la chose jugée que revêt une décision judiciaire est une présomption légale. Pour mieux comprend ce qu'affirme cette disposition, il faudrait peut-être mieux rappeler ce que désigne l'autorité de la chose jugée. Elle est, comme dit plus-haut, celle qui est attachée à un jugement et qui interdit sa remise en cause en dehors des voies de recours légalement ouvertes. Elle met un terme au litige qui a été soumis au juge. Cela signifie que ce dernier a relativement épuisé la question litigieuse qui lui a été posée par l'action des parties. Elle existe dès le prononcé et, est acquise indépendamment de la possibilité d'exercer les voies de recours ordinaires ou extraordinaires[198].

L'autorité de la chose jugée n'a lieu qu'à l'égard du jugement. Elle est attachée à son dispositif[199]. Ses effets se limitent à l'égard des personnes qui ont été parties à l'instance et elle ne s'attache qu'à la question spécialement tranchée par le juge[200]. Il faut pour ce faire que la chose demandée soit la même, que la demande soit fondée sur la même cause et, que la demande soit entre les mêmes parties et formée par elles et contre elles en la même qualité[201].

S'agissant de l'autorité de la chose jugée des transactions ; l'article 591 du CCLIII précise que les transactions ont, entre les parties, l'autorité de la chose jugée en dernier ressort et ne peuvent être attaquées pour cause d'erreur de droit, ni pour cause de lésion. Ici aussi, le législateur a prévu

[198] Autorité de la chose jugée [en ligne]. Disponible sur : http://www.cours-de-droit.net/l-autorite-de-la-chose-jugee-et-sa-relativite-a121610434

[199] Article 480 du CPC français.

[200] Autorité de la chose jugée [en ligne]. Disponible sur : http://www.wikiterritorial.cnfpt.fr/xwiki/wiki/econnaissances/export/Notions-Cles/Lautoritedelachosejugee?format=pdf&pdftoc=0

[201] Article 227 du CPC.

que l'autorité de la chose jugée des transactions passées entre parties soit une preuve présumée dans les conditions de l'article 226, n°2 du CCLIII.

3. DE LA FORCE QUE LA LOI ATTACHE A L'AVEU DE LA PARTIE OU A SON SERMENT

Il est question ici de la force que le législateur donne à l'aveu et au serment d'une partie.

S'agissant de la force que le législateur donne à l'aveu ; l'aveu judiciaire définit article 232 du CPC n'est pas nécessairement oral. Il peut aussi être écrit. Il intervient pendant l'instance et doit émaner d'une des parties au procès. Une fois que cette déclaration est faite, elle a un effet probatoire très important. Il fait pleinement foi contre celui qui le fait. Le juge doit tenir pour vrai tous les faits avoués.

La force probante qui est reconnue de l'aveu judiciaire à l'article 232 du CCLIII vient de l'article 226, n°3 du même code. Etant citée parmi les preuves par présomption légale, l'aveu revêt tous les caractères de ce mode de preuve notamment, le fait qu'elle dispense de toute autre mode preuve la personne en faveur de qui elle existe.

S'agissant de la force que le législateur donne au serment d'une partie ; au cours d'une instance, l'une des parties peut déférer à l'autre le serment pour en faire dépendre la décision de la cause ou le juge peut lui-même le faire d'office à l'une des parties ou pour en faire dépendre la décision de la cause. Le serment déféré par l'une des parties à l'autre est appelé le serment décisoire[202] et l'autre déféré par le juge, serment déféré d'office[203].

SECTION 2 : DES PRESOMPTIONS DU FAIT DE L'HOMME

Ce mode de preuve par présomption du fait de l'homme est aussi appelé présomption de l'homme ou présomption du fait. Cette présomption légale, au regard de l'article 229 du CCLIII, est abandonnée aux lumières et à la prudence du magistrat. Ceci laisse sous-entendre plusieurs choses.

S'agissant de la présomption laissée aux lumières du magistrat ; en fait, le juge, à partir de divers éléments qui lui sont présentés, doit se faire sa propre idée du litige. Cette compréhension personnelle face à plusieurs

[202] Articles 234 à 241 du CCLIII.
[203] Articles 242 à 245 du CCLIII.

indices (constatations matérielles, déclarations de tierces personnes ou des témoins, tous les documents quelle qu'en soit la nature ou l'origine, l'attitude des parties au cours d'une comparution personnelle, résultats d'une expertise, etc.) va forger son intime conviction pour lui permettre de rendre sa décision. La preuve par la présomption du fait de l'homme autorise le juge à fonder sa conviction sur plusieurs éléments du litige, voire de ceux tirés d'une procédure pénale même si celle-ci n'a pas abouti[204].

S'agissant de la présomption laissée à la prudence du magistrat ; dans ce cas-ci, le juge est libre de recevoir avec beaucoup de circonspection ou de rejeter les éléments qui lui sont présentés ou encore de les accueillir si elles lui paraissent déterminantes pour l'issue du litige. Cependant, la prudence l'oblige de n'admettre que des présomptions graves, précises et concordantes dans les cas seulement où la loi admet le témoignage, à moins que l'acte ne soit attaqué pour cause de fraude ou de dol. Dans cette éventualité, le juge peut décider pour assoir sa conviction de se référer à un rapport d'expert pour lequel aucune partie n'est appelée ni représentée s'il corrobore avec d'autres éléments du procès dont la nature et la valeur ont déjà été précisées[205].

[204] Note jurisprudentielle de l'article 229 du CCLIII. Lire KATUALA KABA KASHALA, Op. cit., n°1, p. 154.

[205] Note jurisprudentielle de l'article 229 du CCLIII. ibidem, n° 8, p. 155.

CHAPITRE 5 : DE L'AVEU

Longtemps considéré comme la reine des preuves, l'aveu rend inutile les autres modes de preuves. Il en existe deux (2), l'aveu extrajudiciaire et celui dit judiciaire. L'aveu judiciaire se passe pendant le procès et l'aveu extrajudiciaire, en hors du procès.

S'agissant de l'aveu judiciaire ; d'après le législateur, il désigne la déclaration que fait en justice la partie ou son fondé de pouvoir spécial[206]. La doctrine congolaise pense en outre que cette déclaration faite en justice est reconnue pour vrai et comme devant être tenu pour vrai un fait est de nature à produire des conséquences juridiques que le juge peut tirer[207]. L'aveu ne consiste à prouver que les faits contestés. Il peut être verbal ou écrit et fait pleine foi contre celui qui l'a fait. Lorsqu'il est fait par un tiers, il devient un simple témoignage. Il faut noter cependant que le silence d'une partie n'équivaut pas à un aveu car, celui–ci doit être fait par une déclaration expresse.

L'aveu n'a d'effets que vis-à-vis de son auteur ainsi que de ses héritiers. La partie adverse n'est donc pas concernée sinon que dans la mesure où il peut en tirer avantage.

L'aveu étant un acte de disposition et un acte de volonté, l'avocat qui avoue les faits de son client doit être porteur d'une procuration spéciale sinon celui-ci ne peut avoir d'effets et devient inutile. Il faut noter toutefois qu'un aveu fait sans mandat peut se retourner contre l'avocat. Son client peut porter plainte contre lui devant le barreau.

Un codébiteur ne peut avouer que les faits qui le concernent et non ceux de son coobligé. Sinon, cela devient un témoignage.

L'aveu d'une partie ne peut être divisé contre lui et doit être pris dans son intégralité. Le juge doit retenir tout l'aveu et ne pas en retrancher une partie. Il ne peut être révoqué par son auteur, à moins qu'on prouve qu'il a été fait à la suite d'une erreur de fait. Cependant, il ne pourra être révoqué sous prétexte d'une erreur de droit.

S'agissant de l'aveu extrajudiciaire ; il peut être écrit ou verbal. Lorsqu'il est écrit, il peut être produit devant le juge pour que l'on puisse en tirer

---

[206] Article 232 du CCLIII.

[207] MATADI NENGA GAMANDA, Op. cit., n°339, p. 319.

toutes les conséquences. Et, lorsqu'il est verbal, il est inutile dans les cas où la preuve testimoniale ne serait pas admissible[208].

[208] Article 231 du CCLIII.

CHAPITRE 6 : DU SERMENT

SECTION 1 : DES GENERALITES

De manière générale, le serment est une affirmation solennelle (à l'origine, religieuse), orale ou écrite, par laquelle une personne promet (jure) de se comporter d'une certaine manière ou atteste (en le jurant aussi) la véracité d'une déclaration[209]. Il peut être prêté lors de la prise de fonction d'une certaines catégories des professionnels de la justice (magistrats, avocats, notaires, etc.) au cours d'une cérémonie solennelle et publique. Il faut noter que de tous les serments celui qui sert de preuve est le serment judiciaire.

Le serment judiciaire est celui qui est fait devant le juge. La loi l'organise en tant que mesure d'instruction aux articles 59 et 60 du CPC et en tant que preuve aux 233 et suivants du CCLIII. Généralement, il est fait à l'audience. Mais, dans certaines circonstances, il peut être prêté au domicile ou à la résidence de la partie à qui le serment est déféré notamment, en cas d'empêchement légitime dûment constaté. Le juge devra donc se transporte avec le greffier au domicile de cette dernière. S'il est trop éloigné, il pourra ordonner à cette partie de prêter le serment devant une juridiction du lieu de sa résidence. Dans tous les cas de figure, le serment est prêté en la présence de l'autre partie ou du moins, celle-ci doit être dûment avisée par lettre recommandée du greffier[210].

Tout jugement qui ordonne à l'une des parties de déférer un serment énonce les faits sur lesquels celui-ci sera reçu et fixe l'audience à laquelle il sera prêté. La partie en question prête serment en personne. Toutefois, le législateur n'ayant pas déterminé une forme spéciale pour prêter serment devant le juge, celui-ci obéit aux us et coutume judiciaires. Ainsi, le serment peut se limiter à une formule simple comme «*je jure de dire la vérité*» ou «*je le jure*». Cependant, lorsqu'il est ainsi déféré, la déclaration qui s'en suit, acquiert une certaine force probante. Celle-ci découle de l'article 226 du CCLIII.

Il existe deux (2) sortes de serment au regard de l'article 233 du CCLIII, à savoir :

- le serment litisdécisoire ou décisoire ;
- le serment supplétoire.

---

[209] Gérard CORNU, Op. cit., p. 280.

[210] Article 60 du CPC.

SECTION 2 : DU SERMENT LITISDECISOIRE OU DECISOIRE

La doctrine congolaise pense que le serment litisdécisoire n'est pas à proprement parlé un moyen de preuve, mais un défi. Ce défi est lancé par l'une des parties à son adversaire afin de mettre définitivement un terme au litige. Si l'offre est accepté le juge se borne à prendre acte et à rendre exécutoire la déclaration que les parties ont faites sous serment par un jugement d'expédient. Cependant, si la partie à laquelle le serment est déféré, refuse cette offre, elle succombe dans sa demande, mais pas du procès[211].

La partie à laquelle le serment a été déféré peut lui aussi renvoyer le même serment à celui qui lui a lancé le défi. Dans ce cas, la solution du litige dépend de sa prestation ou non du serment[212].

Le serment litisdécisoire peut être déféré sur n'importe quelle contestation faisant objet du litige et en tout état de cause à condition qu'il n'existe aucun commencement de preuve de la demande ou une exception sur laquelle il est provoqué. Lorsqu'il a été déféré ou référé, l'adversaire n'est pas admis à en prouver la fausseté. La partie qui a déféré ou référé le serment ne peut plus se rétracter lorsque l'adversaire prend l'engagement de le faire. Il ne peut être déféré que sur un fait personnel à la partie à laquelle on demande de prêter serment et ne peut être référé quand le fait qui en est l'objet ne concerne pas les parties au procès.

Il faut noter que la partie à qui on demande de prêter serment et qui le refuse ou ne consent pas à le déférer en retour à son adversaire ou l'adversaire à qui il a été demandé en retour de prêter serment et qui le refuse, doit succomber dans sa demande ou dans son exception.

Le serment a des effets qui varient en fonction de la personne qui le défère. Il ne sert de preuve qu'au profit de la partie qui l'a déféré ainsi qu'à ses héritiers et ayants cause et ne peut être opposé à ceux-ci. Lorsqu'il est déféré au débiteur par l'un des créanciers solidaires, il ne libère que celui-ci ainsi que sa part de créance.

Lorsqu'il est déféré au débiteur principal, il libère également les cautions. Lorsqu'il est déféré à la caution il profite au débiteur principal. Lorsqu'il est déféré à l'un des débiteurs solidaires, il profite aux codébiteurs. Dans ces deux (2) derniers cas, le serment du codébiteur solidaire ou de la

---

[211] Antoine RUBBENS, Op. cit., n°112, pp. 115-116.

[212] Ibidem, n°112, p. 116.

caution ne profite aux autres codébiteurs ou au débiteur principal que lorsqu'il a été déféré sur la dette et non sur le fait de la solidarité ou du cautionnement.

SECTION 3 : DU SERMENT SUPPLETOIRE

Le serment supplétoire est celui qui est déféré d'office par le juge à l'une ou à l'autre des parties lorsqu'il ne pas convaincu par les preuves qui lui ont été produites. Ce serment peut être déféré soit pour en faire dépendre la décision de la cause ou soit, seulement pour évaluer le montant de la condamnation. Lorsqu'il est fait pour évaluer le montant de la condamnation, il est appelé le serment estimatoire. Ce même serment peut être déféré au demandeur pour déterminer la valeur de la chose. Dans ce cas, le juge ne le fait que lorsqu'il est dans l'impossibilité de l'estimé la valeur de la chose par d'autres moyens. Il peut aussi déterminer le maxima de la somme jusqu'à concurrence de laquelle le demandeur en sera cru sur son serment.

Par ailleurs le juge ne peut déférer d'office le serment soit sur la demande principale ou soit sur l'exception que sous les deux conditions suivantes :

- il faut que la demande ou l'exception ne soit pas pleinement justifiée ;
- il faut qu'elle ne soit pas totalement dénuée de preuves.

Il faut noter qu'en dehors de ces deux (2) cas, le juge doit adjuger ou rejeter purement et simplement la demande de serment.

Le serment supplétoire déféré par le juge à l'une des parties ne peut être pas référé par celle-ci à l'autre.

SECTION 4 : DU RISQUE ENCOURU PAR L'AUTEUR DU DEFEREMENT DE SERMENT

Le serment déféré ou référé en matière civile est une affirmation solennelle qui doit être faite en toute honnêteté. La partie à qui il est déféré ou référé doit dire la vérité dans sa déclaration. Sinon, elle encourt une peine de servitude pénale pour faux serment. Pour ce faire, celui-ci doit revêtir un caractère mensonger et présenter un défaut de sincérité. Il ne doit pas s'agir d'une simple omission.

Le juge doit d'abord, chercher l'intention frauduleuse c'est-à-dire, celle de tromper la justice pour déterminer si l'infraction est établie. Généralement, cette intention est établie par le seul fait pour l'auteur du serment de savoir qu'il altère la vérité.

La personne qui se rend coupable de faux serment, peu importe que celui-ci soit déféré ou référé, est punissable en vertu de l'article 132 du CPLII.

Tableau 5 : Résumé schématique de la preuve en matière civile

Preuve en matière civile

- **Preuve littérale ou presconstituée**
  - Acte authentique
  - Acte sous seing privé
  - Documents éléctroniques prévus par la droit Ohada
  - Acte recognitif
  - Acte confirmatif
- **Preuve testimoniale**
- **Présomptions**
  - Présomptions légales
  - Présomptions du fait de l'homme
- **Aveu**
- **Serments**
  - Serment décisoire ou litisdécisoire
  - Serment supplétoire

TITRE 5 : DES MESURES D'INSTRUCTION

CHAPITRE 1 : DU REGIME DES MESURES D'INSTRUCTION

SECTION 1 : DES GENERALITES

1. DE LA NOTION DES MESURES D'INSTRUCTION

En terme général, les mesures d'instruction sont des procédures[213] mises à la disposition du juge pendant l'instruction pour lui permettre d'apprécier le contour du litige qui divise les parties et de mettre ainsi l'affaire en état d'être jugée. Ces procédures ne sont pas des preuves à proprement parler, mais des mesures spécifiques diverses mises à sa disposition, destinées à éclairer sa lanterne.

Les mesures d'instruction sont généralement ordonnées par le juge soit d'office ou soit à la demande de l'une des parties afin d'apporter la lumière dans l'administration de la preuve, soit par des vérifications personnelles (descente sur les lieux), soit par les déclarations des parties (comparution des parties), soit par celles des tiers (enquêtes), soit grâce à la lumière des techniciens (expertise)[214].

Elles sont des investigations que le juge mène directement lui-même sous sa propre autorité. Ces mesures sont prises par une décision, rendue, comme dit plus haut, à la demande de l'une des parties ou d'office. Elles sont réputées interlocutoires au regard de l'article 73, alinéa 2 du CPC. Elles peuvent être, comme les jugements provisionnels, frappée d'appel avant le jugement définitif, dans la mesure où elle préjuge le fond.

Il faut noter que le code congolais de procédure civile n'a pas organisé les modalités de prise des décisions ordonnant les mesures d'instruction. Ces mesures sont simplement énumérées sous forme des chapitres détaillés allant du chapitre 5 au 9. Devant cette anomie, le juge congolais est donc abandonné à lui-même. Il est obligé de s'inspirer de ses us et coutumes pour prendre une décision ordonnant une mesure d'instruction.

En France, par contre, les choses sont différentes. Les modalités d'application des mesures d'instruction font l'objet de plusieurs chapitres détaillés. Selon ces derniers, une mesure d'instruction ne peut être ordonnée sur un fait que si la partie qui l'allègue ne dispose pas d'autres

---

[213] Serge GUINCHARD et Thierry DEBARD, Op. cit., p. 558.
[214] Gérard CORNU, Op. cit., p. 652.

éléments de preuve suffisants pour le prouver. Et, le juge ne peut pas en décider uniquement pour suppléer la carence de preuve de l'une des parties.

Lorsque celui-ci prend une décision en faveur d'une mesure d'instruction, il est limité dans son choix. Il ne peut choisir que la mesure qui est pertinente pour la solution du litige, en ne retenant que ce qui est le plus simple et le moins coûteux. Le juge peut valablement ordonner plusieurs mesures d'instructions conjuguées, à tout moment et même en cours d'exécution, décider de les joindre ou pas à toute autre mesure nécessaire à celles qui ont déjà été ordonnées ou de les accroitre ou de les restreindre[215].

2. DES CARACTERISTIQUES PARTICULIERES DES MESURES D'INSTRUCTION

Les mesures d'instruction possèdent plusieurs caractéristiques qui en font des procédures particulières. Ces caractéristiques sont les suivantes :

- elles nécessitent une intervention du juge ;
- elles sont subsidiaires aux preuves ;
- elles doivent être prononcées contradictoirement à l'égard des parties ;
- elles sont ordonnées par une décision qui n'a pas l'autorité de la chose jugée ;
- elles peuvent être frappées d'appel ;
- elles sont simples ;
- elles peuvent faire l'objet d'une commission rogatoire.

2.1. De l'intervention du juge dans la décision des mesures d'instruction

Le juge joue un rôle prépondérant dans la prise et l'exécution des mesures d'instruction. Aucune mesure d'instruction ne peut être prise sans son autorisation. Si l'une des parties estime qu'il y a nécessité de procéder à une mesure d'instruction particulière, elle doit la solliciter du juge qui apprécie sa pertinence. Il peut soit l'accepter ou la refuser, selon le cas.

L'intervention du juge implique aussi que lors de l'exécution des mesures d'instruction, il en contrôle les différentes étapes. En bref, tout se déroule méticuleusement sous son autorité et sa diligence. Il peut donc, entendre

[215] Articles 146 à 154 du NCPC français.

immédiatement les prétentions des parties ou leurs observations, sur les lieux de visite ou à tout endroit qu'il désigne et statuer aussitôt.

2.2. Du caractère subsidiaire des mesures d'instruction par rapport aux preuves

Le caractère des mesures d'instruction varie selon qu'il s'agit de celles dites « ordinaires » ou « préventives ».

S'agissant des mesures d'instruction ordinaires ; elles sont subsidiaires par rapport aux preuves qui sont principales pour appuyer la véracité d'un fait, c'est-à-dire qu'elles ne peuvent être ordonnées par le juge que lorsque l'une des parties ne dispose pas de preuve suffisantes pour prouver un fait qu'elle allègue. Cependant, si le juge estime que la preuve apportée par la partie qui sollicite une mesure d'instruction est suffisante, il doit refuser de l'ordonner. Donc, les mesures d'instruction sont tributaires du succès de la preuve que la partie qui la sollicite développe en principal.

S'agissant des mesures d'instruction préventives ; ces mesures appelées aussi mesures d'instruction *in futurum*. Elles dérogent au caractère subsidiaire que revêtent les mesures d'instruction ordinaires. Elles existent en droit français. Elles sont ordonnées par un juge à la demande de tout intéressé, sur requête ou en référé, dès lors que celui-ci justifie d'un motif légitime de conserver ou d'établir avant tout procès la preuve des faits dont pourrait dépendre le litige à naitre. Il faut noter que celles-ci n'existent pas en droit congolais.

2.3. Du caractère contradictoire des mesures d'instruction

Le caractère contradictoire des mesures d'instruction signifie qu'elles sont prononcées contradictoirement à l'audience publique et que les droits de défense sont garantis, c'est-à-dire qu'aucune mesure ne peut être décidée par défaut. Il faut pour ce faire que toutes les parties soient présentes lors de leur décision. C'est pourquoi en France, la décision qui ordonne ou qui modifie, en cours d'instance, une mesure d'instruction ne fait pas l'objet d'une notification aux parties[216] puisqu'elle est toujours rendue ou modifiée contradictoirement. La loi française prohibe au juge de les prendre ou les modifier en absence des parties.

---

[216] Article 152 du NCPC français.

2.4. De l'absence de l'autorité de la chose jugée dans les décisions ordonnant les mesures d'instruction

Généralement, l'autorité de la chose jugée interdit au juge qui a rendu une décision de revenir sur sa propre décision et de la remettre en cause. Cependant, le seul moyen de voir une décision pareille être revue, c'est par les voies de recours légalement ouvertes.

En France, les décisions décidant les mesures d'instruction n'ont pas d'autorité de la chose jugée. En RDC, le cas est différent. Contrairement à ce que prévoit le législateur français, les décisions judiciaires congolaises ordonnant les mesures d'instruction ont l'autorité de la chose jugée. Le législateur les considère comme des jugements interlocutoires, au regard de l'article 73 CPC, alinéa 2. Ces jugements connaissent de l'appel avant le jugement définitif. Or, dans la pratique, on constate que le juge congolais se comporte comme le juge français. Lorsqu'il prend une décision ordonnant une telle mesure, il a tendance à y revenir autant de fois que cela est nécessaire pour lui permettre d'atteindre son objectif. Logiquement, il ne peut pas le faire à cause de l'autorité de la chose jugée. C'est le juge d'appel qui en a le monopole. Cela démontre qu'il y a une certaine obsolescence de cet article 73 CPC, aliéna 2 au profit du point de vue du législateur français.

2.5. De la capacité des mesures d'instruction de connaitre un recours en appel

En RD Congo, les mesures d'instruction, au regard de l'article 73, alinéa 2 du CPC peuvent être frappée d'appel avant le jugement définitif dans la mesure où elles peuvent préjuger le fond. Cependant, celle ordonnant la comparution personnelle des parties n'est pas susceptible d'appel au regard de l'article 51 du CPC.

Il faut rappeler comme dit ci-haut qu'en France, la décision qui ordonne ou qui refuse d'ordonner ou encore de modifier les mesures d'instruction ne connaît de l'appel et du pourvoi en cassation qu'au même moment que le jugement de fond[217].

2.6. De la simplicité des mesures d'instruction

La simplicité des mesures d'instruction se justifie dans la mesure où le juge qui les ordonne doit choisir parmi elles, celle qui est la plus simple et

[217] Articles 150 et 170 du NCPC français.

la moins chère possible pouvant permettre de lui apporter de la lumière dans la cause qu'il instruit.

2.7. De la possibilité d'exécution des mesures d'instruction par le juge d'une autre juridiction par la voie de la commission rogatoire

Lorsque le juge est dans l'impossibilité de se déplacer loin de sa juridiction pour vérifier un fait, il peut charger un autre d'une juridiction de même rang par une commission rogatoire interne afin de procéder aux opérations qu'il a ordonnées. Evidemment, les parties doivent être présentes ou dûment conviées.

SECTION 2 : DES REGLES COMMUNES A TOUTES LES MESURES D'INSTRUCTION

1. DE LA MISE APPLICATION DES MESURES D'INSTRUCTION

Les mesures d'instruction ont pour but de mettre l'affaire en état d'être jugée. Donc, leur application nécessite, comme évoqué ci-dessus, une intervention judiciaire. Elles ne sont pas considérées comme les preuves, mais elles constituent des procédures spécifiques pour y arriver. Comme dit plus-haut, le juge ne peut les ordonner que soit d'office ou soit à la demande d'une des parties. Le principe est qu'il n'y a pas des mesures d'instruction sans instruction préalable. Celle-ci peut se faire à deux (2) niveaux d'abord, au niveau des parties et ensuite au niveau de l'audience.

- Au niveau des parties ; l'instruction se fait par la communication des pièces et conclusions. Les pièces communiquées sont souvent des preuves préconstituées et préexistantes. Elles viennent soutenir les faits que les parties allèguent ainsi que leurs prétentions. Lorsqu'elles ont été valablement communiquées avec les conclusions, elles permettent de mettre l'affaire en état d'être plaidée. C'est cet objectif qui est poursuivi.

- Au niveau de l'audience ; l'instruction se fait par les preuves préconstituées ainsi que par les mesures d'instruction. Celles-ci ont un caractère subsidiaire par rapport à la preuve. Elles ne sont ordonnées que dans le cas où l'une des parties ne dispose pas de preuves préconstituées suffisantes pour prouver les faits qu'elle a allégués. Cependant, il faut noter qu'on ne peut s'en servir comme moyen pour combler la carence de preuve.

Comme souligné plus-haut, en droit français, lorsque les mesures d'instruction sont décidées, le juge est limité dans son choix, c'est-à-dire qu'il doit opter pour la mesure la plus simple, parmi celles que la loi propose, pour arriver à la manifestation de la vérité. S'il estime que ses mesures ne sont pas suffisantes, il peut en ordonner d'autres et ce, à tout moment et même en cours d'une exécution. Comme, il peut, aussi, décider de les joindre avec celles qui ont déjà été ordonnées ou les accroitre ou encore les restreindre. L'objectif poursuivi dans la mise en place des mesures d'instruction est mettre l'affaire en état d'état jugée. Dans sa quête de mettre l'affaire en état, le juge français dispose des mesures d'instruction suivantes[218] qui existe certes en RDC, mais sous d'autres formes et qui sont organisées autrement :

- la vérification personnelle du juge ;
- la comparution personnelle des parties ;
- les déclarations des tiers ;
- les mesures d'instruction exécutées par un technicien.

1.1. De la vérification personnelle du juge

En droit français, lorsque le juge décide de la « vérification personnelle », cela signifie en d'autres mots qu'il va procéder à la visite des lieux. La visite des lieux est prévue en droit congolais au chapitre 7 du CPC. Contrairement à la procédure civile française, ce chapitre ne précise pas pourquoi le juge doit se transporter sur les lieux, ni les devoirs qu'il est censé faire une fois qu'il se trouve sur place. Apparemment, le législateur congolais a tout laissé dans les sous-entendus. Tout laisse à croire que ce dernier a voulu donner plus de liberté au juge. Mais dans la pratique, cela s'avère être une grave erreur qu'il doit corriger. En France, les choses sont tout à fait différentes. Le juge descend sur les lieux pour accomplir plusieurs tâches ou devoirs dont les principaux sont bien énumérés à l'article 179 du CPC français. La seule liberté qui lui est donnée est celle d'en déterminer les modalités d'application.

Il y a lieu de comprendre que le législateur français, en appelant cette mesure d'instruction « vérification personnelle du juge » tout semble laisser croire qu'il a voulu mettre l'accent, non pas sur la descente des lieux qui n'est qu'une conséquence dans la recherche de la vérité, mais plutôt sur l'objet poursuivi lors de ladite descente, c'est-à-dire une vérification particulière des faits sur lesquels il devra statuer. Selon l'article 181 du NCPC français, cette vérification peut se faire tout aussi bien à l'audience qu'en tout autre endroit précisé par le juge.

---

[218] Classification inspirées des articles 143 à 284 du NCPC français.

Dans sa recherche personnelle de vérité, le juge français, lorsqu'il se transporte, aux termes de l'article 179 du NCPC français, procède aux constatations, aux évaluations, aux appréciations ou aux reconstitutions qu'il estime nécessaires. Il peut le faire immédiatement ou à la date, à l'heure et au lieu qu'il fixe, tout en informant préalablement les parties. Pendant cette descente, il peut faire appel à un technicien, entendre les parties sur les faits de ladite descente ainsi que toute personne qui lui paraisse intéressante ou utile à la manifestation de la vérité.

1.2. De la comparution personnelle des parties

La comparution personnelle des parties est organisée en RD Congo par les articles 49 et suivants du CPC, au chapitre 8 intitulé : « De la comparution personnelle des parties et de leur interrogatoire ». Le législateur congolais a prévu certaines dispositions qui sont similaires aux articles 184 et suivants du NCPC français.

En France, le juge peut ordonner, en toute matière, la comparution personnelle de toute personne qui est l'une des parties au procès. Il l'ordonne soit à l'audience ou soit en chambre de conseil. Il peut décider de faire comparaitre les parties ensemble ou simplement l'une d'entre elles. Lorsqu'il s'agit d'une formation collégiale, celle-ci peut aussi décider qu'elles comparaissent uniquement devant l'un d'entre eux. Lorsque la comparution est ordonnée dans ce cas, les parties comparaissent devant le juge qui a été chargé de l'instruction de l'affaire. De même, ce juge peut également décider que cette comparution soit faite devant lui-même ou la formation collégiale qui l'avait commis.

La comparution personnelle des parties peut être décidée immédiatement ou à la date, au lieu, au jour et à l'heure que le juge fixe. Cependant, lorsqu'une partie qui doit être auditionné est dans l'impossibilité de se déplacer pour des raisons avérées, le juge peut se transporter au lieu où cette dernière se trouve. La partie adverse doit en être informée et y être invitée.

Lors de l'audition, les parties peuvent être interrogées séparément ou en présence de l'autre. Lorsqu'elles sont entendues séparément, l'autre partie doit en être informée et prendre immédiatement connaissance de la déclaration de son adversaire. Ces interrogatoires peuvent être faits en présence d'un technicien pour aider le juge à éclaircir certains points techniques.

Le juge peut aussi procéder à des conformations avec les témoins, s'il y a lieu. Pendant ces auditions, le juge pose les questions qui lui semblent pertinentes et les parties y répondent sans qu'elles ne puissent lire un projet écrit. La partie adverse peut également suggérer au juge des questions à poser. Les questions que ce dernier pose ainsi que les déclarations des parties sont consignées dans un procès-verbal qu'elles signent, après lecture et certification conforme de ce qu'elles ont dit. Le juge peut tirer toutes les conséquences de droit de toute audition des parties, notamment en ce qui concerne leurs déclarations, leur absence ou leur refus de répondre.

Dans certains cas, le juge peut faire comparaître les incapables légaux en présence des personnes qui les assistent conformément à la loi, les représentants des personnes morales, des collectivités publiques, des établissements publics et de tout membre ou agent d'une personne morale tant sur les faits qui lui sont personnels que sur ceux qu'il a connus en raison de sa qualité.

1.3. Des déclarations des tiers

Les déclarations des tiers sont des mesures d'instruction prévue par l'article 199 du NCPC français. Elles sont admises lors du témoignage et se présentent de deux (2) manières, à savoir :

- les attestations ;
- les enquêtes.

Il faut noter que le législateur congolais ne les a pas organisés de la sorte. Les attestations judiciaires n'existent pas en RDC tandis que les enquêtes sont édictées aux articles 29 et suivants du CPC. Cependant, en France, l'enquête se présente de deux (2) manières.

1.3.1. Des attestations

Les attestations sont des témoignages écrits, c'est-à-dire une déposition écrite rédigée par une personne qui pourrait être convoquée comme témoin lors d'une enquête. Elles contiennent des affirmations faites par des tiers de l'existence d'un fait ou d'une obligation[219]. Elles sont établies dans les conditions requises pour le témoignage et produites spontanément par les parties ou à la demande du juge. Lorsqu'elles sont adressées directement au juge ce denier les communique aux parties.

---

[219] Gérard CORNU, Op. cit., p.101.

L'attestation qui contient un témoignage des faits vécus ou constatés est écrite de la main de son auteur. L'attestateur est un témoin. Il doit donc remplir toutes les conditions légales requises pour apporter son témoignage. Il doit mentionner dans son écrit son identité complète en occurrence, les nom et prénoms, la date et le lieu de naissance, sa demeure et sa profession ainsi que, s'il échet, son lien de parenté ou d'alliance avec l'une des parties, son lien de subordination ou de collaboration ou encore de communauté d'intérêts avec l'une d'elles. Il doit également indiquer qu'il établit son attestation en vue de sa production en justice et qu'il a connaissance des sanctions pénales encourues en cas de fausse attestation[220]. Il faut noter qu'en cas de doute portant sur une attestation, le juge peut toujours soumettre l'attestateur à une audition par voie d'enquête.

L'attestateur doit dater et singer son attestation et y annexer en original ou en photocopie tout document officiel permettant de l'identifier et comportant sa signature.

1.3.2. De l'enquête

L'enquête édictée en droit français par les articles 204 et suivants du CPC est différente de celle du droit congolais. Comme dit ci-haut, elle se présente sous deux (2) formes, à savoir :

- l'enquête ordinaire ;
- l'enquête sur-le-champ.

1.3.2.1. De l'enquête ordinaire

L'enquête ordinaire peut être ordonnée d'office ou à la demande d'une partie. La partie qui la demande doit préciser les faits pour lesquels les témoins doit être entendus. Tout comme les autres mesures d'instruction, l'enquête ordinaire est ordonnée par le juge dans les cas où la preuve par témoins est admise. Elle commence par l'audition des témoins ou des personnes appelées à déposer devant le juge. Ceux-ci doivent décliner leurs identités, leur demeure et profession ainsi que, s'il y a lieu, leur lien éventuel de parenté avec les parties ou d'alliance, de subordination, de collaboration ou de communauté d'intérêts avec elles.

Toute personne convoquée pour témoigner doit comparaitre devant le juge pour sa déposition, sauf les personnes frappées d'incapacité de

[220] Les fausses attestations sont punies par l'article 441-7 du Code pénal français.

témoigner en justice notamment, les enfants d'un couple. Ils ne peuvent pas être entendus, notamment lors d'une action en divorce de leurs parents ni lors d'une demande de séparation de corps.

La partie qui sollicite une enquête doit indiquer au juge les noms des témoins qu'il désire faire comparaitre. Si elle est dans l'impossibilité de le faire, le juge peut néanmoins les autoriser à se présenter sans autres formalités spécifiques. Il fixe le jour, l'heure et le lieu de leurs auditions ainsi que la formation devant laquelle ils doivent comparaitre. Il peut décider de les entendre séparément ou dans l'ordre qu'il déterminer lui-même, en présence des parties ou du moins, appelées à cet effet. Il peut aussi décider, si les circonstances l'exigent, de prier une partie de se retirer pour entendre un témoin. Dans ce cas, il est tenu de communiquer immédiatement les déclarations de celui-ci à cette partie.

Les personnes qui sont entendues en qualité de témoins prêtent serment devant le juge, sinon elles ne le font pas. Mais, le juge rappelle à celles qui comparaissent comme témoins les sanctions pénales qu'elles encourent si elles commettent un faux témoignage. Il peut les auditionner sur tous les faits admis par la loi, même sur des faits qui ne sont pas repris dans la décision ordonnant l'enquête. Il peut les entendre et les réentendre autant de fois que cela est nécessaire, en présence d'un technicien ou pas, les confronter entre eux ou avec les parties. Celles-ci peuvent suggérer des questions au juge sans interrompre le témoin ni chercher à l'influencer de quelque manière que ce soit. Ce dernier est tenu d'y répondre sans lire un projet écrit.

Les témoins restent à la disposition du juge jusqu'à la fin de l'enquête, à moins que ce dernier les en dispense. Il faut noter qu'à tout moment, ils peuvent apporter des additions à leur déposition ou des changements.

Les personnes qui n'ont pas la qualité des témoins peuvent également comparaitre devant le juge. Elles sont entendues dans les mêmes conditions que les témoins, mais sans prêter serment. Leurs déclarations sont considérées comme des simples renseignements.

Le témoin récalcitrant et ceux sans motif valable refusent de déposer ou de prêter serment peuvent être condamné à une amende. Cependant, seul le témoin récalcitrant peut en être déchargé s'il justifie valablement son absence.

Dans les cas où le témoin est dans l'impossibilité de se déplacer pour une raison justifiée, le juge peut décider de lui accorder un délai supplémentaire si c'est nécessaire ou il peut carrément décider de se transporter jusqu'à lui.

Les auditions des témoins sont consignées dans un procès-verbal rédigé par le greffier et signé par le juge, s'il y a lieu, le secrétaire. Le greffier y mentionne leurs identités, demeure, etc. et note tous les comportements des témoins pendant l'interrogatoire, les observations des parties ainsi que tous les documents versés aux débats.

1.3.2.2. De l'enquête sur-le-champ

L'enquête sur-le-champ est celle ordonnée par le juge français de manière spontanée et sans formalité préalable, lorsqu'une audition lui parait utile à la manifestation de la vérité et, est exécutoire immédiatement et sans délai, soit à l'audience ou en son cabinet ou encore en tout lieu qu'il désigne.

L'enquête sur-le-champ est une enquête faite sur le vif.

1.4. Des mesures d'instruction exécutées par un technicien

Les mesures d'instruction exécutées par un technicien n'existent pas en RDC. Elles sont très intéressantes et édifiantes de la manière dont le législateur français les a organisées.

Dans le cadre des investigations et de la recherche de la preuve, le juge français peut commettre toute personne de son choix qu'il estime utile pour son éclaircissement sur des questions spécifiques. Cette personne est appelé « technicien » par les articles 232 et suivants du NCPC français. Ce dernier donne ses avis à la suite des constatations, des consultations ou d'une expertise qu'il fait. Pour y parvenir, le juge lui confie préalablement une mission bien précise dont il détermine dans le temps et dans l'espace. Il faut noter cependant que le juge ne peut pas lui confier parmi les différentes missions celle de réconcilier les parties. La mission que ce dernier peut lui donner peut être étendue ou restreinte, selon le cas. Lorsque le juge décide de l'étendre ou de confier au technicien une mission complémentaire, il doit préalablement recueillir ses observations quant à ce. En lui confiant cette mission, le juge l'investit de certain pouvoir qui lui permettront de l'amener à bien.

Le technicien peut être tout aussi bien choisi parmi les personnes physiques que les personnes morales. Si c'est une personne physique, celle-ci exécute personnellement sa mission. Cependant, si c'est une personne morale, elle doit soumettre à l'agrément du juge, les noms des personnes physiques qui sont chargées d'assurer cette mission.

Tout technicien personne ou morale peut être récusées pour les mêmes motifs que le juge, soit à l'audience ou devant le juge chargé de contrôle, au début de sa mission ou dès la révélation de la cause de la récusation. Il peut aussi, lui-même, s'il s'estime récusable solliciter sa propre récusation. Cependant, lorsqu'il s'agit d'une personne morale, l'objet de la récusation peut concerner tout aussi bien la personne morale elle-même que les personnes physiques qui ont été agréées par le juge. Celui-ci peut également décider de le remplacer dans trois (3) cas ci-après :

- lorsque la récusation est acquise ;
- lorsque le technicien refuse d'exécuter sa mission ;
- lorsqu'il existe un cas d'empêchement légitime de faire son travail.

Cependant, il le remplace d'office ou à la demande d'une des parties s'il venait à manquer à son devoir.

Le juge peut décider à tout moment d'inviter le technicien à lui répondre soit par écrit ou soit à l'audience pour un complément de constatation ou des conclusions, pour une précision ou pour des plus amples explications. De tous les cas, le juge n'est pas lié par la constatation ou les conclusions de ce dernier, mais plutôt par sa propre mission de rechercher la vérité.

La mission du technicien est faite avec conscience, objectivité et impartialité. Lorsqu'il donne son avis il doit le faire en répondant aux questions qui lui ont été soumises pour examen. Il ne peut pas s'en écarter ni apporter des appréciations d'ordre juridique. Cependant, il peut recueillir les informations orales et écrites auprès de toute personne qu'il estime nécessaire. Si cela parait nécessaire, lui ou les parties peuvent demander que ces personnes soient entendues par le juge. Il peut, lui-même, de sa propre initiative, demander à tout moment au juge d'être interrogé sur certains points précis qu'il estime nécessaires. Lorsqu'il rend son avis, il ne peut pas divulguer ceux qui peuvent porter atteinte à l'intimité de la vie privée ou à tout autre intérêt légitime, sauf autorisation du juge ou de la partie dont la chose concerne. Il faut souligner que ses avis ne peuvent concerner que les éclaircissements sur les questions qui lui ont été soumises sans révéler d'autres informations dont il aurait pris connaissance à l'occasion de sa mission.

Le technicien est appelé à apporter ses éclaircissements par les moyens d'actes suivants :

- les constatations ;
- la consultation ;
- l'expertise.

1.4.1. Des constatations

Le juge français peut commettre à tout moment, y compris au cours de la conciliation ou du délibéré toute personne pour procéder à des constatations. A ce effet, il fixe les conditions d'exécution de sa mission par un titre exécutoire.

Le constatant doit consigner son avis par écrit, à moins que le juge estime qu'il puisse le faire oralement à l'audience. Cet avis ne doit pas porter sur les conséquences de faits ni de droit, mais sur des questions qui lui ont été posées.

Le constatant dispose d'un délai fixé par le juge afin de rendre ses conclusions. Lorsque les constatations ont été ordonnées au cours d'un délibéré, le juge ordonne la réouverture des débats si l'une des parties le lui demande ou si lui-même l'estime nécessaire.

1.4.2. De la consultation

Le juge français peut commettre un consultant lorsque surgit une question purement technique qui ne requiert pas des investigations complexes. Ce dernier peut être désigné à tout moment, y compris en phase de conciliation ou de délibération. Ces consultations peuvent être écrites ou orales, selon les cas.

Lorsque le juge prescrit une consultation, ce dernier fixe soit la date d'audience à laquelle elle sera présentée ou soit un délai dans lequel elle sera déposée au tribunal. Lorsque la consultation a été décidée au cours d'une délibération, le juge ordonne la réouverture des débats si l'une des parties le lui demande ou si lui-même l'estime nécessaire.

1.4.3. De l'expertise

L'expertise est autrement organisée par la loi française que celle de la RDC. En France, la mission de l'expert est plus clairement définie et mieux étoffée par les dispositions pertinentes et détaillées, notamment en ce qui concerne :

- la décision qui ordonne sa mission ;
- les opérations qu'il doit mener ;
- la manière de donner son avis.

1.4.3.1. De la décision ordonnant l'expertise

Le juge français peut décider de nommer, selon le cas, un ou plusieurs experts. La décision qui désigne cet expert doit déterminer l'objet de sa mission, le délai imparti pour donner son avis ainsi que la date à laquelle les parties et lui-même se présenteront devant le juge ou celui chargé de contrôle pour la précision de sa mission ou le calendrier des opérations devant être réalisées. L'expert peut consulter les dossiers des parties avant d'acception la mission. Cependant, il ne pourra les retirer qu'après acception.

Lors de la nomination de l'expert, le juge fixe le montant d'une provision à lui remettre qui est à valoir sur sa rémunération ainsi que la proportion de chaque partie. Le paiement du montant que ce dernier détermine peut être échelonné selon le cas. Si aucune des parties ne la consigne dans le délai imparti, la demande d'expertise devient caduque, sauf autorisation spéciale du juge de proroger le délai par un autre supplémentaire.

La décision du juge ordonnant une expertise peut être frappée d'appel indépendamment du jugement de fond. La partie qui désire y faire un recours, doit saisir le premier président de la cour d'appel par une requête en référé pour lui demander l'autorisation d'acter l'appel. Celle-ci n'est recevable que pour un motif grave et légitime. Si le juge fait droit à sa requête, l'assignation en appel contre la décision ordonnant l'expertise pourra être faite au plus tard dans le délai d'un mois de cette décision, à peine de caducité.

1.4.3.2. Des opérations de l'expertise

Lors de l'expertise, les parties doivent communiquer sans délai à l'expert tous les documents en leur possession utiles à l'accomplissement de sa mission. A défaut, ce dernier peut demander au juge d'ordonner la production de ces documents sous contrainte ou carrément l'autoriser à passer outre et à déposer son rapport au moment venu en l'état. La juridiction de fond pourra en tirer toute sorte de conséquence.

L'expert doit régulièrement informer le juge de l'avancement de ses opérations. Il doit prendre en considération les observations et les réclamations des parties et du ministère public et donner son avis là-dessus. Lorsqu'elles sont écrites, il les joint à son avis si les parties le demandent. Il peut fixer aux parties un délai pour formuler des observations. Une fois que ce délai est échu, il fait son rapport au juge, à moins qu'il y ait une juste cause pour une prorogation de délai.

Dans les matières qui ne sont pas de sa spécialité, l'expert peut prendre un technicien ou se faire assister par des personnes qu'il contrôle et qui sont sous sa responsabilité.

Lorsque l'expert rencontre des difficultés dans l'accomplissement de sa mission, il doit s'en référer au juge qui peut lui accorder un délai suffisant pour continuer sa mission. Selon la complexité de l'affaire, il peut être autorisé à prélever un acompte sur les provisions qu'on lui a allouées. En cas d'insuffisance de la provision, le juge peut ordonner aux parties de consigner une provision supplémentaire.

Si le juge assiste aux opérations de l'expertise, il fait acter ses constatations, les explications de l'expert ainsi que les déclarations des parties dans un procès-verbal.

Il faut noter que si les parties au procès viennent à trouver un accord entre elles pendant l'expertise, celle-ci devient sans objet et prend immédiatement fin. L'expert en fait rapport au juge pour toute disposition pertinente.

1.4.3.3. De l'avis de l'expert

L'avis de l'expert est rendu dans un rapport écrit déposé au secrétariat de la juridiction, sauf s'il n'est pas nécessaire d'avoir un développement écrit. Dans ce cas-ci, il peut être rendu oralement à l'audience.

Si le juge a investi plusieurs experts pour l'éclairer, ils ne doivent rédiger qu'un seul rapport. En cas de divergence d'opinions, chacun d'eux doit préciser son point de vue.

Le rapport de l'expert doit contenir les noms et qualités des toutes les personnes qui ont concouru à son élaboration voire, ceux des personnes qui l'ont assisté dans sa mission et qui ont travaillé sous son contrôle ou sous sa responsabilité. Si le juge estime qu'il n'est pas suffisamment instruit par ledit rapport, il peut ordonner à l'expert de comparaitre en audience devant les parties pour tout élément complémentaire.

Dès le dépôt du rapport, l'expert est admis à percevoir une rémunération dont le montant et la quotepart de chaque partie sont déterminées par le juge. Il faut noter que les sommes dues à l'expert sont fixées en fonction de sa diligence, du respect du délai imparti et de la qualité de travail abattu.

2. DES CONDITIONS D'EXECUTION DES MESURES D'INSTRUCTION PAR LE JUGE

Comme dit plus haut, les mesures d'instructions sont exécutées sous l'autorité du juge. Cette réalité est la même en France comme en RDC. Quoiqu'aucune disposition pertinente ne les prévoie dans le code de procédure congolais, l'exécution de ces mesures se fait sous certaines conditions dont la quintessence est reprise ci-dessous. Notons au passage qu'en France, les conditions d'exécution des mesures d'instruction sont prévues par les articles 155 à 175 du NCPC français.

De manière générale, les conditions d'exécution des mesures d'instructions sont les suivantes :

- elles sont exécutées par le juge ou sous son contrôle, lorsqu'il ne les fait pas lui-même. Lorsque celles-ci ont été ordonnées par une formation collégiale, un seul juge peut être chargé de son instruction. A défaut, c'est le président de la formation collégiale qui l'exécute lui-même.
- elles sont exécutées en audience publique ou en chambre du conseil selon les règles applicables aux débats sur le fond ;
- elles sont exécutées sur-le-champ ou à une date fixée par le juge. Si plusieurs d'entre elles ont été décidées, il est procédé simultanément à leur exécution chaque fois qu'il est possible ;
- elles sont exécutées en présence des parties ou dûment appelées. Celles-ci peuvent se faire assister. Elles peuvent en être dispensées de s'y rendre si la mesure n'implique pas leur audition personnelle ;
- elles sont exécutées en présence du ministère public, même s'il n'est point partie principale.

Il y a également lieu de retenir que lorsque les mesures sont exécutées, le juge français peut :

- dans l'intérêt d'une bonne administration de la justice confier l'instruction à un technicien pour des questions spécifiques. Lorsqu'il doit procéder lui-même à une mesure d'instruction, en hors de son ressort, le juge peut se déplacer pour y procéder lui-même ou pour en contrôler l'exécution. Il peut aussi, lorsque l'éloignement des parties ou des personnes rend son déplacement trop difficile ou trop onéreux, charger une autre juridiction de

degré égal ou inférieur de procéder à tout ou partie des opérations ordonnées ;
- ordonner telle autre mesure d'instruction qui rendrait opportune l'exécution de celle qui a déjà été prescrite ;
- se prononcer sur-le-champ, à la demande des parties, à l'initiative du technicien commis, ou d'office sur une difficulté qui survient au cours d'une opération à laquelle il procède lui-même ou assiste.

Dès que la mesure d'instruction pend fin, l'instance se poursuit normalement à la diligence du juge. Celui-ci peut décider d’entendre immédiatement les parties en leurs observations ou leurs plaidoiries, même sur les lieux et statuer aussitôt sur leurs prétentions.

Lorsqu’il y a une 'intervention volontaire ou forcée au cours d’une instance, l'intervenant est invité à présenter ses observations sur les opérations qui ont déjà été procédées.

Il faut faire remarquer qu’en France, les décisions relatives à l'exécution d'une mesure d'instruction ne sont pas susceptibles d'opposition, mais ne peuvent être frappées d'appel ou de pourvoi en cassation qu'en même temps que le jugement sur le fond. En RDC, les choses sont différentes.

CHAPITRE 2 : DES MESURES D'INSTRUCTION PREVUES PAR LE CODE DE PROCEDURE CIVILE CONGOLAIS

Les dispositions légales concernant les mesures d'instructions en droit congolais ne sont pas très étoffées par rapport au droit français. D'ailleurs, le législateur lui-même ne les désigne pas comme des mesures d'instruction. C'est plutôt la doctrine congolaise qui les dénomme ainsi. Le code de procédure civile ne les a organisées que de manière sommaire par les articles 46 à 58.

Les mesures d'instruction prévues par la loi congolaise sont au nombre de cinq (5), à savoir :

- les enquêtes ;
- les visites des lieux ;
- la comparution personnelle des parties et leur interrogatoire ;
- l'expertise ;
- le serment.

SECTION 1 : DES ENQUETES[221]

SECTION 2 : DES VISITES DES LIEUX

Le tribunal qui décide de la visite des lieux doit se transporter à l'endroit où elle se fera ou peut commettre l'un des juges qui a participé au jugement pour l'accomplissement de cette mesure. La décision qui ordonne la visite en fixe le jour et l'heure. Il vaut sommation de comparaître à cette date, sans qu'il soit besoin d'une signification particulière lorsqu'elle est rendue en présence des parties.

Lors de la visite, aux termes de l'article 47 du CPC, le juge peut faire appel à une compétence des « gens de l'art ». Sans qu'il ne soit besoin de chercher la définition de ce terme, on comprend aisément que le législateur congolais a voulu faire allusion à un technicien, comme cela se fait en droit français. Ce technicien peut être considéré comme toute personne pouvant éclairer le juge dans ses investigations et ayant une certaine technicité dans le domaine de l'objet de la visite des lieux. Ce dernier est nommé par le même jugement qui ordonne ladite visite. Le technicien donne son avis à la fin de sa mission. Cependant, il faut noter que cette loi ne dit pas si cet avis est contestable ou si on peut recourir à un deuxième avis. Tout laisse croire que le législateur a ouvert une

---

[221] Voir deuxième partie, titre 2, chapitre 3, section 9 : Des témoins et de l'instruction de la cause.

brèche pour permettre au juge d'adapter cette mesure en fonction des us et coutumes de sa juridiction. Ce qui semble être une erreur dans la mesure où la majorité des juges souffrent de certaines faiblesses innommables[222].

Lorsque la visite prend fin, le juge peut, sans désemparer, inviter les parties à plaider et se prononcer immédiatement sur les lieux sans qu'il soit besoin de rentrer au siège de la juridiction.

Les constatations et les déclarations des parties ou des tiers faites lors de la visite sont consignées dans un procès-verbal dressé par le greffier, qui le signe avec le juge. Si la visite a recouru à un expert, celui-ci le signe également. Sa signature est précédée du serment suivant prévu à l'article 42 du CPC : « *Je jure que j'ai rempli ma mission en honneur et conscience, avec exactitude et probité* ». Et, si l'expert ne peut ou ne veut signer, il en est fait aussi mention.

SECTION 3 : DE LA COMPARUTION PERSONNELLE DES PARTIES ET DE LEUR INTERROGATOIRE

La mesure d'instruction visant la comparution personnelle des parties organisée par la loi congolaise est assez ressemblante, à quelques dispositions prêtes, à celle du droit français.

En RDC, la comparution personnelle des parties peut être ordonnée en tout état de cause voire d'office et ce, en toute matière. Le juge doit pour ce faire, fixer le jour et l'heure auxquels les parties doivent comparaitre soit en audience publique ou soit en chambre du conseil. Cette décision n'est pas susceptible d'appel.

Le juge peut interroger les parties en absence de l'une ou de l'autre. Il peut aussi les confronter ainsi de suite jusqu'à ce qu'il parvienne à ses fins. Celles-ci doivent répondre en personne, de manière spontanée, aux questions du juge, sans lire un projet pré-écrit des réponses.

Après l'interrogatoire du juge, les conseils des parties ou les parties, elles-mêmes, peuvent proposer des questions qu'ils estiment utiles à poser.

[222] Les faibles des magistrats congolais sont énumérées au chapitre 1er du rapport des états généraux de la Justice tenus à Kinshasa du 27 avril au 2 mai 2015, Kinshasa, publié Ministère de la Justice, p. 11. Les mêmes faiblesses ont fait l'objet d'une allocution du Ministre de la Justice à l'occasion de l'ouverture de la session extraordinaire du Conseil Supérieur de la Magistrature le 18 octobre 2017, à Kinshasa. Allocution du Ministre de la Justice, Ed. Ministère de la Justice, 2017, pp 12.

Celui-ci apprécie souverainement celles qu'il retient ou qui convient à être posées. Il faut noter cependant, il n'est pas permis aux parties de s'adresser ou de poser directement des questions à la partie interrogée. Celle-ci doit répondre aux questions suggérées par l'autre partie de la même manière que celles qui viennent du juge lui-même.

La partie qui réside dans une zone trop éloignée peut être entendue, ensemble ou séparément avec l'autre, par un tribunal d'un autre ressort commis à cet effet, au jour et à l'heure que celui-ci détermine.

Les personnes morales, les administrations publiques et les incapables peuvent également comparaitre devant le juge pour être interrogées. Dans ce cas, les personnes morales, comparaissent soit par l'un de leurs préposés muni d'une procuration spéciale, soit par un membre de leur organe de gestion désigné par celui-ci ou soit par une personne ayant qualité pour représenter la personne morale en vertu de la loi ou des statuts. Les administrations publiques, quant à elles, comparaissent en la personne d'un agent habilité par la loi pour les représenter ou muni d'un pouvoir spécial. Le juge peut aussi ordonner la comparution des administrateurs et des agents nommément désignés par lui pour être interrogés tant sur les faits qui leurs sont personnels que sur ceux qu'ils ont connus en raison de leurs fonctions. Et enfin, les incapables[223] peuvent comparaitre personnellement ainsi que ceux qui les assistent ou leurs représentants légaux[224].

Lorsqu'une partie est invitée à comparaitre aux date et heure fixées par le juge, mais ne le fait pas ou refuse de répondre aux questions qui lui sont posées, ce dernier peut en tirer toute les conséquences de droit, notamment considérer cette absence ou ce refus comme un début de preuve écrite.

Les déclarations faites durant la comparution personnelle des parties sont consignées dans un procès-verbal signé par le greffier et le juge.

---

[223] Aux termes de l'article 215 de la loi n°16/008 du 15 juillet 2016 modifiant et complétant la loi n°87-010 du 1er août 1987 portant code la famille ces incapables sont : les mineurs ; les majeurs aliénés interdits ; les majeurs faiblis d'esprit, les prodigues, les majeurs affaiblis par l'âge ou infirmes placés sous curatelle.

[224] Les personnes qui assistent les incapables ou leurs représentants légaux sont prévues aux articles 219 et suivants du code de la famille précité pour les mineurs et aux articles 298 et suivants du même code pour les handicapés, des infirmes et les prodigues.

SECTION 4 : DE L'EXPERTISE[225]

SECTION 5 : DU SERMENT

Le serment organisé aux articles 59 et 60 au chapitre 9 du CPC est une mesure d'instruction. Il est une procédure qui aide le juge à mettre en application la preuve par serment.

Il faut signaler au passage que les articles 233 et suivants du CCLIII organisent le serment en tant que preuve. Cependant, en tant de mesure d'instruction, le serment montre au juge la manière dont il doit procéder pour admettre la preuve par serment.

Ainsi, à l'audience, lorsqu'il y a lieu de prêter serment, le jugement qui l'ordonne doit énoncer et déterminer les faits pour lesquels celui-ci sera reçu et fixe la date à laquelle il sera prêté. La partie qui doit prêter serment le fait en personne et à l'audience. S'il est dans l'impossibilité légitime de se déplacer, le juge, assisté de son greffier peut se transporter pour lui faciliter les choses. Si, cependant, la partie à laquelle le serment est déféré est trop éloignée, le juge peut ordonner qu'elle prête serment devant une juridiction du lieu de sa résidence. Dans tous les cas, le serment est prêté en la présence de l'autre partie ou celle-ci dûment avisée par lettre recommandée du greffier

[225] Voir deuxième partie, titre 2, chapitre 3, section 10 : De l'expert et de l'instruction de la cause.

CHAPITRE 3 : DES MESURES D'INSTRUCTION ORDONNEES PAR LE MOYEN DE LA COMMISSION ROGATOIRE

SECTION 1 : DES GENERALITES

1. NOTION DE MESURES D'INSTRUCTION

La commission rogatoire désigne « *une délégation d'une autorité, chargée d'instruire un litige civil ou un procès pénal, donnée à une autre autorité judiciaire ou à un officier de police judiciaire à l'effet d'exécuter en son nom certains actes de recherche des preuves qu'elle ne peut ou ne veut pas accomplir elle–même ;…sur le plan international, les commissions rogatoires sont des un mode d'entraide judiciaire* »[226]. Ainsi, on constate que la commission rogatoire est un terme aussi bien du droit interne qu'international.

S'agissant de la commission rogatoire sur le plan interne ; en France, en matière civile, les articles 157, 730 et suivants, 1272 du NCPC en font allusion sans forcément la citer. En RDC, le code de procédure civile est silencieux à ce sujet. Néanmoins, elle fait partie des us et coutumes du droit national.

S'agissant de la commission rogatoire sur le plan international ; en France, celle-ci fait l'objet de plusieurs articles, notamment les articles 688 et suivants du NCPC. En ce qui concerne la RDC, il y a lieu de noter qu'en dehors du traité entre cette dernière et la République du Congo sur la coopération judiciaire dénommée « Convention générale de coopération en matière de justice du 12 avril 1978 », il n'en existe aucun autre permettant au juge de procéder à une mesure d'instruction par la voie de la commission rogatoire à l'étranger.

Qu'il s'agisse d'une commission rogatoire interne ou internationale, celle-ci doit remplir deux (2) conditions suivantes :

- les conditions de fond ;
- les Conditions de forme.

[226] Gérard CORNU, Op. cit., p. 200.

2. DES CONDITIONS DE FOND

2.1. Des conditions liées à la disponibilité ou à la compétence territoriale du juge

Une commission rogatoire peut être ordonnée dans le même ressort du juge ou en dehors de celui-ci.

En ce qui concerne l'exécution de la commission rogatoire à l'intérieur du ressort du juge ; tout dépend de la disponibilité de ce dernier pour se livrer aux opérations requises. Le juge ne peut décider de faire exécuter dans son ressort une mesure d'instruction par un autre par la voie d'une commission rogatoire que s'il se trouve lui-même dans l'impossibilité de se transporter ou de procéder personnellement à tous les actes d'investigation ou d'audition qu'il envisage de faire.

En ce qui concerne l'exécution de la commission rogatoire en dehors du ressort du juge ; le juge peut l'ordonner lorsqu'il est limité par la compétence territoriale. Cela se fait aussi lorsqu'il décide d'exécuter une mesure d'instruction à l'étranger. Dans les deux cas, il doit adresser une commission rogatoire à un autre juge compétent dans la zone où il veut opérer.

2.2. Des conditions liées à l'objet de la commission rogatoire

La commission rogatoire étant une délégation, elle est strictement restreinte aux faits qui sont circonscrits à son objet. Le juge qui l'exécute ne peut chercher des preuves que sur les faits dont il a été saisi par son collègue. Lorsqu'il a été saisi pour un certain nombre des faits, il ne peut agir que sur ces faits-là. L'exécution d'une commission rogatoire est tenue au respect de l'objet de sa saisine par le juge qui la réalise.

3. DES CONDITIONS DE FORME

La commission rogatoire exige un acte de procédure établi par un juge. L'autorité qui émet la demande doit être bien identifiée dans le document. Le document en question doit être un écrit et comporter un exposé le plus précis possible des actes à poser ainsi que le délai de la mission. Elle porte la signature et le sceau de l'autorité qui la délivre. Lorsque la commission rogatoire est internationale, elle est généralement accompagnée d'une traduction si l'Etat requérant parle une langue différente de celle de l'Etat requis.

SECTION 2 : DES MESURES D'INSTRUCTION ORDONNEE PAR LE MOYEN DE LA COMMISSION ROGATOIRE INTERNE

De manière générale, la commission rogatoire interne est ordonnée par le juge civil dans son propre pays. Cela se fait lorsque celui-ci cherche des preuves ou il doit entendre un témoin qui se trouve en dehors du siège de sa juridiction. Cela se fait dans deux (2) cas ci-après :

- lorsque le juge se trouver dans une indisponibilité légitime de se transporter ou de procéder personnellement à tous les actes d'investigation ou d'audition ;
- lorsque les actes qu'il doit être effectué sont en dehors de son ressort.

SECTION 3 : DES MESURES D'INSTRUCTION ORDONNEE PAR LE MOYEN DE LA COMMISSION ROGATOIRE INTERNATIONALE

1. DES PRINCIPES DE LA COMMISSION ROGATOIRE INTERNATIONALE

Généralement, la commission rogatoire internationale en matière civile ou pénale est organisée entre les Etats par des traités de coopération judiciaire. Ces conventions prévoient généralement les modalités de transmettre directement et de réceptionner une commission rogatoire de façon à préserver la souveraineté de chaque Etat.

1.1. De la commission rogatoire à destination d'un Etat étranger

La commission rogatoire internationale peut être décidée par le juge, à la demande des parties ou d'office afin de procéder dans un Etat étranger, aux mesures d'instruction ainsi qu'à tout autre acte judiciaire qu'il estime nécessaire.

En France, aux termes des articles 733 à 735 du NCPC, le juge peut adresser une commission rogatoire directement à toute autorité judiciaire compétente de l'Etat avec lequel elle a signé un traité d'entraide judiciaire ou soit aux autorités diplomatiques ou consulaires françaises.

Lorsque la commission rogatoire du juge français est directement envoyée à une autorité judiciaire compétente d'un Etat étranger, la juridiction commettante doit d'abord l'adresser au ministère public avec une traduction dans la langue parlée dans l'Etat de destination. Ensuite, ce dernier fait aussitôt parvenir ladite commission rogatoire au Ministre de la Justice aux fins de sa transmission à l'Etat étranger, sauf si le traité signé avec cet Etat dispose qu'il faille le transmettre directement à l'autorité judiciaire étrangère.

1.2. De la commission rogatoire en provenance d'un Etat étranger

En France, la commission rogatoire provenance d'un Etat étranger est celle qui est transmise par ledit Etat étranger. Elle est prévue par les articles 736 et suivants du NCPC. La RDC n'a pas encore organisé une telle procédure. Mais, le législateur congolais pourra toujours s'en inspirer.

En France, lorsque le Ministre de la Justice reçoit une commission rogatoire, il la communique d'abord au Ministère Public dans le ressort duquel elle doit être exécutée. Ensuite, ce dernier fait parvenir ce document à la juridiction qui doit l'exécuter. Le juge qui le reçoit procède dans le délai lui imparti aux opérations prescrites, conformément à la loi française à moins que la juridiction étrangère n'ait demandé qu'il y soit procédé selon une forme particulière.

Le juge chargé d'exécuter la commission rogatoire est tenue d'informer la juridiction étrangère commettante des lieu, jour et heure auxquels il compte procéder à son exécution afin de permettre au juge étranger d'y assister. Les parties comparaissent en personne assistées de leurs conseils, même s'ils sont étrangers. Elles, peuvent, sur autorisation du juge, poser des questions lesquelles ainsi que leurs réponses doivent être formulées ou traduites en langue française si la langue parlée dans l'Etat étranger commettant est différente.

Le juge français ne peut pas refuser d'exécuter une commission rogatoire au seul motif que la loi française revendique une compétence exclusive ou qu'elle ne connaît pas de voie de droit répondant à l'objet de la demande portée devant la juridiction commettante ou qu'elle n'admet pas le résultat auquel peut aboutir la commission rogatoire. Cependant, il peut refuser la demande de toute personne intéressée, voire d'office l'exécution d'une commission rogatoire s'il estime qu'elle ne rentre pas dans ses attributions ou qui est de nature à porter atteinte à la souveraineté ou à la sécurité de l'Etat français. Dans ce cas, toute personne intéressée peut également demander au juge commis de rapporter les mesures qu'il a déjà prises et d'annuler les actes constatant l'exécution de la commission rogatoire.

Tout au long de cette procédure, le ministère public doit s'assurer du respect des principes directeurs liés au procès. En cas de violation de ceux-ci, lui ou la partie intéressée peut demander au juge commis de rapporter les mesures qu'il a prises ou d'annuler les actes constatant l'exécution de la commission rogatoire. De même, il peut demander au juge qui d'ailleurs peut d'office refuser d'exécuter une commission rogatoire transmise irrégulièrement ou de rapporter les mesures qu'il a déjà prises ou d'annuler tous les actes constatant l'exécution de la commission rogatoire.

La décision par laquelle le juge refuse d'exécuter une commission rogatoire annule les actes constatant son exécution et rapporte les mesures qu'il a prises. Les parties et le ministère public peuvent interjeter appel de cette décision. Dans ce cas, le délai d'appel est de quinze (15) jours et n'est pas extensible en raison de la distance.

Les actes constatant l'exécution de la commission rogatoire ou la décision par laquelle le juge refuse de l'exécuter sont transmis à la juridiction étrangère commettante selon les mêmes voies que celles par lesquelles la commission rogatoire a été transmise à la juridiction requise.

Il faut noter que dans l'exécution d'une commission rogatoire, la prise en charge des sommes dues aux témoins, aux experts, aux interprètes ainsi qu'à toute personne prêtant son concours à l'exécution de la commission rogatoire est faite par l'autorité étrangère commettante.

2. DE LA COMMISSION ROGATOIRE PREVUE DANS LE CADRE DE LA CONVENTION GENERALE DE COOPERATION EN MATIERE DE JUSTICE DU 12 AVRIL 1978

La Convention générale de coopération en matière de justice a été signée en 1978 entre la RDC et la République du Congo. Ce traité d'entraide judiciaire dispose de la commission rogatoire à ses articles 11 et suivants. Ces dispositions prévoient une entraide judiciaire en ce qui concerne la recherche de la preuve. Mais, elle est assez particulière en ce qui concerne l'audition des témoins et des experts. Ceux-ci ont la possibilité de faire le voyage dans un sens ou dans l'autre pour comparaitre personnellement devant le juge de l'Etat requérant.

L'article 15 de ladite convention stipule que les commissions rogatoires, tant en matière civile et commerciale qu'en matière administrative et pénale à exécuter, sur le territoire de l'un ou l'autre des deux Etats se feront par les autorités judiciaires respectives à condition qu'elles ne soient pas de nature à porter atteinte à la sécurité et à la souveraineté de l'un ou l'autre Etat ou qu'elle ne permette pas de troubler l'ordre public.

Les personnes devant témoigner dans l'un ou l'autre Etat doivent être invitées par un simple avis administratif. Si elles refusent de comparaitre, l'Etat requis usera de tous les moyens de coercition prévus dans sa propre loi pour les contraindre.

Afin de faciliter leur voyage, les témoins et les experts reçoivent un paiement des avances des frais de voyage et de séjour auprès des autorités consulaires pour comparaitre devant le juge de l'Etat requérant. Les témoins comparaissent volontairement devant la juridiction de l'Etat requérant. Et, s'il y a des poursuites qui pèsent contre eux pour des faits ou des condamnations antérieures à la commission rogatoire, ils bénéficieront d'une immunité de trente (30) jours de l'Etat requis pour leur permettre de se rendre auprès de la juridiction de l'Etat requérant.

Tableau 6 : Résumé des mesures d'instruction

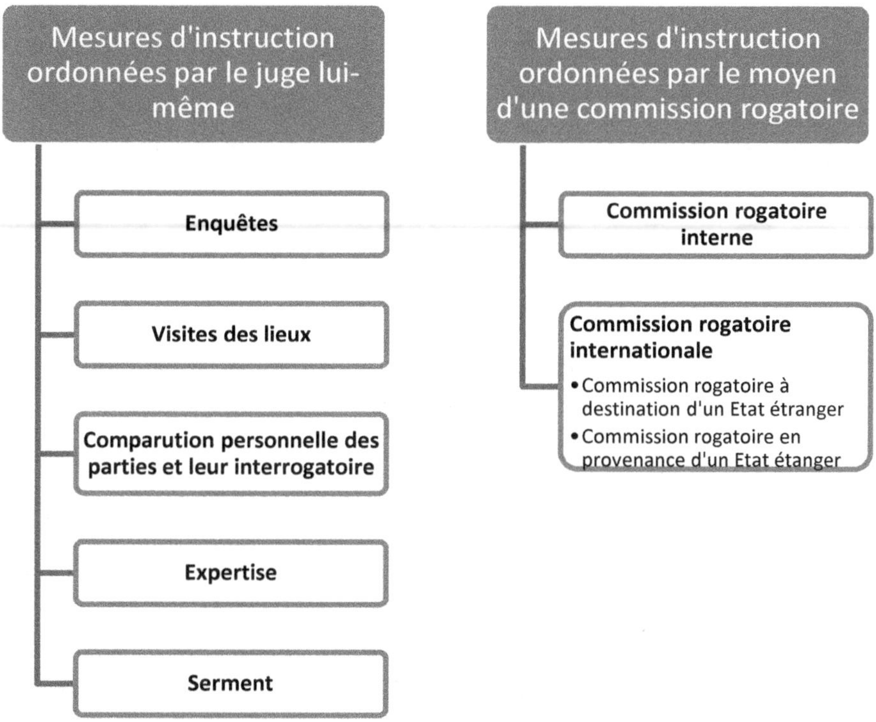

DEUXIEME PARTIE : DES REGLES PROPRES A UNE INSTANCE AU PREMIER DEGRE

Les règles propres à une instance au premier degré font l'objet de la deuxième partie de cet ouvrage. Il s'agit notamment :

- des règles liées à la mise en œuvre d'une action en justice ; celles applicables à l'introduction de la demande devant la juridiction compétence ;
- des règles propres à une instance ; celles relatives aux actes de procédure posés dans un procès ;
- des règles liée à la mise en état ; celles relatives à l'instruction, à la prise des mesures d'instruction et à la mise en état de recevoir une plaidoirie ;
- des règles liées au jugement ; celles relatives à l'établissement d'un jugement ;
- et enfin, des règles liées aux frais de justice ; celles relatives aux actes exposés pendant le déroulement du procès;

Les points ci-dessus font l'objet d'un développement sous forme des titres dans les pages suivantes.

TITRE 1 : DE LA MISE EN ŒUVRE DE L'ACTION EN JUSTICE

CHAPITRE 1 : DE LA DETERMINATION DE LA JURIDICTION COMPETENTE

SECTION 1 : DE LA MISE EN ŒUVRE DE L'ACTION EN JUSTICE PAR LA DETERMINATION DE LA JURIDICTION COMPETENTE

La mise en œuvre d'une action en justice se fait par une demande en justice introduite devant la juridiction compétente. Il faut noter cependant, il est parfois difficile à une personne de déterminer celle qui est compétente par rapport à son droit. Il faut donc, avant la saisine de toute juridiction, chercher à connaitre de quelle nature est le droit que l'on a en sa possession. Une fois ce problème résolu, le titulaire dudit droit pourra saisir la juridiction compétente devant laquelle il doit introduire son action en justice. D'ailleurs, sur ce point le législateur congolais a prévu plusieurs indices pouvant permettre à une personne de savoir quelle est la juridiction compétente pour son action. Il s'agit des diverses dispositions légales organisées dans des nombreuses lois. Celles-ci permettent nettement de connaitre matériellement ou territorialement la compétence d'une juridiction par rapport au droit que l'on possède. En matière de droit commun, la compétence matérielle est prévue aux articles 110 et suivants de la loi organique n°13/011-B du 11 avril 2013 portant OCJ et la compétence territoriale aux 130 et suivants de la même loi organique ; en matière d'enfant, la compétence matérielle est prévue aux articles 94 et suivants de la loi n°09/001 du 10 janvier 2009 portant protection de l'enfant. En matière de travail, la compétence matérielle est prévue aux articles 15 et suivants de la loi n°016-2002 portant création organisation et fonctionnement des tribunaux de travail du 16 octobre 2002. En matière commerciale et économique, la compétence matérielle est prévue aux articles 17 et suivants de la loi n°002-2001 du 03 juillet 2001 portant création, organisation et fonctionnement des tribunaux de commerce. En matière de famille, plusieurs articles de la loi n°87-010 du 1er août 1987 portant code de la famille telle que modifiée par la loi n°16/008 du 15 juillet 2016 précisent la compétence matérielle et territoriale des juridictions à saisir pour divers cas.

Comme il a été dit ci-haut, la détermination de la juridiction compétente se fait en fonction de la nature du droit que possède la personne qui veut agir en justice. Ce droit d'agir en justice est un droit subjectif. Il en existe plusieurs. Cependant, il ne faut pas le confondre avec une action en justice comme il a déjà été expliqué plus haut[227]. Le droit subjectif est une « *Prérogative individuelle reconnue et sanctionnée par le droit objectif qui permet à son titulaire de faire, d'exiger ou d'interdire quelque chose dans son propre intérêt ou, parfois, dans l'intérêt d'autrui* »[228]. Il existe indépendamment de la justice. Cependant, il ne devient une action judiciaire que lorsque son titulaire l'exercice en saisissant une juridiction. Ce droit subjectif peut être de deux sortes, à savoir : un droit patrimonial ou un droit extrapatrimonial.

S'agissant du droit patrimonial ; il est subdivisé en trois (3) catégories, le droit réel, le droit personnel et le droit mixte. Le titulaire de l'une de ces catégories peut introduire devant la justice, selon le cas, une action réelle, une action personnelle ou une action mixte[229] .

Quant à l'action réelle, elle peut être soit une action mobilière ou immobilière[230]. Cependant l'action mobilière peut être corporelle ou incorporelle. Elle est corporelle lorsqu'elle concerne un bien matériel tel qu'un véhicule, une montre, une TV, etc...en bref, tout ce qui est palpable et incorporelle lorsqu'elle concerne un bien immatériel tel qu'un fonds de commerce, une créance, une propriété industrielle ou littéraire (œuvre de l'esprit), etc...en bref, tout ce qui n'est pas palpable.

S'agissant du droit extrapatrimonial ; il désigne ce « *qui ne fait pas partie du patrimoine, mais touche à la personne ; qui n'a pas le caractère d'un bien, mais relève d'un autre ordre de valeur, d'où le propre d'être hors commerce* »[231]. Il faut citer parmi ce droit, le droit de succession, la recherche de paternité, le droit de garde d'un enfant, droit à l'éducation, etc.

C'est au regard des éléments précités que le titulaire du droit subjectif pourra s'adresser à une juridiction donnée plutôt qu'à une autre pour introduire son action. Il faut noter que certains droits subjectifs sont tellement caractéristiques que le législateur a prévu que leur exercice ne puisse se faire que devant les juridictions particulières appelées spécialisées. Notons qu'il existe deux (2) sortes catégories des juridictions

[227] Voir les détails à la première partie, Titre 1er, chapitre 1er, section 1ère, § 2. De la naissance de l'action en judiciaire.

[228] Gérard CORNU, Op. cit., p. 370.

[229] Voir détails à la première partie, titre 1er, chapitre 1er, section 3, § 1er. De la classification fondée sur la nature du droit litigieux.

[230] Voir détails à la première partie, titre 1er, chapitre 1er, section 3, § 2. De la classification fondée sur l'objet.

[231] Gérard CORNU, Op. cit., p. 440.

en RDC devant lesquelles un titulaire de droit peut introduire son action, à savoir :

- les juridictions de droit commun ;
- les juridictions spécialisées.

SECTION 2 : DES JURIDICTIONS DE DROIT COMMUN

La juridiction de droit commun est définie comme une « *Juridiction qui a vocation à connaitre de toutes les affaires, à moins qu'elles n'aient été attribuées par la loi à une autre juridiction* »[232].

Dans l'ordre judiciaire, le tribunal de paix, le tribunal de grande instance sont des juridictions de droit commun par excellence tandis que la cour d'appel bien qu'étant aussi une juridiction de juridiction de droit commun connait également de l'appel des affaires des juridictions spécialisées.

En principe, les juridictions de droit commun ont pour vocation de connaitre de tous les litiges qui ne sont pas attribués à d'autres juridictions. C'est ce qu'on appelle la compétence résiduelle. Cependant, elles ont aussi une compétence exclusive, c'est-à-dire certaines matières qui leur sont réservées notamment en matière de droit de la famille, les successions, les libéralités, les conflits fonciers, etc.

Il faut noter que lorsque une question relevant de la compétence exclusive des juridictions de droit commun se posent devant les juridictions spécialisées, celles-ci doivent surseoir à statuer et attendre sa décision. Il s'agit pour les juridictions spécialisées d'une question préjudicielle.

SECTION 3 : DES JURIDICTIONS SPECIALISEES

1. DE LA NOTION DE JURIDICTION SPECIALISEE

Le terme « juridiction spécialisée » n'existe pas en droit français. Le législateur français a plutôt opté pour la même juridiction la dénomination « juridiction d'exception » qui en droit congolais signifie autre chose.

[232] Ibidem, p. 585.

Il faut noter que si, autrefois, à l'époque du Zaïre, il existait une juridiction d'exception à savoir : la Cour de Sûreté de Etat (de triste mémoire) aujourd'hui, l'article 149 alinéa 5 de la République Démocratique du Congo telle que modifiée par la loi n° 11/002 du 20 janvier 2011 portant révision de certains articles de la Constitution de la République Démocratique du Congo du 18 février 2006 stipule assez clairement qu'« *Il ne peut être créé des tribunaux extraordinaires ou d'exception sous quelque dénomination que ce soit* ». Il s'agit ici de la prohibition de mettre en place en place des juridictions équivalentes à ce que la France a connu au lendemain de sa révolution en 1789, à savoir : les tribunaux révolutionnaires pour punir les ennemis du peuple français.

Néanmoins, le même article à l'alinéa 6 de la Constitution autorise au législateur congolais de créer des juridictions spécialisées. Celles-ci désignent une « *Juridiction ne pouvant connaitre que des affaires qui lui ont été spécialement attribuées par un texte* »[233].

La première juridiction spécialisée installé en RDC est le tribunal de commerce[234], établi depuis le 15 août 2006 à Kinshasa et crée par la loi n°002-2001 du 3 juillet 2001 portant création, organisation et fonctionnement des tribunaux de commerce et la seconde est le tribunal pour enfants, mis en place depuis le 29 avril 2011 crée par la loi n°09/001 du 10 janvier 2009 portant protection de l'enfant et enfin, la troisième est le tribunal de travail[235] bien que créé par la loi n°016-2002 du 16 octobre 2002 portant création, organisation et fonctionnement des tribunaux du travail, ils ont été installés que depuis le 30 avril 2014 dans les grandes villes de la RDC.

Il faut noter que ces trois (3) juridictions sont spécialisées et obéissent à leur propre règle de procédure édictée par les lois de leur création.

2. DES JURIDICTIONS SPECIALISEES EN DROIT CONGOLAIS

Il existe trois (3) sortes de juridictions spécialisées en RDC, à savoir : le tribunal pour enfants, le tribunal de commerce et le tribunal de travail.

[233] Ibidem, p. 585.

[234] Selon le tableau d'essaimage de LUZOLO BAMBI LESSA, il existe actuellement dix (10) tribunaux de commerce déjà installés à travers la République. Lire LUZOLO BAMBI LESSA, Op. cit, III, pp. 314-315.

[235] Il existe actuellement deux (2) tribunaux de travail à travers la République, deux (2) à Kinshasa et un (1) à Lubumbashi. Ibidem

S'agissant du tribunal pour enfants ; il est une juridiction à compétence personnelle. En effet, l'article 94 de la loi n°09/001 du 10 janvier 2009 portant protection de l'enfant précise que « *Le tribunal n'est compétent qu'à l'égard des personnes âgées de moins de 18 ans* ». Il connait le premier et le second degré des affaires qui relèvent de sa compétence.

En matière civile, le législateur lui a donné la même compétence que celle dévolue au tribunal de paix et au tribunal de grande instance par le code la famille en ce qui concerne les actes en faveur de la personne de moins de 18 ans[236]. Ce tribunal est composé de deux chambres indépendantes, la chambre de première instance et la chambre d'appel. La première chambre siège à juge unique et la chambre d'appel à trois juges[237].

S'agissant du tribunal de commerce ; il est défini par la loi comme une juridiction de droit commun, mais en réalité, il est une juridiction spécialisée.

Sa compétence en matière civile est énoncée à l'article 17 de la par la loi n°002-2001 3 juillet 2001 portant création, organisation et fonctionnement des tribunaux de commerce. Le tribunal de commerce est compétent pour connaitre :

1. des contestations relatives aux engagements et transactions entre commerçants ;
2. des contestations entre associés, pour raisons de société de commerce ;
3. des contestations entre toutes personnes relatives aux actes de commerce, en ce compris les actes relatifs aux sociétés commerciales, aux fonds de commerce, à la concurrence commerciale et aux opérations de bourse ;
4. des actes mixtes si le défendeur est commerçant ;
5. des litiges complexes comprenant plusieurs défendeurs dont l'un est soit caution, soit signataire d'un chèque bancaire, d'une lettre de change ou d'un billet à ordre ;
6. des litiges relatifs et concordats judiciaires.

Il faut noter que législateur a omis de mentionner dans cet article les faillites dont la procédure sont organisés par les articles 194 et suivants de l'acte uniforme portant organisation des procédures collectives d'apurement du passif.

---

236 Article 200 du TPE.

237 Article 90 du TPE.

Son siège ordinaire et son ressort sont ceux du tribunal de grande instance. Il siège à trois (3) juges dont un permanent qui est un magistrat de carrière et deux juges consulaires. Le juge permanent préside la chambre lorsqu'il s'agit des affaires qui touchent à l'ordre public. Les juges consulaires sont élus par le collège électoral à la majorité relative des voix. Un arrêté du ministre de la Justice entérine cette élection.

Quant au tribunal de travail ; cette loi n°016-2002 du 16 octobre 2002 crée dans le ressort de chaque tribunal de grande instance, un tribunal du travail ayant rang de la juridiction précitée.
Les tribunaux du travail connaissent, aux termes des articles 15 et 16 de la loi n°016-2002 du 16 octobre 2002 portant création, organisation et fonctionnement des tribunaux du travail :

- des litiges individuels survenus entre le travailleur et son employeur dans ou à l'occasion du contrat de travail, des conventions collectives ou de la législation et de la réglementation du travail et de la prévoyance sociale ;
- des conflits collectifs de travail, à savoir, les conflits survenus entre un ou plusieurs employeurs, d'une part et un certain nombre de membres de leur personnel d'autre part, au sujet des conditions de travail lorsqu'ils sont de nature à compromettre la bonne marche de l'entreprise ou la paix sociale.

Il siège à trois (3) membres dont un président magistrat de carrière nommé par le Ministère de la Justice et deux juges-assesseurs dont l'un représente les employeurs et l'autre les travailleurs, nommés par le Ministère ayant le travail et la prévoyance sociale dans ses attributions.

CHAPITRE 2 : DE LA DEMANDE EN JUSTICE DEVANT LA JURIDICTION COMPETENTE

Toutes les demandes en justice sont introduites devant les juridictions compétentes, comme dit plus haut, par un exploit introductif d'instance appelé soit assignation ou soit requête.

Il faut noter que le chapitre 1er du décret du 7 mars 1960 intitulé « des assignations » énonce, de manière générale, toutes les mentions basiques que doivent contenir tous les actes de procédure pour être valides et opposables aux parties au procès.

Toutefois, parmi tous ces actes seuls l'assignation, acte de greffier ou d'huissier intéresse le présent chapitre.

SECTION 1 : DE LA NOTION D'ASSIGNATION

L'assignation est également appelée exploit ou demande introductive d'instance. Elle est définie par la doctrine française comme un «*Acte de procédure adressée par le demandeur au défendeur par l'intermédiaire d'un huissier de justice, pour l'inviter à comparaître devant une juridiction de l'ordre judiciaire et valant, devant le tribunal de grande instance, conclusions pour le demandeur* »[238].

L'assignation est par excellence, un acte du greffier ou d'huissier même si dans la pratique, c'est un avocat qui le rédige pour le compte de son client. Cela s'explique dans la mesure où, c'est le greffier ou d'huissier qui le signe.

Pour la rédiger, l'article 1er du décret du 7 mars 1960 portant code de procédure civile donne deux possibilités, à savoir :

- La fourniture par la déclaration au greffier de tous les éléments nécessaires à la rédaction de l'assignation ;
- Et la remise d'une déclaration signée par le demandeur.

1. DE LA DECLARATION AU GREFFE DE TOUS LES ELEMENTS NECESSAIRES A LA REDACTION DE L'ASSIGNATION

En principe, cette possibilité est réservée pour les demandeurs analphabètes. Il faudrait peut-être remonter aux travaux préparatoires du

[238] Raymond GUILLIEN et Jean VINCENT, Op. cit., p. 61.

décret de 7 mars 1960 pour comprendre les éléments qui ont milité à cette époque d'avant l'indépendance pour que le législateur retienne ce procédé, mais dans la pratique le demandeur remet généralement un exploit introductif d'instance, le greffier le signe et le cachette.

2. DE LA REMISE D'UNE DECLARATION SIGNEE PAR LE DEMANDEUR

En principe, le demandeur qui assigne quelqu'un doit, par interprétation stricte du décret précité, remettre au greffier une déclaration écrite et signée par lui. Mais, comme dit plus haut, cela n'est souvent pas le cas dans la pratique. Généralement, c'est le demandeur ou son conseil qui rédige une assignation contenant des déclarations déjà faites et la remet au greffier pour y apposer le visa du greffe ou le sceau du tribunal afin de procéder à sa notification auprès de son destinataire.

Dans ces conditions, une question reste quand même posée, c'est celle de savoir si l'assignation est un acte du demandeur ou son conseil qui la rédige ou du greffier qui la signe ?

L'alinéa 1er de l'article 2 du décret du 7 mars 1960 dit qu'elle est rédigé par le greffier. Cette disposition tranche clairement et nettement quant à connaître l'auteur de cet acte.

En effet, il faut noter que même si dans la pratique, ce sont les parties qui rédigent l'assignation, mais en y apposant sa signature, le greffier en endosse seul la responsabilité des mots, des phrases et des tournures qui s'y trouvent au point que cet acte devient un acte propre, c'est-à-dire son acte personnel du greffier. C'est pourquoi, ce dernier doit être prudent et bien lire son contenu, censurer les attaques visant la personne du défendeur, s'il y en a, car il devra en répondre personnellement sous sa propre responsabilité, sauf s'il prouve que l'infraction matérielle liée à l'assignation et celle dite intellectuelle vient du requérant.

SECTION 2 : DES CONDITIONS DE VALIDITE DE L'ASSIGNATION

L'alinéa 2 de l'article 2 du décret du 7 mars 1960 énumère plusieurs conditions de forme qui valident l'assignation du greffier, à savoir : « *Les noms, profession et domicile du demandeur et les noms et demeure du défendeur ; elle énonce sommairement l'objet et les moyens de la demande et indique le tribunal où la demande est portée, ainsi que le lieu, le jour et l'heure de la comparution (...)* ». Même si, cette disposition ne le précise pas clairement, ces mentions sont faites à peine de nullité.

Le législateur va plus loin à l'alinéa 3 en précisant que «*Le demandeur qui n'agit pas en nom personnel ou que le défendeur n'est pas assigné en nom personnel, l'assignation mentionne en outre leur qualité*».

Il est à noter que ces conditions de forme telles que énumérées par la législateur sont déterminantes pour la validité de la demande introductive d'instance. C'est pourquoi, selon la jurisprudence soulevée la doctrine, l'absence de l'une de ces mentions substantielles doit être soulevée *in limine litis*. Passé cette étape, on est censé y avoir renoncé et on ne peut plus les soulever même en appel[239] ;

1. DES INDICATIONS LIEES PERSONNELLEMENT AU DEMANDEUR

Ici, le législateur a prévu deux (2) possibilités à savoir : le cas où le demandeur agit en nom personnel ou celui où il n'agit pas en nom personnel.

- **Des indications du demandeur agissant en nom personnel**

Lorsque ce dernier agit en nom personnel, il doit décliner dans le corps de l'assignation ses noms, c'est-à-dire ses prénom, nom et post-nom ; sa profession, c'est-à-dire son emploi ou son occupation quotidienne, mensuelle voire temporaire ; son domicile, c'est-à-dire le lieu de son habitation.

- **Des indications du demandeur n'agissant pas en nom personnel**

Lorsque le demandeur n'agit pas en nom personnel, il s'agit du cas où il est légalement mandaté ou de celui où il représente légalement un individu ou une entité ayant une personnalité morale. Deux (2) cas peuvent se présenter, à savoir :

- le requérant représente une personne physique.

  Par exemple : le tuteur d'un incapable, d'un mineur, etc.

- le requérant représente est une personne morale.

  Par exemple : une entreprise commerciale ou une institution civile, un parti politique, une entité religieuse, etc.

---

[239] KATUALA KABA KASHALA, Code civil judiciaire zaïrois annoté, Kinshasa, Edition Batena Ntambua, 2009, éd. cit., p.66.

Dans les deux (2) cas précités, le demandeur mandaté doit prouver sa qualité au procès avant d'aborder le fond du litige. Le fait de ne pas décliner son identité est une entrave au droit de la défense. C'est pourquoi, l'adage d'ordre public « nul ne plaise par procureur » oblige le demandeur à prouver sa qualité au procès. Cet adage désigne une « *Règle de forme imposant au mandataire judiciaire de révéler, dans toutes les pièces de procédure, le nom de son mandant* »[240].

2. DES INDICATIONS LIEES PERSONNELLEMENTAU DEFENDEUR

2.1. Des noms du défendeur

Selon l'article 2 alinéa 1er du décret du 7 mars 1960, l'assignation doit contenir les noms et demeure du défendeur. Ce qui est intéressant ici, c'est les noms du défendeur, sa demeure fait l'objet du paragraphe suivant. Il y a deux (2) manières d'indiquer le nom du défendeur selon qu'il s'agit d'une personne physique ou d'une personne morale.

S'agissant du nom du défendeur-personne physique ; la disposition précitée ne donne pas de beaucoup de détails par rapport aux indications concernant les noms du défendeur ni n'exige pas non plus une indication précise comme pour le requérant. Il faut comprendre dans le cas présent que le mot « nom » est mentionné au pluriel. Il ne s'agit pas seulement du nom de famille du défendeur, mais aussi tout ce qui constitue un élément principal de l'identité de quelqu'un que le requérant peut avoir en sa possession, puisqu'il arrive parfois que ce dernier trouve de la peine à se procurer tous ses renseignements. C'est ainsi que plusieurs jurisprudences affirment que « *L'erreur dans la qualification du cité ne viciera pas l'assignation si ce dernier n'a soulevé aucune objection ou si elle ne lui a pas porté préjudice* »[241]. « *Dès lors, il faut que le cité puisse être suffisamment déterminé pour ne pas être confondu avec une autre personne* »[242].

S'agissant du nom du défendeur-personne morale ; au regard des articles 14 et suivants de l'acte uniforme (AUSCGIE) il s'agit de la dénomination sociale qui est mentionnée dans ses statuts. Le requérant n'est pas obligé d'indiquer le nom du représentant légal censé agir en justice ni le numéro de registre de commerce et de crédit mobilier. Il suffit qu'il mention la dénomination sociale et l'adresse du siège social ou de l'une des succursales pour que l'exploit soit valable.

---

[240] Raymond GUILLIEN et Jean VINCENT, Op. cit., p. 489.

[241] 1èreInst. Elis. 04/05/1944, RJCB 1945, p. 24 – Jurisprudence citée par MUKADI BONYI et KATUALA KABA KASHALA, Op. cit., § II, p.42.

[242] MUKADI BONYI et KATUALA KABA KASHALA. Ibidem.

2.2. Du domicile réel du défendeur (idem pour le demandeur)[243]

2.3. De la résidence du défendeur[244]

Le demandeur qui veut assigner le défendeur doit le faire à son domicile, à défaut à sa résidence. Aux termes de l'article 169 du code de la famille, la résidence est le lieu où une personne a sa demeure habituelle. Sous réserve des cas des commerçants, une résidence n'est acquise que lorsque le séjour dure plus d'un mois.

Le lieu où une personne se trouve est censé être sa résidence, s'il n'est pas prouvé que cette personne ait sa résidence en un autre lieu. Une personne peut avoir plusieurs résidences. Les commerçants ont une résidence au lieu où ils exercent leurs activités.

Cependant, il faut noter que l'indication d'une simple boîte aux lettres ne suffit pas pour prouver l'existence d'une résidence. La jurisprudence affirme que « *L'existence d'une boite postale de l'intéressé au lieu de la signification ne forme pas preuve qu'il a dans cette localité une résidence ou qu'il y ait fait élection de résidence* »[245], c'est-à-dire en d'autres mots, la personne qui possède une boite postale doit prouver qu'elle a une résidence dans la localité ou le pays ou qu'elle y a élu domicile. Ce point de vue jurisprudentiel est exact, car s'il faut considérer la boite postale comme une résidence à part entière, l'huissier n'ayant pas trouvé le défendeur, il va parler à qui ? On image alors que l'huissier confus décide d'expédier l'exploit à cette boite postale. Dans ce cas, la signification devient celle faite par lettre missive[246].

Il faut noter par ailleurs que lorsque dans une procédure, une partie a indiqué son adresse, elle doit, lorsqu'elle la change, informer les parties adverses et la justice, sinon les exploits seront toujours valablement signifiés à l'adresse initiale[247].

---

243 Voir première partie, titre 1er, chapitre 2, section 1ère, § 2.1.3. Du domicile du titulaire de droit.

244 Articles 169 à 172 du CDF.

245 Elis. 9 janvier 1932, Rev. Jur., 1932, p.206 – Jurisprudence citée Ruffin LUKOO MUSUBAO, Op. cit., n°7, p. 177.

246 Article 6 du CPC.

247 Odon NSUMBU KABU, Cour Suprême de Justice : Héritage de demi-siècle de jurisprudence, Kinshasa, Ed. Les analyses juridiques, 2015, n°14, p. 372.

3. DES INDICATIONS LIEES A L'ENONCE DE L'OBJET ET DES MOYENS DE LA DEMANDE

Selon l'article 2 du CPC, un exploit d'assignation énonce sommairement deux (2) éléments, à savoir : l'objet et les moyens de la demande.

Il faut noter que l'objet et les moyens développés dans un exploit sont essentiels pour le défendeur. Ils lui renseignent sur la réelle prétention du demandeur. C'est pourquoi d'ailleurs, ledit exploit introductif d'instance vaut, après la saisine régulière du tribunal, premières conclusions du demandeur auxquelles le défendeur doit y répondre après communication des pièces.

Par ailleurs, « *En droit congolais, si la demande formulée dans le dispositif est peu précise, on estime que l'assignation est néanmoins valable si les motifs et l'objet sont suffisamment clairs. Cependant, il arrive que la jurisprudence rejette comme nulles des assignations pour insuffisance des moyens développés par le requérant. Il en irait de même en cas d'absence totale d'indication des moyens car le cité serait dans l'impossibilité de connaitre sur quoi se fonde la demande*»[248].

3.1. Des moyens de la demande

Les moyens de la demande constituent la première énonciation requise par l'article 2 du CPC en dehors des éléments subjectifs liés aux parties en instance et à l'indication de la juridiction. Les moyens de la demande appelés aussi les motifs de la demande représentent dans l'exploit introductif d'instance, la partie qui contient l'exposé des faits de la cause, c'est-à-dire le fondement ou la cause de justification de l'action en justice. A vrai dire, cet exposé est un développement explicite du « comment » se sont déroulé les événements qui ont amené le demandeur à saisir la justice. Cette partie comprend différents arguments des faits et de droit qui justifient la demande.

Il faut noter que dans la pratique, les motifs sont souvent confondus avec la cause de la demande. Les motifs sont comme dit plus haut, les moyens de fondement de l'action en justice. Cependant, la cause est l'intérêt poursuivi dans un acte juridique pour son auteur et peut être licite ou illicite. Elle est liée une obligation légale ou conventionnelle[249]. Dans une action en justice, la cause peut être expliquée de manière suivante :

[248] MUKADI BONYI et KATUALA KABA KASHALA, ibidem, p. 43-44.
[249] MUKADI BONYI et KATUALA KABA KASHALA, Op. cit., § III, p. 43.

- S'agissant de la cause liée à une obligation légale ; c'est le cas par exemple du non-respect par l'un des époux de l'une des dispositions légales relatives aux droits et obligations réciproques des époux prévues aux articles 453 et suivants du code de la famille. La cause serait pour l'autre des époux qui se sent lésé de saisir la justice pour exiger l'exécution de l'obligation de son conjoint fautif ou une réparation de son droit qui a été violé.

- S'agissant de la cause liée à une obligation conventionnelle ; il y a lieu d'évoquer l'exemple cité par la jurisprudence congolaise au paragraphe 3 de la note jurisprudentielle de l'article 30 du code civil congolais annoté à savoir : « *Dans les contrats synallagmatiques, l'obligation de chaque contractant trouve sa cause dans l'obligation, envisagée par lui comme devant être effectivement exécutée, de l'autre contractant* »[250]. Prenons un autre exemple, dans le cas de la vente, la cause du vendeur se trouve dans son obligation de livrer la chose vendue à l'acheteur[251] et celle de l'acheteur se trouve dans son obligation de payer le prix de la chose vendue[252].

3.2. De l'objet de la demande

L'objet de la demande ou le chef de la demande se trouve dans le dispositif. Il vient juste après l'expression « *A ces causes, sous toutes réserves généralement quelconques,..* ». Généralement, il s'agit de plusieurs énumérations de différentes prétentions. Cela se fait suivant un ordre décroissant au regard de leur importance ou suivant un ordre subordonné exigé par une certaine logique. Il s'agit dans ce cas des prétentions qui sont sous la dépendance des autres. n commence d'abord par énoncer la demande primaire et ensuite celle qui en est la conséquence. Il faut noter par ailleurs que l'ordre de l'énonciation de la demande doit également tenir compte des différents fondements juridiques développés dans les motifs.

4. DES INDICATIONS LIEES A LA JURIDICTION SAISIE, AU LIEU, AU JOUR ET A L'HEURE DE COMPURATION

L'article 2 du CPC indique que l'exploit introductif d'instance doit indiquer le tribunal où la demande est portée, le lieu, le jour et l'heure de la comparution. Il ne faudrait pas que le demandeur se limite simplement

---

[250] Note jurisprudentielle de l'article 30 du CLIII. KATUALA KABA KASHALA, Code civil congolais annoté, éd. cit., n°3, p. 24.

[251] Article 281 du CCLIII.

[252] Article 327 du CCLIII.

à indiquer dans son exploit le tribunal compétent, mais il doit également préciser le lieu où il se trouve c'est-à-dire son adresse complète, s'il la connait, ou dans une certaine mesure une référence claire et nette connue de tous de l'endroit où il se situe. Selon une jurisprudence qui est demeurée constante à ce jour, si l'assignation indique par erreur le nom d'une ville donnée à la place d'une autre et que l'adresse du tribunal reste réelle et vraie, cette irrégularité peut être considérée comme une simple erreur matérielle, si le défendeur comparait tout de même à l'audience pour laquelle il a été appelé[253].

L'indication du jour et de l'heure de l'audience sont très importante dans un exploit. Elle permet de computer le délai d'assignation de huit (8) et de constater par la même occasion s'il a été respecté.

Il faut noter qu'une jurisprudence constante affirme qu'une erreur de date de comparution n'invalide pas l'assignation si le défendeur n'a pu se tromper sur la date réelle de l'audience pour laquelle il a été invité à comparaître. Il est évident que dans ce cas, le délai d'assignation doit être respecté. De même, l'omission de l'heure n'est pas une cause de nullité[254].

5. DES INDICATIONS LIEES A LA DATE DE L'ETABLISSEMENT DE L'EXPLOIT ET A LA SIGNATURE DE L'HUISSIER OU DU GREFFIER INSTRUMENTAIRE

Il faut noter que l'article 2 du CPC ne fait aucune mention de la date de l'établissement de l'exploit ni de la signature de l'huissier ou du greffier instrumentaire. C'est plutôt l'alinéa 2 de l'article 5 du CPC qui précise que l'original et la copie de l'exploit doivent être datés. Quant à la signature, la même disposition affirme que l'identité et la qualité de celui qui instrumente l'exploit doit être mentionné dans l'original et la copie dont il signe. Il faut noter que la date et la signature sont des éléments essentiels dont l'omission entraine l'inexistence d'un exploit[255].

D'un autre côté, il faut reconnaître que du point de vue du droit administratif, un exploit est un acte individuel. L'huissier ou le greffier

---

[253] Léo, 3 mai 1928, Jur. Col. 1928, p. 128 - Jurisprudence citée par MUKADI BONYI et KATUALA KABA KASHALA, Op. cit., § IV, p. 44 et par BAYONA ba MEYA, Op. cit., p. 66.

[254] Kin, 26 juillet 1966, RJC 1967, p. 35 - Jurisprudence citée MUKADI BONYI et KATUALA KABA KASHALA, ibidem.

[255] Odon NSUMBU KABU, Op. cit., § 3, p. 370.

instrumentaire étant un fonctionnaire[256], ledit exploit qu'il établit doit nécessairement être signé, daté, numéroté et cacheté comme tous les actes administratifs. « *Ainsi, la signature désigne l'auteur, la date indique le moment, précédé du lieu de l'acte, la numérotation renvoie à la référence de l'acte dans la série et le cachet certifie que l'acte est authentique, mieux officiel* »[257].

SECTION 3 : DE LA SIGNIFICATION DE L'EXPLOIT

1. DE LA NOTION DE SIGNIFICATION

La signification est définie comme une « *Notification faite par huissier de justice, consistant en la remise de la copie d'un acte de procédure à son destinataire* »[258]. Cette définition se fonde sur la réalité française, car en France, l'huissier est le seul auxiliaire de justice à signifier les actes et les exploits de justice. En RDC, les choses sont un peu différentes. En effet, les actes et les exploits de justice peuvent être valablement signifiés par l'huissier ou le greffier lui-même[259]. Il faut noter cependant que la loi n°16/11 du 15 juillet 2016 portant et organisation de la profession d'huissier de justice reconnait, à son article 13, le monopole de la signification des actes et des exploits à l'huissier. Il est vrai que cette loi a déjà été promulguée toutefois, elle ne sera applicable aux termes de son article 51, qu'au moment de l'installation des huissiers de justice sur le territoire national. En attendant la mise en application de ladite loi, la signification d'actes et d'exploits de justice se feront toujours par l'huissier ou par le greffier. Ainsi, la partie qui désire signifier un acte ou un exploit doit d'abord s'adresser au greffier qui le rédige et qui décide du mode de signification adéquat pour l'affaire. Celui-ci prend toutes les dispositions nécessaires soit pour le signifier lui-même ou soit pour le faire signifier par l'huissier qu'il désigne. En principe, ladite partie n'a pas à s'ingérer dans le choix de ce dernier et n'est pas non plus autoriser à donner des instructions à l'huissier ainsi désigné[260].

---

256 Jusqu'à ce jour, l'huissier congolais est un fonctionnaire cependant, avec promulgation de la loi n°16/11 du 15 juillet 2016 portant et organisation de la profession d'huissier de justice il deviendra un officier public et ministériel indépendant.

257 Felix VUNDUAWE te PEMAKO, Traité de droit administratif, Bruxelles, Larcier/Afrique Editions, n°4, p. 685.

258 Gérard CORNU, Op. cit., p. 958.

259 Article 3 alinéa 1er du CPC.

260 Antoine SOHIER, Droit de procédure du Congo belge, éd. cit., n°27, p. 26.

La signification de l'exploit par huissier ou par greffier confrère à ce document une valeur authentique jusqu'à la preuve contraire[261] et apporte à certaines garanties suivantes :

- La garantie de la date de la signification et de l'audience : en principe, la date de la signification est celle du déplacement de l'huissier ou du greffier. Elle permet de computer le délai légal d'assignation et de connaitre avec certitude la date d'audience.
- La garantie de la circonscription de l'action en justice : l'exploit signifié contenant un développement des motifs (moyens) et un dispositif (l'objet) renseignent suffisamment sur les contours de l'action en justice.
- La garantie de la certitude de l'atteinte du destinataire à son domicile : généralement, l'huissier ou le greffier qui signifie l'acte ou l'exploit doit se rassurer par une enquête approfondie sur le terrain ou une enquête de voisinage que le destinataire de l'acte ou de l'exploit a été atteint à son domicile réel ou à sa résidence dans les conditions prévues par la loi.
- La garantie d'un traitement sans délai : la signification d'un acte ou d'un exploit ne doit pas inutilement tarder au greffe. L'huissier ou le greffe doit faire diligence pour signifier l'acte ou l'exploit à son destinataire.
- La garantie des modes de signification légalement établis : en principe, l'huissier ou le greffier qui signifie à domicile doit remettre l'exploit au destinataire suivant les différentes modes de signification tels qu'énoncés par la loi et non autrement. C'est qui rassure que même si le destinataire n'a pas reçu personnellement l'exploit, il a néanmoins été atteint.

2. DES MODES DE SIGNIFCATION

2.1. De la signification à personne

La signification à personne est celle qui est notifiée directement entre les mains propres du destinataire de l'acte ou de l'exploit, à son domicile ou à sa résidence ou dans n'importe quel endroit où ce dernier se trouve, sauf dans un débit de boisson. Le destinataire est libre d'accepter ou refuser de réceptionner ledit acte. Cependant, en cas de refus, celui-ci importe peu, car les mentions faites dans l'acte par l'huissier ou le greffier détaillant les conditions dans lesquelles l'acte ou l'exploit a été

[261] Voir première partie, titre 4, chapitre 2, section 1ère : De l'acte authentique.

signifié et qu'il en est résulté un refus du destinataire suffisent pour que le destinataire soit considéré comme atteint.

Il faut noter qu'en France, la signification à personne s'étend aux personnes morales et, est une étape primitive des modes de signification.

S'agissant de la signification à personne des personnes morales ; elle est prévue à l'article 654 du NCPC français. Cette disposition affirme que « ... *La signification à une personne morale est faite à personne lorsque l'acte est délivré à son représentant légal, à un fondé de pouvoir de ce dernier, ou à toute autre personne habilitée à cet effet* ». La signification à personne morale est considérée comme régulière dès lors que la personne qui reçoit l'acte se déclare être le destinataire de l'acte ou habilitée à le recevoir. En outre, selon deux (2) jurisprudences françaises complémentaires, l'huissier de justice n'a pas l'obligation de vérifier l'identité de la personne qui déclare être le destinataire de l'acte[262] ni l'exactitude de la qualité déclarée par la personne à qui est remis l'acte[263].

S'agissant de la primitivité de la signification à personne ; avant de procéder à d'autres modes de significations, le huissier français doit d'abord tenter de signifier l'acte ou l'exploit à personne. C'est seulement en cas d'impossibilité de le faire qu'il pourra le délivrer soit à son domicile ou à domicile connu ou soit, à sa résidence. Pour que cette impossibilité soit reçue devant le juge, l'huissier doit relater dans l'acte les diligences qu'il a accomplies pour effectuer ladite signification à personne et les circonstances caractérisant l'impossibilité d'une telle signification à son destinataire[264].

2.2. De la signification à domicile ou à la résidence

2.2.1. De la signification à domicile ou à la résidence d'une personne physique

La signification à domicile ou à la résidence est celle faite par l'huissier ou par le greffier lorsqu'il se transporte au domicile ou à la résidence du destinataire pour lui signifier l'acte ou l'exploit en son absence. Il faut

---

[262] Cass. 2ème civ. 4 juillet 2007, n°06-16.961, Bull. 2007 II n°199 – jurisprudence française [en ligne]. Disponible sur : https://www.uggc.com/signification-a-personne-dun-acte-de-procedure-lhuissier-na-pas-a-verifier-lidentite-ou-la-qualite-de-la-personne-qui-recoit-lacte-cass-3eme-civ-14-fevrier-2012-n10-22-962/

[263] Cass. 2ème civ. 18 septembre 2003, n°01-16.604, Bull. civ. 2003 II n°283 ; Cass. com., 12 novembre 2008, n° 08-12.544 – jurisprudence française [en ligne]. Disponible sur le même site.

[264] Article 655 du NCPC français.

noter qu'au domicile ou à la résidence, si le destinataire le reçoit personnellement, cette signification devient une signification à personne.

Selon les termes de l'article 4 du CPC, au domicile ou à la résidence, l'assignation est signifiée en parlant à un parent ou allié, au maître ou à un serviteur. Et, en absence de ces personnes, l'huissier peut valablement remettre une copie de l'exploit moyennant signature de l'original, à un voisin ou au bourgmestre ou encore au chef de la circonscription. Il faut noter toutefois que tout exploit signifié au bureau de l'état-civil ou au secrétariat de la maison communale même signé par le préposé et visé par le sceau communal n'est pas recevable devant le juge, à moins que le bourgmestre ou le chef de la circonscription le signe lui-même.

S'agissant de la remise de l'exploit au voisin ; l'huissier qui est dans l'impossibilité de signifier à personne ou à domicile, remettra l'exploit au voisin le plus proche, c'est-à-dire à quelqu'un du voisinage qui connait bien le destinataire et surtout avec qui il a des bonnes relations. L'objectif poursuivi ici est simplement de faciliter le travail d'huissier qui ne peut pas attendre le retour du destinataire ni des personnes précitées habitant avec lui à son domicile ou à sa résidence. C'est pourquoi, si le voisin refuse de signer l'exploit, l'huissier peut rechercher un autre voisin plus serviable. Il faut préciser que l'huissier ne peut laisser une copie de l'exploit au voisin que si celui-ci accepte de le signer. Sinon, il doit considérer que c'est un échec et doit remettre ladite copie au juge pour qu'il le fasse parvenir au destinataire par d'autres voies[265].

S'agissant de la remise de l'exploit au bourgmestre ou au chef de la circonscription ; le bourgmestre ou le chef de la circonscription qui reçoit l'original de l'exploit doit nécessairement prendre des mesures utiles pour que la copie de l'assignation parvienne sans délai à son destinataire. On entend par la prise « des mesures utiles » le fait d'« *Employer les moyens pour faire réussir une chose* »[266]. Le destinataire étant l'un de ses administrés, il semble normal que le bourgmestre ou le chef de la circonscription qui reçoit l'exploit fasse diligence pour le lui faire parvenir. Il sied de noter que par analogie au droit français, la signification à domicile ou à la résidence n'est possible que si la personne à qui l'exploit est remis accepte de le signer. A défaut, l'huissier laisse un avis de passage à remettre au destinataire qui devra se rendre à son étude pour le retirer. On comprend ici la volonté du législateur français. Elle cherche coute que coute à protéger les droits du destinataire et à se

---

[265] Antoine SOHIER, Droit de procédure du Congo belge, éd. cit., n°58, p. 36.

[266] Prendre des mesures [en ligne]. Disponible sur : https://fr.wiktionary.org/wiki/prendre_des_mesures.

rassurer que ce dernier a vraiment été atteint. Dans la même optique, il semble normal qu'à son tour le législateur congolais cherche à protéger les droits du destinataire par une réforme de la de procédure civile dans ce sens pour que le bourgmestre ou le chef de la circonscription, qui reçoit l'exploit adressé au destinataire le convoquer à son office afin de le lui remettre en mains propres avec un accusé de réception. L'huissier pourra retirer l'exploit signifié plus tard lors de son deuxième passage à la maison communale. Ce qui serait une garantie que le destinataire a été atteint. Malheureusement, en pratique la situation est autre. Il suffit simplement que le bourgmestre ou le chef de la circonscription appose sa signature et le sceau sur l'exploit pour que le juge considère que le destinataire a été atteint. Le plus souvent, ce n'est pas le cas dans la mesure où ni le bourgmestre ou ni le chef de la circonscription ne se donne de la peine pour remettre l'exploit au destinataire.

Par ailleurs, il faut aussi noter qu'il peut arriver que le bourgmestre ou le chef de la circonscription refusent de recevoir la copie de l'exploit ou de signer l'original. Dans ce cas, cette copie doit être remise au juge qui peut prendre d'autres mesures nécessaires pour le faire parvenir au destinataire.

2.2.2. De la signification à domicile d'une personne morale

La signification des personnes morales se fait, tout comme pour les personnes physiques, à leur domicile. Il faut noter cependant que les personnes morales n'ont pas de résidence. L'huissier ou le greffier qui se rend au domicile de la personne morale, peut signifier l'exploit ou l'acte soit à son représentant légal ou soit à n'importe quel préposé commis à la réception des courriers ou soit encore à n'importe quel agent non préposé, mais trouvé sur le lieu tel qu'un agent de sécurité. Il suffit que cette personne ait un lien juridique quelconque avec la personne morale. La seule obligation que l'huissier ou le greffier est tenu de respecter dans ce cas-ci est d'observer les mentions prévues à l'article 4, alinéa 1er du CPC concernant l'identité de la personne à qui il parle et remet l'exploit.

La signification des personnes morales se fait selon l'article 8 du CPC qui énumère certaines entités publiques et privées en citant les différents lieux où il faut les assigner, à savoir :

1. la République Démocratique du Congo (Congo belge), en la personne ou dans les bureaux du Président de la République (gouverneur général) ou du gouverneur de la province où siège le tribunal qui doit connaître de la demande ; Il faut noter qu'autrefois, il existait une polémique par rapport à

l'interprétation de cette disposition et de celle d'une ancienne jurisprudence de la défunte Cour Suprême de Justice en faveur de l'assignation de l'Etat congolais par le biais du ministre de la Justice[267]. Celle-ci prit fin lors de la promulgation de l'ordonnance n°08-008 du 18 janvier 1980 portant création et fixation des attributions du département de la Justice. Cette loi reconnut simplement au ministre précité le droit d'agir en justice pour défendre les intérêts de l'État. L'alinéa 1er de l'article 8 du CPC n'a pas été concerné. Ainsi, le cabinet du Chef de l'Etat demeure à ce jour le seul domicile de la République ;

- les administrations et établissements qui jouissent de la personnalité civile, en leurs bureaux, dans le lieu où se trouve leur siège, en la personne ou au bureau de leur préposé, dans les autres lieux ;
- les sociétés qui jouissent de la personnalité civile, à leur siège social, succursale ou siège d'opérations, ou, s'il n'y en a pas, en la personne ou au domicile de l'un des associés;
- les faillites, en la personne ou au domicile du curateur.

Cependant, en dehors du cabinet du Président de la République, l'article 167 du code de la famille précise ce qu'il faut entendre par domicile des entités publiques et privées précitées. Il s'agit principalement :

- du siège de leur administration en ce qui concerne les institutions publiques ou paraétatiques ;
- en ce qui est des personnes morales de droit privé reconnues ou instituées par l'État, leur siège social ou leur siège administratif au sens de l'article premier, alinéa 2, de l'ordonnance-loi n°66-341 du 7 janvier 1966[268];
- du siège social au sens du décret-loi du 18 septembre 1965 pour les associations sans but lucratif ayant la personnalité civile;

Il faut noter que le même article du code de la famille considère que le domicile des sociétés de droit étranger qui exercent leurs activités en RDC est le lieu où elles ont élu domicile.

267 Lire avec intérêt MATADI NENGA GAMANDA, Op. cit., n°272, p. 260-261.

268 C'est-à-dire le lieu où est établie l'administration centrale de la société et où se réunissent les assemblées générales et le Conseil d'administration. Ordonnance-loi 66-341 du 7 janvier 1966 [en ligne]. Disponible sur : http://www.leganet.cd/Legislation/Droit%20economique/Societes/OL.66.341.07.06.1966.htm

2.3. De la signification par lettre missive ou par messager

L'assignation peut être signifiée par lettre missive ou par messager. Autrefois, sous le régime du décret 13 juillet 1923, ce mode de signification existait également à son article 8 *ter*. Cependant, il n'était applicable que lorsque le destinataire de l'exploit habitait au-delà de plus de 10 kilomètres du siège du tribunal. Depuis la promulgation de l'actuel code de procédure civil le 7 mars 1960, ledit mode de signification par lettre missive ou par messager n'a plus de restriction particulière. Elle dépend simplement du choix que fait l'huissier ou le greffier.

Comme dit plus haut, ce mode de signification peut se faire soit par lettre missive ou soit par messager. Dans les deux (2) cas, cela est fait sous pli fermé, mais à découvert. Que signifie « sous pli fermé, mais à découvert » ? Il s'agit simplement d'une enveloppe fermée avec la possibilité de pouvoir lire le contenu du courrier. Comprenez ici, de l'exploit.

S'agissant de la signification par lettre missive ; l'article 6 du CPC précise qu'elle est faite par voie postale et doit être recommandée avec un avis de réception. En d'autres mots, si le postier ne trouve pas le destinataire à son domicile, il doit déposer un avis de passage. Cet avis permettra à ce dernier d'aller lui-même retirer son courrier à la poste. Une fois que cela est fait, il signe sa réception. Aussitôt, un autre avis de réception est envoyé par la poste au greffier ou à l'huissier. Il faut noter cependant que la loi n'exige pas un récépissé dans le cas de la signification postale ni la signature du destinataire. Toutefois, en matière de preuve de ce mode signification, la jurisprudence de l'article 6 du CPC qui est restée constante à ce jour affirme que la preuve de la signification par la voie postale résulte de la signature de l'avis postal par l'agent de poste[269]. Il est évident que cet avis, en tant qu'acte administratif, doit comporter le sceau de la poste pour faire foi.

S'agissant de la signification par messager ordinaire ; il faut tout d'abord souligner au passage que ce mode de signification est typique à l'époque coloniale[270] dans la mesure où il n'y avait pas beaucoup d'huissiers ou de greffiers dans les tribunaux et que le peu de ceux qui existait, étaient également sollicités dans diverses tâches administratives. Ainsi, les huissiers ou les greffiers pouvaient valablement confier, selon la

[269] Note jurisprudentielle de l'article 6 du CPC - Léo., 29 avril 1952 (RJCB., p. 153). Voir Pierre PIRON et Jacques DEVOS, Codes et Lois du Congo belge (Organisation administrative et judiciaire), Tome II, idem, p. 24.

[270] Il faut noter que les travaux préparatoires qui ont abouti à la publication du code de procédure civile date de septembre 1959.

nécessité, la responsabilité de signifier les exploits en leur lieu et place à certaines personnes dites « évoluées », appelées « messagers ordinaires » dans le contexte de la loi de la procédure civile. Aujourd'hui, ce mode de signification est désuet.

Selon certains auteurs, le messager ordinaire était une personne qui n'appartenait pas à l'ordre judiciaire[271]. Ce qui est en partie vrai, mais l'explication qu'ils en donnent est erronée. D'après eux, c'est le requérant qui remettait l'assignation à un messager quelconque et se passait ainsi de l'huissier ou du greffier. C'est qui est faux et prohibé par l'article 3 du CPC. Cette disposition est tout à faire claire et précise en ce qui concerne ladite signification. Elle est faite par un huissier et peut aussi l'être par le greffier. Ce monopole restera vrai et intangible jusqu'à l'installation des huissiers prévue par la loi n°16/11 du 15 juillet 2016 portant et organisation de la profession d'huissier de justice. La bonne explication est la suivante : c'est l'huissier ou le greffier et non le requérant qui remettait l'exploit au messager, qui est au juste son mandataire, avec une mission bien déterminée, c'est-à-dire celle de signifier l'exploit. Ce dernier agissant par procuration devait nécessairement rendre compte à la fin de sa mission à son mandant.

Ainsi, le messager ordinaire qui signifiait l'exploit avec un mandat le faisait, comme le font les huissiers ou les greffiers, contre un récépissé, daté et signé par le défendeur ou par l'un de ses parents ou alliés, son serviteur ou maître, avec indication de ses rapports de parenté, d'alliance, de sujétion ou de voisinage avec le défendeur. Il pouvait aussi arriver que le messager n'obtienne pas de récépissé signé par la personne qui recevait le pli. Même dans ce cas-ci, si l'exploit ne portait pas le nom de la personne à qui le pli est remis, ou s'il existait des doutes quant à sa qualité pour le recevoir, l'assignation demeurait néanmoins valable. En fait, tout dépendait des déclarations que le messager ordinaire pouvait faire sous serment ou par d'autres moyens de preuve.

2.4. De la signification à l'étranger

Il peut s'agir de la signification à l'étranger proprement dite et de la signification des actes en provenance de l'étranger.

[271] MUKADI BONYI et KATUALA KABA KASHALA, Op. cit., § b, p. 51.

2.4.1. De la signification à l'étranger proprement dite

Ce mode de signification est appelé édit et missive. Il faut noter que l'article 7 alinéa 1er du CPC n'énonce pas clairement que ce mode est réservé à la signification à l'étranger, mais affirme ce qui suit : « *Si le défendeur n'a ni domicile ni résidence connus en République du Zaïre, mais a un autre domicile ou autre résidence connus* ... ». Par ce sous-entendu, on comprend que si le défendeur n'a pas de domicile ou de résidence en RDC, donc il ne peut qu'en avoir en dehors du pays. Sinon, cette disposition n'aurait pas de sens et ne s'expliquerait pas.

La signification par édit et missive permet au requérant qui a un intérêt à agir en justice contre toute personne, peu importe sa nationalité voire même de la nationalité congolaise qui n'a pas de domicile ou de résidence connus en RDC, mais bien connus à l'étranger de l'atteindre par ce mode de signification. Pour ce faire, l'huissier ou le greffier doit afficher à la porte principale du tribunal où la demande est portée une copie de l'exploit qu'il vise et signe et, doit immédiatement expédier un extrait, sous pli fermé, mais à découvert recommandé à la poste à l'adresse connue du destinataire, à l'étranger. Il faut noter qu'ici, comme pour la signification par lettre missive, la signature de l'avis par l'agent postal et le sceau de la poste fait foi.

Il faut signaler en passant qu'en France, la signification à l'étranger est organisée autrement. L'article 684 du CPC stipule que l'acte destiné à être notifié à une personne ayant sa résidence habituelle à l'étranger est remis d'abord au parquet, sauf dans les cas où un règlement communautaire ou un traité international autorise l'huissier de justice à transmettre directement cet acte à son destinataire par voie postale ou à une autorité compétente de l'Etat de destination pour le transmettre au concerné. Il faut noter ici que cette autorisation préalable du magistrat du parquet est une garantie supplémentaire dans la mesure où celui-ci dans sa mission civile doit veiller au respect du droit et de l'ordre public[272].

2.4.2. De la signification des actes en provenance de l'étranger

Il faut noter que la loi de procédure civile n'a pas prévu des modalités particulières de signification des actes ou d'exploit en provenance de l'étranger. En principe, cela est fait en fonction de la loi étrangère qui a

[272] Antoine RUBBENS, Op cit., n°22, p. 21.

autorisé ladite notification. Ce qui ne garantit pas forcément les droits de la défense du destinataire.

En somme, la personne qui a son domicile ou sa résidence en RDC et qui est assigné à partir de l'étranger doit se débrouiller pour se présenter à l'audience du pays de la provenance de l'assignation, avec tout le risque de pas pouvoir s'y rendre à cause du refus de visa par l'ambassade concernée. Généralement, ce genre de signification est réglé par un traité international d'entraide judiciaire.

2.5. De la signification à domicile inconnu

L'article 7 alinéa 2 du CPC ne précise pas si la signification à domicile inconnu est réservée à un défendeur domicilié ou résident à l'étranger ou en RDC. Cependant, il est clair qu'en lisant cette disposition qu'il s'agit de ces deux (2) possibilités. Le requérant pourra alors demander à l'huissier ou au greffier, si la personne à poursuivre n'a ni domicile ni résidence connus en RDC ou à l'étranger de procéder par un affichage d'une copie de l'exploit à la porte principale de la juridiction où la demande est portée et en même temps par la publication au Journal officiel, ainsi que sur décision du juge à un autre journal indépendant que ce dernier déterminera par ordonnance. Il faut noter que ces conditions sont cumulatives et doivent respecter le délai d'assignation approprié à ce mode de signification.

Il faut toutefois noter que l'huissier ou le greffier qui devait signifier le défendeur à domicile inconnu peut aussi le signifier à personne, s'il le rencontre fortuitement sur le territoire national.

SECTION 4 : DES DELAIS D'ASSIGNATION

1. DU DELAI ORDINAIRE

Le délai ordinaire d'assignation est le laps de temps qui est donné au défendeur pour comparaitre devant le tribunal lorsqu'il réside dans le lieu (ville, province, district, territoire, etc.) où il siège. Il est de huit (8) francs et peut être augmenté par un délai de distance, conformément à l'article 9 aliéna 1er du CPC. Ce délai est différent lorsque le défendeur n'a ni domicile, ni résidence en République Démocratique du Congo. Dans ce cas, il est de trois (3) mois. Il en est de même si le défendeur est domicilié à l'étranger ou dans tous les cas, en dehors de la RDC. Ce délai court entre le jour de l'assignation et le jour de la comparution à l'audience.

Cependant, il faut noter que lorsque le défendeur est domicilié en dehors de la République, mais a été trouvé et signifié à personne sur le territoire national, le délai ordinaire d'assignation dans ce cas est de huit (8) jours francs.

2. DU DELAI DE DISTANCE

Lorsque le défendeur ne réside pas dans le même lieu (ville, province, district, territoire, etc.) où se trouve le tribunal, on applique le délai de distance. Celui-ci est prévu à l'article 9 aliéna 1er du CPC pour assigner le défendeur. Le délai de distance est composé du délai ordinaire augmenté d'un jour entier par cent (100) kilomètres de distance. Il est calculé d'après la jurisprudence, suivant une ligne droite et directe du trajet à parcourir sans sortir du pays[273].

Il faut noter que d'après l'article 197 du CPC, ce délai distance est toujours déterminé d'après le lieu de la notification ou de la signification même si celui à qui la notification ou la signification est faite n'a ni son domicile ni sa résidence. Cependant, si la signification se fait par la voie postale, le lieu à envisager pour le calcul du délai est le lieu de destination.

3. DU POINT DE DAPART DES DELAIS D'ASSIGNATION ET DE DISTANCE

Selon l'article 9 alinéa 1er du CPC, le point de départ dans le temps des délais d'assignation et de distance est la date à laquelle l'huissier ou le greffier signifie l'exploit à son destinataire. Toutefois, l'article 11 du CPC précise que lorsque la signification est faite par voie postale, le point de départ est le jour de l'avis de réception.

Le même article affirme que dans le cas de la signification par messager ordinaire, le délai court à partir du récépissé et dans le cas de la signification à l'étranger ou à domicile inconnu, c'est à partir du jour de l'affichage à la porte du tribunal.

4. DE L'ABREVIATION DES DELAIS

Le délai d'assignation et de distance est compressible lorsqu'il y a une urgence particulière. Dans ce cas, le demandeur peut adresser une requête unilatérale et motivée pour solliciter une abréviation des délais

[273] Cons. Sup. 15 mars 1924, Jur. Col. 1924, p. 193, combiné avec Léo, 31 oct. 1944, RJCB, 1945, p 108 avec note - Jurisprudence citée par MUKADI BONYI et KATUALA KABA, Op. cit., n°49, p. 55. Lire aussi BAYONA ba MEYA, Op. cit., p. 88.

au président de la juridiction compétente, conformément à l'article 10 du CPC. Ce dernier doit nécessairement se prononcer en toute urgence sur ladite requête. S'il est convaincu par les moyens développés par le requérant, il peut, par ordonnance, lui autoriser à assigner à bref délai. Dans ce cas, la requête ainsi que l'ordonnance abréviative de délai seront signifiées en ampliation en même temps que l'exploit.

Il faut noter que l'abréviation des délais s'applique à tous les délais ordinaires, de distance et de ceux prévus pour la signification à l'étranger ou à domicile inconnu, sans restriction particulière. Il n'existe donc pas des cas qui ne soient concernés.

Il faut signaler en passant que depuis l'entrée en vigueur du traité OHADA, il existe des affaires en matière urgente s'appliquant à plusieurs procédures admissibles devant les juridictions nationales qui obéissent au même principe d'abréviation des délais.

CHAPITRE 3 : DE LA COMPARUTION, DE LA NON COMPARUTION DES PARTIES ET DU DEFAUT

SECTION 1 : DE LA COMPARUTION DES PARTIES A L'AUDIENCE

D'une manière générale, les parties comparaissent en personne, par un avocat porteur de pièces ou par fondé de pouvoir lorsque le litige n'est pas une question de statut personnel et que la valeur n'excède pas 50 zaïres.

SECTION 2 : DE LA NON COMPARUTION DES PARTIES A L'AUDIENCE

Il arrive que les parties (demandeur et défendeur) appelées à comparaître à l'audience d'introduction ou de continuation ne comparaissent pas et font défaut. A l'appel de la cause, si aucune partie ne se présente à la barre, le juge ordonne le renvoie de la cause rôle général.

Le rôle général est un registre tenu au greffe dans lequel sont inscrites les affaires introduites devant une juridiction donnée suivant leur date, leurs numéros d'arrivée (le numéro RC) ainsi que la nature et date des décisions intervenues.

Pour qu'une affaire sorte du rôle général, il appartient à la partie la plus diligente de la relancer par un exploit A-venir notifié à l'autre partie par les soins du greffier ou par de l'huissier ou à défaut, les deux parties peuvent signer un bulletin de comparution volontaire qu'elles transmettent au greffier dans lequel elles manifestent leur volonté de comparaître et de vider la cause à date fixe au cours d'une audience publique.

SECTION 3 : DU DEFAUT DES PARTIES

Lorsque l'une des parties appelées au procès ne se présente pas à la date fixée pour l'audience publique, la partie qui est présente peut dans certaines conditions solliciter selon qu'il s'agit du demandeur ou du défendeur, un défaut-congé ou un défaut (tout cours).

1. DU DEFAUT DU DEMANDEUR[274]

1.1. Du défaut de comparaître

Lorsqu'à la première audience, l'initiateur de la demande en justice ne comparaît pas, le défendeur a deux (2) options qui se présentent, à savoir :

- solliciter une remise ;
- solliciter le défaut-congé du demandeur.

S'agissant de la remise ; lorsque le défendeur sollicite la remise, il doit avoir une résolution ferme d'en découdre coute que coute avec son adversaire. Sinon, il a tout intérêt à faire acter le défaut-congé. Etant donné que cette action n'est pas la sienne, il ne appartient pas au défendeur de régulariser la procédure à l'égard du demandeur, mais il peut toujours le faire, s'il y trouve un intérêt quelconque. Au jour de l'audience de remise, si le demandeur ne comparait toujours pas. Dans ce cas, le juge peut d'office décréter la biffure ou la mise au rôle général. Cependant, si le demandeur comparait normalement à l'audience de remise, l'affaire continue normalement.

S'agissant du défaut-congé ; lorsque le défendeur sollicite le défaut-congé, l'instance s'éteint définitivement. Cette procédure a l'avantage d'empêcher le juge de connaître le fond de la cause, c'est-à-dire que le demandeur ne perd pas son droit d'ester en justice, mais il ne peut plus rouvrir la même cause par une notification de la date d'audience ou par la même assignation puisque la cause est éteinte. Il doit réassigner le défendeur en introduisant une nouvelle demande en justice avec le même objet, mais avec un autre numéro.

En appel, lorsqu'il y a défaut-congé, le demandeur (l'appelant) qui veut présenter ses moyens, doit former un nouvel appel pour relancer la cause. Il doit avant tout vérifier si le délai d'appel n'est pas forclos depuis sa défaillance à la barre. Ensuite, s'il est dans les temps, il doit acter un nouvel appel devant la même juridiction. Il faut noter cependant que la notification d'appel et assignation interrompt momentanément la prescription. C'est qui fait que l'appelant défaillant peut encore avoir une nouvelle chance pour relancer la cause.

[274]Article 17, alinéa 1er du CPC.

1.2. Du défaut de conclure

Lorsque le défendeur se rend compte que le demandeur, à cause de la légèreté de sa demande en justice s'abstient de conclure, il doit absolument faire acter la demande reconventionnelle. Dans la pratique, cela se fait à la première ou à la deuxième audience sans qu'il y ait un signe évident de la dérobade du demandeur, mais uniquement dans le but de prévenir cette fuite en avant.

Dans ce cas, si à la troisième audience de remise ou après celle-ci, le demandeur ne conclut toujours pas, le défendeur peut solliciter remise à quinze (15) jours pour le sommer courtoisement. A la quatrième remise ou à l'audience autorisée, si le demandeur ne conclut toujours pas, il peut solliciter une dernière remise à trois (3) semaines pour une sommation judiciaire, dans les mêmes conditions que le demandeur principal peut le faire, aux termes de l'article 19 du code de procédure civile. A la date de remise, il peut valablement plaider seul sans le demandeur, à moins qu'il ait conclu entre temps.

2. DU DEFAUT DU DEFENDEUR

2.1. Du défaut de comparaître à la première audience[275]

Lorsque le défendeur ne comparaît pas à la première audience, le demandeur peut faire acter le défaut de ce dernier et, soit prendre ses avantages immédiatement ou soit solliciter une remise pour profit.

Lorsque le demandeur prend ses avantages, il doit nécessairement vider la cause. Si le jugement à intervenir, condamne le défendeur, celui-ci peut toujours faire opposition. Mais, lorsque après avoir vidé la cause, le juge déclare l'action du demandeur irrecevable et non fondée dans ce cas-ci, le défendeur ne peut plus faire opposition, mais doit interjeter appel de ce jugement, s'il estime nécessaire pour pouvoir présenter ses moyens devant le juge.

2.2. Du défaut de conclure ou de comparaitre aux audiences des remises

Le défaut de conclure ou de comparaitre audiences des remises est prescrit à l'article 19 du code de procédure civile. Il stipule en ces termes :

[275] Article 17, alinéa 2 du CPC.

« Lorsqu'après avoir comparu, le défendeur ne se présente plus ou s'abstient de conclure, le demandeur peut poursuivre l'instance après sommation faite au défendeur. Cette sommation reproduit le présent article.

Après un délai de quinze jour francs à partir de la sommation, le demandeur peut requérir qu'il soit statué sur sa demande ; le jugement est réputé contradictoire ».

Dans la pratique, cet article est exploité uniquement en cas du défaut de conclure du défendeur, mais comme dit plus haut, il peut l'être dans une certaine mesure contre le demandeur.

En effet, selon cette disposition, lorsque le défendeur ne se présente plus, après avoir comparu aux audiences des remises ou, bien que comparaissant aux deux (2) premières audiences des remises ne conclut pas au le fond, à la troisième (3ème) audience, le demandeur peut requérir une remise pour le sommer courtoisement. Cette sommation est faite par courrier. Si à la quatrième (4ème) audience, le défendeur ne conclure ou ne comparait toujours pas, le demandeur doit solliciter une dernière remise à trois (3) semaines pour le sommer judiciairement. Cette sommation est faite par un exploit d'huissier, lequel reprend les noms des parties, le numéro RC de la cause et l'intégralité de l'article 19 précité. A l'audience de remise, le demandeur peut plaider tout seul et vider la cause. Le jugement qui interviendra sera réputé contradictoire.

Cependant, il peut arriver que septante-deux (72) heures avant l'audience le défendeur qui n'avait pas conclu le fasse finalement et se présente à l'audience. Dans ce cas, tout dépendant de l'élégance de l'avocat du demandeur. Certains par élégance acceptent de rabattre leur sommation. Mais en principe, il faut plaider à cette dernière audience de peur que le juge renvoie la cause au rôle général.

2.3. Du défaut profit joint ou du défaut d'un ou quelques défendeurs lorsqu'il y en a plusieurs

On parle de défaut profit joint, lorsque deux ou plusieurs défendeurs sont assignés dans une même cause dont l'un ou quelques-uns comparaissent tandis que d'autres font défauts. L'une des parties peut demander au juge le profit du défaut, c'est-à-dire l'un des comparants (demandeur ou défendeur) peut demander au juge la fixation de la cause pour statuer, malgré le défaut de ceux qui n'ont comparu, par un jugement réputé contradictoire à l'égard de toutes les parties comparantes ou défaillantes.

La cause est alors remise à une date ultérieure que la juridiction saisie fixe pour connaître le fond.

Pour ce faire, le greffier avertit toutes parties comparantes ou défaillantes, par lettre recommandée à la poste que la juridiction saisie a fixé une date de remise pour connaître les prétentions de toutes les parties et qu'à cette même date il interviendra un jugement réputé contradictoire à l'égard de tous. Ce jugement n'est pas susceptible d'opposition, mais d'appel, même à l'égard des parties défaillantes.

Tableau 7 : Résumé de la mise en œuvre de l'action en justice

Détermination de la juridction compétente

- Juridiction de droit commun
- Juridiction spécialisée

Demande en justice devant la juridiction compétente

- Déclaration au greffe de tous les élements nécessaires à la rédaction
- Remise d'une déclaration signée par le demandeur
- Signification de l'exploit (à personne, à domicile ou à la résidence, par lettre missive ou messager, à l'étranger et à domicile inconnu)
- Respect de délai (délai ordinaire, de distance et abréviation de délai)

A l'audience

- Comparution des parties à l'audience
- Non comparution des parties à l'audience
- Défaut des parties

TITRE 2 : DE L'INSTANCE

CHAPITRE 1 : DU REGIME DE L'INSTANCE

SECTION 1 : DE LA NOTION D'INSTANCE

1. DE LA NOTION D'INSTANCE

La doctrine définit l'instance comme un « *Terme technique désignant une suite d'actes de procédure allant de la demande en justice jusqu'au jugement* »[276]. Une autre doctrine la désigne comme une « *Procédure engagée devant une juridiction ; phase d'un procès* »[277].

A la suite de la combinaison de deux définitions, il faut entendre par l'instance, comme une procédure engagée devant une juridiction allant de la demande en justice jusqu'au jugement.

La notion de l'instance étant établie, il y a lieu relever la différence entre l'instance et le procès.

2. DE LA DISTINCTION ENTRE L'INSTANCE ET LE PROCES

Selon la doctrine, le procès est un « *Litige soumis à un tribunal ; contestation pendante devant une juridiction* »[278] ou une « *Difficulté de fait ou de droit soumise à l'examen d'un juge ou d'un arbitre* »[279]. La différence avec l'instance réside dans le fait que celle-ci est une procédure ou un ensemble d'actes de procédure alors que le procès est un litige ou une contestation devant une juridiction.

- Existe-t-il une instance sans procès ?

Non ! L'instance est une procédure ou une série des actes de procédure qui ne s'engage régulièrement que dans un procès devant un juge, de sa saisine jusqu'au jugement.

- Existe-t-il un procès sans instance ?

---

[276] Raymond GUILLIEN et Jean VINCENT, Op. cit., p. 475.
[277] Remy CABRILLAC, Op. cit., p.552.
[278] Ibidem, p.803.
[279] Raymond GUILLIEN et Jean VINCENT, Op. cit., p. 689.

Non ! Un procès, une constatation ou une difficulté que l'on soumet à un juge. Cela implique toujours le respect de certaines formalités et procédures voire d'actes de procédure pour la régularité de sa saisine, de l'instruction, etc. Par exemple : Au civil, un juge ne peut pas instruire une cause sans qu'il soit préalablement saisi par un exploit introductive d'instance ni prendre quelconque décision.

SECTION 2 : DE L'INTRODUCTION DE L'INSTANCE

L'instance civile commence au greffe civile de la juridiction où la demande doit être portée. Le demandeur fournit au greffier tous les éléments nécessaires à la rédaction de l'assignation ou s'il sait écrire, il dépose une demande en justice déjà écrite laquelle deviendra son acte lorsqu'il apposera sa signature. Cette demande est immédiatement portée au rôle général. Le greffier lui donne un numéro d'ordre dans le registre civil et l'inscrit dans le rôle des affaires en cours appelé aussi rôle ordinaire, à la date prévue pour les audiences en introduction.

Cependant, cette inscription au rôle ordinaire doit respecter les délais d'assignation.

1. DE LA MISE AU ROLE DE LA DEMANDE EN JUSTICE

Toute demande en justice soumise au greffe d'une juridiction au premier degré est inscrite au rôle général. Chaque inscription contient un numéro d'ordre, la date de la mise au rôle, les noms et éventuellement les prénoms des parties et, le cas échéant, de leurs représentants, l'objet de la demande et la date de l'audience d'introduction.

Les affaires en appel contiennent en plus, la date et éventuellement un résumé du dispositif de la décision attaquée, l'indication de la juridiction qui l'a rendue, la date du recours et sa notification. Les affaires en opposition, quant à elle, comprennent les mêmes indications avec en plus, le numéro d'ordre de la première décision.

La mise au rôle ou l'enrôlement d'une demande est payante, c'est-à-dire que le demandeur doit payer les frais de consignation appelés également les frais de DGRAD[280], lesquels sont déterminés par l'arrêté interministériel n°001/CAB/MIN/J&DH2012 et n°455/CAB/MIN/FINANCES/2012 du 24 mai 2012 portant fixation

[280] Direction générale des recettes administratives, judiciaires, domaniales et de participations.

des taux des droits, taxes et redevances à percevoir à l'initiative du Ministère de la Justice et Droits Humains (principalement à son annexe). Mais, en réalité ces taux ne sont pas respectés. Ils varient spéculativement selon les greffiers et les juridictions.

En principe, ces frais sont payables à la banque soit par le demandeur lui-même, soit par l'entremise du greffier. La personne qui paie doit préalablement solliciter une note de perception au bureau de la DGRAD. Puis, elle peut aller payer la consignation à la banque qui à son tour, lui délivre une quittance (bordereau de paiement), laquelle sera attachée au dossier pour servir de preuve d'acquittement des frais de consignation.

Il faut noter que si le demandeur ne s'acquitte pas des frais de consignation au greffe, il peut aussi le faire sur le banc, à l'audience publique.

Le greffier établit un extrait de rôle avant chaque audience. Cet extrait mentionne les causes en introduction et celles en continuation. Le greffier divisionnaire le propose ledit extrait au Président de la juridiction. Ce dernier repartit les différentes affaires selon les chambres et rend à cet effet une ordonnance de fixation de la date d'audience, laquelle reprend généralement toutes les causes prévues de passer le jour de l'audience. Cette ordonnance est aussitôt portée au registre de rôle.

Quarante-huit (48) heures avant l'audience, le greffier divisionnaire dresse un extrait de rôle, lequel énumère les numéros du registre civil de toutes les causes qui passent à la même date, ainsi que les noms des différentes parties. Cet extrait de rôle est généralement affiché à la porte ou à la valve de la juridiction. Une copie est immédiatement transmise au parquet.

2. DU RESPECT DE LA COMPUTATION DE DELAI D'ASSIGNATION

Lorsque le demandeur propose une date à laquelle il souhaite voir sa cause passer à l'audience publique, le greffier doit d'abord s'assurer si le délai d'assignation est respecté par rapport à cette date. Ensuite, après la mise au rôle, comme dit plus haut, il procède lui-même ou par huissier à la signification de l'exploit en personne ou au domicile du défendeur dans son ressort ou en dehors de celui-ci.

S'agissant de la signification dans le ressort ; elles sont généralement faites dans les huit (8) jours francs. Les jours francs sont des journées de vingt-quatre heures et courent à partir de zéro heure. Donc, un délai franc commence à courir à partir de minuit du jour de la signification et comprend tous les jours même les samedis, y compris les dimanches et les jours fériés légaux.

Dans la computation de délai, le jour de la signification (*dies aquo = jour à partir duquel...*) n'est pas compté. Cependant, le jour de l'échéance (*dies ad quem = jour à la fin duquel...*) est compris dans le délai. C'est donc à l'issue de ce délai que l'audience peut avoir lieu. Notons que les jours francs se comptent par « jours pleins » de 24 heures.

Par exemple :

> Si le jour de la signification est fait le 1er janvier 2018, le premier jour du délai commence le 1er janvier à minuit, c'est-à-dire le 2 janvier 2018. En comptant les 8 jours francs, le dernier jour du délai est le 9 janvier 2018, à minuit. Donc, l'audience pourrait avoir lieu à partir du 10 janvier 2018.

Signalons au passage que si le jour de l'audience tombe un samedi, un dimanche ou un jour férié légal, il est reporté au lendemain ou au jour ouvrable le plus proche.

S'agissant de la signification en dehors du ressort ; il faut ajouter au délai d'assignation normal un jour par cent (100) kilomètres et celles faites à l'étranger, il faut compter trois (3) mois.

CHAPITRE 2 : DU DEROULEMENT DE L'INSTANCE

SECTION 1 : DE L'APPEL DES AFFAIRES A L'AUDIENCE

1. DES AFFAIRES EN INTRODUCTION

Toutes les instances en matière civile commencent par les affaires en introduction. Lorsque le juge appelle une affaire en introduction, les parties comparaissent et font acter leur qualité, laquelle se fait, soit en personne ou assistée d'un conseil ou, soit encore uniquement représenté par un conseil. A ce niveau de procédure, le juge vérifie d'abord la régularité de la saisine de sa juridiction. Ensuite, si elle est conforme, il passe la parole aux parties pour savoir s'il y a des préalables. Dans ce cas, deux (2) possibilités peuvent se présenter, à savoir :

- le défendeur soulève des préalables ;
- le défendeur n'en soulève pas.

S'agissant du soulèvement des préalables ; lorsque le défendeur constate qu'il y a une ou des irrégularités liées à la forme de l'exploit introduction d'instance, il peut la ou les soulever sous formes d'exception(s). Les exceptions d'ordre public peuvent être soulevées en tout état de cause tandis que celles d'ordre privé doit l'être *in limine litis*. Chaque fois qu'une exception est soulevée, le juge peut selon les cas, statuer sur le banc ou la prendre en délibéré.

S'agissant du non soulèvement des préalables ; s'il n'y en a pas, les conseils peuvent s'entendre pour une remise au mois pour procéder aux échanges des pièces et des conclusions. Mais, il n'est pas exclu que bien que la cause soit en introduction que les parties la plaident le même jour[281].

Cependant, lorsque l'une des parties ne comparait pas à la première audience, deux (2) hypothèses se présentent : si, c'est le défendeur, le demandeur peut faire acter le défaut de ce dernier et solliciter une remise pour profit ou prendre immédiatement les avantages en plaidant la cause. Si, c'est le demandeur, le défendeur peut faire acter le défaut-congé, comme dit plus haut, qui éteint l'instance.

---

[281] Article 27 de l'arrêté d'organisation judiciaire n°299/79 du 20 août 1979 portant règlement intérieur des cours, tribunaux et parquets.

2. DES AFFAIRES EN CONTINUATION

Une fois que les causes en introduction sont terminées, le juge appelle celles en continuation, c'est-à-dire celles qui ont déjà connu des remises. Il se réfère au plumitif pour savoir ce qui a été décidé à la dernière audience. Si les parties comparaissent toutes à cette audience, elles peuvent solliciter une nouvelle remise ou sinon, si une seule comparait, la comparante bien que sollicitant une remise doit en plus régulariser la procédure, si elle trouve son intérêt dans celle-ci.

En règle générale, les causes ne peuvent faire l'objet que de trois (3) remises selon l'article 28 du règlement des cours et tribunaux. Néanmoins, sur requête verbale de l'une des parties, sollicitée sur le banc, le juge peut accorder jusqu'à quatre (4) pour permettre à la partie la plus diligente de pouvoir sommer l'autre.

Notons que l'article 62 du règlement intérieur cadre des barreaux du Zaïre exige aux parties de ne pas demander plus d'une remise lorsque la créance est documentée par un traite acceptée, un billet à ordre, un chèque une reconnaissance de cette ou titre authentique[282].

Lorsque les remises autorisées sont épuisées, le juge se trouve devant deux (2) options, soit d'envoyer l'affaire au rôle général ou soit d'inviter les parties à la plaidoirie.

S'agissant de l'envoi au rôle général ; le juge le fait chaque fois que l'affaire n'a pas été mise en état d'être jugée après l'épuisement des remises autorisées par la loi ;

S'agissant de l'invitation des parties à la plaidoirie ; le juge l'ordonne lorsque l'affaire est suffisamment mise en état et qu'elle peut recevoir plaidoirie. Il en est de même, lorsque l'affaire bien que n'ayant pas été mis en état, mais l'une des parties a préalablement sommé courtoisement d'abord et ensuite, par la voie judiciaire, conformément à l'article 19 du CPC.

---

282 Règlement-intérieur cadre des Barreaux de la République Démocratique du Congo tel modifié par la décision n°04/CNO du 24/02/2001, devoirs de l'avocat dans l'accomplissement de son ministère de postulation et de plaidoirie, p. 173.

Tableau 8 : Modalités des remises devant les juridictions civiles congolaises (article 28 arrêté d'organisation judiciaire n°299/79 du 20 août 1979 portant règlement intérieur des cours, tribunaux et parquets)

Audience	Acte à accomplir	Délai
1ère audience	Echange des pièces et des conclusions	Maximum 1 mois
2ème audience	Remise pour une mise en état	15 jours
3ème audience	Remise pour une mise en état tardive Remarque : Si le défendeur ne conclut pas, il faut solliciter une remise pour le sommer courtoisement **(Sommation courtoise)**	3 semaines
4ème audience	Remise pour une mise en état tardive autorisée Remarque : Si le défendeur ne conclut toujours pas, il faut solliciter une dernière remise pour le sommer judiciairement **(Sommation judiciaire)**	Après autorisation du juge 3 semaines
5ème audience	Plaidoirie Remarque : Le demandeur peut plaider la cause sans contradicteur s'il a respecté l'article 19 du CPC. Le jugement à intervenir sera réputé contradictoire	Jour de la dernière remise

SECTION 2 : DE LA PLAIDOIRIE

1. DE LA NOTION DE PLAIDOIRIE

Lors de la plaidoirie, selon l'article 15 du CPC, les parties sont entendues contradictoire et peuvent prendre des conclusions écrites. C'est de cette manière que la loi fait allusion à cette phase discursive. Cependant, elle est complétée par l'article 30 de l'arrêté d'organisation judiciaire n°299/79 portant règlement intérieur des cours, tribunaux et parquets. Cette disposition précise que les conclusions prises oralement devant les cours et tribunaux sont, avant toutes plaidoiries, dictées au greffier qui les actera à la feuille d'audience. En bref, les conclusions renferment les revendications des parties ainsi que leurs moyens de fait et de droit. Lorsqu'elles sont écrites, elles sont signées par la partie qui les a formulées ou par son mandataire et déposées sur le bureau du greffier qui les joindra à la feuille d'audience après les avoir visées, datées et signées.

La plaidoirie est un exposé verbal, à l'audience, des prétentions, des preuves et arguments des parties[283]. Elle est le point culminant d'une instance. Au début du procès, les parties communiquent les pièces, mettent l'affaire en état en vue d'arriver à la phase de plaidoirie. Celle-ci est une phase où les parties développent leurs revendications et leurs moyens, les uns et les autres dans une suite logique pour emporter la conviction du juge. Elles plaident ou peuvent lire le dispositif de leurs conclusions, selon le cas, à l'audience, voire déposer les notes de plaidoirie sur le banc ou dans les 48 heures en guise de plaidoirie.

Lorsque les parties décident de plaider, le juge a la police de l'audience. Il peut régler la durée de chaque prise de parole des parties, la proportionner, voire la chronométrer et les arrêter quand il estime que l'affaire est suffisamment instruite ou que les développements sont inutiles.

Que se passe-t-il lorsque l'une des parties comparait en personne à l'audience de plaidoirie, sans être assistée par un avocat et l'autre partie est représentée par un avocat ? Il faut noter ici que les règles déontologiques des avocats ne s'appliquent qu'entre avocats. Dans ce cas, certaines règles de procédure ne s'appliquent pas non plus puisque celles-ci sont trop techniques pour les justiciables qui sont souvent des profanes. Toutefois, il appartiendra au juge de préserver certaines règles d'équité.

2. DES PIEGES DE LA PLAIDOIRIE

Au cours de la plaidoirie, les parties doivent éviter deux (2) sortes de pièges, à savoir : la méconnaissance des règles de la procédure et les véritables pièges tendus par la partie adverse.

[283] Serge GUINCHARD et Thierry DEBARD, Op. cit., p. 644.

S'agissant de la méconnaissance des règles de la procédure ; certaines règles de procédure peuvent, par leur spécificité, leur nature et leur contenu constituer des pièges pour les plaideurs. Il peut s'agir des règles applicables dans certaines matières comme par exemple, la propriété intellectuelle, le droit minier, etc. il faut noter qu'en RD Congo, les justiciables constituent leurs avocats par affinités diverses et non en fonction de leur spécificité ou de leur compétence. Rares sont ceux qui le font. Ce qui fait que beaucoup des plaideurs se retrouvent en difficulté à la barre devant certaines matières spécifiques. La solution serait pour les plaideurs de connaitre les règles de procédure liées à la matière qu'ils comptent plaider et pour les justiciables de consulter les avocats en fonction de leur spécificité.

S'agissant des véritables pièges tendus par la partie adverse ; il est de bonne guerre que dans la phase de plaidoirie, le plaideur de la partie adverse essaie de tendre des pièges à l'autre partie en utilisant sa bonne connaissance de la règle de procédure spécifique pour l'aboutissement de sa demande ou de sa défense. Les règles de procédure spécifique ou pas sont à la portée de tous les plaideurs. Il faudrait simplement en tirer les meilleurs profits afin de faire aboutir ses prétentions ou ses moyens de demande ou de défense. Il faut cependant que les plaideurs évitent certaines interprétations de la règle de procédure qui sont à la limite d'un abus et qui risqueraient d'être interpellé par le Conseil de l'ordre pour manque de loyauté et de probité envers un confrère.

CHAPITRE 3 : DE L'INSTRUCTION DE LA CAUSE

SECTION 1 : DE LA NOTION D'INSTRUCTION

L'instruction est la « *Phase du procès qui, en un sens large, englobe non seulement la phase préparatoire (comprenant la communication des pièces, l'exécution des mesures d'instruction, l'échange des conclusions), mais aussi les plaidoiries et les débats qui concourent à éclairer le juge* »[284]. Elle implique la présence de plusieurs personnes, jouent, tout comme les acteurs, des rôles plus ou moins importants, voire même pas du tout.

L'instruction de la cause sera examinée ici en fonction des personnes suivantes : le juge, l'officier du ministère public, le greffier, les plaideurs, les parties (le demandeur et le défendeur), l'intervenant, l'interprète, témoins et expert, et le cas échéant, le civilement responsable (le garant).

[284] Gérard CORNU, Op. cit., § B a), p. 554.

Tableau 9 : Les personnes impliquées dans la phase d'instruction

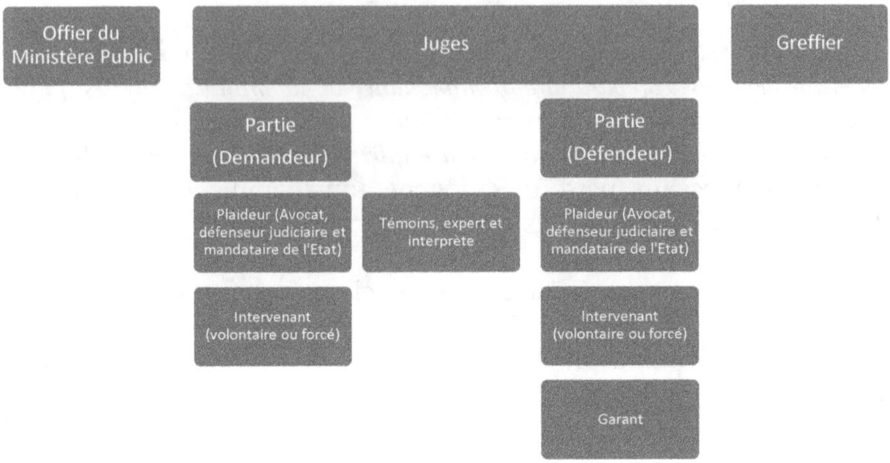

SECTION 2 : DU JUGE ET DE L'INSTRUCTION DE LA CAUSE

1. DE LA COMPÉTENCE DU JUGE

Le juge est soumis à des règles de compétence. Cette compétence peut être matérielle ou territoriale. Donc, il ne peut de lui-même s'autoproclamer compétent pour des matières que le législateur n'a pas prévu ni dans un ressort ou partie du territoire qui ne lui a pas été attribué par la loi.

L'article 153 alinéa 1er de la Constitution de la République Démocratique du Congo telle que modifiée par la loi n° 11/002 du 20 janvier 2011 portant révision de certains articles de la Constitution de la République Démocratique du Congo du 18 février 2006 institue un ordre de juridictions judiciaires placées sous le contrôle de la Cour de cassation et le décompose en deux (2), à savoir les cours et tribunaux civils et militaires.

L'alinéa 4 du même article constitutionnel édicte de façon générale la compétence matérielle du juge et précise qu'il applique les traités internationaux dûment ratifiés, les lois, les actes réglementaires pour autant qu'ils soient conformes aux lois à la coutume, à l'ordre public ou aux bonnes mœurs.

L'article 149 de la Constitution détermine quant à lui énoncé la compétence territoriale du juge congolais au niveau national, en ces termes : « *La justice est rendue sur l'ensemble du territoire national...* ». Généralement, la compétence territoriale et particulière du juge est précité par l'adage « *Actor sequitue forum rei* », c'est-à-dire la compétence territoriale appartient au juge du ressort auprès duquel est assigné le défendeur en matière personnelle et mobilière, en d'autres mots devant le juge de son domicile, s'il n'a pas de domicile devant celui de sa résidence.

Cependant, il faut noter d'une part, comme dit plus haut que les compétences particulières du juge de l'ordre judiciaire sont déterminés par la loi organique n°13/011-B du 11 avril 2013 portant organisation, fonctionnement et compétences des juridictions de l'ordre judiciaire et d'autre part, que le juge congolais dans la tenue des audiences, dans l'instruction des causes, dans les prises en délibérée, etc., il est soumis aux dispositions de l'arrêté d'organisation judiciaire n°299/79 du 20 août 1979 portant règlement intérieur des cours, tribunaux et parquets.

2. DU RÔLE DU JUGE DE DROIT COMMUN À L'AUDIENCE

En principe, les audiences en matière civile sont publiques, sauf lorsque la loi exige le contraire ou lorsque l'une des parties estime qu'il y a lieu de solliciter un huis clos. Elles se tiennent toujours au siège de la juridiction qui a invité les parties à comparaître, sauf lorsqu'une audience foraine a été ordonnée.

Généralement, les audiences commence lorsque le juge, président de la chambre concernée, entre dans la salle et prononce la formule suivante : « *L'audience publique du [le nom du Tribunal ou de la Cour d'appel] de [le nom du ressort] siégeant en matière civile et commerciale au [le degré d'instance] est ouverte* ». Selon la loi, tout de suite après le greffier lit l'extrait de rôle dans son entièreté. Mais, dans la pratique, c'est le juge lui-même qui le fait. Comme dit plus haut, il appelle d'abord les causes en introduction et ensuite, celles en continuation.

Lorsque le juge appelle les affaires en introduction ou en continuation, il prononce la phrase suivante : « *Affaire RC [le numéro du rôle civil], en cause [le nom du demandeur] contre [le nom du défendeur]* ». A la suite de cet appel, les parties concernées comparaissent à la barre. Le président de la chambre dirige les débats. Il a la police de l'audience. Il commence par donner la parole au demandeur pour exposer ses prétentions. Puis, il la donne au défendeur pour la réplique, sauf lorsqu'il y a un préalable.

Généralement, le juge civil n'est pas actif, mais il peut demander des explications de droit ou des faits qu'ils estiment nécessaires ou des précisions sur certains points qui lui paraissent obscurs.

Lorsque le juge s'estime suffisamment éclairé par les échanges des parties, il déclare : « *[Le tribunal ou la cour] est suffisamment instruit dans cette affaire et passe la parole au ministère public pour son avis juridique*». L'avis que ce dernier donne ne fait l'objet d'aucun débat ni de commentaire par les parties. En principe, le ministère public a le choix, à savoir : celui de donner son avis juridique à l'audience ou celui de demander le dossier en communication pour le même devoir.

3. DU JUGE DU DROIT COMMUN ET DE L'INSTRUCTION DE LA CAUSE

Lors de l'instruction, en matière civile, le juge du droit commun est soumis à des règles de procédure édicté par le décret du 7 mars 1960 portant code de procédure civile. Il faut noter que le juge du tribunal de commerce est un juge de droit commun en vertu de l'article 2 de la loi n°002-2001 du 3 juillet 2001 portant création, organisation et fonctionnement des tribunaux de commerce. Mais en réalité, c'est une juridiction spécialisée dotée des compétences de droit commun.

Le juge n'est pas limité par l'action des parties comme beaucoup le pense. Il est actif pour mener les débats, pour veiller au respect du droit de la défense et pour agir à bonne escient afin d'éviter la lenteur créée par les dilatoires et les remises abusives des avocats. Dans tous les cas, le juge de droit commun intervient d'office en cas des lois impératives, d'exceptions d'ordre public, de l'examen de sa recevabilité de l'action et de sa saisine.

L'article 27 de l'arrêté d'organisation judiciaire n°299/79 du 20 août 1979 portant règlement intérieur des cours, tribunaux et parquets énumère la manière d'instruire une affaire. Il stipule ceci : « *Les affaires sont appelées, instruites, plaidées et jugées à l'audience déterminée dans l'exploit introductif, sauf remise pour juste motif ou prise en délibéré pour le prononcé ultérieur de l'arrêt ou du jugement* ». Cette disposition énonce de manière succincte comment l'instruction commerce et comment elle prend fin.

L'analyse de cette disposition montrera de façon plus claire, qu'elle attribue au juge de droit commun certains pouvoirs spéciaux pendant l'instruction. Sans être exhaustif, que faut-il entendre par les expressions suivantes :

- « *Les affaires sont appelées* » ; les affaires sont appelées à la date prévue dans l'exploit introductif d'instance, soit en introduction ou soit en continuation. A cet effet, le président de la chambre procède à :

    - l'examen de la régularité de sa saisine ;
    - l'identification des parties ;
    - l'autorisation des remises ;
    - l'examen de l'état de la cause ensemble avec les avocats. S'il estime qu'elles sont en état de recevoir plaidoirie, il peut décider de la renvoyer à une audience de plaidoirie ou le retenir par devers lui pour le même devoir ;

- « *Les affaires sont ... instruites* » ; c'est la phase des débats. Le président de la chambre assure la police de l'audience et donne la parole aux parties. A ce stade, il peut valablement ordonner :

    - l'instruction de la cause ;
    - l'autorisation des remises ;
    - l'institution d'une commission rogatoire ;
    - la prise de jugement avant-dire-droit ;
    - l'ordonnancement des mesures d'instruction ;
    - l'instruction toute affaire cessante les délits d'audiences et des infractions de flagrance ;
    - l'audition des faits de la cause par les parties.

- « *Les affaires sont ... plaidées* » ; étant valablement édifié par les faits de la cause, le président de la chambre peut ordonner la plaidoirie au cours de laquelle chaque partie développe ses prétentions en s'appuyant sur des bases légales.

- « *Les affaires sont ... jugées* » ; cette expression renvoie à la clôture des débats ou éventuellement de la réouverture des débats qui peut être ultérieure. La clôture de débats annonce la fin de la phase d'instruction. Elle est prononcée par le président de la chambre. C'est une décision judiciaire comme toute autre.

4. DU JUGE DES JURIDICTIONS SPÉCIALISÉES ET DE L'INSTRUCTION DE LA CAUSE

Il faut noter ici que ni la loi n°16-2002 du 16 octobre 2002 portant création, organisation et fonctionnement des tribunaux de travail ni la loi n°002-2001 3 juillet 2001 portant création, organisation et fonctionnement des tribunaux de commerce n'énonce un mode particulier d'instruction d'une affaire devant les juridictions spécialisées. Tout laisse croire que les juges appartenant à ces tribunaux sont soumis aux mêmes règles et ont les mêmes pouvoirs que leurs collègues du commun.

SECTION 3 : DE L'OFFICIER DU MINISTÈRE PUBLIC ET DE L'INSTRUCTION DE LA CAUSE

1. DU RÔLE DU MINISTÈRE PUBLIC À L'AUDIENCE

En matière civile, l'Officier du Ministère public peut être une partie principale[285] ou partie jointe. Il assiste à toutes les audiences civiles des cours et tribunaux. Son rôle est de veiller aux intérêts généraux de la société et à l'application de la loi. Il faut reconnait à l'époque, il n'assistait pas aux audiences des tribunaux de paix. Maintenant, cette période est désormais révolue. Aujourd'hui, il donne ses avis dans toutes les affaires, soit sur les bancs ou, soit après communication. L'article 69 de la loi organique n°13/011-B du 11 avril 2013 portant organisation, fonctionnement et compétences des juridictions de l'ordre judiciaire a déterminé les matières dans lesquelles il doit nécessairement prendre le dossier en communication avant de donner un avis, à savoir :

- les causes concernant l'Etat, les provinces, les entités territoriales décentralisées, les établissements publics et les entreprises publiques ;
- les procédures relatives à l'absence des personnes, aux actes de l'état civil, à l'ouverture, à l'organisation et au fonctionnement des tutelles, la mise sous conseil judiciaire ainsi que les litiges relatifs aux successions ;

[285] En matière civile, il est une partie principale notamment lorsqu'il engage toute action liée à la protection des enfants (article 102 § 1), toute action en radiation de nom inscrite en violation de la loi (articles 65 du CDF), toute action en rectification d'actes d'état civil (article 107 alinéa 3 du CDF), toute action en annulation d'acte de décès d'un inconnu dont l'identité venant d'être découvert (article 139 alinéa 4, etc.).

- les demandes qui intéressent les mineurs, les interdits, et les personnes placées sous curatelle ou qui concernent l'administration du patrimoine des faillis ;
- les déclinatoires sur incompétence, litispendance ou connexité et les renvois de juridiction ;
- les actions civiles introduites en raison d'un délit de presse ;
- les récusations, prises à partie, règlement de juges, requêtes civiles et faux incidents civils ;
- les procédures en matière de faillite ou de concordat judiciaire ;
- les contestations relatives au droit du travail et au régime de la sécurité sociale des travailleurs ;
- les causes mues par les personnes qui sont admises soit comme indigents, soit comme inaptes à ester ou à se défendre en justice chaque fois que l'assistance judicaire a été accordée.

Les articles 44 et suivants de l'arrêté d'organisation judiciaire n°299/79 du 20 août 1979 portant règlement intérieur des cours, tribunaux et parquets détermine les modalités de communication des conclusions des parties à l'officier du ministère public. Elle peut se faire par les soins du greffier dans les deux (2) cas ci-après :

- lorsque l'ordre public est intéressé, le juge peut ordonner la communication avant toute plaidoirie et renvoyer la cause à une date ultérieure ;
- lorsque cette communication n'apparaît pas nécessaire ou utile au cours des plaidoiries, le juge peut, après la clôture des débats, ordonner la communication au ministère public pour son avis et renvoyer la cause à une audience ultérieure.

2. DU MINISTÈRE PUBLIC ET DE L'INSTRUCTION DE LA CAUSE

Au cours de l'instruction d'une cause, le ministère public peut intervenir à tout moment avec l'autorisation du juge. Il soulève d'office les exceptions d'ordre public et peut demander au juge de procéder à des mesures d'instruction qu'il estime nécessaires. Pendant les enquêtes, le ministère public peut suggérer au juge des questions à poser qu'il considère pertinentes[286].

[286] Voir pour plus ample information la première partie, titre 5. Des mesures d'instruction.

SECTION 4 : DU GREFFIER ET DE L'INSTRUCTION DE LA CAUSE

Le greffier est la personne qui, à l'audience, est assise à la droite des parties. Il assiste les juges lors de l'instruction en dressant des actes et des procès-verbaux et, les signe avec eux. A cet effet, il dresse la feuille d'audience appelée également plumitif, dans lequel il consigne les déclarations des parties et la dictée du juge. Il n'intervient jamais au cours d'une instruction sauf, si le juge estime qu'il peut donner une information par rapport à certaines pièces de procédure du dossier physique dont il en est le gardien.

En dehors des audiences, il a pour tâche, aux termes de l'article 38 de la loi organique n°13/011 du 11 avril 2013 portant organisation, fonctionnement et compétences des juridictions de l'ordre judiciaire, de garder les minutes, registres et tous les actes afférents à la juridiction près laquelle il est établi. Il délivre les grosses, les expéditions et les extraits des arrêts ou des jugements et les ordonnance. Il écrit ce qui est prononcé ou dicté par le juge et dresse acte des diverses formalités dont l'accomplissement doit être constaté par écrit.

De façon générale, le greffier est chargé aux termes de l'article 57, alinéa 3 de l'arrêté d'organisation judiciaire n°299/79 du 20 août 1979 portant règlement intérieur des cours, tribunaux et parquets de l'enrôlement des affaires, du service des audiences, de la tenue des registres, de la conservation des dossiers et de la délivrance des pièces de procédure[287].

SECTION 5 : DES PARTIES (DEMANDEUR ET DÉFENDEUR) ET DE L'INSTRUCTION DE LA CAUSE

1. DU RÔLE DES PARTIES À L'AUDIENCE

Les parties désignent d'une part, la personne qui a pris l'initiative d'exercer une action en justice (demandeur) et d'autre part, la personne contre qui cette action est dirigée (défendeur). Elles sont au minimum au nombre de deux (2). Sauf en matière gracieuse où il n'y a qu'une seule partie. Il faut noter qu'il existe des cas où les parties sont composées de plusieurs demandeurs contre un seul défendeur ou vice versa ou carrément plusieurs demandeurs contre plusieurs défenseurs. Dans tous les cas, à chaque fois qu'il y a plusieurs personnes regroupées sous une

---

287 Pour connaitre le rôle du greffier, lire avec intérêt LUZOLO BAMBI LESSA, Traité de droit judiciaire : la justice congolaise et ses institutions, Kinshasa, PUC/Centre de recherche sur le Justice Transitionnelle, 2018, § 3, n°744, pp. 479.

même qualité (demandeur ou défendeur) il s'agit d'un « *litis consortium* ». On voit généralement sur l'extrait de rôle une cause regroupant des personnes inscrites de la manière suivante : ...X et consorts.

Dans un « *litis consortium* », une personne prise isolément du groupe exerce librement son droit vis-à-vis de son groupe et celui-ci ne profite qu'à lui-même et ne doit pas nuire aux autres.

De manière résumée, le rôle des parties est le suivant :

- elles sont tenues de faire connaître tant à leurs adversaires qu'au juge leurs prétentions et l'argumentation qu'elles soutiennent en appui de celles-ci ;
- elles le font grâce à leurs conclusions qui doivent être communiquées « en temps utile » à leurs adversaires ;
- elles doivent respecter les remises accordées par le juge et d'autres règles de procédures liées à l'actions en justice comme la sommation, la surprise créée par des pièces non communiquée, etc.

1.1. Du demandeur

Le demandeur est le titulaire de droit. Il peut agir en justice en personne ou par mandataire[288].

1.2. Du défendeur

1.2.1. Du défendeur lui-même

Ici, il est question de savoir qui peut être défendeur dans un procès ? Tout justiciable peut devenir un défendeur devant la justice. Cela est envisageable dans les deux cas ci-après :

- lorsqu'on répond de sa propre responsabilité ;
- lorsqu'on répond du fait d'autrui ou des choses.

S'agissant de la responsabilité personnelle du défendeur ; ce dernier peut être assigné pour sa propre responsabilité qu'il engage par le dommage qu'il a causé par propre sa négligence ou par son propre imprudence[289].

---

288 Voir la première partie, titre 2, Chapitre 2, Section 1ère. Des conditions de l'existence de l'action en justice.

289 Article 259 du CCLIII.

S'agissant de la responsabilité du fait d'autrui ou des choses ; le défendeur peut être poursuivi pour des dommages causés par d'autres personnes ou par des choses. Dans les deux cas, il est appelé le civilement responsable.

1.2.2. Du civilement responsable

Le civilement responsable est désigné par la loi. Il est tenu d'assurer les conséquences pécuniaires d'un dommage dont l'auteur est légalement reconnu comme un incapable ou causé par un bien meuble ou immeuble dont elle a la garde juridique.

S'agissant de la responsabilité des dommages commis par autrui dont le défendeur doit répondre ; Le code civil[290] prévoit que les parents sont responsables des dommages causés par leurs enfants mineurs dès lors qu'ils habitent avec eux et qu'ils sont soumis à leur autorité parentale. L'article 713 de la loi n°87-010 du 1 er août 1987 portant Code de la famille affirme que le chef de famille est responsable du dommage causé par les mineurs et interdits ou les personnes atteintes de maladie mentale ou d'aliénation mentale placés sous son autorité, à moins qu'il ne justifie les avoir surveillés de la manière usitée et avec l'attention commandée par les circonstances. Le tuteur est responsable des pupilles placés sous sa tutelle et le curateur est responsable des prodigues et faibles d'esprit placés sous sa curatelle. Les maîtres et les commettants sont responsables de leurs domestiques et préposés dans les fonctions auxquelles ils les ont employés et, les instituteurs et les artisans, pour leurs élèves et apprentis pendant le temps qu'ils sont sous leur surveillance.

S'agissant de la responsabilité des dommages commis par les biens meubles ou immeuble ; le propriétaire d'un bien est responsable du dommage causé par sa ruine lorsqu'elle est arrivée par la suite du défaut d'entretien ou par le vice de sa construction.

S'agissant de la responsabilité des dommages commis par les animaux en divagation ; le propriétaire d'un animal, ou celui qui s'en sert, pendant qu'il est à son usage, est responsable du dommage que l'animal a causé, soit que l'animal fût sous sa garde, soit qu'il fût égaré ou échappé[291].

[290] Article 260 du CCLIII.

[291] Article 262 du CCLIII.

2. DES PARTIES ET DE L'INSTRUCTION DE LA CAUSE

Les parties comparaissent en personne au cours d'une instruction lorsque le juge le décide. Elles sont auditionnées à l'audience. Lorsque l'une d'elles est dans l'incapacité de se déplacer pour des raisons justifiées, le juge peut se transporter pour tenir une audience foraine au lieu où cette dernière se trouve en présence de la partie adverse.

Les parties peuvent être interrogées séparément ou en présence de l'autre. Lorsqu'elles sont entendues isolément, l'autre partie doit prendre connaissance de la déclaration de son adversaire pour pouvoir réagir. Les questions peuvent leurs être posées en présence d'un expert ou d'un témoin s'il y a lieu d'éclaircir certains points obscurs. Le juge peut aussi procéder à leurs conformations avec les témoins.

Pendant l'instruction, le juge pose toutes les questions qui lui semblent pertinentes. Les parties y répondent sans qu'elles ne puissent lire un projet écrit. Le ministère public et la partie adverse peut également suggérer au juge des questions à poser.

SECTION 6 : DES PLAIDEURS ET DE L'INSTRUCTION DE LA CAUSE

1. DE LA NOTION DE PLAIDEURS

Les plaideurs désignent tant les avocats, les défenseurs judiciaires que les mandataires de l'Etat. Les avocats et les défenseurs judicaires sont soumis à des règles déontologiques qu'ils doivent scrupuleusement respecter. Hormis les cas où la loi exige un mandataire spécial, les avocats représentent les parties au procès lorsqu'ils sont porteurs des pièces de procédure[292]. Notez que cette disposition ne s'applique pas aux défenseurs judiciaires ni aux mandataires de l'Etat. Ceux-ci qui doivent prouver si cela est nécessaire leur qualité devant le juge.

En bref, les plaideurs assistent, selon le cas, représentent les parties dans un procès civil. Ce sont eux qui établissent les actes de procédures. Il faut noter que les parties sont libres d'organiser leur propre défense et de défendre leurs intérêts comme elles l'entendent.

En matière civile, la représentation est la règle. Lorsque les plaideurs représentent les parties, il s'agit d'une représentation « *ad litem* ». Dans ce

[292] Article 73 de l'Ordonnance-loi n°79-028 du 28 septembre 1979 portant organisation du barreau, du corps des défenseurs judiciaires et du corps des mandataires de l'État.

cas, aux termes de l'article 29 de l'arrêté d'organisation judiciaire n°299/79 du 20 août 1979 portant règlement intérieur des cours, tribunaux et parquets, ils écrivent des conclusions et les communiquent entre eux, soit directement, soit par la voie du greffe avec les pièces dont ils comptent faire usage au moins trois (3) jours avant l'audience où la cause sera appelée. Ils peuvent également, selon l'article 30 du même arrêté, prendre des conclusions orales devant les cours et tribunaux, avant toutes plaidoiries et les dicter au greffier qui les actera à la feuille d'audience et le cas échéant, plaider.

1.1. Du rôle des plaideurs

A l'audience, les plaideurs ont pour rôle de défendre les intérêts de leurs clients, soit en tant que demandeur ou, soit en tant que défendeur. Pour le faire, ils doivent déployer un arsenal d'argumentations discursives et persuasives[293].

1.1.1. De l'argumentation discursive

L'argumentation discursive est principalement fondée sur le langage. Il s'agit de trouver des mots justes pour convaincre les juges. Bien argumenter nécessite le bien parlé, c'est-à-dire une rhétorique. Cette rhétorique nécessite une parfaite élocution, c'est-à-dire l'usage des figures de styles qui flattent son auditoire et facilitent la persuasion. Dans cette démarche, l'art oratoire de l'avocat est parfaitement engagé. Il doit développer oralement des moyens qu'il a rédigés dans sa note plaidoirie en utilisant des mots appropriés selon ses propres qualités professionnelles et ses tics.

Toute argumentation doit se développer autour de l'unique objectif que l'avocat s'est fixé avec son client, quoique celui-ci puisse être plural. Dans ce cas, il doit les hiérarchiser selon leur importance. L'argumentaire qu'il doit développer doit se donner pour c'est qu'il est censé être, c'est-à-dire un discours parcellaire et orienté au soutien de la position à défendre.

Pour discourir, certains auteurs pensent qu'il faut respecter les structures de la rhétorique à savoir : l'invention et la disposition d'un côté et de l'autre côté, l'élocution, la mémoire et l'action[294].

---

293 François MARTINEAU, Petit traité d'argumentation judiciaire3ème Ed, Paris, Dalloz, 2008, pp. 3-9.

294 Ibidem, pp. 10-12.

S'agissant de l'invention et de la disposition ; pour qu'il y ait invention, il faut concevoir le sujet, en inventorier les éléments qu'il doit comporter, trouver les arguments et les preuves destinées à fonder la thèse à défendre en travaillant les données documentaires, les faire parler, les retourner dans tous les sens pour en tirer ce qu'il faut dire devant la barre. En ce qui concerne la disposition, il s'agit simplement d'un agencement d'idées selon un ordre judicieux et de choisir les matériaux du discours qui facilitent la persuasion.

S'agissant de l'élocution, de la mémoire et de l'action ;

- l'élocution ; il s'agit d'exprimer l'argumentation qu'on vient d'inventer et de disposer, c'est-à-dire, en employant des mots corrects, clairs, élégants, appropriés, bien placés et riches en sens, soit pris isolément ou soit dans leur ensemble ;
- la mémoire ; le plaideur doit se souvenir de la plaidoirie qu'il a préparé dans les moindres détails, c'est-à-dire dans ses différentes parties, divisions et subdivisions ;
- l'action ; il s'agit ici des gestes et de la diction. L'avocat doit savoir comment pendant sa plaidoirie prononcer les mots, réguler le débit de la parole, insister sur les passages importants, utiliser un gestuel approprié afin d'être cohérent avec la thèse qu'il développe. Bref, l'avocat doit se préoccuper de l' « éloquence du corps »[295].

1.1.2. De l'argumentation persuasive

Lorsqu'il commence sa plaidoirie, l'avocat doit savoir que son auditoire est spécifique, c'est-à-dire composé des juges qui sont des juristes comme lui et qui comprennent son langage et les termes techniques qu'il utilise. Donc, dans le développement de son argumentation, il doit chercher à les persuader en tenant compte de cette réalité ainsi que des éléments en sa possession. Il doit, en outre, chercher absolument à réfuter les thèses adverses en s'appuyant sur du « vraisemblable », c'est-à-dire une idée qu'il se fait du dossier, des éléments de fait et de la règle de droit qu'il convient de lui appliquer[296].

Avant d'en arriver là, l'avocat doit d'abord construire son argumentation, c'est-à-dire cela se fait par la découverte des éléments du dossier ainsi que leur mise en forme afin d'arriver à un raisonnement

[295] Ici, François MARTINAU cite QUINTILIEN, Ibidem, p. 13.

[296] Ibidem, n°01.32, p 7.

cohérent pour persuader les juges. Il doit pour ce faire, mettre en œuvre deux procédés de la pensée, à savoir : l'analyse et la synthèse[297].

S'agissant de l'analyse ; le travail d'analyse consiste à délier, à séparer, à mettre en ordre les différents éléments de fait qui s'enchevêtrent afin de comprendre le déroulement des événements qui ont conduit au procès.

Quant à la synthèse ; il s'agit ici de formuler sous forme d'argumentation les éléments que l'avocat à tirer de l'analyse qu'il a faite afin de persuader les juges du bien-fondé de la thèse qu'il défend. Il devra donc produire selon l'objectif qu'il s'est fixé avec son client, une ou plusieurs propositions pour étayer son argumentation.

En somme, citant le philosophe CONDILLAC, François MARTINEAU pensent que « *La synthèse est la construction d'un système argumentatif... (..)... qui n'est pas autre chose que la persuasion, par l'avocat, et dans l'intérêt de son client, des différents parties ou éléments d'un dossier, dans un ordre où ils se soutiennent tous mutuellement et où les deniers s'expliquent par les premiers* »[298].

2. DES PLAIDEURS ET DE L'INSTRUCTION DE LA CAUSE

Au cours de l'instruction d'une cause, si les parties ne comparaissent pas personnellement, elles sont valablement représentées par leurs plaideurs. Ils sont auditionnés en absence de la partie qu'ils représentent dans les mêmes conditions que celles-ci[299].

SECTION 7 : DE L'INTERVENANT ET DE L'INSTRUCTION DE LA CAUSE

L'intervenant est un tiers au litige. A l'origine, il n'est pas une des parties à l'instance, mais le devient par son intervention, soit parce qu'il a un intérêt quelconque dans l'affaire ou, soit parce que ses intérêts risquent d'être affectés par l'issue du procès ou, encore soit parce que l'une des parties originelles exige qu'il soit présent pour que le jugement lui soit opposable ou pour qu'il prenne fait et cause pour elle.

Lors de l'instruction, l'intervenant est auditionné comme toutes les parties au procès et ce, dans les mêmes conditions que celles-ci[300].

---

[297] Ibidem, n°s02.21 et 02.23, pp. 13-14.

[298] Ibidem, n°02.23, p. 14.

[299] Voir deuxième partie, titre 2, chapitre 2, section 2, § 4.2. Des parties et de l'instruction de la cause.

[300] Voir deuxième partie, titre 2, chapitre 2, section 2, § 4.2. Des parties et de l'instruction de la cause.

SECTION 8 : DU GARANT ET DE L'INSTRUCTION DE LA CAUSE

Lors de l'instruction, le garant est interrogé au cours d'un procès dans les mêmes conditions que l'intervenant.

Cependant, il faut noter que tout garant est un intervenant volontaire ou forcé selon le cas, mais le contraire n'est pas valable. La mise en cause de ce dernier est considérée comme une intervention forcée ou une demande nouvelle. Dans tous les cas, elle revêt les deux caractères, c'est-à-dire celui de garant et celui de l'intervenant.

Selon l'esprit de l'article 27 du CPC, pour être valable, l'appel en garantie doit nécessairement être présenté par le défendeur à la première en audience. Toutefois, il faut noter qu'en tant qu'intervenant, il peut être assigné à tout moment en cours d'une instance, à cause de sa nature hybride. A condition bien sûr qu'il ne soit pas de nature dilatoire pour retarder utilement le procès de façon préjudiciable au demandeur.

Bien que la loi ne le précise pas, la mise en cause du garant peut aussi se faire pour la première fois au degré d'appel dans deux (2) hypothèses ci-après[301] :

- lorsque l'obligation de garantie est née postérieurement au l'action à juger ;
- lorsque l'action en garantie, dirigée contre une des parties déjà dans la cause, au premier degré, peut être considérée comme un moyen de défense à l'action principale. (Par exemple : le propriétaire d'un véhicule poursuivi pour avoir causé un dommage à autrui peut valablement faire mettre en cause son assureur au niveau d'appel après avoir retrouvé la preuve de la police d'assurance qu'il n'avait pas pu produire au premier degré parce qu'il l'avait tout simplement perdue).

D'après la jurisprudence, l'appel en garantie ne requiert pas forcément, pour être recevable, qu'il existe un lien de droit entre le demandeur principal et le garant. L'action en garantie est donnée à celui qui prétend que le garanti a, par un fait personnel, causé le dommage dont la réparation fait l'objet de l'action principale[302].

---

[301] Antoine SOHIER, Droit de procédure du Congo belge, éd. cit., n°179, p. 83.

[302] Note jurisprudentielle de l'article 27 du code de procédure civile. Lire Pierre PIRON et Jacques DEVOS, Codes et Lois du Congo belge (Organisation administrative et judiciaire), Tome II, idem, p. 27.

Au cours de l'instance, lorsque le défendeur met en cause son garant, le juge doit accorder un délai suffisamment à raison du domicile du garant pour le mettre en cause.

Cependant, si la mise en cause n'a pas été demandée à la première comparution ou si l'assignation n'a pas été faite dans le délai fixé, il est procédé, sans délai, au jugement de l'action principale. Dans ce cas, le défendeur peut initier une demande en garantie séparée de la principale et demander la jonction de deux (2) affaires, sauf si la principale a déjà connu une décision judiciaire.

SECTION 9 : DES TÉMOINS ET DE L'INSTRUCTION DE LA CAUSE

1. DE LA NOTION DE TEMOINS

Le témoignage ouvre la phase d'enquêtes devant le tribunal. C'est ce que l'article 29 et suivants du code de procédure civile appelle la preuve par témoins ou la preuve testimoniale. Ce mode de preuve peut être ordonné, soit d'office, soit à la demande de l'une des parties. Cela peut avoir lieu dans la salle d'audience ou pendant l'audience foraine. Dans tous les cas, elle a lieu en présence de toutes les parties dûment appelées.

Cette phase d'enquêtes, définie comme une procédure permettant de recueillir des témoignages à l'aide desquels sera établie la vérité des faits allégués par l'une ou l'autre partie et éventuellement contestés par l'une ou l'autre partie, donne la possibilité au juge de comprendre amplement les faits de la cause et lui permet, face aux éléments testimoniaux, de statuer valablement sur la recevabilité et le fondement de la demande.

Généralement lorsqu'un témoignage est clair, précis et pertinent, il peut apporter un dénouement au procès. Chaque partie est libre d'appeler son témoin à la barre à condition que celui-ci ne soit pas incapable et qu'il n'ait aucun lien de parenté ni de subordination avec lui, sinon il devra déposer en tant que renseignant.

Les conditions de validité d'un témoignage sont limitées par la loi. Les faits pour lesquels une partie demande à faire la preuve par témoins doivent être énoncés de manière précise et succincte pour permettre au juge d'apprécier sa légalité. En matière civile, aux termes de l'article 218 et suivants du CCLIII, la preuve par témoins est prohibée dans les cas suivants :

- dans une action contenant outre la demande principale, la demande du capital, une demande d'intérêts qui, réunie au capital excèdent la somme de deux francs congolais (anciens) ;
- dans une demande excédant deux milles francs congolais (anciens) même en restreignant sa demande primitive ;
- dans une demande de moins de deux mille francs congolais (anciens) lorsque cette somme est déclarée être le solde ou fait partie d'une créance plus forte qui n'est pas prouvée par écrit ;
- dans le cas où, dans la même instance, une partie fait plusieurs demandes dont il n'y ait point de titre par écrit, et que, jointes ensemble, elles excèdent la somme de deux mille francs (anciens), quand bien même que la partie allègue que ces créances proviennent de différentes causes et qu'elles se soient formées en différents temps, si ce n'était que ce droits proviennent de plusieurs origines telles que par succession, donation ou autrement, de personnes différentes ;
- dans toutes les demandes où il y en a plusieurs et ce, à quelque titre que ce soit, formées par un même exploit, dans lequel certaines ne sont pas entièrement justifiées par écrit.

Cependant, il faut noter que ces limitations de la preuve testimoniale en absence d'un écrit connaissent exceptionnellement un bémol dans les cas suivants :

- la preuve testimoniale est autorisée lorsqu'il existe un commencement de preuve par écrit. L'article 223 CCLIII le définit comme tout acte par écrit qui est émané de celui contre lequel la demande est formée, ou de celui qu'il représente, et qui rend vraisemblable le fait allégué ;

- elle est autorisée toutes les fois qu'il n'a pas été possible au créancier de se procurer une preuve littérale de l'obligation qui a été contractée envers lui notamment lorsque :

  1. les obligations naissent des quasi-contrats et des délits ou quasi-délits ;
  2. les dépôts nécessaires sont faits en cas d'incendie, ruine, tumulte ou naufrage, et à ceux faits par les voyageurs en logeant dans une hôtellerie, le tout suivant la qualité des personnes et les circonstances du fait ;
  3. les obligations sont contractées en cas d'accidents imprévus, où l'on ne pourrait pas avoir fait des actes par écrit ;

4. le créancier a perdu le titre qui lui servait de preuve littérale, par suite d'un cas fortuit, imprévu et résultant d'une force majeure.

2. DU TEMOIGNAGE ET DE L'INSTRUCTION DE LA CAUSE

L'instruction d'une cause est focalisée sur le témoignage. Pendant le procès, le juge pose toutes les questions qui lui semblent pertinentes au témoin. Le ministère public et les différentes parties peuvent également suggérer au juge des questions à lui poser.

Ce mode de preuve, comme dit plus haut, introduit la phase d'enquêtes. La preuve par témoins peut être autorisée d'office par le tribunal ou ordonnée par le juge lorsque les faits dont on offre la preuve sont suffisamment graves, précis et concluants pour former, s'ils sont prouvés, sa conviction et servir de base à sa décision[303]. Par contre le juge refusera l'offre de preuve par témoin lorsque les faits à prouver sont contredits par les données de la cause, s'ils sont dépourvus de vraisemblance ou s'ils se ne sont pas de nature à avoir une influence décisive pour trancher le litige[304].

Lorsqu'une des parties au procès pour étayer les faits de la cause pense qu'il faut faire intervenir un témoin, il en fait la demande au juge. Ce dernier lui-même aussi peut ordonner d'office la preuve par témoins, s'il pense que les faits lui paraissent pertinents et que la loi ne l'interdit pas.

L'autorisation de la preuve testimoniale est faite par un jugement avant-dire droit, qui peut même être rendu sur le banc. Elle doit contenir l'objet du litige et les faits à prouver et, les lieux, jour et heure où ces enquêtes seront tenues ainsi que les noms des témoins.

Les témoins sont assignés dans les mêmes conditions de formes et de délais que tous les exploits introductifs d'instance. Cet exploit doit déterminer les lieux, jour et heure où se tiendra l'enquête et indiquer l'objet de celle-ci, sans mentionner, les faits dont la preuve est ordonnée.

Les témoins peuvent aussi comparaitre volontairement lorsqu'ils sont invités par les parties. Si les témoins sont trop éloignés, le juge peut

[303] Elis. 18 avril 1914 (Jur. Col., 1924, p. 336) cité dans la note jurisprudentielle de l'article 29 du CPC. Lire Pierre PIRON et Jacques DEVOS, Codes et Lois du Congo belge (Organisation administrative et judiciaire), Tome II, idem, p. 28.

[304] Elis. 3 avril 1945 (Jur. Col., 1926, p. 27 ; int., Elis., 21 août 1941 (R.C.J.B., 1942, p. 20), Ibidem.

ordonner qu'ils soient entendus par un juge commis par un tribunal désigné à cet effet, aux lieux, jour et heure fixés par celui-ci. C'est ce qu'on appelle la commission rogatoire c'est-à-dire une délégation donnée à une autre juridiction ou à un membre d'une juridiction, autre que celle délégante afin d'accomplir des actes d'instruction.

Les juges peuvent également adresser cette commission rogatoire même aux juges étrangers. Quant à eux, ils ne peuvent y obtempérer à celle émanant des juges étrangers qu'à condition qu'ils y soient autorisés par la loi et les traités internationaux et, dans ce cas, ils sont tenus d'y donner suite.

A l'audience, les témoins sont entendus séparément, en présence des parties si elles comparaissent. Chaque témoin avant d'être entendu décline ses noms, profession, âge et demeure. Comme dit plus haut, s'il est parent ou allié de l'une des parties, il doit déterminer à quel degré, s'il est au service de l'une d'elles, il doit comparaitre comme simple renseignant.

Le témoin prête serment à peine de nullité de son témoignage. Le serment est ainsi conçu : «*Je jure de dire toute la vérité, rien que la vérité*».

Le juge peut, au cours des enquêtes, soit d'office, soit à la demande de l'une des parties, confronter ou réentendre les témoins. Il peut aussi, dans les mêmes conditions, décider avant le parachèvement de l'enquête contraire qu'il y a lieu à confronter ou à une nouvelle audition des témoins de l'enquête. Il fixe jour et heure à ces fins, à moins qu'il n'y procède séance tenante.

3. DES RISQUES ENCOURUS PAR LE TEMOIN

A l'audience, le témoin dépose sans qu'il lui soit permis de lire un projet préalablement écrit. Sa déposition est consignée dans un procès-verbal tenu par le greffier. Celui-ci lui est lu et il lui est demandé s'il y persiste dans ses propos. En principe, la loi exige que, même à l'audience, la déposition soit signée par le témoin, le juge et le greffier. Mais, dans la pratique, la déposition telle qu'actée dans le plumitif par le greffier suffit.

Cependant, si le témoin ne veut ou ne peut signer, il en est fait mention dans le procès-verbal. Celui-ci indique aussi la taxe lui allouée par le juge.

La recherche de la vérité par les juges passe par la coopération loyale des témoins qui sont appelées à y contribuer. La conduite du procès nécessite que ces derniers soient entendus et que l'examen des éléments de preuve qu'ils apportent permette de connaître la réalité des faits.

Ainsi, le témoignage procède de la mise en œuvre du principe de coopération qui est rendue obligatoire entre le témoin et la justice. C'est pourquoi, la loi a prévu des sanctions civile (tirée du code civile) et pénale (tirée du code pénal) à l'encontre de ce dernier, à savoir : le témoin défaillant et le faux témoignage.

3.1. Du témoin défaillant[305]

Lorsque le témoin est défaillant, c'est-à-dire que bien que régulièrement assigné, mais ne comparait pas. Il peut être condamné à une amende. Dans ce cas, il peut être éventuellement réassigné à ses frais. Si malgré cette réassignation le témoin ne comparait toujours, il peut être condamné à une nouvelle amende à un taux supérieure à la première et le juge peut lui décerner un mandat d'amener.

Toutefois, si le témoin justifie qu'il n'a pu se présenter au jour indiqué, il est déchargé par le juge de l'amende et des frais de réassignation.

Lorsque le témoin n'est pas en mesure de se présenter à l'audience au jour indiqué à cause de la distance, le juge peut lui accorder le délai nécessaire pour le faire ou recevoir sa déposition sur place par une commission rogatoire.

3.2. Du faux témoignage

Le témoignage est rendu en toute loyauté c'est-à-dire que le témoin dans sa déposition doit être le plus honnête possible. Etant contraint de déposer sous serment, il est tenu de dire la vérité et rien que la vérité. Sinon, il peut être poursuivi pour faux témoignage. Le témoignage mensonger puni par l'article 128 du CPLII est celui qui altère volontairement et sans contrainte la vérité des faits afin de donner avantage à l'une des parties au procès. Il introduit ainsi la déloyauté envers la juridiction et porte préjudice à la partie lésée. La peine maximale prévue par le législateur est de cinq (5) ans.

Par ailleurs, il faut noter que :

[305] Article 35 et suivants du CPC

- le faux témoignage peut aussi résulter de la subornation de témoin telle que punie par l'article 129 du CPLII. Dans ce cas, seront poursuivies toutes les personnes qui sont impliquées dans cette démarche tendant à obtenir une déposition, une déclaration ou une attestation mensongère par la voie des dons, promesses, offres, présents ou par la voie des pressions, menaces, voies de faits, manœuvres ou artifices.

- si le témoin introduit dans un procès des documents ayant altéré la vérité, il devra en répondre personnellement. Il sera poursuivi pour ses actes au regard des préventions de faux et usage de faux telles que punies par les articles 124 et 126 du CPLII et pour les fonctionnaires par les articles 125 et 127 du même code.

- toute personne à qui le serment aura été déféré ou référé en matière civile et qui aurait fait un faux serment peut être condamnée à six (6) mois à trois (3) ans de servitude et d'une amende ou l'une de ses peines seulement[306].

SECTION 10 : DE L'EXPERT ET DE L'INSTRUCTION DE LA CAUSE

1. DE L'EXPERT ET DE L'INSTRUCTION DE LA CAUSE

Un expert est avant tout un expert judiciaire. Il peut être tout aussi bien un médecin, un chauffeur, etc. dont la nomination et mission obéissent à certaines conditions.

Pendant l'instruction d'une cause l'expert doit donner son avis sur des points techniques précis et sur des domaines assez variés dont il a la connaissance. Le juge peut lui poser toutes les questions qui lui semblent pertinentes pour éclairer sa religion. Le ministère public et les différentes parties peuvent également proposer au juge des questions à lui poser.

2. DE LA NOMINATION D'UN EXPERT

Les tribunaux peuvent recourir à l'expertise dans tous des cas où ils l'estiment nécessaire pour la découverte de la vérité. Toutes les parties au procès peuvent solliciter du juge la nomination d'un expert, y compris le ministère public. Le juge même d'office peut en nommer un.

[306] Article 132 du CPLII.

De manière générale, lorsqu'il y a lieu à expertise, elle est ordonnée par un jugement qui désigne le nom des experts et la mission précise qui leur est confiée. Le juge fixe un délai raisonnable pour le dépôt de son rapport. En principe, il ne peut en nommer qu'un. Néanmoins, la loi lui permet d'apprécier la nécessité d'en nommer un ou trois. Il peut librement le ou les choisir lui-même, à moins que les parties ne se mettent d'accord. Dans tous les cas, ils s'en débattent à l'audience.

Dans les quinze jours de la nomination de l'expert, le greffier lui notifie sa désignation par lettre recommandée à la poste ainsi qu'à chacune des parties du lieu, du jour et de l'heure où il commencera ses opérations. Les parties pourront comparaître volontairement aux opérations d'expertise et sans aucune formalité particulière.

Cependant, si l'expert reste en défaut de fixer lieu, jour et heure pour le commencement de ses opérations, les parties peuvent s'accorder pour demander au juge sa révocation. Sinon, le nouvel expert sera nommé sur requête présentée par la partie la plus diligente. Le jugement rejetant ou nommant un nouvel expert n'est pas susceptible d'appel[307]. Cependant, il appartient à la juridiction saisie de l'appel du jugement de fond d'ordonner elle-même, voire d'office, une seconde expertise, si elle estime qu'elle n'est pas assez suffisamment éclairée par la première[308].

L'expert peut être récusé même si aucune disposition légale ne le prévoir. Cela doit se faire avant qu'il ne prête serment. Le tribunal pourrait comme en matière de reproches de témoins apprécier pleinement la latitude et la valeur des motifs soulevés contre ce dernier[309].

Il faut noter qu'en dehors de sa mission d'expert, le juge, selon l'article 45 du CPC, peut également lui confier une autre mission, celle de concilier les parties. A cet effet, ce dernier peut tenter de les concilier par tout moyen. En cas de conciliation, celle-ci est constatée et précisée dans un procès-verbal signé par les parties et par l'expert. Ce procès-verbal de conciliation, ainsi signé, est déposé au greffe de la juridiction ayant ordonné l'expertise.

Dans cet élan de rechercher de la réconciliation des parties, le juge peut tout aussi bien désigner, à la place d'un expert, un ou des arbitres

---

[307] Elis. 27 nov. 1943, R.J. 1944, p. 92 - Jurisprudence citée par Antoine SOHIER, Droit de procédure du Congo belge, éd. cit., n°153, p. 71.

[308] Ibidem, n°156, p. 72.

[309] Inst. Léo., 24 janv. 1951, R.J., p. 201. Ibidem, n°155, p. 72.

rapporteurs qui auront pour mission d'entendre les parties, de tenter de les concilier si cela est possible, sinon de donner simplement leur avis.

3. DU RAPPORT DE L'EXPERT

Le rapport des experts est un écrit ou un manuscrit. Dans certains cas, il peut aussi être verbal. Si l'expert ne sait pas écrire, il peut être écrit et signé par le greffier. Le rapport est rendu dans le délai fixé par le juge. Sinon, l'expert peut le déposer lorsqu'il l'aura fini. Le rapport déposé tardivement ne serait pas cependant nul, pourvu qu'il ait été remis avant que l'expert se soit vu retirer son mandat[310]. Les parties peuvent demander au juge, en cas de négligence de l'expert, le retrait de son mandat et la nomination un nouveau. Elles peuvent également le sommer de terminer les opérations de sa mission et s'il commet une faute, lui réclamer non seulement le remboursement des frais frustratoires qu'il aurait occasionné, mais aussi des dommages et intérêts.

Lorsqu'il y en a plusieurs, les experts ne forment qu'un seul avis en cas de pluralité des voix et ne dressent qu'un seul rapport dans lequel il est indiqué en cas d'avis différents, les motifs des divers avis, sans faire connaître l'avis personnel de chacun d'eux. Ce rapport est signé par tous les experts qui ont concouru à sa rédaction ou à sa réalisation. Il est précédé du serment: « *Je jure que j'ai rempli ma mission en honneur et conscience, avec exactitude et probité* ». En cas d'empêchement de l'un d'entre eux, il est constaté par le greffier au moment du dépôt dudit rapport. Il sera déclaré nul si un seul parmi les experts le signe. Dans ce cas, il sera considéré comme un simple renseignement[311].

A la fin de leur mission, les experts sont convoqués par le greffier par lettre recommandée à la poste ou par notification pour l'audience prévue pour la présentation de leur rapport. Ils peuvent être entendus, selon les circonstances, comme experts ou comme renseignements. Cependant, si le juge ne trouve pas dans le rapport les éclaircissements suffisants, il peut ordonner d'office une nouvelle expertise pour le compléter. Celle-ci peut être menée, selon le cas, par les mêmes experts ou par d'autres.

---

[310] Elis. 25 mars 1916, R.J., 1932, p. 129 ; Doct. et jur. col., 1928, p. 4, ibidem, n°160, p. 74.

[311] Elis. 30 juin 1934, RJ, p 167, ibidem, n°158 p. 73.

4. DES HONORAIRES DUS AUX EXPERTS

Contrairement à ce qu'affirme une certaine doctrine congolaise[312], le problème des honoraires des experts ne se pose pas en droit congolais dans la mesure plusieurs textes de loi les prévoit.

Le code de procédure civile précise à son article 149 § 5 que les indemnités dues aux experts, médecins, interprètes, témoins sont taxées par le juge suivant les circonstances. Il faut noter ici que la loi parle d'une indemnité, c'est-à-dire une compensation et non des honoraires qui est une vraie rémunération. Cette indemnité est fixée selon les circonstances.

Cependant, l'article 4 du décret-loi du 3 mars 1965 relatif aux frais de justice en matière non contentieuse ne parle pas d'indemnité, mais de taxe. Cette disposition précise que « *La taxe des témoins, interprètes, experts et gardiens de scellés sera fixée à la demande des intéressés par le juge ou le représentant de l'autorité publique devant lequel ils ont comparu ou qui les a désignés* ». Il s'agit ici d'un terme juridique non fiscal, mais celui de la procédure civile, tiré du droit français qui signifie une fixation effectuée par ordonnance du juge des frais dus aux avocats, aux officiers ministériels, aux avoués, aux experts, aux huissiers, etc.[313].

Les deux (2) dispositions précitées ne disent pas clairement si les experts, les interprètes, etc. sont pris en charge par le Trésor public. En principe, devant les juridictions de droit commun, les honoraires de ces derniers sont pris en charge par les parties elles-mêmes dans une proportion paritaire. Le juge n'intervient que pour en fixer le montant.

En ce qui concerne les honoraires des experts devant les juridictions spécialisées, la règle édictée par le législateur est différente d'une juridiction à une autre.

- S'agissant du tribunal de travail ; la disposition de l'article 143-9 du CPC affirme que les honoraires et débours des experts, les textes des témoins et autres dépenses de même nature sont tarifiés et mis à charge du Trésor. Cette disposition n'est pas contredite par l'article 35 alinéa 2 de la loi n°016/2002 du 16 octobre 2002 portant création, organisation et fonctionnement des tribunaux du travail qui stipule la même chose ;

312 MATADI NENGA GAMANDA, Op. cit., n°339, p. 84.
313 Taxe [en ligne]. Disponible sur : http://www.cnrtl.fr/definition/taxe/substantif

- S'agissant du tribunal de commerce ; l'article 46 de la loi n°002-2001 3 juillet 2001 portant création, organisation et fonctionnement des tribunaux de commerce dispose que « *Les honoraires et débours des experts, indemnités des témoins et autres dépenses de même nature sont payés conformément au Code de procédure civile ou pénale selon le cas* ».

Il faut noter que dans la pratique, lorsque les experts comparaissent tant devant les juridictions de croit commun ou spécialisées, ils sont pris en charge par les parties. Cette manière de rémunérer les experts est en contradiction avec une jurisprudence demeurée constante. Il a été jugé que n'inspirait pas confiance et devait être rejeté le rapport d'un expert qui, bien que désigné par la Cour, s'est fait remettre de l'argent par les parties[314].

5. DES RISQUES ENCOURUS PAR L'EXPERT

L'intervention d'un expert doit normalement contribuer à la manifestation de la vérité ou au minimum, à aider le juge à comprendre les éléments de preuve versés au débats. En ce sens, il doit respecter des obligations de loyauté et de ne pas sombre dans le mensonge au risque d'encourir des sanctions tant civile que pénale.

5.1. De la condamnation aux frais frustratoires ou aux dommages et intérêts[315]

Lorsque l'expert a été notifié de sa mission et que bien qu'ayant fixé le lieu, le jour et l'heure pour l'expertise, mais ne la remplit pas, il pourra être condamné par le tribunal qui l'avait commis, à tous les frais frustratoires, voire aux dommages-intérêts, s'il échet.

5.2. Du faux témoignage

Tout comme le témoin, l'expert doit être loyal et le plus honnête possible dans son rapport. Sinon, il peut être poursuivi pour faux témoignage sur base de l'article 131 du CPLII. Il encourt la même peine maximale de cinq (5) ans prévue à l'encontre du témoin mensonger à l'article 128 du même code.

---

[314] C.A., L'shi, 29 déc. 1972, en cause H.N. contre T.G., R.J.Z., 1973, n°1 - Jurisprudence citée par MATADI NENGA. Ibidem.

[315] Article 41, alinéa 2 du CPC.

Tableau 10 : Résumé schématique de l'instance

Introduction de l'instance	Déroulement de l'instace	Instruction de la cause
•Mise au rôle de la demande en justice •Respect de la compuration de délai d'assignation	•Appel des affaires à l'audience •Plaidoirie	•Juge •Officier du ministère public •Greffier (son rôle se limite à dresser le PV de l'instruction) •Parties •Pliadeurs •Intervenant •Garant •Témoins •Expert

TITRE 3 : DE LA MISE EN ETAT

CHAPITRE 1 : DE LA MISE EN ETAT PROPREMENT DIT

SECTION 1 : DE LA NOTION DE MISE EN ETAT

Il existe deux (2) sortes de mise en état, à savoir :

- la mise en état sous le contrôle du juge ;
- la mise en état conventionnelle.

1. DE LA MISE EN ETAT SOUS LE CONTROLE DU JUGE

La doctrine française définit la mise en état de la manière suivante : « *Phase préparatoire de la procédure principalement ordonnée à l'instruction approfondie de l'affaire et, le cas échéant, au jugement de contestations incidentes (exception d'incompétence, de nullité, etc.) ou à la prise des mesures provisoires (provision ad litem) qui, applicable à toutes les affaires non directement renvoyées à l'autre audience, se développe sous le contrôle d'un magistrat spécialement investi de cette mission (juge de mise en état, conseiller de mise en état) depuis le moment où celui-ci est saisi jusqu'à l'ordonnance de clôture* »[316]. Cette définition est principalement fondée sur la réalité française. C'est pourquoi, il faut faire la part des choses. Contrairement à ce qui existe en RDC, le législateur français a institué le juge de mise en état dont la mission principale est, comme son nom le dit, de mettre les affaires en état d'être jugée. La mise en état en France se termine toujours par une ordonnance de clôture afin de passer à une nouvelle phase du procès. Cette ordonnance n'est qu'une mesure d'administration judiciaire qui va permettre au juge de renvoyer l'affaire à l'audience des plaidoiries. Cependant, il faut noter qu'en dépit de l'institution « juge de mise en état ou conseiller de mise en état », la mise en état demeure plus ou moins la même qu'au Congo et s'opère principalement par « *L'échange des conclusions des parties, c'est-à-dire du résumé de leurs demandes, réquisitions et moyens* »[317]. Et, l'échange dont il est question débute, selon les articles 28 et suivants de l'arrêté d'organisation judiciaire n°299/79 du 20 août 1979 portant règlement intérieur des cours, tribunaux et parquets, à partir de la première remise.

Il est intéressant de revenir un peu sur la définition donnée par la doctrine française, c'est-à-dire, la mise en état est une phase préparatoire

[316] Gérard CORNU, Op. cit., p. 657.

[317] Antoine. SOHIER, Droit de procédure du Congo belge, éd. cit., n°122, p. 58.

de la procédure principalement ordonnée à l'instruction approfondie de l'affaire. L'instruction approfondie de la cause dont il s'agit ici commence d'abord entre les parties par la communication des pièces et conclusions. Elle est principalement écrite et prend fin à l'audience, lorsque l'affaire est en état de recevoir plaidoirie. L'article 28, alinéa 2 de l'arrêté d'organisation judiciaire précité du 20 août 1979 fait clairement allusion à cette phase d'instruction lorsqu'il parle de la préparation et de la communication des pièces et des conclusions. Au cours de cette phase, les parties peuvent solliciter toutes sortes de demandes ou contestations incidentes, des mesures d'instruction ou provisoires sous le contrôle du juge. Et, les remises qui leurs sont accordées leur permettent d'avancer progressivement leur argumentation afin d'atteindre son aboutissement pour que l'affaire soit « en état »[318] d'être plaidée. En principe, la mise en état est faite en fonction de l'avancement du dossier et de la diligence des parties. A la fin de cette phase, le juge peut soit renvoyer l'affaire en audience de plaidoirie ou soit renvoyer à une autre audience de remise ou encore à défaut, renvoyer l'affaire au rôle général.

2. DE LA MISE EN ETAT CONVENTIONNELLE

La mise en état conventionnelle n'est pas prévue par la loi congolaise, mais a été consacrée par la pratique. Elle procède d'un accord mutuel pour instruire profondément l'affaire entre parties après son renvoi au rôle général. L'objectif de cette mise en état conventionnelle est d'une part, d'éviter la lourdeur des remises successives autorisées par le juge et d'autre part, d'échanger suffisamment sans contrainte entre avocats les pièces et les conclusions afin d'arriver à l'état de l'affaire d'être plaidée. L'avantage de ce mode de mise en état est qu'elle donne aux parties la maîtrise de leur propre procès et avancent à leur rythme. L'inconvénient est que cette procédure ne s'applique que si les parties sont toutes de bonne foi.

Il faut noter cependant que la mise en état conventionnelle qui existe en RDC est une variante de celle qui est applicable en droit français. Celle-ci est extrajudiciaire et informelle et se fait avant la saisine du juge par l'entremise des avocats. Certains pensent qu'elle pourrait à la longue devenir un des modes alternatifs de règlement des conflits.

[318] « Degré d'achèvement de l'instruction d'une affaire ». Lire Gérard CORNU, Op. cit., p. 416.

SECTION 2 : DE L'OBJECTIF DE LA MISE EN ETAT

Pour comprendre l'objectif que la loi assigne à la mise en état, il faut d'abord répondre à la question suivante : pourquoi le procès est-il contradictoire ? Pour assurer aux parties la garantie d'un procès équitable, le droit processuel a établi certains principes directeurs dont le principe du contradictoire. Ce principe inspiré de l'article 15 du CPC affirme que le juge ne peut pas être saisi d'une prétention sans que la partie contre laquelle elle est formulée n'ait été avisée en bonne et due forme et n'ait pas pu présenter ses moyens de défense. Ce principe directeur possède son corolaire qui est le principe de la garantie du droit de la défense, mais qui ne fait pas l'objet de ce paragraphe.

Ce principe contradictoire trouve son aboutissement par la communication des pièces et concluions prévue selon les modalités de l'article 28 de l'arrêté précité du 20 août 1979. Cette communication est très importante parmi les règles de la procédure dans la mesure où une jurisprudence, qui est restée constante à ce jour, affirme que les parties sont obligés de se communiquer réciproquement avant l'audience les documents dont elle veulent faire état[319]. Cela veut dire en d'autres mots que la partie qui prend l'initiative d'une action a le devoir d'informer la personne contre laquelle elle émet des prétentions par voie de communication des conclusions et des pièces sur lesquelles elle fonde son action. Ainsi, les différents échanges successifs des pièces et des moyens via les conclusions permettront à chaque partie d'affuter ses armes jusqu'à se sentir prêt pour en découdre devant la barre.

Au regard de ce qui précède, il ressort que l'objectif de la mise en état est de permettre aux parties d'échanger suffisamment les pièces et les conclusions afin de mettre l'affaire en état de recevoir plaidoirie.

SECTION 3 : DU DELAI DE MISE EN ETAT

Il y a deux (2) manières d'examiner le délai de mise en état, selon les juridictions de droit commun ou selon celles dites spécialisées.

1. DU DELAI DE MISE EN ETAT DEVANT LES JURIDICTIONS DE DROIT COMMUN

L'article 28 de l'arrêté de l'arrêté d'organisation judiciaire n°299/79 portant règlement intérieur des cours, tribunaux et parquets énonce qu'il

[319] Antoine SOHIER, Droit de procédure du Congo belge, éd. cit., n°123, p 58.

ne peut y avoir plus de trois (3) remises dans une cause et les parties ne doivent pas croire qu'elles ont chacune le loisir de demander trois (3) remises. Cette disposition est fortement critiquable dans la mesure où elle ne revêt pas de caractère contraignant pour les parties. En plus, les différentes remises soufrent dans leur application par le juge congolais. Ce dernier a tendance à généraliser toutes les affaires lorsqu'il décider d'accorder une remise ou non. Il devrait, peut-être, procéder au cas pour cas car, certaines matières nécessitent plus de temps pour les mettre en état que d'autres. En attendant la grande réforme du droit de la procédure civile qui devrait opter nécessairement pour la mise en état de la version du droit français, le juge congolais devra poser des questions aux parties à chaque audience de remise pour connaître l'évolution de l'instruction de la cause entre elles, tout en exigeant, le cas échéant, les preuves de leurs allégations en cas de contestation avant d'accorder toute remise de la cause.

Généralement, la première remise de mise en état ne peut pas excéder un (1) mois. La seconde est limitée à quinze (15) jours. La troisième est de trois (3) semaines. Si, après de délai, la cause n'est toujours pas en état, il ne peut être accordé une quatrième remise avec un délai bien déterminé qu'avec l'autorisation du président du tribunal. Mais, dans la pratique les choses ne se passent pas ainsi. Il arrive des fois que les remises dépassent largement les quatre prévues par la loi, soit par déloyauté ou, soit par négligence des avocats. Le président de la juridiction n'intervient généralement pas pour ce genre d'autorisations. Il faut noter que parfois, ce dépassement est légitimé pour engager la procédure de sommation courtoise et judiciaire[320]. Cependant, ces multiples remises posent souvent un problème de retard dans la mise en état des causes. Ce qui n'est pas à confondre avec l'arriéré judiciaire[321].

2. DU DELAI DE MISE EN ETAT DEVANT LES JURIDICTIONS SPECIALISEES

2.1. Du délai devant le tribunal de travail

Le législateur congolais a prévu que la mise en état devant le tribunal de travail se fasse, comme devant les juridictions de droit commun en trois remises. Mais, le silence de la loi laisse les parties dubitatives car, l'article 32 de la loi n°016-2002 du 16 octobre 2002 portant création, organisation

[320] Voir deuxième partie, titre 2, chapitre 2, section 1ère, § 2. Des affaires en continuation.

[321] L'arriéré judiciaire est l'impossibilité d'obtenir une décision dans un délai raisonnable pour les affaires en état d'être jugées. Hakim BOULARBAH, (2007-2008), Droit privé judiciaire : 1ère année du grade de Master en Droit, Tome I, Syllabus, Université de Liège, Liège, n°14, p. 14.

et fonctionnement des tribunaux du travail qui le mentionne est très laconique et moins expressif que l'article 28 de l'arrêté précité du 20 août 1979 concernant le droit commun.

Cet article 32 précité n'apporte rien du tout à la mise en état, sinon que des inquiétudes sur son application par rapport aux différents délais de remises. Il stipule que la cause doit être plaidée à la troisième audience, toutefois, le tribunal peut, à la requête d'une partie justifiant de motifs valables, accorder une quatrième et dernière remise.

2.2. Du délai devant le tribunal de commerce

La loi n°002-2001 du 3 juillet 2001 portant création, organisation et fonctionnement des tribunaux de commerce ne fait aucune mention sur les remises. Il est à supposer que son article 2 répond à cette préoccupation dans la mesure où il spécifie que ce tribunal est une juridiction de droit commun. Donc, il est clair que le même délai de mise en état prévu par l'article 28 de l'arrêté précité du 20 août 1979 concernant le droit commun est applicable devant ce tribunal.

2.3. Du délai devant le tribunal pour enfants

Les articles 84 et suivants de la loi n°09/001 du 10 janvier 2009 portant protection de l'enfant qui institue le tribunal pour enfants ne détermine pas de délai de mise en état. L'article 110 de la même loi qui aborde la phase d'instruction n'en fait aucune mention. Ce qui est sûr est que ce tribunal spécialisé à ses propres règles vu l'importance de la matière qu'il traite qui défie parfois celles du droit commun.

SECTION 4 : DU REGIME JURIDIQUE DE LA MISE EN ETAT

En principe, la mise en état est faite par les avocats au cours des différentes communications de pièces et d'échanges des conclusions. Le rôle juge dans cette phase, contrairement à ce que l'on pense, n'est pas passif ou ne se limite pas seulement qu'à accorder les remises. Son rôle est actif et capital. C'est lui qui fait avancer la mise en état. Pour mieux le comprendre, il faut se référer à l'article 763 du NCPC français. Le texte ci-après, fort riche en détails, va permettre la compréhension du rôle du juge :

« *L'affaire est instruite sous le contrôle d'un magistrat de la chambre à laquelle elle est distribuée. Celui-ci a pour mission de veiller au déroulement loyal de la procédure, spécialement à la ponctuation de l'échange des conclusions et de la communication des pièces.*

Il peut entendre les avocats et leur faire toutes communications utiles. Il peut également, si besoin est, leur adresser des injonctions …»

Par l'éclairage qu'apporte cette disposition, il est clair que le juge a la charge de veiller à la progression de la mise en état, de s'assurer que les parties mettent réellement l'affaire en état et peut dans certains cas donner des injonctions quant à ce. Malheureusement, aucun texte de loi en RDC ne donne expressément ce genre de détails. Cependant, rodé par une mauvaise pratique, le juge congolais a tendance à concéder presqu'automatiquement des différentes remises en pensant que c'est l'affaire des parties et qu'il n'a pas à donner des injonctions. Il faudrait savoir que la charge qu'à la juge de contrôler l'évolution de la mise en état est un rôle positif. Malheureusement, il le joue tellement mal au point qu'il arrive parfois à accorder huit (8), dix (10), voire quinze (15) remises. Ce qui est largement au-delà du nombre légalement autorisé. Or, l'article 28 alinéa 1er de l'arrêté d'organisation judiciaire n°299/79 portant règlement intérieur des cours, tribunaux et parquets précise clairement qu' « *Aucune cause ne peut faire l'objet de plus de trois remises sans qu'il soit question pour les parties de croire qu'elles ont chacun le loisir de demander trois remises* ». Cela signifie en d'autres mots que les trois (3) remises que le juge accorde aux parties ne doivent pas être automatiques, mais sollicitées à l'aide des motivations pertinentes. Cependant, il faut reconnaitre que le juge congolais est un fautif de bonne foi car, il est simplement piégé par une procédure dans laquelle aucun texte de loi n'a déterminé les conditions ni critères sur lesquels il doit se baser pour son appréciation en âme et conscience.

En principe, les audiences de remises sont tenues comme toutes les autres. Le juge doit s'adresser aux parties pour se renseigner sur l'évolution de la mise en état. Généralement, la première audience est une audience préliminaire accordée pour la préparation de l'affaire. A partir de la seconde audience, le juge doit s'assurer que le délai d'un (1) mois qui a été accordé à servir à la communication des pièces et éventuellement des conclusions entre parties. Il ne doit pas se contenter de ce que celles-ci lui disent. Il doit leur poser contradictoirement des questions pour s'en garantir, s'il y a lieu demander si possible des preuves de l'avance de l'affaire. Il doit être sûr qu'il y a eu une évolution suffisante de la mise en état pour accorder une autre remise. Il faut qu'il sente qu'il y a bel et bien une progression dans les échanges. Son objectif ici n'est pas d'accorder une remise par analogie aux autres affaires en cours, mais au cas par cas après avoir échangé avec les parties. Le juge doit tout faire pour le délai des trois (3) ou (4) remises légales soit le plus possible respecté. A défaut, il doit renvoyer au rôle général sauf, si l'une des parties solliciter un délai supplémentaire de sommation. Lorsque, cependant, les parties mettent l'affaire en état, le juge doit leur permettre de la plaider, soit à la même audience ou, soit à un autre qu'il détermine.

La responsabilité du juge dans la phase de mise en état est de contrôler que la mise en état se fasse réellement entre parties. Il ne doit pas compter sur la maturité des avocats pour qu'ils le fassent eux-mêmes de bonne foi.

SECTION 5 : DE LA DIFFERENCE ENTRE LA MISE EN ETAT EN DROIT CONGOLAIS ET CELLE DU DROIT FRANÇAIS

La mise en état en droit congolais n'est pas organisée par la loi de procédure civile ni expliquée par la doctrine congolaise, mais elle est simplement consacrée par les us et coutumes des cours et tribunaux. Tout est fonction du tribunal devant lequel on se trouve, c'est-à-dire que chaque juridiction congolaise possède sa propre pratique. Cependant, l'arrêté d'organisation judiciaire n°299/79 portant règlement intérieur des cours, tribunaux et parquets ne s'attarde que sur les remises qui sont, au juste, la raison fondamentale de la mise en état. Comme dit plus haut, l'article 28 de cet arrêté précise que le juge en accorde trois au maximum et la dernière est faite par requête adressée au président de la cour ou du tribunal. Il ne peut y faire droit que s'il constate un cas de force majeure dûment prouvée. En plus, sa décision doit être motivée et transmise en copie au Président du Conseil judiciaire, Procureur Général de la République. Dans la pratique, cela ne se passe pas ainsi à cause de la lourdeur administrative. La dernière remise est décidée sur le banc. À défaut, le juge doit passer outre la demande de remise et retenir la cause ou ordonner le renvoi au rôle général.

En France par contre, la mise en état est consacrée les articles 765 et suivants du CPC. Elle est exécutée par un juge spécial appelé, comme dit plus haut, juge de la mise en état. Ce dernier a pour mission, comme sus-évoqué, de veiller au déroulement loyal du procès civil et d'en surveiller l'instruction. Il s'assure que les parties se sont communiqué mutuellement leurs pièces ainsi que leurs moyens. Lorsqu'il considère que l'instruction est terminée et que le dossier est en état d'être jugé, il le renvoie par une ordonnance de clôture à une audience de plaidoirie. Cette ordonnance de clôture n'est pas motivée. En principe, les ordonnances du juge de mise en état n'ont pas l'autorité de la chose jugée à l'exception de celles statuant sur les exceptions de procédures et sur les incidents mettant fin à l'instance. Lorsque le juge décide de clore la phase de mise en état, toutes les pièces et conclusions qui seront déposé postérieurement seront rejetées de plein droit. Pour éviter cela, les parties peuvent demander au juge de reporter l'ordonnance de clôture. Il l'apprécie souverainement s'il doit l'accorder ou pas. Les parties peuvent également solliciter la révocation de l'ordonnance de clôture, ce qui entraine une réouverture des débats de la mise en état.

Il faut noter que la compétence du juge congolais au cours de cette phase de mise en état se résume en *grosso modo* à :

- ordonner les mesures d'instructions ;
- en accord avec les parties, fixer le calendrier de la mise en état ;
- contrôle l'évolution de la mise état ;
- tenter de concilier les parties, si possible et en cas d'accord, établir un procès-verbal d'accord ;
- accorder des provisions et ordonner toutes mesures provisoires même conservatoires qui ne relèvent de la compétence du juge d'exécution ;

Dans la phase de mise en état, le rôle du juge se résume à fixer, au fur et à mesure, les délais nécessaires à l'instruction de l'affaire selon la complexité ou leur urgences, à constater l'extinction de l'instance, en ces de conciliation, à homologuer l'accord des parties à leur demande.

Tableau 11 : Différentes phases de la mise en état en droit congolais

Phase	**Observations**
Avocats du demande et du défendeur (+ intervenant)	
1ère comparution à l'audience	**Devoirs à la première audience** - audience préliminaire (échange d'adresses, n° de téléphone entre avocats) - Après la première audience : début des échanges épistolaires par la communication des pièces et échange de conclusions
Mise en état aux cabinets d'avocats	**Devoirs pendant les audiences de remises** - Echanges épistolaires entre avocats - Instruction progressive entre avocats par l'échange de conclusions - suite de la communication des pièces et échange de conclusions
Mise en état l'audience devant le juge	**Devoirs du juge** - Surveillance de la progression de la mise en état avant chaque autorisation de remise - Prise des mesures provisoires ou d'instruction - Constat de la mise en état
Fin de la mise en état	Le juge invite les parties à passer à la plaidoirie
Phase de plaidoirie	Les parties présentent chacune leurs moyens de fait et de droit et exposent leur dispositif

CHAPITRE 2 : DES OBSTACLES RETARDANT LA MISE EN ETAT

SECTION 1 : DES IMPORTANTS ECUEILS A LA MISE EN ETAT EN DROIT CONGOLAIS

La mise en état, en droit congolais connait beaucoup d'écueils qui ne permettent pas aux praticiens de droit de comprendre cette phase dans ces moindres détails, notamment à cause de :

- l'absence de textes de loi, de la jurisprudence, des us et coutume et, de coutume et de la doctrine qui l'expliquent amplement ;
- la non pertinence de l'arrêté d'organisation judiciaire n°299/79 du 20 août 1979 portant règlement intérieur des cours, tribunaux et parquets sur lequel on se base pour l'expliquer.

1. DE L'ABSENCE DE TEXTES DE LOI, DE LA JURISPRUDENCE, DES US ET COUTUME ET DE LA DOCTRINE

1.1. De l'absence de texte de loi fiable

La mise en état est une phase préparatoire essentiellement écrite. Elle se fait entre avocats sous la bienveillance du juge. Généralement, les avocats stagiaires l'apprennent auprès de leurs encadreurs. Comme dit plus, le code de procédure civile congolais ne l'a pas organisé. D'ailleurs, aucun texte de loi connu à ce jour ne l'a institué. L'article 28 de l'arrêté d'organisation judiciaire n°299/79 du 20 août 1979 portant règlement intérieur des cours, tribunaux et parquets sur lequel le juge se base pour mettre une affaire en état n'est qu'un simple règlement intérieur. Cet arrêté aborde plutôt les différentes remises ainsi que les délais y relatifs. Cependant, il faut reconnait que ces remises sont intimement liées à la mise en état. C'est donc par ricochet qu'elles sont liées. Cet article affirme que « *La première remise destinée à permettre aux parties la préparation et la communication de leurs dossiers* ... ». Mais, ce texte ne précise pas le rôle du juge et des parties ainsi que les modalités de sa mise en application. Il aurait fallu que le législateur soit plus explicite sur ce point pour éviter des mauvaises interprétations tant pour le juge que pour les parties. Or, aujourd'hui le problème qui se pose au niveau de la mise en état est essentiellement dû au fait que chacun interprète les différentes remises selon sa propre compréhension.

La difficulté qui existe sur ce point est qu'il n'y a pas une loi pertinente qui explique clairement la mise en état. Et pourtant, ce domaine est le monopole de la loi. En principe, il appartient au législateur de fixer les règles ou déterminer les principes fondamentaux dans cette matière. Malheureusement, la parlement n'a pas encore trouvé utile de faire une proposition de loi à ce sujet ni même le gouvernement, de soumettre un projet de loi pertinent à ce propos. Ce qui aurait pu faciliter beaucoup de choses.

1.2. De l'absence de la jurisprudence pertinente

Il n'est, peut-être, pas vrai de dire qu'il n'existe pas de jurisprudence sur la mise en état des causes. Cependant, celles qui existent ne sont pas pertinentes du tout et n'expliquent pas au rôle que le juge et les parties doivent jouer, ni comment doivent-ils le jouer[322].

Pour rappel, il est connu de tous que la jurisprudence est l'œuvre des juges. Cette œuvre est considérée comme une règle de droit à part entière. Elle est créée en partant d'un cas non prévu par le législateur qui leur est soumis pour arriver à une nouvelle règle de droit sous la forme d'une jurisprudence qui va s'imposer en tant que norme juridique. Cependant, en matière de mise en état, il faut noter qu'aucune règle de droit n'a été créée à ce jour. Comme il a été souligné plus haut, la mise en état telle que pratiquée devant les cours et tribunaux procède des us et coutumes lesquels sont propres à chaque juridictions.

1.3. Des us et coutumes propres à chaque juridiction

Les us et coutumes étant des pratiques constantes possèdent un caractère juridique qui en fait des règles de droit non écrites, mais considérées comme obligatoires. Cette règle de droit pose généralement aux juristes deux sortes de problèmes, à savoir :

- le premier est la difficulté de déterminer le contenu exact de cette règle coutumière ;
- la seconde est les conditions de son application.

S'agissant de la difficulté de déterminer le contenu exact de la mise en état en tant règle coutumière ; la mise en état étant purement tirée d'un usage coutumier son contenu dépend d'une interprétation à une autre. Cela se passe à des divers niveaux, c'est-à-dire d'une juridiction à une autre, d'un juge à autre, d'un avocat à un autre, etc. Il est vrai que tous les juristes congolais connaissent ce que c'est que la mise en état. Cependant, faute de texte personne ne peut dire avec exactitude quel rôle doit jouer le juge ou les parties et comment celle-ci doit se faire. Ainsi,

[322] Voir éventuellement Odon NSUMBU KABU, Op. cit., p. 599.

tout devient relatif. La compréhension du contenu de cette notion, faute de texte de loi, devient fonction du lieu d'apprentissage et de formation de chacun.

S'agissant des conditions de l'application de la mise en état ; en principe, les conditions d'application d'un règle de droit sont prises par un texte règlementaire appelé parfois mesures d'application ou modalités d'application. Celles-ci généralement donnent de précision sur les conditions d'applicabilité d'une loi. La faiblesse d'une règle de droit tirée de la coutume est qu'il est difficile, voire impossible de connaitre avec exactitude les conditions de son application dans la mesure où, comme dit plus haut, chaque entité a sa manière d'interpréter une loi coutumière. Ce qui fait que les conditions de sa mise en application peuvent ainsi varier d'une juridiction à une autre, d'une personne à une autre ainsi de suite.

1.4. De l'absence de la doctrine

Peu des doctrinaires congolais se sont attardés sur la mise en état. Ceux qui l'ont fait l'ont juste effleuré sans plus de détails. En dehors de ces derniers, il n'existe à ce jour aucune doctrine pertinente sur cette matière.

Cependant, il y a lieu de noter que la doctrine congolaise reconnait que dans certaines législations étrangères, il existe un juge de la mise en état et une phase particulière portant le même nom. Selon elle, pour mettre une cause en état « *Il appartient aux parties et au juge de cause de faire en sorte que la cause soit mise rapidement en état de recevoir jugement* »[323]. Ce qui n'est pas faux d'ailleurs, mais par contre, pas suffisant par rapport au rôle réel que le juge doit jouer, c'est-à-dire celui de veiller à la progression de la mise en état et de s'assurer que les parties mettent réellement l'affaire en état en leur fixant, au fur et à mesure, des délais nécessaires qui leurs sont accordés par les remises.

2. DE LA NON PERTINENCE DE L'ARTICLE 28 DE L'ARRETE D'ORGANISATION JUDICIAIRE N°299/79 DU 20 AOUT 1979 PORTANT REGLEMENT INTERIEUR DES COURS, TRIBUNAUX ET PARQUETS

Bien que l'article 28 de l'arrêté d'organisation judiciaire n°299/79 du 20 août 1979 portant règlement intérieur des cours, tribunaux et parquets permette d'organiser les différentes remises, il n'est pas un texte pertinent en ce qui concerne la mise en état pour trois (3) raisons principales :

---

323 MATADI NENGA GAMANDA, Op. cit., n°374, p. 355.

- l'article 28 de l'arrêté précité ne fait pas allusion à la mise en état ;
- il est tiré d'un acte règlementaire ;
- il est tiré d'un arrêté portant règlement intérieur des cours et tribunaux.

S'agissant de la non pertinence de l'article 28 de l'arrêté précité par rapport à la mise en état ; en lisant ledit arrêté, il est clair qu'il ne fait pas allusion du tout à la mise en état, mais plutôt aux modalités et aux délais des différentes remises qui sont accordées devant les juridictions congolaises. C'est simplement par interprétation de ce texte que l'on arrive à trouver des arguments pour expliquer la mise en état en droit congolais.

S'agissant de la non pertinence de l'article 28 de l'arrêté précité étant donné qu'il est tiré d'un acte règlementaire ; l'arrêté précité n'est pas une loi organique qui doit créer une règle de droit de procédure civile, mais plutôt un acte règlementaire qui est généralement pris pour mettre en œuvre certaines dispositions d'une loi organique, qui est dans ce cas-ci la loi organique n°13/011-B du 11 avril 2013 portant organisation, fonctionnement et compétence des juridictions de l'ordre judiciaire.

Pour être considérée comme une règle de procédure civile, la mise en état devait être organisée par le code de procédure civile lui-même.

S'agissant de la non pertinence de l'article 28 de l'arrêté précité par le fait qu'il est tiré du règlement intérieur des cours et tribunaux ; il est vrai que cet arrêté n'est qu'un simple règlement intérieur des cours et tribunaux. En principe, elle n'est rendu obligatoire qu'à l'égard des magistrats de ces cours et tribunaux et n'influe en rien sur le comportement des tiers. Mais, dans le cas d'espèce, il faut souligner la particularité suivante : l'arrêté organisationnel n°299/79 du 20 août 1979 en tant que règlement intérieur des cours, tribunaux et parquets oblige tous les justiciables ou tous les usagers qui les fréquentent de s'y conformer parce que c'est lui qui règlemente les relations procédurales entre les tiers justiciables et les magistrats.

SECTION 2 : DE LA MAUVAISE FOI DE L'UNE DES PARTIES

Il arrive des fois que l'une des parties ne tienne pas plaider une cause parce qu'elle se sent en position de faiblesse après avoir reçu les pièces lui communiquées par la partie adverse. Cette position de faiblesse déclenche parfois chez certaines un sentiment d'agitation ou de panique.

Ainsi, au lieu de jouer franc jeu, telle est la règle déontologique, ce sentiment va plutôt pousser la personne à user de la mauvaise foi. Celle-ci va se caractériser le plus souvent par une malhonnêteté et une déloyauté tout au long de la mise en état et, parfois par une perfidie au moyen des actes illégaux. Or, ces antivaleurs sont bannies par la déontologie. L'avocat qui fait preuve d'un tel comportement peut se voir être poursuivi devant le conseil de l'ordre sur plainte de la partie victime ou de son conseil pour manque de probité et de loyauté pour violation de l'article 63 § 2 de la décision n°CNO8/87 du 19 août 1987 portant règlement intérieur cadre des Barreaux de la République Démocratique du Congo tel que modifié par décision n°04/CNO du 24/02/2001. Cette faute disciplinaire est un manquement au devoir professionnel de probité et de loyauté. La probité consiste dans l'observation rigoureuse des devoirs de la justice et de la morale tandis que la loyauté, assure l'obéissance aux règles de la probité et implique une totale bonne foi en toutes circonstances[324].

Ainsi, lorsque l'une partie est de mauvaise foi dans un procès, elle va tout faire pour empêcher l'évolution de la phase de mise en état. Il faut noter que tant le demandeur que le défendeur peut être de mauvaise foi. En effet, il arrive qu'un demandeur puisse chercher à se débiner lorsqu'il se rendre compte, après avoir assigné le défendeur, qu'il a commis une imprudence monumentale. Devant cette situation, elle aura plutôt tendance à chercher elle-même à faire trainer la progression de la mise en état pour que l'affaire soit renvoyée au rôle général pour sa radiation. Le défendeur peut tout aussi bien faire la même chose. Malheureusement, ce genre de pratique est récurrent auprès des avocats. Mais, il arrive aussi que celle-ci les desserve ou lieu de les servir dans la mesure où la partie qui découvre cette faiblesse chez l'autre peut décider de continuer ou reprendre le procès en mains pour l'emmener à son terme.

SECTION 3 : DU DILATOIRE DANS LA MISE EN ETAT DES CAUSES

Pour bien comprendre cette section intitulée « Du dilatoire dans la mise en état des causes », il faut d'abord définir ce qu'on entend par l'adjectif « dilatoire ». Il vient du latin *dilatorius*, de *dilatum* signifiant différer, retarder. Ainsi, est considéré comme dilatoire, tout acte qui a pour effet de retarder l'issue d'un procès. Dans « tout acte » il faut comprendre par-là qu'il s'agit tant des exceptions dilatoires que des manœuvres dilatoires.

[324] Michel SHEBELE, Op. cit., p. 19.

1. DES EXCEPTIONS DILATOIRES

Les exceptions dilatoires sont prévues par la procédure civile. Elles peuvent être d'origine légale, jurisprudentielle ou doctrinaire. Il faut simplement signaler qu'il s'agit des diverses exceptions telles que l'inconstitutionnalité, le défaut de communication des pièces, la fin de non-procéder, le criminel tient le civil en état, l'appel en garantie, la récusation des magistrats, etc.[325] . Cependant, leur usage sans motif valable ou abusif en fait un obstacle à la mise en état ;

2. DES MANŒUVRES DILATOIRES

Cette expression « Des manœuvres dilatoires » désigne divers procédés tendant à gagner du temps. Elles sont le plus souvent répréhensibles car, ce procédé dilatoire est la plupart du temps utilisé dans le seul but de ralentir abusivement le cours normal de la justice[326]. Ainsi, le défendeur qui décide de les utiliser pour retarder la mise en état le fait à ses risques et périls. Les manœuvres étant répréhensibles exposent à celui qui en use à des poursuites disciplinaires ou pénales.

Quand est-ce que une manœuvre dilatoire peut-elle conduire à des poursuites disciplinaires ou à des poursuites pénales ?

S'agissant des manœuvres conduisant aux poursuites disciplinaires ; c'est lorsqu'une des parties, sans raison valable, saisit une juridiction supérieure par une requête en suspicion légitime dans un seul but de retarder la mise en état ou lorsqu'elle saisit l'Inspectorat Général des services judiciaires en dénonçant une fraude de l'autre partie dans une affaire alors qu'il n'en existe pas en réalité. Notons au passage qu'aujourd'hui ce service judiciaire est dévié de sa mission première. A l'origine, il a été créé pour contrôler le fonctionnement des juridictions, des parquets et de tous les services relevant de l'appareil judiciaire[327]. Mais, il est devenu un appareil de blocage des affaires tant en cours que des jugements en exécution de manière indéfinie. On y tient même des audiences. C'est dommage que ce service très important judiciaire devienne un obstacle à la justice.

---

325 Voir pour plus ample informations la première partie, titre 3, chapitre 1er, section 2, § 2. Des diverses catégories des exceptions.

326 Manœuvre dilatoire [en ligne]. Disponible sur : https://justice.ooreka.fr/astuce/voir/693023/manoeuvre-dilatoire.

327 Article 2 de l'ordonnance n°87-215 du 23 juin 1987 portant création de l'inspectorat général des services du Conseil judiciaire.

S'agissant des manœuvres conduisant aux poursuites pénales ; Malheureusement, il faut le dire certains avocats se comportent comme des voyous. En complicité avec certains greffiers, ils sont capables de commettre des véritables crimes. Par exemple en faisant disparaitre le dossier d'une affaire pendante ou en soutirant la preuve de paiement des frais ou d'autres pièces importantes telles que le plumitif en vue uniquement de retarder la mise en mise état en vue de compromettre le procès.

SECTION 4 : DU DEFAUT DE COMPARAITRE OU DE CONCLURE

Les règles de la procédure civile ont été édictées de manière à permettre à une personne qui saisit une juridiction d'obtenir un jugement dans les délais légaux. Cependant, il arrive que ce jugement soit retardé à la suite du défaut de comparution du défendeur ou du demandeur lui-même. Toutefois, pour que le défaut soit retenu, il faut nécessairement que l'une des personnes appelées au procès soit défaillante. Cette défaillance de l'une des parties n'empêche pas la procédure de suivre son cours normal, mais peut simplement la retardée. Et, ce retard a des conséquences sur la mise en état.

De manière générale, un procès est basé sur une certaine diligence. Lorsque l'une des personnes au procès décide de le retarder par des mécanismes légaux, elle peut opter de refuser de comparaitre ou de refuser de conclure.

1. DU DEFAUT DE COMPARUTION

Une personne, le demandeur ou le défendeur, peut décider de ne pas comparaitre soit à la première audience ou soit après avoir comparu pour éviter que la cause ne soit progressivement mise en état. Cependant, ce défaut de comparution ne paralyse pas le cours normal du procès. L'affaire connaitra diverses remises normales, sauf s'il s'agit de la première audience, mais aussi plusieurs régularisations de procédure après chaque audience. Néanmoins, la partie défaillante pourra simplement retarder, comme dit plus haut, la mise en état de l'affaire. Après un certain nombre de remises autorisées et des régularisations, le juge pourra sans façon mettre ladite affaire au rôle général pour une éventuelle radiation. Encore que cela n'est pas évident.

Cependant, le défaut de comparution est inopérant lorsque la partie comparante somme selon les règles professionnelles celle qui est défaillante. L'article 19 du CPC est clair là-dessus. Lorsque le défendeur ne se présente plus le demandeur peut poursuivre l'instance après sommation lui faite. Après écoulement d'un délai de quinze (15) jours francs à partir de la sommation, le demandeur peut requérir qu'il soit statué sur sa demande. La décision à intervenir est réputée contradictoire. Cette disposition est applicable mutatis mutandis au demandeur[328].

Il faut noter qu'en France les choses sont très différentes. Le défaut de comparution n'a pas d'incidence sur la mise en état d'une affaire. Le défaut ou le défaut-congé peut être prononcé à tout moment sans sommation préalable, il suffit que l'affaire soit en état de recevoir plaidoirie. Pour ce faire, le juge avant de se prononcer se basera sur la susceptibilité de l'affaire de connaître une voie de recours ou pas.

S'agissant du défaut-congé ; le problème a été résolu en droit français de la manière suivante : La constitution de l'avocat par le demandeur se fait dans l'assignation, à peine de nullité de l'exploit. Ainsi, la responsabilité de la non-comparution de son client repose sur sa tête.

S'agissant du défaut ; si le défendeur français ne comparait pas, deux (2) scénarii se présentent, à savoir :

- pour lui donner une dernière occasion, le juge peut, soit à l'initiative du demandeur ou, soit d'office, décider de l'inviter à nouveau à comparaître sauf, si celui-ci a été signifié à personne[329]. Dans ce cas, il pourra néanmoins statuer au fond, s'il estime que l'affaire est régulière, recevable et bien fondée[330]. Ainsi, l'affaire va devoir être instruite régulièrement et mise en état d'être jugée comme s'il y avait comparution du défendeur ;
- le juge français n'est autorisé à rendre un jugement par défaut que si seulement la décision à intervenir doit être rendue en dernier ressort ou si la notification n'a pas été faite à personne. Sinon, il rendra un jugement réputé contradictoire dans tous les cas où la décision sera susceptible d'appel ou lorsque la citation avait été délivrée à la personne du défendeur elle-même[331] ;

Cependant lorsqu'il y a plusieurs défendeurs dans une même affaire et que l'un au moins d'entre eux ne comparaît pas, le jugement à intervenir

[328] Voir deuxième partie, titre 1er, chapitre 3, section 3. Du défaut des parties.
[329] Article 471 du NCPC français.
[330] Article 472 alinéa 2 du NCPC français.
[331] Article 473 du NCPC français.

est réputé contradictoire à l'égard de tous si la décision est susceptible d'appel ou si ceux qui ne comparaissent pas ont été signifiés à personne. Tandis que lorsque la décision n'est pas susceptible d'appel et que l'une des parties qui n'a pas comparu n'a pas été citée à personne, le jugement est rendu par défaut[332].

2. DU DEFAUT DE CONCLURE

Le principe du contradictoire de la procédure civile énoncé à l'article 15 du CPC exige que les parties au procès échangent nécessairement leurs pièces et leurs conclusions afin de mettre progressivement l'affaire en état. Il arrive toutefois que l'une d'elles se sentant en péril s'abstienne de communiquer ses conclusions dans un but purement dilatoire. Dans ce cas-ci, il y a deux (2) hypothèses qui sont envisageables, à savoir : La partie en péril comparait régulièrement aux différentes audiences, mais sans conclure ou elle ne comparait pas à la première audience.

2.1. De la comparution régulière de l'une des parties, mais sans conclure

Lorsque la partie en péril comparait régulièrement à toutes les audiences, mais s'abstient de conclure dans le but de retarder la mise en état, le procès suivra son cours normal avec les différentes remises autorisées. Cependant, si la partie comparante est le demandeur, il doit s'évertuer à sommer le défendeur sur pied de l'article 19 du CPC sinon, l'affaire va être mise au rôle général.

Il en va de même pour le défendeur, lorsqu'il constate que le demandeur ne conclut toujours pas pour retarder la mise en état, il peut, après avoir acté la reconventionnelle le sommer dans les mêmes conditions et continuer valablement l'instance, après sommation par voie d'huissier. Le jugement à intervenir sera réputée contradictoire.

2.2. Du défaut de comparution de l'une des parties à la première audience

Si l'une des parties au procès ne comparait pas à la première audience, peu importe le mobile qu'elle peut évoquer par la suite, elle ne bénéficiera pas d'une opportunité de conclure pour jouer au dilatoire et retarder ainsi la mise en état. Dans ce cas, il y a deux (2) hypothèses suivantes :

---

[332] Article 474 du NCPC français.

- Si la partie comparante est le demandeur, celui-ci peut solliciter le défaut du défendeur. Ainsi, ses conclusions seront adjugées si elles se trouvent justes et bien vérifiées. Le jugement à intervenir sera rendu par défaut. C'est qui ouvre au défendeur la voie de l'opposition. Cependant, il y a lieu de se poser la question de savoir si le défaut de comparution du défendeur à la première audience ne serait-il pas le meilleur dilatoire qui existe pour retarder la mise en état dans la mesure où après avoir acté l'opposition, celui-ci peut voir la décision qui l'a condamné par défaut être rétractée. Ne faudrait-il pas dire par rapport au défendeur que le défaut de comparution à la première audience a réussi à retarder suffisamment la mise en état de la cause ?
- Si la partie comparante est plutôt le défendeur, ce dernier peut demander le défaut-congé du demandeur. Ce qui éteint l'instance sans que le juge ne puisse statuer au fond[333].

[333] Article 17 alinéa 1er du CPC.

CHAPITRE 3 : DE L'AFFAIRE EN ETAT D'ETRE PLAIDEE

SECTION1 : DE LA COMMUNICATION DES PIECES ET DE L'ECHANGE DES CONCLUSIONS

1. DE LA NOTION DE COMMUNICATION DES PIECES ET D'ECHANGE DES CONCLUSIONS

Le caractère contradictoire de la procédure civile congolaise énoncé à l'article 15 du CPC est matérialisé par la communication de pièces et par l'échange des conclusions écrites. Il faut noter cependant que l'article 30 de l'arrêté d'organisation judiciaire n° 299/79 du 20 août 1979 portant règlement intérieur des cours, tribunaux et parquets permet aussi aux parties de prendre des conclusions orales à la barre avant toute plaidoirie lesquelles sont dictées au greffier qui les acte à la feuille d'audience. Ce type des conclusions sont censées être communiquées à l'adversaire au moment où il les entend. Une certaine doctrine congolaise pense que la partie à qui les conclusions orales sont adressées doit solliciter une remise pour y répondre et que le juge doit y faire droit[334]. Cependant, il faut signaler qu'à ce jour aucun texte de loi ne l'énonce dans ce sens. L'article 30 de l'arrêté précité ne donne des précisions claires qu'en ce qui concerne les conclusions écrites lesquelles sont valablement communiquées entre parties avec les pièces. En ce qui concerne les conclusions orales, il n'y a aucun commentaire. Ce qui laisse libre cours à diverses interprétations subjectives et à l'appréciation du juge.

S'agissant de la communication de pièces, elle procède par la transmission de l'une des parties à l'autre des pièces qu'elle produit aux débats au soutien de sa prétention afin que celle-ci puisse les examiner et y répondre.

S'agissant de l'échange des conclusions ; il consiste à un envoi ou à des communications réciproques entre parties des conclusions sous forme d'un exposé écrit contenant des moyens de fait et de droit dans lesquelles chaque partie développe ses propres prétentions et/ou ses moyens de défense à l'appui des pièces. Il faut noter que seules les conclusions et les pièces sont communicables et que par ailleurs les notes de plaidoirie, les notes doctrinales ou la jurisprudence ne le sont pas[335].

Cependant, au vu de ce qui précède plusieurs questions peuvent surgir à savoir, notamment :

---

334 MATADI NENGA GAMANDA, Op. cit., n°370, p. 351.

335 Antoine SOHIER, Droit de procédure du Congo belge, éd. cit., n° 123, p 58.

1. pourquoi communique-t-on les pièces et les conclusions ?
   Qu'il s'agisse des pièces ou des conclusions telles qu'échangées l'objectif qui est poursuivi par les parties est la mise en état de la cause.
2. peut-il y avoir une communication des pièces sans un échange des conclusions ?
   Non, la communication des pièces ne sert à rien si les parties n'échangent pas leurs conclusions. La mise en état ne pourra pas se faire ni évoluer.
3. peut-il y avoir un échange des conclusions sans une communication des pièces ?
   La réponse est affirmative dans la mesure où les pièces font partie de la preuve littérale et celle-ci n'est pas le seul mode de preuve qui existe en droit congolais. On peut prouver des prétentions par d'autres modes légaux notamment par le témoignage, l'aveu, la présomption etc.

2. DE L'OBLIGATION DE COMMUNIQUER LES PIECES ET D'ECHANGER LES CONCLUSIONS

Contrairement à ce que d'aucuns pensent l'obligation faites aux avocats de communiquer les pièces qu'ils versent aux débats ainsi que celle d'échanger réciproquement les conclusions n'a pas pour base légale la loi, mais le code de déontologie des avocats. Le code de procédure civile n'aborde pas ce sujet. L'article 29 de l'arrêté d'organisation judiciaire n°299/79 du 20 août 1979 portant règlement intérieur des cours, tribunaux et parquets qui en parle n'est qu'un simple règlement intérieur qui ne s'applique pas aux avocats, mais aux magistrats.

Aux termes de l'article 63 de la décision n°CNO8/87 du 19 août 1987 portant règlement intérieur cadre des Barreaux de la République Démocratique du Congo tel que modifié par décision n°04/CNO du 24/02/2001, l'avocat a l'obligation de communiquer au conseil de la partie adverse les pièces qu'il produit aux débats. Cette communication doit être complète, préalable et spontanée. Quant aux conclusions, le même article sans donner plus de détails précise qu'elles doivent être échangées dans les 72 heures avant la plaidoirie.

Il faut donc retenir que l'obligation de communiquer les pièces et d'échanger les conclusions est d'ordre professionnel.

Tenant compte de ce qui précède, il y a lieu de se demander quelles sont les pièces à communiquer ? On peut y répondre de deux (2) manières selon qu'il s'agit du droit commun ou du droit OHADA.

En droit commun, les pièces communicables sont limitativement prévues aux articles 199 et suivants du CCLIII. Il s'agit principalement de toutes les pièces pouvant servir de preuve littérale ou constituée. Tandis qu'en droit OHADA, étant donné que la preuve est libre, on peut communiquer toutes les pièces envisageables que l'on estime nécessaire, sans aucune restriction, à la partie adverse.

3. DES CARACTERISTIQUES DE LA COMMUNICATION DES PIECES ET D'ECHANGE DES CONCLUSIONS

La communication des pièces et l'échange des conclusions entre parties via leurs conseils respectifs ont un caractère règlementaire. L'article 63 de la décision n°CNO8/87 du 19 août 1987 portant règlement intérieur cadre des Barreaux de la République Démocratique du Congo tel que modifié par décision n°04/CNO du 24/02/2001 qui l'énonce en donne les caractéristiques, c'est-à-dire, « *Cette communication doit être complète, préalable et spontanée* ». Quant aux conclusions, elles doivent être échangées de manière réciproque et épuisée.

S'agissant de la communication des pièces, selon l'énoncé de la décision précitée ; elle doit être :

- complète, c'est-à-dire que la communication des pièces doit être totale et achevée. En d'autres mots, les parties échangent les pièces dont elles comptent faire usage à l'audience dans leur totalité sans en écarter aucune ;
- préalable, c'est-à-dire que la communication doit se faire avant l'audience où la cause est appelée à être plaidée ;
- spontanée, c'est-à-dire que la communication doit se faire de soi-même et sans ambages. La profession d'avocat étant fondée sur le devoir de loyauté, l'avocat qui communique doit être de bonne foi, honnête et d'une sincérité de manière naturelle, sans pour autant que l'on puisse l'enjoindre par l'intervention d'un tiers pouvant l'y obliger ;

S'agissant de l'échange des conclusions, selon la décision sus-évoquée ; il doit être réciproque et épuisé totalement avant le délai butoir de trois (3) jours au moins avant la plaidoirie. Par la réciprocité des échanges, il faut comprendre que les parties doivent envoyer ou renvoyer au tant de fois que c'est possible leurs conclusions dans un sens comme dans l'autre. Par l'épuisement totale des échanges, il faut comprendre que les moyens développés dans les conclusions doivent atteindre leur point achèvement total ;

4. DES DIFFERENTS MODES DE COMMUNICATION DES PIECES ET D'ECHANGE DES CONCLUSIONS

Comme il a été dit plus haut, le code de procédure civile n'a pas organisé la communication des pièces ni l'échange des conclusions. Le principe bien qu'aujourd'hui est devenu coutumier a pour base légale l'article 29 de l'arrêté d'organisation judiciaire n°299/79 du 20 août 1979 portant règlement intérieur des cours, tribunaux et parquets. Cette disposition dit ceci : « *Autant que possible, les conclusions sont écrites et communiquées entre parties ou leurs mandataires, soit directement, soit par la voie du greffe avec les pièces dont elles comptent faire usage au moins trois jours avant l'audience où la cause sera appelée* ». En lisant attentivement cet article, on découvre que le législateur propose deux mode de communication des pièces et d'échanges de conclusions, à savoir : directement entre parties ou via le greffe.

4.1. De la communication des pièces et de l'échange des conclusions directement entre parties

L'arrêté de l'organisation judiciaire précité affirmant que la communication entre parties peut se faire directement, mais ne précise pas par quelle voie. S'agit-il de la voie postale ou électronique ou encore par simple courrier au porteur ? Devant le silence de la loi, chaque partie est donc libre d'utiliser la voie qui lui semble fiable pour préserver la fidélité des pièces et le contenu des conclusions à la seule condition que cette voie soit susceptible d'atteindre la partie adverse.

Il faut noter qu'en France, les voies de communication des pièces sont organisées dans le code de procédure civile y comprise, la voie électronique.

4.2. De la communication des pièces et de l'échange des conclusions via le greffe

Bien que la communication entre parties par la voie du greffe soit organisée en droit congolais par l'arrêté sus-évoqué cependant, ce texte ne détermine pas les conditions de son application. Il y a lieu de rappeler que cette disposition ne doit pas été confondue avec l'article 16 du CPC qui permet valablement de signifier tout jugement ou un exploit au greffe dans le cas où l'une des parties non domiciliées dans le ressort à qui le juge demande de faire élection de domicile dans son secteur, mais omet ou refuse de le faire.

Il faut noter par ailleurs que l'alinéa 2 de l'article 31 du même arrêté d'organisation judiciaire du 20 août 1979 lorsqu'il stipule ceci « *Les conclusions seront signées par la partie qui les a formulées ou par son mandataire et déposées sur le bureau du greffier* ... » cela ne concerne pas le mode d'échanges des conclusions. Cette disposition est liée à l'aliéna 1er du même article qui parle de la manière dont les plaidoiries peuvent avoir lieu à l'audience. Lorsque cet article parle des conclusions déposées au greffe il s'agit au juste de la manière dont la note de plaidoirie sera déposée au greffe après plaidoirie.

5. DES CONSEQUENCES DU DEFAUT DE COMMUNICATION DES PIECES ET D'ECHANGE DES CONCLUSIONS

Pour mieux comprendre les conséquences du défaut de communication des pièces et d'échange des conclusions, il faut le regarder sous deux aspects différents parce que le code de procédure civile ne l'organise pas. Il s'agit de :

- du point de vue de l'article 63 de la décision n°CNO8/87 du 19 août 1987 portant règlement intérieur cadre des Barreaux de la République Démocratique du Congo tel que modifié par décision n°04/CNO du 24/02/2001 ;
- du point de vue de l'article 29 de l'arrêté d'organisation judiciaire n°299/79 du 20 août 1979 portant règlement intérieur des cours, tribunaux et parquets.

S'agissant de l'article 63 de la décision n°CNO8/87 du 19 août 1987 portant règlement intérieur cadre des Barreaux de la République Démocratique du Congo tel que modifié par décision n°04/CNO du 24/02/2001 ; comme dit plus haut, le défaut de communication des pièces et d'échange des conclusions est une obligation d'ordre professionnel. Le non-respect de cette obligation ainsi que celui de le faire dans les délais de trois (3) jours au moins avant les plaidoiries entraine une sanction disciplinaire pour l'avocat. Cependant, il faut noter que cette décision du Barreau National n'a aucune incidence vis-à-vis du juge.

S'agissant de l'article 29 de l'arrêté d'organisation judiciaire n°299/79 du 20 août 1979 portant règlement intérieur des cours, tribunaux et parquets ; le défaut de communication des pièces et d'échange des conclusions par rapport au juge entrainent le rejet pur et simple des pièces non-communiquées ainsi que des conclusions non-échangées, s'il y en a eu plusieurs. Il en est de même lorsqu'ils sont faits hors délai. Ce texte étant son règlement intérieur, le juge n'a pas d'autre choix que de s'y conformer. Cependant, par rapport à l'avocat, cet article est contraignant malgré tout parce que dans les relations qu'il a avec les juridictions judiciaires, le juge va l'obliger à s'y soumettre.

SECTION 2 : DE LA PREUVE DE COMMUNICATION DES PIECES ET D'ECHANGE DES CONCLUSIONS

La preuve de la communication des pièces et de l'échange des conclusions est faite par un accusé de réception du destinataire. Cet accusé de réception est fait sans délai, conformément à l'article 63 de la décision n°CNO8/87 du 19 août 1987 portant règlement intérieur cadre des Barreaux de la République Démocratique du Congo tel que modifié par décision n°04/CNO du 24/02/2001. Il peut s'agir d'un simple accusé de réception manuscrit ou un sceau de réception sur la lettre de transmission. S'il échet, l'expéditeur peut joindre à sa lettre de transmission un bordereau énumérant toutes les pièces et qui précise leur nature, c'est-à-dire s'il s'agit des originaux ou des copies. Cependant, il y a lieu de noter que la preuve de la communication des pièces et des conclusions ne pose pas de problème en soi entre avocats. Mais, le problème est comment peut-on la produire devant le juge, étant donné que le même article 63 prohibe la production en justice des correspondances professionnelles échangées entre confrères ?

Dans la pratique, certaines avocats pour prouver qu'ils ont bel et bien procéder à la communication des pièces, sans tomber sous coup de la sanction disciplinaire, produisent le bordereau des pièces avec l'accusé de réception. Mais dans ce cas, la question demeure toujours dans la mesure où les conclusions ne sont pas reprises dans le bordereau des pièces. Pour résoudre ce problème, en attendant la réforme du droit congolais, il faudrait peut-être que le Barreau National prenne une décision qui fasse la part des choses entre une correspondance traditionnelle avec un fond et un contenu susceptible d'être protégé et, une simple lettre de transmission des pièces et des conclusions qui n'a pas de fond et que l'on peut produire à l'audience. Mais, sur ce point le chemin est encore long.

Il faut noter qu'en France, ce problème a déjà été résolu et ce, de la manière suivante : tout d'abord, le bordereau énumérant les pièces est considéré comme un annexe aux conclusions et non celui de la lettre de transmission, aux termes de l'article 753 du NCPC français. Ainsi, il échappe parfaitement au contrôle du Conseil de l'Ordre. Il peut donc être produit en justice sans problème. Ensuite, les diverses copies des conclusions échangées et des pièces communiquées entre parties sont, selon l'article 906 du NCPC français, également déposées au greffe avec la preuve de leurs différentes réceptions par la partie adverse. Ainsi, ce dépôt au greffe sert de preuve de communication des pièces et des conclusions et, permet en même temps au juge de contrôler l'évolution de la mise en état.

SECTION 3 : DE L'ETAT D'UNE AFFAIRE A ETRE PLAIDEE

Lorsque les parties estiment qu'elles sont prêtes à en découdre, après avoir suffisamment échangé les pièces et les conclusions, elles le déclarent au juge pour clore l'étape de la mise en état. La clôture de cette phase ouvre immédiatement celle des débats. Dans le langage courant, les avocats disent que l'affaire est en état d'être plaidée. Une affaire arrive en état d'être plaidée lorsqu'elle atteint le degré d'achèvement de l'instruction le plus avancé et le plus total, son paroxysme. En France, cette phase est close par une ordonnance non motivé de clôture de l'instruction qui cristallise le litige et laquelle ne peut plus être révoquée que pour des faits graves tels qu'énoncés par les articles 782 et suivants du NCPC français.

1. DE L'OUVERTURE DE LA PHASE DES DEBATS

L'ouverture des débats a lieu à la fin de la mise en état, au cours d'une audience dont le juge aura préalablement fixé la date et 0l'heure pour la plaidoirie. Cette phase des débats est régie par deux principes essentiels, à savoir : le principe du contradictoire et le principe de l'oralité des débats. Le premier principe est énoncé à l'article 15 du CPC qui stipule que « *les parties sont entendues contradictoirement...* » et le second, par l'article 31 de l'arrêté d'organisation judiciaire n°299/79 du 20 août 1979 portant règlement intérieur des cours, tribunaux et parquets qui affirme que « *Les parties plaident ou peuvent lire le dispositif de leurs conclusions à l'audience* ».

En principe, les débats sont oraux, mais il arrive parfois qu'ils ne le soient pas. Lorsqu'ils sont oraux, les parties plaident à tour de rôle sous la direction du juge qui seul a le pouvoir de donner la parole aux uns et aux autres[336]. A la fin de cette plaidoirie les parties ont 48 heures pour déposer leur note de plaidoirie au greffe. « *Cette note pour répondre à la*

[336] Voir plus ample détails à la deuxième partie, titre 2, chapitre 2, section 2 : De la plaidoirie.

loyauté des débats, à leur caractère contradictoire et pour mieux dire aux exigences d'un procès équitable, ne peut contenir que les moyens oralement développés devant le juge et rien d'autre »[337].

Mais, comme dit ci-haut, il arrive aussi que les débats ne soient pas oraux. Les parties peuvent juste décider de déposer leurs notes de plaidoirie dans les 48 heures sans débats. Dans ce cas, elles peuvent lire le dispositif et leurs conclusions sans faire de commentaire. Il arrive aussi dans certains cas qu'elles décident carrément déposer la note de plaidoirie dans le délai sans même lire le dispositif et leurs conclusions. Dans les deux (2) cas, ce dépôt n'élève en rien le caractère contradictoire dans la mesure où l'instruction entre parties a été complète à la suite de la communication et des échanges des différents moyens à travers leurs conclusions respectives.

Cependant, lorsque les parties décident de plaider, la parole est donnée en premier lieu à l'avocat du demandeur et puis en second lieu, à celui du défendeur. Le juge peut retirer la parole à une partie surtout lorsqu'elle s'écarte du débats. Le ministère public intervient en dernier comme partie jointe pour donner son avis quant à la solution du litige. Il faut noter de façon générale que le ministère public intervient généralement dans un procès civil comme partie jointe sauf, lorsqu'il peut agir par voie d'action principale dans l'intérêt des personnes physiques lésées qui seraient inaptes à ester en justice, à assurer leur défense et à y pourvoir [338] notamment, en ce qui concerne la protection des droits l'enfant où il peut être une partie principale[339].

2. DE LA CLOTURE DES DEBATS ET DE LEUR REOUVERTURE EVENTUELLE

En règle générale, après que le ministère public ait donné son avis, le juge clôt les débats. Lorsque le ministère public n'a pas pu donner son avis à l'audience, aux termes de l'article 46 de l'arrêté d'organisation judiciaire n°299/79 du 20 août 1979 portant règlement intérieur des cours, tribunaux et parquets, le juge peut toujours clore les débats et ordonner la communication des pièces et des conclusions à ce dernier pour que son avis soit donné à une audience ultérieure. Il faut noter en passant que lorsqu'à la clôture des débats le ministère public a pris la parole en dernier et a donné son avis même tronqué, les avocats ne peuvent pas lui répondre. D'ailleurs, cet avis ne lie pas le juge.

[337] MATADI NENGA GAMANDA, Op. cit., n°376, p. 356.

[338] Article 68 de la loi organique n° 13/011-B du 11 avril 2013 portant organisation, fonctionnement et compétences des juridictions de l'ordre judiciaire.

[339] Article 102 § 1er de la loi n°09/001 du 10 janvier 2009 portant protection de l'enfant.

Cependant, l'article 69 de la loi organique n° 13/011-B du 11 avril 2013 portant organisation, fonctionnement et compétences des juridictions de l'ordre judiciaire a prévu des cas où la communication préalable est obligatoire avant que le ministère public rende son avis. Il s'agit des :

- causes concernant l'État, les provinces, les entités territoriales décentralisées, les établissements publics et les entreprises publiques ;
- procédures relatives à l'absence des personnes, aux actes de l'état civil, à l'ouverture, à l'organisation et au fonctionnement des tutelles, la mise sous conseil judiciaire ainsi que les litiges relatifs aux successions ;
- demandes qui intéressent les mineurs, les interdits, et les personnes placées sous curatelle ou qui concernent l'administration 'du patrimoine des faillis ;
- déclinatoires sur incompétence, litispendance ou connexité et les renvois de juridiction;
- actions civiles introduites en raison d'un délit de presse ;
- récusations, prises à partie, règlement de juges, requêtes civiles et faux incidents civils ;
- procédures en matière de faillite ou de concordat judiciaires ;
- contestations relatives au droit du travail et au régime de la sécurité sociale des travailleurs ;
- causes mues par les personnes qui sont admises soit comme indigentes, soit comme inaptes à ester ou à se défendre en justice chaque fois que l'assistance judiciaire a été accordée.

Lorsque le juge clôt les débats, la phase de délibéré prend cours même si, la décision n'intervient que quelques jours plus tard. La clôture des débats est irrévocable, à moins qu'il y ait un élément nouveau. Dans ce cas, la partie la plus diligente peut solliciter la réouverture des débats. Le juge apprécie souverainement cette demande et décide de rouvrir les débats, s'il pense que cet élément nouveau est décisif.

CHAPITRE 4 : DE LA MISE EN ETAT EN MATIERE URGENTE

SECTION 1 : DE LA NOTION DE MATIERE URGENTE

A une certaine époque assez récente, il existait au sein de la communauté OHADA deux (2) catégories de matière urgente, à savoir : le référé et la matière urgente proprement dite. Le référé est à ce jour organisé par le nouveau code de procédure français. Ce texte est applicable par le principe d'assimilation législative dans certains pays de la communauté OHADA[340] et a fait l'objet d'une fixation dans la communauté OHADA par plusieurs jurisprudences. Tandis que la « matière urgente » proprement dite est une institution propre au droit OHADA. Ces deux (2) procédures urgentes sont assez récentes dans l'arsenal juridique congolais. L'entrée en vigueur du traité OHADA en septembre 2014 a introduit lesdites procédures qui sont venues brutaliser et bousculer le droit interne congolais à tel point, il est encore difficile pour certains praticiens de bien les cerner.

S'agissant du référé ; il est défini *stricto sensu* par la doctrine française comme une procédure juridictionnelle d'urgence, de caractère contradictoire[341]. Cependant, il faut noter que c'est une notion jurisprudentielle en droit OHADA. Sa meilleure explication est tirée des articles 808 et suivants du NCPC français qui en est la base de la matière. Cette disposition affirme que dans tous les cas d'urgence, le président du tribunal de grande instance peut ordonner en référé toutes les mesures qui ne se heurtent à aucune contestation sérieuse ou que justifie l'existence d'un différend. Selon une certaine doctrine congolaise, le référé est plutôt une procédure permettant de demander au juge des mesures provisoires, mais rapides tendant à préserver ses droits[342]. Devant cette multiplicité des définitions, certains auteurs le considèrent comme une notion rebelle à toute systématisation. Cependant, pour l'appréhender, il faudrait retenir simplement que le référé concerne toute mesure provisoire ou toute mesure ayant pour objectif de faire cesser un trouble de fait[343].

---

340 Cette assimilation législative d'origine coloniale existe dans des pays tels que le Bénin, le Togo, le Gabon et le Mali.

341 Gérard CORNU, Vocabulaire juridique, p. 864.

342 Tony MWABA KAZADI, Détermination de la compétence des juridictions en matière de référé et d'urgence[en ligne]. Disponible sur : https://juriafrique.com/blog/2016/09/07/determination-de-la-competence-des-juridictions-en-matiere-de-refere-et-durgence/

343 Véronique BAOUSSON, C. LANGLAMET, S. MARQUET et, Delphine VERON, La notion d'urgence en référé [Analyse de la jurisprudence des Cours d'Angers et Rennes],

Il faut noter que les débats faisant la distinction entre le référé et la matière urgente a pris fin en mars 2002. Depuis cette date, la jurisprudence de la CCJA a tranché sur ce point en élargissant le référé pour en faire la matière urgente de l'article de l'article 49 alinéa 1er de l'acte uniforme (AUPRSVE)[344]. Il faut signaler en passant que malgré l'intervention de cette jurisprudence certains auteurs congolais continuent à croire que les deux notions sont tout à fait différentes et qu'il faille nécessairement les distinguer[345].

S'agissant de la « matière urgente » proprement dite telle organisée par le droit OHADA ; la doctrine a du mal à se mettre d'accord sur ce point pour une définition commune. La matière urgente est énoncée de l'article 49 alinéa 1er de l'acte uniforme (AUPRSVE) sans plus d'explications. Cette disposition l'explique par rapport à la compétence du juge-président de la juridiction saisie ou du magistrat qu'il délègue. Il est fait allusion à sa compétence de trancher en matière urgente sur tout litige ou toute demande relative à une mesure d'exécution forcée ou à une saisie conservatoire. Cependant, de tout ce qui précède, il y a lieu de retenir que l'urgence dans le sens de l'article 49 alinéa 1er de l'acte uniforme (AUPRSVE) désigne une forme de traitement des litiges relatif aux mesures d'exécution forcée ou à une saisie conservatoire[346].

Autrefois, il existait entre le référé et la matière urgente, aussi bien des similitudes que des différences qui sont révolues depuis l'intervention de la CCJA dans son arrêt n°008/2002 du 21 mars 2002. Aujourd'hui, le référé tel que défini ci-haut est assimilé à la matière urgente l'article 49 alinéa 1er de l'acte uniforme. Parmi les similitudes qui existaient, il faut citer que les deux (2) des procédures sont de nature juridictionnelle d'urgence et de caractère contradictoire. Cependant, parmi les différences, il y avait, entre autre, le fait que le référé ne concernait que les mesures qui devaient être prises à titre provisoire et qui ne se heurtaient pas à une contestation sérieuse alors que la matière d'urgence n'était simplement qu'une procédure accélérée relative aux contentieux nés de l'exécution forcée ou à la saisie conservatoire.

in : Revue judiciaire de l'Ouest, 1987-2, pp.173-179 [en ligne]. Disponible sur : www.persee.fr/doc/juro_0243-9069_num_11_2_1485

344 Voir plus de détails à la deuxième partie, titre 5, chapitre 4, section 2, § 1er. De la compétence de la juridiction présidentielle.

345 Tony MWABA KAZADI, ibidem.

346 Joseph DJOGBENOU, Le juge institue par l'article 49 alinéa 1er de l'AUPSRVE à la lumière de la jurisprudence de la CCJA, p. 9[en ligne]. Disponible sur site : http://everytic.net/cabinet-djogbenou/IMG/pdf/Le_juge_institue_par_l_article_49_al-1er_de_l_AUPSRVE_a_la_lumiere_de_la_jurisprudence_de_la_CCJA.pdf

SECTION 2 : DE LA MISE EN ETAT EN MATIERE URGENTE

1. DE LA COMPETENCE DE LA JURIDICTION PRESIDENTIELLE

En matière urgente, le juge-président d'une juridiction ou le magistrat qu'il délègue est une juridiction autonome par rapport au tribunal de grande instance, de commerce ou de travail dont il est attaché. Ce juge unique ressemble un peu par comparaison à son siège au juge de paix que la RDC a connu à l'époque, sous le régime de l'ordonnance-loi n°82-020 du 30 mars 1982 portant Code de l'Organisation et de la Compétence Judiciaire appelée autrefois « code OCJ » dont le siège était à juge unique dans les matières ordinaires sauf, lorsqu'il était question de l'application de la coutume où le siège était composé à trois (3) juges[347]. Le juge de paix de l'ordonnance-loi précitée, tout comme celui de la matière urgente, avait le poids de la décision reposait sur sa tête et il officiait en bon père de famille avec promptitude pour trancher les litiges, mais les affaires qu'il traitait n'avait rien avoir avec la matière urgente telle que prévue dans le sens de l'article 49 alinéa 1er de l'AUPSRVE.

Le droit OHADA a doté à la juridiction présidentielle des prérogatives qui excèdent les attributions présidentielles classiques. Cette juridiction est compétente pour statuer sur tout litige en matière urgente. Le juge-président possède en matière urgente un champ d'application plus étendu que le juge-président traditionnel de l'article 10 du CPC qui n'est compétent en matière de célérité que pour rendre sur requête préalable des ordonnances abréviatives de délai.

A l'origine, comme dit plus haut, le référé et la matière urgente étaient considérés comme deux (2) procédures distinctes. Le juge-président de la juridiction n'était compétent que selon les termes de l'article 49 alinéa 1er de l'AUPSRVE. En matière de référé, il était compétent pour prendre toutes les mesures d'urgence uniquement à titre provisoire, soit lors d'un procès classique, soit pour prendre les mêmes mesures provisoires lors d'un litige en matière urgente né de l'exécution forcée ou de la saisie conservatoire. Il était le juge du provisoire et ne pouvait pas connaitre le fond des litiges. Cependant, il faut noter que sa compétence a été étendue par l'arrêt n°008/2002 du 21 mars 2002 opposant la société PALMAFRIQUE à Monsieur Etienne KONAN BALLY KOUAKOU au point de faire de lui le juge de la matière urgence de l'article 49 alinéa 1er de l'AUPSRVE. Désormais, il est devenu le juge de l'article 49 alinéa

[347] Article 24 de l'ordonnance-loi n°82-020 du 30 mars 1982 portant code de l'Organisation et de la Compétence Judiciaire.

1er de l'AUPSRVE et a été rendu capable de connaitre le fond de tout litige en prenant des titres exécutoires conformément à l'article 33 alinéa 1er du même acte uniforme. Dans cet arrêt, la Cour Commune de Justice d'Arbitrage affirme ce qui suit :

« *Il résulte de la combinaison des article 49 et 33-1 de l'AU susvisé que, d'une part, le juge des référés est bien compétent en l'espèce pour trancher ce type de litige ; qu'au demeurant, le large champ d'application de l'article 49 précité, ouvert à « tout litige » ou « toute autre demande » relative à une mesure d'exécution forcée, inclut les « cas d'urgence » et « les difficultés » relatifs à l'exécution d'une décision de justice ou de tout autre titre exécutoire ; que, d'autre part, le juge des référés peut délivrer un titre exécutoire et ainsi, l'ordonnance querellée ayant été signifiée, bien que non revêtue de la formule exécutoire, constitue un titre exécutoire au sens de l'article 33-1 ci-dessus cité. Il s'ensuit que les fins de non-recevoir tirées de l'incompétence du juge des référés et de la violation de l'article 33-1 de l'Acte uniforme susvisé ne sont pas fondées et doivent être rejetées* »[348].

Tenant compte de tout ce qui précède, lorsque le juge-président est saisi en matière urgente, il est clair que lui ou le magistrat délégué par lui est saisi en qualité de juge des référés. Il est la « juridiction compétente » et, est compétent pour connaitre de tous les contentieux nés de l'exécution forcée ou de la saisie conservatoire. Il peut également connaitre le fond d'un litige et peut, tant à titre principal que provisoire, statuer par ordonnance rendue exécutoire aussi bien en contestation d'une exécution d'un jugement ou d'un autre titre exécutoire.

2. DE LA MISE EN ETAT EN MATIERE URGENTE PROPREMENT DITE

Le caractère contradictoire de la procédure civile congolaise énoncé à l'article 15 du CPC oblige les parties à communiquer les pièces et à échanger les conclusions écrites 72 heures avant l'audience. Ce principe connait une exception par rapport à la procédure d'urgence. En cette matière, la communication des pièces et l'échange des conclusions sont faites autrement par rapport la procédure classique.

En effet, le demandeur qui veut assigner le défendeur en urgence doit d'abord solliciter du juge-président sur requête motivée, accompagnée des pièces en appui, l'autorisation d'assigner à bref délai. Ce dernier faisant droit à sa requête va rendre une ordonnance lui autorisant à assigner à jour fixe. La requête et l'ordonnance présidentielle en

[348] Ohadata J-02-163 - Jurisprudence Ohada [en ligne]. Disponible sur : http://biblio.ohada.org/pmb/opac_css/index.php?lvl=notice_display&id=6406) et sur : http://www.ohada.com/jurisprudence/ohadata/J-02-163.html

ampliation de l'assignation sont signifiées au défendeur. En principe, l'assignation doit lui informer qu'il peut trouver les pièces en annexe ou qu'il peut prendre connaissance de ces pièces au greffe de la juridiction. Le jour de l'audience, le juge doit s'assurer que dans ce laps de temps qui s'est écoulé que la partie défenderesse a disposé d'un délai suffisant pour préparer sa défense[349]. Sinon, il peut apprécier et renvoyer l'affaire à une audience dont il fixe le jour pour statuer au fond. A défaut, les parties plaident sur-le-champ.

S'agissant de la communication de pièces ; les pièces dont il s'agit sont des titres exécutoires tels qu'énumérés à l'article 33 de l'AUPSRVE et généralement, elles ont déjà fait l'objet d'une signification au défendeur par l'huissier en vue de leur exécution ou de la saisie conservatoire. C'est pourquoi, la communication ne procède pas, en matière urgente, par la transmission des pièces de l'une des parties à l'autre, 72 heures avant, mais pendant l'audience. La communication est faite directement à la barre pour que l'autre partie puisse les examiner et y répondre lorsqu'il aura la parole sauf, si l'audience a été renvoyée par autorité du juge à un autre jour pour la plaidoirie.

S'agissant de l'échange des conclusions ; ici comme dit plus haut, les conclusions sont plutôt orales. Il est évident qu'il n'est plus question d'un envoi ou d'une communication réciproque par courrier. Chacune partie développe oralement ses prétentions ou ses moyens de défense à l'appui des pièces. L'autre partie y répond dans les mêmes conditions jusqu'à la mise en état. Dans ce cas, lorsque les parties estiment qu'elles sont prêtes à plaider, elles le déclarent au juge pour qu'il puisse clore cette phase et les inviter à la plaidoirie qui se fait séance tenante. Il faut noter toutefois qu'en dépit du fait que les conclusions soient prises à l'oral pendant l'audience, elles doivent être reprises sous forme écrite dans la note de plaidoirie que les parties déposent dans les 48 heures.

Le ministère public n'étant pas présent en matière d'urgence, il ne donne donc pas son avis. Lorsque le juge pense qu'il a suffisamment instruit, il clôt les débats et prend l'affaire en délibéré. Il faut noter qu'il peut aussi rouvrir les débats comme dans un procès classique selon la pertinence de la demande qui est formulée devant lui. Ce dernier apprécie souverainement cette demande.

349 Article 849-1 du NCPC français.

Tableau 12 : Des caractéristiques du référé

	Caractéristiques
Type de droit	*Droit processuel*
Mode de traitement	*Matière urgente*
Saisine préalable du juge	*Requête sollicitant l'autorisation à assigner à bref délai*
Mode de saisine du juge	*Assignation à bref délai*
Juridiction compétente	*Juridiction présidentielle au premier degré*
Caractère	*contradictoire*
Composition de siège	*Juge unique*
Compétence matérielle	*Contentieux de toute autre nature en matière d'urgence nés pendant l'exécution forcé ou de la saisie conservatoire, soit à titre principal ou conservatoire*
Sanction des décisions	*Prise par ordonnance*
Mise en état	*A l'audience où l'affaire est appelée, sauf décision contraire du juge*
Plaidoirie	*Le jour de l'audience, immédiatement après la mise en état, sauf décision contraire du juge*

Tableau 13 : Résumé schématique de la mise en état en matière ordinaire

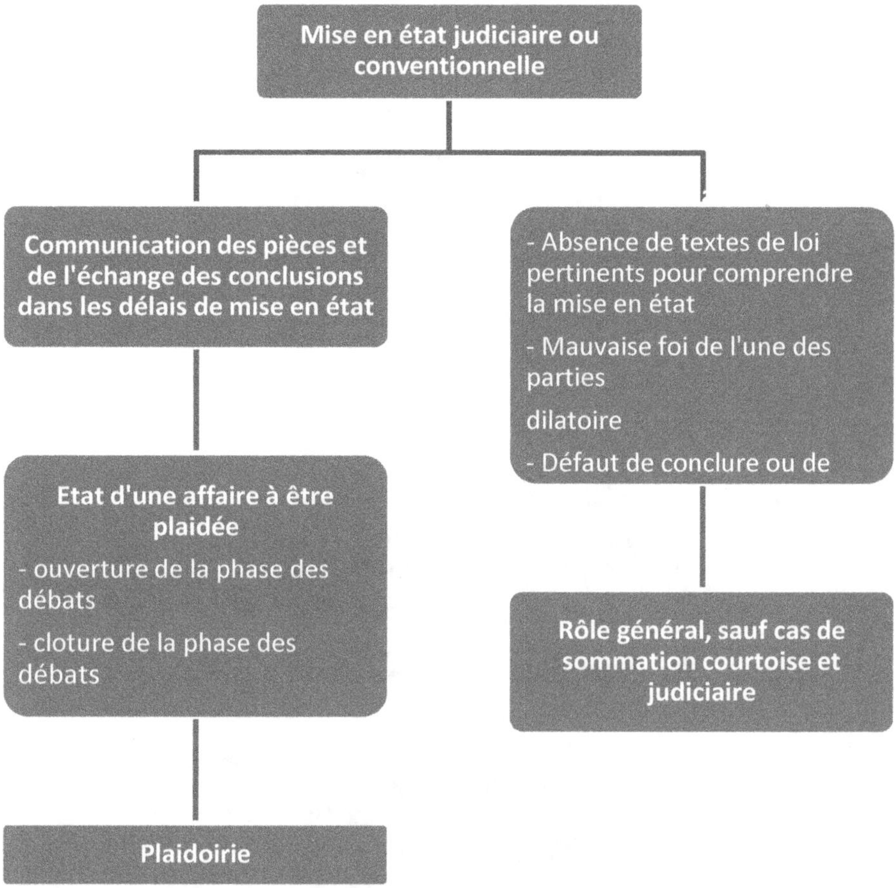

Tableau 14 : Résumé schématique de la mise en état en matière urgente

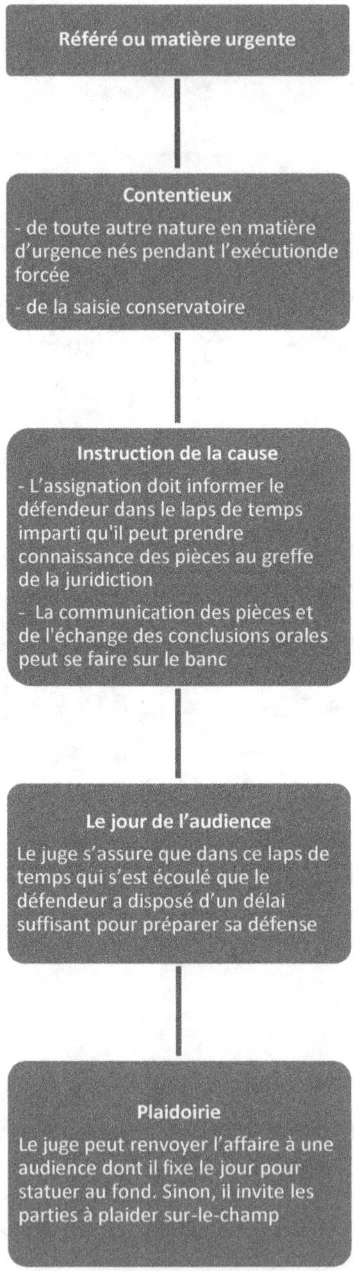

TITRE 4 : DU JUGEMENT

CHAPITRE 1 : DU JUGEMENT

SECTION 1 : DU JUGEMENT ET DES ORDONNANCES RENDUS PAR LE TRIBUNAL

1. DE LA NOTION DE JUGEMENT

1.1. De la notion de jugement proprement dit

Le jugement est défini de plusieurs manières par la doctrine congolaise. Selon la première définition congolaise, « *La décision que le juge prend est le jugement. Le jugement est le résultat de l'étude minutieuse du dossier. Il résulte des éléments du dossier, c'est-à-dire des éléments de fait et de droit que contient le dossier. Il est donc, en résumé, l'acte du juge qui tranche un litige en tenant compte des faits et du droit. A quelques exceptions près, le jugement est un acte juridictionnel qui répond même de l'activité essentielle du juge* »[350]. Mais, cette définition n'est pas suffisante pour englober cette notion. Une deuxième explication plus appropriée qui est, du reste, assez constante à ce jour. Elle définit mieux le jugement. Selon elle, « *Le jugement est une décision rendue par une juridiction légalement constituée sur contestation existant entre parties ayant introduite et poursuivi un litige conformément aux règles de procédure. Pour qu'un jugement existe, il faut trois éléments constitutifs : 1° une juridiction légalement constituée ; la décision d'un tribunal qui ne serait pas reconnu par la loi ne pourrait porter le nom de jugement ; 2° l'existence d'un litige, d'une contestation ; par contestation, il faut entendre tout débat en justice entre deux ou plusieurs personnes qui ont des prétentions à une même chose ou qui soutiennent des prétentions contraires quant à l'existence ou à l'étendue d'un droit prétendument lésé (la matière doit être contentieuse et non gracieuse) ; 3° l'existence d'une instance régulière ; pour que la décision qui tranche une contestation soit un jugement, il faut qu'elle soit intervenue sur une instance liée conformément aux règles de procédure établies pour les juridictions …»*[351].

Selon l'article 21 de la Constitution, le jugement doit être essentiellement écrit. Cependant, bien qu'il soit écrit, il doit être prononcé en audience publique. Il faut noter qu'en dehors de cette disposition, aucun autre texte de loi de droit processuel ne le précise, à l'exception peut-être de l'article 28 de la loi n°02-2001 3 juillet 2001 portant création, organisation et fonctionnement des tribunaux de commerce.

---

[350] MATADI NENGA GAMANDA, Op. cit., n°380, p. 365.

[351] MUKADI BONYI et KATUALA KABA KASHALA, Op. cit., n°107, p. 112.

Le prononcé obéit au principe de l'oralité de la procédure. Avant tout prononcé, le jugement bien qu'écrit est généralement un projet qui n'a de valeur que de simples notes. C'est une fois prononcé que ce projet prend la valeur officielle de jugement. A ce moment-là, le juge en est dessaisi. Le greffier recueille ce texte sous forme de minute et en devient le dépositaire. La minute servira de preuve incontestable du prononcé. Le greffier va, donc, se charger de le dactylographier et de le soumettre, le cas échéant, au juge pour qu'il le collationne à la minute en vue de l'établissement d'une expédition, d'une grosse ou d'un extrait à signifier aux parties.

1.2. Des différentes formes du jugement

Le jugement peut se présenter sous quatre (4) formes, à savoir : la minute du jugement, l'expédition pour appel, la grosse et l'extrait du jugement.

S'agissant de la minute du jugement ; elle est l'original du jugement. Aux termes de l'article 24 du CPC, elle est signée par les juges qui les ont rendus et par le greffier. Elles sont annexées à la feuille d'audience. Le défaut de la signature des personnes sus-évoquées rend la minute du jugement nulle. Cependant, le jugement demeure car, il existe dès le prononcé.

La minute du jugement contient les mentions énumérées à l'article 23 du CPC, c'est-à-dire :

- le nom des juges qui l'ont rendu, celui de l'officier du ministère public s'il a été entendu et du greffier qui a assisté au prononcé ;
- les noms, professions et demeures des parties et de leurs fondés de pouvoir ou avocats si elles ont été représentées ;
- les motifs, le dispositif et la date à laquelle le jugement est rendu.

En cas de perte de la minute, la partie la plus diligente est admise à prouver l'existence du jugement par toute voie de droit.

S'agissant de l'expédition pour appel ; elle est la version du jugement que le greffier délivre aux parties pour le soumettre au juge d'appel afin qu'il vérifie la procédure que le premier juge a suivie. Elle prend le nom de grosse lorsqu'elle est revêtue de la formule exécutoire. L'expédition du jugement contient les mentions de la minute ainsi que les qualités. Il faut entendre par qualités, les différentes demandes pour lesquelles le juge a été saisi, la procédure suivie ainsi que le dispositif des conclusions des parties. Le greffier établira ces qualités au regard des notes qu'il a prises en cours des audiences, des actes de procédure qui se trouvent dans le dossier. Si ces éléments lui paraissent insuffisants, il peut toujours demander plus ample renseignement auprès des parties[352]. Il faut signaler en passant que « *Le vice des qualités ne rend pas ipso facto le jugement nul, mais la majorité des cas, lorsqu'une formalité essentielle n'est pas constatée dans l'expédition, que d'après les conclusions telles que celle-ci les rapporte il apparait que le juge a statué ultra petita, etc., la nullité du jugement en découlera, si la partie intéressée ne fait pas autrement la preuve que la procédure a été régulière* »[353].

L'expédition de jugement est un acte authentique. Elle a une force probante jusqu'à la preuve contraire. Et, en cas de contradiction d'avec la minute, celle-ci prime.

S'agissant de la grosse ; elle est une expédition revêtue de la formule exécutoire. Elle n'est délivrée qu'à la partie qui a gagné le procès afin de lui permettre de le faire exécuter. C'est donc un instrument d'exécution à déposer au greffe du même nom pour engager cette procédure. En principe, elle est établie en autant d'exemplaires qu'il y a des personnes qui doivent procéder à l'exécution. Tandis que la copie de la grosse est signifiée à l'autre qui n'a aucun intérêt à voir jugement être exécuté. D'ailleurs selon la jurisprudence de la Cour d'Appel de Lubumbashi qui est restée constante à ce jour, la copie de la grosse qui a été valablement signifiée peut servir d'expédition. Dans son arrêt rendu le 19 octobre 1993, le juge d'appel affirme qu'« *Une copie signifiée de la décision attaquée peut valablement remplacer l'expédition ; il est dès lors sans intérêt de demander à la personne signifiée, auteur de la production au dossier la preuve de paiement d'une pièce qui ne lui a pas été délivrée par le greffier, mais à l'auteur de la signification* »[354] ;

S'agissant de l'extrait jugement ; le jugement est signifié par extrait lorsque le juge a rendu un jugement par défaut. Celui-ci comprend, aux termes de l'article 25 du CPC, l'indication du tribunal qui l'a rendu, les noms des juges, de l'officier du ministère public, s'il a été entendu et du greffier qui a assisté au prononcé, les noms, professions et demeures des parties et de leurs fondés de pouvoir si elles ont été représentées; le dispositif et la date du jugement.

---

[352] Antoine SOHIER, Droit de procédure du Congo belge, éd. cit., n°277, p. 105.

[353] Ibidem, n°231, p. 107.

[354] CA L'shi RTA 126 du 19 octobre 1993, TSHAMWA K c/ Sté SOLBENA - Jurisprudence citée par Ruffin LUKOO MUSUBAO, Op. cit., n°3, p. 195.

2. DES ORDONNANCES

Il existe plusieurs sortes d'ordonnances que le juge-président peut prendre, à savoir :

- l'ordonnance en matière de célérité ou en matière d'urgente ;
- l'ordonnance d'homologation d'actes juridiques.

2.1. De la notion de l'ordonnance en matière de célérité ou en matière d'urgente

Le mot jugement n'est pas un vocable usité pour désigner une décision judiciaire en matière urgente. Ici, le terme approprié est l'ordonnance. L'ordonnance est rendue par la juridiction autonome d'un tribunal de grande instance donnée ou de celui du même rang, c'est-à-dire le juge-président. L'ordonnance de ce dernier est généralement exécutoire et ses effets varient différemment selon qu'il s'agit de la procédure classique de l'article 10 du CPC ou de la matière urgente de l'article 49 alinéa 1er de l'AUPSRVE.

S'agissant de l'ordonnance prise dans le cadre de la procédure classique de célérité de l'article 10 du CPC ; l'ordonnance rendue dans ce cas-ci intervient principalement pour régler un problème d'ordre administratif, c'est-à-dire qu'elle ne tranche pas un litige en soi, mais aménage plutôt, d'une autre manière, le délai de notification de l'exploit introductif d'instance prévu à l'article 9 du CPC et ce, pour des raisons de célérité. Son intervention se limite à déroger à ce délai légal. Ainsi, au lieu d'assigner à la huitaine ou à un délai de distance par kilomètre ou encore à domicile inconnu, etc., le juge-président va autoriser d'assigner à bref délai. Pour ce faire, la requête sollicitant cette ordonnance abréviative de délai doit être suffisamment motivée pour lui permettre de prendre une décision mesurée. Il faut noter cependant que même si dans la pratique c'est le cas, la délivrance d'une ordonnance abréviative de délai n'est pas automatique. Le juge apprécie son opportunité en fonction de la procédure à engager ou en fonction des moyens de fait et de droit et, des pièces que le requérant développe dans sa demande. Deux (2) cas suivants peuvent se présenter :

- lorsque le requérant sollicite une ordonnance d'assigner à bref délai pour engager une procédure en matière urgente ; dans ce cas, le juge n'a pas de large manœuvre que de lui en délivrer une si celui-ci a respecté les conditions de l'article 49 alinéa 1er de l'AUPSRVE. Le juge-président ne peut que constater le choix du

requérant de s'engager dans la procédure de référé. Ici, la délivrance est peut-être automatique ;
- lorsque le requérant sollicite une ordonnance abréviative de délai pour engager une procédure de célérité ; dans ce cas, le juge doit apprécier l'opportunité de cette requête en fonction des moyens de fait et de droit et, des pièces que le requérant y développe. S'il n'en est pas convaincu, il est libre de la rejeter ou pas. Lorsqu'il la rejette, la loi ne lui permet pas d'établir une ordonnance de rejet, mais il agit par simple décision implicite de rejet. Il faut signaler en passant que le requérant n'a pas de voie de recours ordinaire contre le rejet de l'ordonnance abréviative de délai prise dans le cadre de célérité de l'article 10 du CPC.

S'agissant de de l'ordonnance prise en matière urgente de l'article 49 alinéa 1er de l'AUPSRVE ; contrairement à l'ordonnance prise dans ce cadre de l'article 10 du CPC, celle prise en matière urgente intervient pour trancher un litige. Ce litige concerne principalement le contentieux de l'exécution ou de la saisie conservatoire. Ainsi, le juge en prenant une ordonnance dans cette matière statue au fond. Il faut noter que contre celle-ci, paradoxalement à l'ordonnance précitée, le défendeur a pleinement les voies de recours ouvertes devant lui[355].

2.2. De la notion de l'ordonnance d'homologation d'actes juridiques

L'ordonnance d'homologation d'actes juridiques n'est pas une décision judiciaire comme les autres. Elle existe particulièrement en matière gracieuse, plus précisément dans certaines circonstances prévues par la loi. Celle-ci subordonne l'efficacité de certains actes juridiques au contrôle de conformité du président du tribunal qui les sanctionne par une décision. L'ordonnance d'homologation confère à un certain nombre d'actes juridiques, qui au départ n'avaient de valeur que celle d'un simple renseignement, une force exécutoire. Tel est le cas des actes de notoriété, de la convention sur la garde des enfants mineurs et du droit de reprise des petits héritages inférieur à 1.250.000 francs congolais.

S'agissant des actes de notoriété ; l'article 155 du CDF donne la compétence au président du tribunal de paix ou de celui de tribunal pour enfants où l'acte a été établi de le sanctionner par une ordonnance d'homologation. Celui-ci peut avant toute homologation, demander toute information à l'officier de l'état civil qui l'a établi, voire un complément d'information afin de s'enquérir par le contenu et

[355] Voir pour plus de détails le deuxième partie, titre 3, chapitre 4, section 3.

l'authenticité de l'acte. Ainsi, après l'homologation, l'acte de notoriété est assimilé à tous égards à un acte de l'état civil

Il faut noter cependant que lorsque le juge-président du tribunal précité estime que ledit acte est entaché, il peut refuser de l'homologuer. Dans ce cas, il doit prendre une ordonnance de refus qu'il motive suffisamment. Celle-ci est susceptible d'appel devant le tribunal de grande instance.

S'agissant de la convention de garde des enfants ; l'article 585 du CDF permet au couple qui est en pleine procédure de divorce de conclure entre eux une convention sur la garde de leurs enfants mineurs. Celle-ci est soumise à l'homologation du président du tribunal pour enfants. Cet acte conventionnel demeure exécutoire jusqu'au jugement prononçant le divorce qui, en principe, doit statuer sur le cas et le remplacer. A défaut, elle demeure en application.

S'agissant du droit de reprise des petits héritages ; selon article 787 du CDF, lorsque le père et/ou la mère venait à mourir et laisse un héritage qui ne dépasse pas 1.250.000 francs congolais, à défaut de dispositions testamentaires contraires attribuant l'hérédité en tout ou en partie à l'un des enfants, chacun d'eux peut, par ordre de primogéniture, décider de le reprendre en tout ou pour une part supérieure à sa quote-part légale. Dans ce cas, l'héritier exerçant son droit de reprise doit introduire une requête en homologation de son droit devant le tribunal de paix du ressort duquel la succession est ouverte. Cette requête doit être introduite dans les trois (3) mois après l'ouverture de la succession[356].

SECTION 2 : DES DIFFERENTES CATEGORIES DE JUGEMENTS

1. DE LA DISTINCTION DU JUGEMENT SELON LA MATIERE

En droit civil, il existe principalement deux (2) matières selon lesquelles une action judiciaire peut être initiée. Ces deux (2) matières donnent lieu à deux (2) jugements distincts selon leur nature, à savoir :

- le jugement gracieux ;
- le jugement contentieux.

[356] Article 789 du CDF.

1.1. Du jugement gracieux

L'adjectif gracieux signifie « *Non contentieux ; qui n'a pas un caractère litigieux ; qui se développe en dehors de toute contestation* »[357]. Un jugement gracieux est donc un jugement qui est rendu dans une matière qui n'est pas un véritable litige. Le requérant saisit le juge parce que la loi exige qu'une telle situation juridique soit soumise à son contrôle tel est le cas le plus souvent en droit de la famille, en droit des personnes notamment, la rectification des actes de l'état civil, du changement de prénom, de la déclaration d'absence, demande d'adoption, homologation d'un changement de régime matrimonial, etc.

1.2. Du jugement contentieux

Le jugement contentieux est celui « *Qui tranche une contestation (principale ou incidente)* »[358]. La matière contentieuse suppose qu'il y ait une double condition :

- être en présence d'une contestation ou d'un litige ;
- être en présence d'au moins deux parties concernant cette contestation ou ce litige.

2. DE LA DISTINCTION DU JUGEMENT SELON LEUR CONTENU

Le code de procédure civile ne fait aucune distinction entre les différentes sortes des jugements. Cependant, pour y arriver, il faut se référer à la doctrine et à la jurisprudence[359]. Il existe plusieurs sortes de jugements classés selon leur contenu, à savoir :

- le jugement définitif vidant le fond du litige ;
- le jugement définitif sur incident ;
- le jugement avant-dire droit ou avant-faire droit ;
- le jugement prononçant la disjonction des chefs de la demande ;
- le jugement provisionnel ;
- le jugement se prononçant sur les mesures conservatoires et provisoires.

---

[357] Gérard CORNU, Op. cit., p. 493.

[358] Gérard CORNU, Op. cit., p. 253.

[359] Cette classification s'est inspirée de celle présentée par le professeur BAYONA ba MEYA. Voir BAYONA ba MEYA, Op. cit., p. 142-144.

2.1. Du jugement définitif vidant le fond du litige

Parlant du jugement définitif, la doctrine congolaise affirme ceci : « *Est définitif, non seulement le jugement terminant le procès, mais tout jugement renfermant une disposition définitive* »[360]. Il s'agit-là d'un jugement rendu sur le fond. Le jugement définitif est également celui qui est revêtu de l'autorité de la chose jugée dès son prononcé, sauf dans le cas où, à la demande de l'une partie, le tribunal accorde des réserves dans sa décision pour lui permettre de réassigner sur l'un des chefs de la demande pour lequel une solution définitive n'a pas été postulée[361]. Il s'agit par exemple de la situation où, à la suite d'un accident, l'état de santé de la victime demeure instable, puis commence successivement à se dégrader. Le juge peut rendre un jugement de condamnation aux dommages et intérêts par rapport aux dégâts subis et connus par la victime jusqu'alors et laisser la possibilité de réassigner pour les autres cas, au cas où la santé de l'accidenté viendrait à s'aggraver par la suite.

2.2. Du jugement définitif sur incident

Le jugement définitif sur l'incident est une décision du tribunal qui vide l'incident survenu à l'audience tel qu'une demande reconventionnelle, une demande additionnelle ou encore un appel en garantie, etc. elles se rattachent toute à une procédure principale qui pourra être vidé par la suite. Il faut noter que ce jugement est susceptible d'appel. Cependant, le juge peut toujours décider de joindre l'incident au fond pour éviter de se prononcer par un jugement séparé.

2.3. Du jugement avant-dire droit ou avant-faire droit

Le jugement avant-dire droit ou avant-faire droit est un « *Jugement qui, pour préparer ou atteindre la solution de la contestation principale, se borne dans son dispositif à ordonner une mesure d'instruction (enquête, expertise) ou (pour le cours de l'instance) une mesure provisoire (provision ad litem, attribution de la garde d'un enfant, etc.), sans trancher le principal, d'où il résulte que ce jugement n'a pas au principal autorité de la chose jugée et ne dessaisit pas le juge* »[362].

Il existe deux sortes de jugement avant-dire droit, à savoir :

- le jugement préparatoire ;

---

360 Lire avec intérêt Antoine SOHIER, Droit de procédure du Congo belge, éd. cit., n°209, p. 97.

361 BAYONA ba MEYA, ibidem.

362 Gérard CORNU, Op. cit., p. 582.

- le jugement interlocutoire ;

S'agissant du jugement préparatoire ; l'article 73 du CPC le définit comme ceci : « *Sont réputés préparatoires, les jugements rendus pour l'instruction de la cause et qui tendent à mettre le procès en état de recevoir jugement définitif* ». La doctrine va un peu plus loin, lorsqu'elle définit amplement ce type de jugement. Elle affirme qu'il est un « *Jugement avant dire droit qui ordonne une mesure d'instruction (ex. l'examen par un expert de la compatibilité de deux entreprises en litige sur le montant d'une dette) sans préjuger le fond (la détermination du montant de la dette n'était pas impliquée par le jugement ordonnant l'expertise, mais attendue des résultats de celle-ci)* »[363]. Les jugements préparatoires ne sont pas susceptibles d'appel. On ne peut interjeter appel d'un tel jugement qu'après le jugement définitif et conjointement avec l'appel de ce jugement[364].

S'agissant du jugement interlocutoire ; le même article précité dispose ceci : « *Sont réputés interlocutoires, les jugements par lesquels le tribunal ordonne, avant dire droit, une preuve, une vérification, ou une instruction qui préjuge le fond* ». Le jugement interlocutoire est susceptible d'appel. Il peut être interjeté avant le jugement définitif[365].

2.4. Du jugement prononçant la disjonction des chefs de la demande

Il arrive que dans une affaire qu'il y ait plusieurs demandes à savoir : la demande principale et les demandes incidentes (reconventionnelles ou additionnelles). Le juge peut, à la requête de l'une des parties, rendre un jugement prononçant la disjonction des demandes pour permettre à celles qui se trouvent en état d'être jugées de recevoir plaidoirie et celles qui ne le sont pas et requièrent des mesures d'instruction, de continuer l'instruction.

2.5. Du jugement provisionnel

C'est un jugement par lequel le juge alloue déjà une indemnité provisoire quitte à la revoir ultérieurement[366]. Cela arrive souvent lorsqu'il y a lieu de déterminer précisément une créance bien que certaine, liquide et exigible dont le montant exact doit être déterminé à la suite d'une expertise.

---

[363] Gérard CORNU, Op. cit., p. 784.

[364] Article 72 alinéa 1er du CPC.

[365] Article 72 alinéa 2 du CPC.

[366] BAYONA ba MEYA, Op. cit., p. 143.

2.6. Du jugement se prononçant sur les mesures conservatoires et provisoires

Une partie au procès peut demander au juge de prendre toute mesure conservatoire et provisoire avant qu'il ne connaisse le fond de l'affaire. Il s'agit notamment d'une part, lorsqu'une partie sollicite l'apposition de scellés ou une mise sous séquestre d'un bien litigieux et d'autre part, lorsqu'une partie en divorce demande la garde des enfants[367].

3. DE LA DISTINCTION DU JUGEMENT SELON LE MODE DE CONTESTATION

Il existe plusieurs sortes de jugements en matière de contestation. La doctrine en a retenu trois (3), à savoir :

- le jugement contradictoire, le jugement par défaut et le jugement réputé contradictoire ;
- le jugement d'expédient ;
- le jugement rectificatif.

3.1. Du jugement contradictoire, du jugement par défaut et du jugement réputé contradictoire

Le jugement est contradictoire lorsque toutes les parties ont comparu devant le tribunal et qu'elles ont pu discuter des éléments du litige. Il peut être en premier ressort ou en premier et dernier ressort.

Le jugement par défaut est rendu sur les seuls éléments fournis par le demandeur, son adversaire n'ayant pas comparu, c'est-à-dire qu'il ne s'est pas rendu devant le tribunal. Ce jugement peut être rétracté par la voie de l'opposition.

Le jugement est réputé contradictoire quand le défendeur, c'est à dire l'adversaire n'a pas comparu devant le tribunal alors qu'il a été informé du procès et de la procédure lui faisant obligation de plaider et de comparaitre à une date certaine. Dans ce cas, le jugement ne peut être contesté que par la voie de l'appel.

---

367 Ibidem.

3.2. Du jugement d'expédient

Le jugement d'expédient est celui qui intervient lorsque les parties qui étaient en contestation devant le tribunal se mettent d'accord et demandent au tribunal de constater leur transaction.

En principe, une transaction peut intervenir à la suite d'un accord délibéré et consensuel entre parties ou aux diligences d'un expert ou d'un arbitre rapporteur. Le tribunal qui reçoit l'acte transactionnel dans ces conditions-là n'a pas d'autres choix que d'entériner cet accord en lui donnant une force exécutoire.

Il faut noter que le jugement d'expédient est une décision rendue sur une constatation. Mais, il n'en demeure pas moins une convention entre parties rendue exécutoire. Selon la doctrine congolaise, le jugement d'expédient étant constitué de la volonté des parties elles-mêmes coulée sous forme de jugement, il est mal venu d'y former appel[368]. Ce point de vue doctrinal est soutenu par l'article 591 du CLIII dans la mesure où le jugement d'expédient renferme avant tout un accord de volonté ou encore mieux un acte transactionnel voulu par les parties et qui met fin à leur contestation réciproque. Donc, il devrait revêtir, du moins entre les parties, l'autorité de la chose jugée du dernier ressort.

3.3. Du jugement rectificatif

Il arrive des fois qu'un jugement rendu en bonne et due par une juridiction compétente comporte des erreurs ou des omissions matérielles qui l'affectent. Il faut que ces erreurs ou ces omissions matérielles soient réparées pour permettre aux parties de le faire exécuter. Dans ce cas, la partie la plus diligente peut saisir la même juridiction qui a rendu le jugement attaqué par une assignation en rectification des erreurs ou d'omissions matérielles.

Il faut noter que la rectification ne concerne pas des éléments nouveaux du dossier de l'affaire, mais uniquement des erreurs ou des omissions matérielles qui n'affectent pas les erreurs de fond ou de droit. Il existe une autre procédure pour les erreurs de fond ou de droit. C'est la requête civile.

[368] MATADI NENGA GAMANDA, Op. cit., n°474, c), p. 456.

La loi n'a prévu aucun délai après le prononcé ou la signification du jugement pour déposer auprès de la juridiction qui a rendu la décision, une assignation en rectification d'erreurs ou d'omissions matérielles.

Il faut souligner que les affaires en rectification ne concernent que les mêmes parties qui ont comparu au premier procès. Ce sont seulement elles qui doivent comparaitre à nouveau et qui doivent être entendu par la même juridiction qui a rendu le jugement dont la rectification est sollicitée.

4. DE LA DISTINCTION DU JUGEMENT SELON LE CODE DE LA FAMILLE

Le code de la famille cite deux (2) catégories, à savoir :

- le jugement en matière contentieuse ;
- le jugement en matière gracieuse.

4.1. Des jugements en matière contentieuse

Le jugement en matière contentieuse dans ce cas-ci peut désigner, comme dit ci-haut, tout aussi bien un jugement contradictoire, un jugement par défaut ou un jugement réputé contradictoire.

Le code de la famille a prévu la possibilité de saisir le juge en matière contentieuse dans les cas suivants :

- en cas de divorce[369];
- en cas de recherche de paternité[370] ;
- en cas de contestation de la paternité[371].

4.2. Des jugements en matière gracieuse.

Le code de la famille a prévu plusieurs procédures gracieuses pour permettre à une personne de saisir son juge naturel afin d'en solliciter l'établissement d'un acte ou d'un droit ou encore de constater une situation, etc., bref de faire droit à sa requête. Celle-ci est généralement sanctionnée par plusieurs jugements suivants :

- le jugement supplétif ;

---

[369] Article 546 du CDF.

[370] Article 601 du CDF.

[371] Article 610 du CDF.

- le jugement rectificatif ;
- le jugement déclaratif ;
- diverses sortes de jugements gracieux.

4.2.1. Du jugement supplétif

En principe, le jugement supplétif est une décision du juge qui demande à l'officier d'état-civil d'établir un acte d'état civil lorsque celui-ci est inexistant ou perdu ou encore détruit.

En effet, le défaut d'acte d'état civil tel que spécifié par l'article 106 du CDF, est supplée par un jugement supplétif rendu par le tribunal de paix ou par le tribunal pour enfants, sur simple requête de l'intéressé ou du ministère public. Lorsque l'initiative de la requête vient du parquet, c'est à la suite d'un rapport de l'officier de l'état civil qui constate que l'intéressé a fait des déclarations tardives en sollicitant un acte d'état civil. Une fois, saisi dans ces conditions, le tribunal, après vérification et enquête éventuelle, statue sur la cause.

Le jugement supplétif est requis pour remplacer un acte de naissance[372] et un acte de mariage[373].

4.2.2. Du jugement rectificatif d'un acte d'état civil

La rectification des actes de l'état civil est ordonnée par le tribunal de paix ou par le tribunal pour enfants dans le ressort duquel l'acte a été dressé ou transcrit.

L'article 105 du CDF précise que le jugement rectificatif est requis en cas d'omissions ou d'erreurs purement matérielles commises dans la rédaction des actes dressés dans le ressort d'un tribunal. Lorsque le juge rend un tel jugement, c'est pour procéder ou faire procéder d'office à leur rectification par une instruction utile adressée à l'officier l'état civil.

4.2.3. Du jugement déclaratif

Le jugement déclaratif est une décision judiciaire qui constate une situation ou un droit préexistant. Il peut intervenir dans deux (2) cas selon le code de la famille, à savoir :

- en cas d'absence ;

[372] Articles 116 et suivants du CDF.
[373] Articles 131 et suivants du CDF.

- en cas de décès.

4.2.3.1. Du jugement déclaratif d'absence

L'absence est définie par la loi comme « *Une situation d'une personne disparue de son domicile ou de sa résidence sans donner de ses nouvelles et sans avoir constitué un mandataire général* »[374].

Dans ce cas, l'article 184 du CDF ouvre à toute personne intéressée ou au ministère public la possibilité d'introduire une requête en déclaration d'absence devant le tribunal compétent. Cette requête doit être motivée par les motifs liés à l'absence et aux causes qui ont pu empêcher d'avoir des nouvelles de la personne présumée absente.

Il faut noter que le jugement déclaratif d'absence n'est rendu que six (6) mois après la requête introductive et, est publié dans la presse locale dans le territoire ou dans la commune du domicile ou de la résidence, si ceux-ci sont distincts l'un de l'autre.

Cependant, il faut souligner que la loi considère l'absent comme décédé par présomption, lorsque depuis le moment où la présomption de vie a cessé, tel que précisé aux articles 173 et 174 du CDF, qu'il s'est écroulé cinq (5) ans de plus sans qu'on ait reçu aucune nouvelle certaine de sa vie[375].

Dans tous les cas, il y a présomption de mort, lorsque l'absent est décédé à une autre époque ou vivait encore à une époque postérieure[376]. Bien que la loi n'ait pas précisé ce qu'il fallait entendre par le mot « époque », il est clair que ce substantif fait référence à l'histoire ou à une date lointaine. Dans tous les cas, il appartiendra au juge saisi par une requête déclarative de décès de l'apprécier.

4.2.3.2. Du jugement déclaratif de décès

Le jugement déclaratif de décès est rendu par le tribunal compétent dans les deux (2) cas ci-après :

- lorsqu'il y a un évènement catastrophique légal ;
- lorsqu'il y a présomption de destruction de vie.

[374] Article 173 du CDF.

[375] Article 191 du CDF.

[376] Article 174 du CDF.

4.2.3.2.1. Du jugement déclaratif de décès rendu après un évènement catastrophique

Dans ce cas-ci, le jugement peut être sollicité, soit après une disparition individuelle ou, soit après une disparition collective

S'agissant de la disparition individuelle ; le jugement déclaratif de décès est rendu, aux termes de l'article 144 du CDF, après une disparition individuelle, lorsqu'une personne a disparu à la suite d'un naufrage, d'une catastrophe aérienne, d'un tremblement de terre, d'un glissement de terrain tels que sa mort est certaine, bien que son corps n'ait pas été retrouvé.

S'agissant de la disparition collective ; il y a disparition collective telle que prévue à l'article 144 du code précité, lorsque plusieurs personnes sont décédées à la suite d'un naufrage, d'une catastrophe aérienne, d'un tremblement de terre, d'un glissement de terrain voire, tout décès par l'effet duquel il y a lieu de croire que plusieurs personnes ont péri. Dans ce cas, le juge peut rendre un jugement déclaratif de décès collectif.

Toutefois, il y a lieu de noter que dans les deux (2) cas, lorsque qu'il s'agit de la disparition d'un navire ou d'un bateau battant pavillon congolais, les tribunaux compétents sont ceux du port d'attache du navire ou du bateau. Cependant, lorsqu'il s'agit d'un aéronef battant pavillon congolais, le Tribunal de Grande Instance de Kinshasa-Gombe est le seul compétent.

4.2.3.2.2. Du jugement déclaratif de décès rendu à la suite de la présomption de destruction de vie

Selon l'article 174 du CDF, il y a présomption de destruction de vie lorsque le disparu n'a plus donné des nouvelles après une circonstance telle que sa mort est certaine bien que son corps n'ait pas été retrouvé. Ici, les évènements qui ont entrainé le mort du disparu sont moins graves que celles de l'article 144 du code précité. C'est le cas par exemple d'une maison qui a pris feu alors que la veille la ou les personnes portées disparues étaient bel et bien à l'intérieur et qu'après l'incendie leurs corps complétement consumé n'ont pas été retrouvés.

Toutefois, au regard de l'article 175 du même code, il faut souligner qu'il y a présomption légale de décès par destruction de vie lorsque le disparu est décédé à une époque antérieure. Comme dit plus-haut, bien que le législateur n'ait pas défini le mot « époque », il est clair qu'il s'agit d'une époque lointaine ou historique aux dernières nouvelles.

4.2.4. Des diverses sortes de jugements gracieux

Le code la famille a établi en matière gracieuse plusieurs actions à la requête de toute personne intéressée qui sont sanctionnées par divers jugements non contentieux rendu par le tribunal de paix ou le tribunal pour enfants. Il s'agit des jugements suivants :

- le jugement de désignation d'un tuteur[377] ;
- le jugement d'émancipation[378] ;
- le jugement d'interdiction[379] ;
- le jugement de mise sous curatelle[380] ;
- le jugement de déchéance de l'autorité parentale[381] ;
- le jugement d'adoption[382] ;
- le jugement d'homologation du droit de reprise pour les petits héritages[383] ;
- le jugement de confirmation du liquidateur[384].

SECTION 3 : DES DIFFERENTES MENTIONS DU JUGEMENT

Les différentes mentions d'un jugement sont énumérées à l'article 23 du CPC. Son énoncé est le suivant : « *Les jugements contiennent le nom des juges qui les ont rendus, celui de l'officier du Ministère public s'il a été entendu et du greffier qui a assisté au prononcé ; les noms, professions et demeures des parties et de leurs fondés de pouvoir si elles ont été représentées ; les motifs, le dispositif et la date à laquelle ils sont rendus* ».

Au regard de cet énoncé, on voit clairement que le législateur utilise le verbe « contenir ». Celui-ci signifie ici renfermer en soi. Il utilise en outre des points-virgules après chaque énumération de groupe des mots. Comme on le sait, les points-virgules, conformément à la théorie grammaticale sur la ponctuation séparent des propositions de même nature. Dans cette disposition, les points-virgules sont employés après les

[377] Article 224 du CDF.
[378] Article 289 du CDF.
[379] Article 301 du CDF.
[380] Article 312 du CDF.
[381] Article 318 du CDF.
[382] Article 670 du CDF.
[383] Article 789 du CDF.
[384] Article 795 du CDF.

deux premiers groupes et après le troisième, il y a un point final. De la manière dont cette disposition se présente, il est clair que le législateur a volontairement compartimenté les mentions que peuvent contenir un jugement. Il faut cependant noter que chaque subdivision contient des mentions qui peuvent être substantielles ou non selon le cas.

Ainsi, les mentions du jugement selon l'article 23 du CPC, telles compartimentées, se présentent comme suit :

- la première série des mentions sont le nom des juges qui les ont rendus, celui de l'officier du ministère public, s'il a été entendu et du greffier qui a assisté au prononcé ;
- la deuxième série des mentions sont les noms, professions et demeures des parties et de leurs fondés de pouvoir, si elles ont été représentées ;
- la troisième série des mentions sont les motifs, le dispositif et la date à laquelle ils sont rendus.

1. DE LA PREMIERE SERIE DES MENTIONS D'UN JUGEMENT

La première série des mentions du jugement contient des mentions substantielles sans lesquelles le jugement serait nul. Il s'agit des indications suivantes : le nom des juges qui les ont rendus, celui de l'officier du ministère public s'il a été entendu et du greffier qui a assisté au prononcé.

1.1. Des noms des juges

Le jugement indique les noms complets des juges qui ont siégé dans la cause et qui ont rendu la décision. Ces derniers doivent le signer ainsi que le greffier[385]. En apposant leurs signatures, les juges engagent leur propre responsabilité professionnelle par rapport à toute action qui pourrait naitre d'une prise à partie. En droit congolais, les cas d'ouverture sont les suivants[386] :

- s'il y a dol ou concussion commis, soit dans le cours de l'instruction, soit lors de la décision rendue ;
- s'il y a déni de justice.

[385] Article 24 du CPC.

[386] Lire avec intérêt Néhémie MWILANYA WILONDJA, La responsabilité professionnelle des magistrats en droit congolais : cas de la prise à partie, Kinshasa, Ed. Cabinet MWILANYA, 2ème éd., décembre 2010, pp. 37-42.

Il faut noter également que bien que l'article 23 du CPC ne précise pas qu'il faille mentionner le nom de la juridiction qui a rendu la décision, il est évident que l'indication des noms des juges qui ont siégé et signé la décision renseigne suffisamment en filigrane celle de la juridiction à laquelle ses derniers appartiennent.

1.2. Du nom de l'officier du ministère public

Le jugement indique le nom de l'officier du ministère public, s'il a été entendu. La question que beaucoup d'avocats peuvent se poser est celle de savoir lequel ? Comme d'aucuns le savent, par le principe de l'unicité du parquet n'importe quel officier du ministère public peut à tout moment prendre part au déroulement d'une instance sans qu'il ne soit nécessaire de rouvrir les débats. Ainsi, les actes accomplis par l'un d'entre eux engagent le parquet auquel ils appartiennent dans toute sa globalité.

Tenant compte de ce qui précède, la question reste encore ouverte. Le nom de quel officier du ministère public doit-il être mentionné dans le jugement ? Le nom de celui qui a rendu l'avis écrit ou de celui qui a simplement lu l'avis trouvé dans le dossier sans participer aux débats ? A cette question, la réponse est simple. Lorsque l'avis est lu par un officier du ministère public qui n'en est pas l'auteur, les noms des deux magistrats debout sont repris dans le jugement, l'un comme auteur et l'autre comme simple lecteur.

1.3. Du nom du greffier

Le nom du greffier doit être indiqué dans un jugement sous peine de nullité. Bien que le greffier ne fasse pas partie de la composition et qu'il ne participe pas au délibéré, son rôle est essentiel dans le jugement dans la mesure où la présence de son nom et de sa signature atteste que le jugement a été rendu dans les termes du prononcé qui lui est dicté par le juge. L'article article 25 du CPC dispose que c'est le greffier qui a assisté au prononcé qui signe la minute.

Il faut noter toutefois que contrairement aux juges qui signent le jugement avec lui, le greffier n'engage pas sa responsabilité en le signant.

2. DE LA DEUXIEME SERIE DES MENTIONS D'UN JUGEMENT

La deuxième série des mentions du jugement contient les indications suivantes : les noms, professions et demeures des parties et de leurs fondés de pouvoir, si elles ont été représentées. Il faut noter ici que certaines indications sont substantielles et d'autres non. Pour savoir lesquelles sont substantielles, il faut se référer à l'explication donnée par doctrine pour dans les indications des noms et professions des parties, etc.

2.1. Des noms, professions et demeures des parties

Les noms des parties sont requis dans un jugement pour désigner les personnes impliquées ou concernées par la décision du juge. L'indication de leurs demeures renseigne simplement le lieu où ces diverses personnes ont leur principal établissement et où toutes les notifications peuvent être faites. Cependant, les professions comme le précisent la doctrine congolaise sert parfois à compléter l'absence d'éléments du nom lorsque deux personnes portent le même nom[387]. Ici, il est évident que l'indication de la profession n'est pas substantielle, mais celle des noms et demeures le sont.

2.2. Des noms de leurs fondés de pouvoir

L'expression « fondés de pour » signifie simplement une « *Personne qui a reçu d'une autre le mandat d'exercer à sa place certains pouvoirs* »[388] et en d'autres termes un mandataire.

En matière civile, selon article 14 du CPC, sauf lorsqu'elles comparaissent en personne, les parties ne peuvent être représentées que par les avocats, les défenseurs judiciaires et les mandataires de l'Etat. Cette disposition soulève un principe général dont la loi spéciale qui permet d'y déroger est l'ordonnance-loi n°79-028 portant organisation du barreau, du corps des défenseurs judiciaires et des mandataires de l'Etat. Cette loi crée une règle de droit et un monopole de la représentation des parties dans ses articles 1er, 125 et 143. Ainsi, les parties ne peuvent être représentées en justice ou hors justice que par les avocats, les défenseurs judiciaires et les mandataires de l'Etat. Lorsque l'un d'entre eux a valablement comparu pour assister ou pour représenter les parties ses noms et qualités doivent figurer dans le jugement, ainsi que ceux des personnes qu'il représente.

Il faut signaler en passant que l'erreur dans la retranscription du nom des mandataires des parties dans un jugement ne l'affecte pas. Cependant,

---

387 BAYONA, Op. cit., p. 59.

388 Gérard CORNU, Op. cit., p. 464.

lorsqu'ils ont effectivement représenté leurs clients et que le jugement omet de mentionner leurs noms, à ce moment-là, le jugement peut être attaqué dans sa forme dans la mesure cette omission devient une fausse déclaration.

3. DE LA TROISIEME SERIE DES MENTIONS D'UN JUGEMENT

La troisième série des mentions d'un jugement que cite l'article 23 du CPC comprend les indications suivantes : les motifs, le dispositif et la date à laquelle ils sont rendus. Tous les éléments de cette partie-ci sont substantiels.

3.1. Des motifs

3.1.1. De la notion des motifs

L'ensemble des motifs constituent la motivation d'un jugement. Les motifs forment des moyens ou des raisons de fait et de droit données par le juge à l'appui ou pour justifier sa décision. Il faut noter que l'obligation de motiver un jugement est un principe directeur édicté par l'article 21 de la Constitution. Cette disposition est une protection des parties contre l'éventuel arbitraire du juge en sorte qu'en se fondant sur elle, les parties peuvent envisager s'il y a lieu de recourir ou non.

Etienne VERGES dans thèse de doctorat donne une bonne explication de l'exigence légale de la motivation. Selon lui, *« « Le juge, détenteur d'un pouvoir qui lui a été confié, doit rendre compte de la manière dont il l'exerce ». L'intime conviction, plus qu'un pouvoir, confère une véritable liberté au juge, mais « la motivation est l'instrument de sa soumission ». Le juge qui a pris une décision doit encore la motiver. Le principe de la motivation est une garantie essentielle pour vérifier que le juge a utilisé son pouvoir souverain sans négligence, partialité ou abus. La Cour de cassation exige qu'apparaissent dans la décision les éléments de fait sur lesquels la juridiction a fondé sa conviction. Les motifs ne peuvent constituer de simples hypothèses. La motivation idéale est celle qui informe sur « toutes les opérations de l'esprit qui ont conduit le juge au dispositif adopté par lui » »*[389].

[389] Etienne Verges, Op. cit., n°323, p. 315.

3.1.2. De l'objectif des motifs dans un jugement

L'objectif poursuivi par les motifs ou la motivation est triple, à savoir : elle se présente comme une protection du justiciable, du juge lui-même et permet le contrôle des juridictions supérieures.

S'agissant de la protection du justiciable ; les motifs permettent de vérifier si la demande et les moyens examinés par la juge ont été compris par ce dernier. C'est justement à la suite de la lecture de la motivation que le justiciable pourra accepter ou non cette décision. Dans une certaine mesure, lorsque celle-ci s'écarte de la demande, elle peut susciter des doutes et amener le justiciable à suspecter le juge. C'est donc une garantie contre l'arbitraire et la partialité.

S'agissant de la protection du juge ; la motivation permet de mettre le juge à l'abri des poursuites et des procès d'intention. Selon la doctrine congolaise, la motivation force le juge à prendre conscience de la valeur de son opinion et surtout du degré de sa responsabilité »[390].

Par ailleurs, la même doctrine énumère certains cas de motivation considérée comme absente dans un jugement et pouvant être sanctionnés devant la Cour de Cassation[391]. Il s'agit de :

- la motivation insuffisante ;
- la motivation contradictoire entre les motifs ;
- la motivation ambiguë ;
- la motivation dubitative ;
- la motivation hypothétique ;
- la motivation incohérente ;
- la motivation qui ne répond pas aux conclusions des parties.

S'agissant du contrôle des juridictions supérieures ; la motivation permet aux juridictions supérieures de connaître et de comprendre la décision qui a été prise afin de la sanctionner et de créer une jurisprudence.

3.1.3. Des caractères des motifs

Les motifs ou la motivation du jugement doivent avoir un caractère intrinsèque, précis, pertinent, intelligible et impartial.

---

[390] MATADI NENGA GAMNDA, Op. cit., n°384, d), p. 368.
[391] Ibidem, p. 369.

- Les motifs sont intrinsèques. Selon la doctrine, « *Toute décision doit comporter une motivation qui suffit à elle-même sans recours à des références extérieures. Ainsi, le juge ne peut valablement motiver ses décisions en utilisant des éléments extérieurs du dossier, notamment ses connaissances personnelles* »[392] ;
- Les motifs sont être précis lorsque la motivation est circonstanciée à la cause qui a été soumis au juge ;
- Les motifs doivent être pertinents : « *On entend par motivation pertinente une motivation complète spécialement sur le plan du fait, de nature à permettre à la Cour de cassation de vérifier que les juges ont bien pris en compte les conditions commandant l'application de la règle de droit retenue au soutien de leur décision et que les éléments de fait qui conditionnent l'application de cette règle sont réunis* »[393] ;
- Les motifs sont intelligibles lorsque le juge emploie dans sa motivation un style compréhensible, c'est-à-dire qu'ici les justiciables doivent comprendre pourquoi et de quelle manière il leur fait droit ou pas ;
- Les motifs sont impartiaux lorsque la motivation est fondée sur des éléments objectifs tirés essentiellement du dossier et non de ceux considérés comme subjectifs pouvant faire l'objet d'une récusation ou d'un déport du juge suivant l'article 49 de la loi organique n° 13/011-B du 11 avril 2013 portant organisation, fonctionnement.

3.2. Du dispositif

3.2.1. De la notion du dispositif

Selon la doctrine, « *Le dispositif est la partie du jugement qui revêt l'autorité de la chose jugée* »[394]. Il « *Apparait alors comme la conclusion du raisonnement tenu dans l'enchaînement des motifs en fait et en droit* »[395].

Le dispositif est la partie exécutable du jugement et ce, dans ses moindres détails.

---

[392] [Anonyme], (2013), Méthodologie du jugement civil, Syllabus, Ecole Nationale de la Magistrature, Bordeaux (France), p. 23.

[393] Ibidem, p. 25.

[394] MATADI NENGA GAMANDA, Op. cit., n°384, e), p. 369.

[395] Antoine RUBBENS, Op. cit., n°125, p. 131.

3.2.2. De l'énonciation du dispositif

En principe, le dispositif doit impérativement répondre à la moindre prétention des parties et doit également demeurer dans les limites que celles-ci sont fixées. Lorsqu'il y a une contradiction entre le raisonnement développé par les motifs et le dispositif, les parties peuvent aller en appel. De même que lorsque le juge n'a pas répondu à l'objet de la demande. Dans ce cas, sa décision peut être qualifiée, soit *infra petita*, soit *ultra petita* ou, soit encore *extra petita.*

3.2.3. De la forme du dispositif

Le dispositif d'un jugement est introduit par les mots « Par ces motifs ». Il contient la mention que l'avis du ministère public a été entendu, sans plus de détails et en outre, certaines références aux articles de la loi sur lesquels le juge s'est inspiré pour prendre sa décision, ainsi que la décision elle-même qui a été donnée au litige. La décision est introduite par la formule « Statuant publiquement et contradictoirement à l'égard des toutes les parties » lorsque les parties ont pris part au procès ou sinon, par la formule « Statuant publiquement par défaut ». Il faut noter que c'est le dispositif qui est exécuté.

Il faut noter qu'un jugement sans dispositif n'existe pas puisque, c'est la conclusion que le juge donne au litige qui lui a soumis à trancher en suivant une certaine logique qu'il a développé dans les motifs. Donc, sans le dispositif, il n'y a pas d'exécution et le jugement ne peut être prononcé. Même s'il l'était, il n'aura pas la valeur d'un vrai jugement, mais d'un jugement nul.

Le dispositif est attaquable devant le juge d'appel et de cassation.

3.2.4. De la qualité du dispositif

Un jugement s'apprécie en fonction de son dispositif. La qualité de celui peut être complète, précise, expresse et intelligible.

- Le dispositif est complet lorsqu'il répond à tous les chefs de la demande ;
- Il est précis lorsqu'il énonce clairement tout ce qui doit faire l'objet de l'exécution ;
- Il est exprès lorsqu'il exprime clairement ce que le juge voulait dire sans ambiguïté ;

- Il est intelligible lorsqu'il n'est pas en contradiction avec les motifs ou la motivation.

3.3. De la date du prononcé du jugement

Le jugement est prononcé, au regard de l'article 21 de la Constitution, à l'audience publique. Il doit contenir la date du jour de sa lecture en public. En principe, selon l'article 43 de la loi organique n° 13/011-B du 11 avril 2013 portant organisation, fonctionnement et compétences des juridictions de l'ordre judiciaire, le prononcé en matière civile, commerciale ou sociale doit intervenir au plus tard dans les trente (30) jours à partir de la prise en délibéré. Cependant, selon le même article, il peut arriver que ce délai soit prorogé une seule fois. A la demande de la chambre saisie, le président de la juridiction peut, si les éléments de la cause le justifient ou en cas de force majeure dûment prouvée, proroger ce délai de quinze (15) jours par une ordonnance motivée, laquelle est aussitôt signifiée aux parties. Mais, dans la pratique la majorité des juges ne le font pas et ne respectent pas ces délais. Il arrive même dans certains cas que le jugement soit prononcé une année plus tard, voire renvoyé aux calendes grecques. En principe, un tel comportement constitue une faute disciplinaire au regard de l'article 47 de la loi organique n° 06/020 du 10 octobre 2006 portant statut des magistrats. Mais, une fois de plus, il n'y a jamais des poursuites disciplinaires pour ce genre de cas.

Selon la doctrine congolaise[396], l'absence de date du prononcé dans un jugement n'entraine qu'une nullité relative dans la mesure où celle-ci peut être recherchée dans les procès-verbaux d'audiences lorsqu'il y a contestation par la partie adverse. Toutefois, il y a nullité telle prévue à l'article 28 du CPC que lorsque ce défaut de date nuit aux intérêts de la partie adverse.

[396] MATADI NENGA GAMANDA, Op. cit., n°384, h), p. 370.

CHAPITRE 2 : DU DELIBERE ET DU PRONONCE

SECTION 1 : DU DELIBERE

Un jugement est pris en délibéré lorsqu'après la clôture des débats, les juges se retirent pour débattre collégialement, selon les règles du délibéré, des dispositions qui constitueront le jugement ou l'arrêt.

1. DES REGLES DU DELIBERE

« *Le délibéré est la phase secrète qui s'intercale entre la clôture des débats et le prononcé du jugement et qui peut avoir lieu soit séance tenante (délibéré sur les bancs ou sur le siège) soit après renvoi du jugement à une date ultérieure* »[397]. Le délibéré est la phase de fabrication du jugement. C'est à partir des motifs de fait et de droit que le juge va construire, de la conception du jugement jusqu'à sa conclusion, un développement logique dont l'aboutissement est le dispositif. Ce développement se fait par un cheminement progressif.

Le délibéré est caractérisé par le secret. Il entraine d'une part, que ni le ministère public, ni le greffier ni les parties n'y participent et qu'autre part, que les juges qui y participent ont l'interdiction de divulguer son contenu. Il faut noter que le vote entre les juges qui y participent n'est pas secret, mais bien visible.

Lorsque le délibéré est fait en siège collégial, aux termes de l'article 37 de l'arrêté d'organisation judiciaire n°299/79 du 20 août 1979 portant règlement intérieur des cours, tribunaux et parquets, il doit porter à la fois sur les motifs et le dispositif du jugement ou de l'arrêt. Le vote se fait donc à deux niveaux. Lorsqu'il porte sur les motifs, les juges doivent donner chacun leur avis sur la motivation du jugement. Chacun est libre de l'accepter ou de le rejeter, voire d'opter pour d'autres orientations. Lorsqu'il porte sur le dispositif, il en est de même.

Lors de la rédaction, si le jugement ou l'arrêt est rédigé par un seul juge, ses collègues examinent et corrigent éventuellement ce projet. Le président de la chambre est tenu de résumer l'affaire aux autres juges et de rappeler les textes de lois applicables, avant l'examen des motifs et du dispositif. Une fois que c'est terminé, il passe au vote le projet du jugement ou de l'arrêt en commençant par le juge le moins séant et du rang le moins élevé.

---

[397] Ibidem, n°378, p. 363.

En principe, le délibéré intervient avant la fin du délai du prononcé. La cause qui est prise en délibéré est prononcée à une date que le juge indique aux parties. Cependant, il y a une contradiction de cette date entre l'article 38 de l'arrêté d'organisation judiciaire n°299/79 du 20 août 1979 et l'article 43 de la loi organique n° 13/011-B du 11 avril 2013 portant organisation, fonctionnement et compétences des juridictions de l'ordre judiciaire. L'arrêté d'organisation judiciaire précité stipule que le prononcé doit intervenir, au plus tard, dans les quinze (15) jours en matière de droit privé, fiscal, administratif et du travail et peut, toutefois, à la demande de la chambre saisie, et si les éléments de la cause le justifient ou en cas de force majeure dûment prouvée, être prorogé par une ordonnance motivée, laquelle est aussitôt signifiée aux parties. L'article 43 de la loi organique quant à lui affirme que le prononcé en matières civile, commerciale ou sociale doit intervenir au plus tard dans les trente (30) jours à partir de la prise en délibéré. Cependant, Il peut arriver que ce délai soit prorogé une seule fois à la demande de la chambre saisie. Le président de la juridiction peut, si les éléments de la cause le justifient ou en cas de force majeure dûment prouvée, proroger ce délai de quinze (15) jours par une ordonnance motivée, laquelle est aussitôt signifiée aux parties.

Il faut noter cependant qu'entre les deux (2) textes, c'est la délai de la loi organique n° 13/011-B du 11 avril 2013 portant organisation, fonctionnement et compétences des juridictions de l'ordre judiciaire qui est applicable car, non seulement celle-ci est une loi et l'autre un simple règlement intérieur, mais encore, elle est aussi plus spéciale. Donc, il faudrait retenir que l'article 38 de l'arrêté précité doit être considéré comme désuet.

2. DU VOTE

Comme il a été dit ci-haut, pendant le délibéré, les juges passent au vote pour obtenir la décision qui sera prononcée. Le vote fait, donc, entièrement partie du délibéré. Ne peuvent y participer que les juges qui ont pris part aux débats depuis le début du procès ou depuis la réouverture des débats. Cette exigence est une garantie contre l'arbitraire car, les juges qui participent au délibéré connaissent parfaitement l'affaire. C'est donc en connaissance de cause qu'ils vont décider.

Lorsque les juges se réunissent pour délibérer, ils doivent d'abord, débattre sur les motifs et sur le dispositif et ensuite, passer au vote. Il doit observer les dispositions de l'article 42 de la loi organique n° 13/011-B du 11 avril 2013 portant organisation, fonctionnement et compétences des juridictions de l'ordre judiciaire, c'est-à-dire prendre la décision à la majorité des voix. Le juge le moins ancien du rang le moins élevé donne son avis le premier. S'il se forme plus de deux opinions, le juge le moins ancien, du rang le moins élevé est tenu de se rallier à l'une des deux autres opinions.

SECTION 2 : DU PRONONCE

1. DE LA REDACTION DU JUGEMENT

Le jugement peut être rédigé par le juge lui-même ou sa dictée. Dans les deux (2) cas, il doit reproduit les prétentions des parties ainsi que leurs moyens développés dans leurs conclusions orales ou écrites sous la forme d'un exposé écrit. Cet exposé doit être objectif et fidèle et, se limiter à l'essentiel. Les prétentions et les moyens abandonnés en cours d'instance ne doivent pas être repris.

Lorsqu'il rédige, le juge doit développer une motivation qui est le résultat d'un raisonnement tiré de l'analyse des faits, de leurs qualifications juridiques, de l'appréciation des moyens de preuve, de l'application de la règle de droit et des dispositions pertinentes utiles à la solution du litige. A sa conclusion, il doit rédiger un dispositif qui rencontre les différentes demandes des parties.

Une fois rédigé, le juge doit le soumettre aux autres membres du collège en chambre de conseil pour examen et pour correction de son projet. Comme dit plus haut, le président de la chambre est tenu de résumer l'affaire aux autres juges et de rappeler les textes de lois applicables, avant l'examen des motifs et du dispositif. Cette version qui est rédigée et corrigée est la minute du jugement. C'est elle qui fera l'objet de lecture à l'audience publique. Aussi, « *Jusqu'au prononcé, les juges peuvent encore modifier leur jugement quand même ils auraient déjà paraphé le minute. Aussitôt prononcé le jugement, le tribunal est dessaisi (sauf pour ce qui a été dit des erreurs matérielles et l'interprétation des ambiguïtés)* »[398].

Il faut signaler en passant que l'en-tête du jugement contenant notamment l'indication de la juridiction, les noms des juges, ministère public et du greffier, la date ainsi que la référence au Président de la République exigée par l'article 149 alinéa 4 de la Constitution, est le plus souvent rajouté par le greffier.

---

[398] Antoine RUBBENS, Op. cit., n°124, p. 129.

2. DU PRONONCE PROPREMENT DIT

Comme dit plus haut, le jugement est prononcé à l'audience publique par le président de la chambre devant laquelle l'affaire a été soumise. Cette exigence est constitutionnelle. Une certaine doctrine congolaise affirme que le prononcé est tiré du principe de l'oralité de la procédure[399].

Au cours du prononcé, le juge fait la lecture de la minute, c'est-à-dire le jugement sous la forme écrite. Cette version est datée et signée par tous les juges du collège et le greffier. La minute va ainsi servir de preuve authentique du prononcé.

---

399 Ibidem.

CHAPITRE 3 : DES EFFETS DU JUGEMENT

Lorsque le jugement est rendu, il met automatiquement fin au litige. La décision du juge ainsi rendue, produit des conséquences directes sur le juge lui-même et sur les parties au procès. Ses effets sont substantiels dans la mesure où ils concernent le juge qu'il dessaisit sur-le-champ et les parties qui voient le jugement venir modifier leur situation juridique.

SECTION 1 : DES EFFETS DU JUGEMENT A L'EGARD DU JUGE

Le jugement une fois rendu, a pour effets, comme dit plus haut, de mettre fin au procès. Le juge se trouve dessaisi définitivement de l'affaire qui lui a été soumise. Il ne peut plus modifier la minute du jugement car, il est censé avoir vidé le fond du litige et donner une solution adéquate à la demande des parties.

Il y a lieu de noter qu'en RD Congo aucun texte de loi ne dispose du dessaisissement du juge, même si cela se fait dans la pratique. Toutefois, le dessaisissement est consacré par le principe général de droit « *Lata sententia judex desinit esse judex* »[400].

1. DU DESSAISISSEMENT DU JUGE

1.1. De la notion du dessaisissement

Le dessaisissement pour une juridiction est la « *Perte du pouvoir de juger une affaire dont elle était saisie, soit avant de la juger (dessaisissement résultant d'une loi, d'une ordonnance de dessaisissement, d'une décision d'incompétence, d'un renvoi pour cause de sûreté, etc.), soit du fait de l'avoir jugée (dessaisissement résultant du jugement)* »[401]. Le dessaisissement qui semble intéresser ce paragraphe est celui du juge à la suite d'un jugement.

Le dessaisissement résultant du jugement est donc l'interdiction faite au juge qui s'est déjà prononcé sur un litige de remettre en cause la décision qu'il a rendue, même en accord avec les parties au procès. Dans ce cas, la remise en cause ne peut se faire que par l'exercice des voies de recours. Le dessaisissement empêche également le juge d'intervenir dans la procédure d'exécution.

[400] Sa sentence rendue, le juge cesse d'être juge.

[401] Gérard CORNU, Op. cit., n°2, p. 336.

Le dessaisissement commence après le prononcé. Il est concomitant à la signature de la minute du jugement.

1.2. Du domaine d'application du dessaisissement du juge

Le principe du dessaisissement ne s'applique qu'aux jugements définitifs rendus en matière contentieuse, c'est-à-dire dans les affaires où le juge :

- tranche le fond de la contestation, soit partiellement ou soit totalement ;
- statue sur une exception de procédure, une fin de non-recevoir ou tout autre incident. Ici, le jugement est définitif sur l'incident, mais l'instance continue sur le principal ;
- rend un jugement qui revêt l'autorité de la chose jugée sur un ou plusieurs chefs de la demande ;

Le principe du dessaisissement ne s'applique pas en matière gracieuse ni aux jugements contentieux qui ne sont pas définitifs.

S'agissant des jugements rendus en matière gracieuse ; le juge qui a rendu une décision en cette matière n'est pas du tout dessaisi. Il peut rapporter sa décision ou la modifier si les circonstances dans lesquelles il s'était prononcé ont entretemps changé.

S'agissant des jugements contentieux non définitifs ; le dessaisissement n'est pas non plus applicable aux jugements contentieux qui ne sont pas définitifs tels que les jugements avant dire droit, les ordonnances rendu sur requête et les ordonnances de référé lorsque les circonstances nouvelles l'autorise à revenir devant le même juge.

2. DES JUGEMENTS DEFINITIFS DEROGEANT AU PRINCIPE DU DESSAISISSEMENT

Le dessaisissement en matière contentieuse ne s'applique pas aux jugements définitifs dans les cas suivants :

- cas du recours en rétractation ;
- cas de l'action en rectification ;
- cas de l'action en interprétation.

2.1. Du recours en rétractation

Le juge dessaisi a le pouvoir de rétracter sa décision dans les cas suivants :

- cas du recours en opposition ;
- cas du recours en tierce opposition ;

Les actions en rétractation contre un jugement dont le juge a déjà été dessaisi sont introduites devant le même juge, mais cette fois-ci en présence de la personne qui a défailli initialement ou du tiers dont les intérêts ont été lésés.

2.1.1. De l'opposition

L'opposition est prévue par les articles 61 et suivants du CPC. Elle « *Est une voie ordinaire de recours et de rétractation par l'effet de laquelle les débats sont rouverts devant les juges qui ont déjà connu du procès dans lequel ils ont d'autant plus facilement condamné le défendeur qu'ignorant ses moyens de défense, ils ont dû croire fondées les prétentions formulées contre lui* »[402]. Ainsi, le juge qui a été dessaisi lors du prononcé du jugement par défaut reprend l'affaire *ab ovo* et l'instruit cette fois-ci contradictoirement à l'égard de toutes les parties afin de statuer à nouveau en fait et en droit.

2.1.2. De la tierce opposition

La tierce opposition est une voie de recours extraordinaire consacrée par les articles 80 et suivants du CPC. Cette disposition stipule que « *Quiconque peut former tierce opposition à un jugement qui préjudicie à ses droits, et lors duquel ni lui, ni ceux qu'il représente n'ont été appelés* ». Ce qui signifie autrement que le tiers qui est préjudicié par un jugement doit saisir le même juge qui a rendu la décision pour qu'il statue à nouveau en sa présence.

Contrairement à une certaine opinion congolaise[403] qui pense que le tiers-opposant peut solliciter une rétractation ou une reformation, la tierce opposition est une voie de rétraction et non celle de reformation. Cette procédure ne permet qu'au tiers-opposant de solliciter du juge qui a rendu un jugement préjudiciable à son égard de l'anéantir et de statuer à nouveau quant au fond, cette fois-ci, en tant que nouvelle partie au

[402] MUKADI BONYI et KATUALA KABA, Op. cit., n°122, p. 128.

[403] MUKADI BONYI et KATUALA KABA, Op. cit., n°164, p. 152 et MATADI NENGA GAMANDA, Op. cit., n°508, p. 480.

procès. Or, la reformation est une voie de recours qui n'est ouverte que devant la juridiction supérieure[404].

2.2. De l'action en rectification

L'action en rectification n'est pas une voie de recours. Elle n'est soumise à aucun délai. Il s'agit d'une action principale qui porte sur les erreurs de plume. L'objectif poursuivi ici est de corriger les erreurs matérielles ou les omissions liées à la forme sans toucher le fond du litige. Ainsi, le juge saisi ne pourra pas profiter de cette occasion pour compléter ni répondre aux chefs de la demande sur lesquels il avait négligé de statuer dans sa première décision. « *En aucun cas la rectification du jugement ne peut constituer un recours mettant en cause l'autorité de la chose jugée attachée à la décision* »[405].

L'action en rectification d'erreurs matérielles n'est ouverte que lorsque le jugement attaqué est devenu définitif. Cependant, lorsque ce jugement n'est pas encore devenu définitif, le juge d'appel est compétent pour corriger ces mêmes erreurs.

Il faut noter que le jugement dont la rectification est sollicitée et le jugement rectificatif, une fois rendu, ne font qu'un seul et même jugement dans la mesure où leur compréhension se fait par une lecture conjuguée de deux (2) décisions. Cependant, le jugement de rectification rendu devant le premier juge est susceptible d'appel tandis que l'autre non[406].

2.3. De l'action en interprétation

A l'instar de l'action en rectification, celle en interprétation n'est pas non plus une voie de recours, mais une simple action introduite en principale qui n'est soumise à aucun délai.

Il peut arriver qu'une décision judiciaire devenue définitive soit obscure ou qu'il y ait une ambiguïté sur son interprétation ou encore une forte divergence de compréhension quant au sens et à la portée à lui donner. Dans ce cas, la partie la plus diligente peut saisir le même juge qui l'a rendu afin de lui demander de l'interpréter. L'action en interprétation ne modifie pas le fond du jugement attaqué qui a déjà atteint l'autorité de la

[404] Gérard CORNU, Op. cit., p. 867.

[405] MATADI NENGA GAMANDA, Op. cit., n°239, p. 227.

[406] Voir deuxième partie, titre 4, chapitre 1, section 2, § 3.3. Du jugement rectificatif.

chose jugée, mais ne se limite qu'à expliquer autrement avec des mots plus compréhensibles un jugement devenu définitif.

La doctrine congolaise en donne une bonne explication qui est la suivante :

« *Lorsque le juge interprète sa décision, il ne peut étendre, ni restreindre ou modifier les droits qu'il a consacrés. Il doit se soucier simplement de fixer le sens et la portée des dispositions du jugement sans les dénaturer.*

Interpréter c'est maintenir la décision initiale en lui donnant une forme meilleure sans pouvoir modifier ou compléter l'acte juridictionnel. Il en découle que le juge ne peut pas avoir égard à des éléments nouveaux qui ne lui avaient pas été soumis avant la prononciation de la décision dont l'interprétation est demandée »[407].

L'action en interprétation ne concerne que les jugements définitifs. Si le délai d'appel du jugement dont l'interprétation est sollicitée court encore ou que ce jugement est déjà devant le juge d'appel, l'action en interprétation introduite devant le juge qui a rendu la décision à interpréter doit être rejetée parce que d'une part, le délai d'appel court encore, ce qui signifie que ce jugement n'est pas encore devenu définitif et d'autre part, le juge d'appel, n'étant pas lié au premier jugement, peut toujours la reformer.

Il faut noter que lorsqu'un jugement contient dans ses dispositifs une partie compréhensible et une autre assez obscure, sauf si elles sont liées l'une à l'autre, la partie compréhensible peut déjà faire l'objet d'une exécution pendant que l'autre partie obscure fait l'objet d'une action en interprétation, bien que les deux (2) fassent parties intégrantes d'un seul et même jugement.

SECTION 2 : DES EFFETS DU JUGEMENT A L'EGARD DES PARTIES AU PROCES

Le procès crée un lien juridique d'instance entre parties. Ce lien commence dès l'instant où il commence et va exister jusqu'au prononcé. Pendant le prononcé, chaque partie s'attend à ce que le juge se prononce en sa faveur sur la situation ou le droit qu'elle revendique. Ainsi, la décision que ce dernier rend va avoir un certain nombre des conséquences. Celles-ci peuvent être appréciées selon les droits des parties, l'autorité de la chose jugée et la force exécutoire.

[407] MATADI NENGA GAMANDA, Op. cit., n°238, p. 225.

1. DES EFFETS DU JUGEMENT SUR LES DROITS DES PARTIES

Les effets du jugement dépendent de la nature de la décision que le juge prononce à l'audience publique. Ces effets seront déclaratifs si le jugement est déclaratif, constitutifs si le jugement est constitutif.

1.1. De l'effet déclaratif du jugement

Le jugement est appelé déclaratif lorsqu'il constate « *Un fait préexistant, tel un lien de filiation, ou reconnaissant au profit d'un plaideur l'existence d'un droit au moment de l'ouverture du procès, par exemple un droit de créance.*

Ce jugement consolide la situation juridique antérieur, qui sort du doute, et ses effets remontent logiquement au jour de l'assignation »[408].

Il y a lieu de constater ici que le juge lorsqu'il prononce son jugement, celui-ci ne se limiter pas seulement à la constatation, mais à la reconnaissance ou à la consolidation d'une situation ou d'un droit préexistant. Comme dit plus haut, le jugement est une décision rendue par les juridictions sur une contestation. Celle-ci prend naissance entre parties à la suite des prétentions de chacune sur ce même droit ou sur cette même situation qui existe et qui au moment du procès est exercé par l'une d'elles. Ainsi, lorsque le juge prononce sa décision, il va simplement consolider cette situation ou ce droit que l'une des parties exerce déjà ou va le reconnaitre à l'égard de l'autre qui ne l'exerçait pas. Les effets de ce type de jugement, contrairement au jugement constitutif, ne confère pas ni ne crée un droit nouveau, mais ils viennent reconnaitre ou consolider une situation ou un droit préexistant que l'une des parties détenait déjà avant le procès.

1.2. De l'effet constitutif du jugement

Les jugements constitutifs ont pour effets, non pas comme le jugement déclaratif de reconnaitre ou de consolider un quelconque droit ou encore une quelconque situation, mais ceux de créer une situation juridique nouvelle par rapport à ce qu'une personne était avant le prononcé. Tel est le cas du jugement de divorce, de tutelle ou de curatelle, d'adoption, etc. Contrairement aux effets du jugement déclaratif, ceux du jugement constitutif commencent à courir à partir du jour où il a été prononcé[409].

---

[408] Serge GUINCHARD et Thierry DEBARD, Op. cit., p. 498.
[409] Ibidem, p. 498.

Il faut noter que ce genre des jugements a souvent une autorité absolue de la chose jugée[410] et dans la majorité des cas, il s'agit des décisions rendues en matière gracieuse.

2. DE L'AUTORITE DE LA CHOSE JUGEE

Dès qu'un jugement est prononcé en audience publique, il acquiert directement l'autorité de la chose jugée. Ce qui interdit aux parties de le remettre définitivement en cause, en les mêmes qualités et les mêmes chefs de la demande qui ont été jugés.

L'autorité de la chose jugée est attachée à tout jugement, quelle que soit la juridiction dont elle émane ou les erreurs ou omissions qui lui sont entachées. Elle engendre trois (3) conséquences, à savoir :

- la partie qui succombe ne peut plus se présenter devant le même juge pour lui soumettre dans une nouvelle instance les mêmes chefs de la demande en les mêmes qualités ; la partie gagnante lui opposera certainement une fin de non-recevoir ;
- la partie gagnante qui a vu son droit être consolidé continue à jouir pleinement de celui-ci, ainsi que de toutes les prérogatives qui y sont attachées en attendant l'épuisement de toutes les voies de recours ;
- la partie qui a vu son droit être reconnu, mais qui ne jouit encore la situation ou du droit querellé, doit attendre, malgré l'autorité de la chose jugée l'épuisement de toutes les voies de recours pour pouvoir le posséder ;

2.1. Des conditions d'existence de l'autorité de la chose jugée

Les conditions d'existence de l'autorité de la chose jugée doivent être observées sous deux (2) plans, à savoir :

- sur le plan de la nature du jugement ;
- sur le plan du contenu du jugement.

2.1.1. De la nature du jugement

L'autorité de la chose jugée n'existe ou n'est attachée qu'aux jugements suivants :

---

[410] Ibidem.

- les jugements qui tranchent de manière définitive une contestation. Notez ici, qu'il ne s'agit pas d'un jugement définitif, mais un jugement qui tranche de manière définitive un litige ;
- les jugements rendus en matière contentieuse. En principe, les jugements rendus en matière gracieuse n'ont pas l'autorité de la chose jugée parce qu'ils peuvent toujours être modifiés ou rétractés selon les changements des circonstances ou les conditions dans lesquelles le juge les a rendues.

2.1.2. Du contenu du jugement

De manière générale, l'autorité de la chose jugée ne s'attache qu'au dispositif. En principe, elle ne s'applique qu'à ce qui a été décidé par le juge, sauf dans le cas des motifs décisoires. En principe, l'autorité de la chose jugée n'est pas attachée aux motifs de la décision. Mais, la doctrine et la jurisprudence françaises[411] estiment que dans certains cas que les motifs aussi peuvent acquérir l'autorité de la chose jugée à l'instar du dispositif. On parle dans ce cas des motifs décisifs ou des motifs décisoires. Il s'agit des motifs qui soutiennent le dispositif et s'y rattachent par un lien de dépendance nécessaire, c'est-à-dire ce sont des motifs qui devaient en principe prendre place dans le dispositif. Elle est « *...admise, au moins quand le dispositif se réfère expressément aux motifs ou même à défaut d'une telle référence, lorsque le motif décisoire est, logiquement, le soutien nécessaire du dispositif* »[412].

Il faut noter en passant qu'il existe des cas où le dispositif d'un jugement contentieux n'a pas l'autorité de la chose jugée. C'est lorsqu'une question se trouvant dans le dispositif n'a pas fait l'objet d'un débat contradictoire entre parties. Elle ne peut donc pas avoir l'autorité de la chose jugée dans la mesure où elle n'a pas fait l'objet d'une discussion à l'audience. Ce principe est lié à la sauvegarde des droits de la défense prônée par l'article 19 alinéa 3 de la Constitution. De même, les jugements par défaut n'ont pas l'autorité de la chose jugée parce qu'ils sont rétractables avant l'expiration du délai de l'opposition.

---

[411] Jacques NORMAND, Professeur émérite à la Faculté de droit de Reims. L'étendue de la chose jugée au regard des motifs et du dispositif [en ligne]. Disponible sur : https://www.courdecassation.fr/publications_26/bulletin_information_cour_cassation_27/hors_serie_2074/jug_e_18625.html#3

[412] Gérard CORNU, Op. cit., p. 299.

2.2. Des effets de la chose jugée

L'autorité de la chose jugée ne sort ses effets que dans que les conditions résumées dans l'article 227 du CLIII. Cette disposition stipule que « *L'autorité de la chose jugée n'a lieu qu'à l'égard de ce qui a fait l'objet du jugement. Il faut que la chose demandée soit la même ; que la demande soit fondée sur la même cause ; que la demande soit entre les mêmes parties, et formée par elles et contre elles en la même qualité* ». Au regard de cet article, on constate qu'il n'existe d'autorité de la chose jugée que dans les conditions suivantes : l'identité de la chose demandée, de la cause et des parties formée par elles et contre elles en la même qualité.

S'agissant de l'identité de la chose demandée ; il suffit que les parties demandent les mêmes droits sur la même chose, c'est-à-dire le même chef de la demande, les mêmes droits réclamés sur la chose et les mêmes questions à résoudre ;

S'agissant de l'identité de la cause, c'est-à-dire que l'acte ou le fait juridique qui constitue le fondement juridique directe et immédiat du droit réclamé doit être identique ;

S'agissant de l'identité des parties formée par elles et contre elles en la même qualité ; cela signifie que les parties doivent participer aux débats et à l'instruction, conclure ou avoir le droit de conclure, présenter leurs moyens, soit de fond ou, soit sur des exceptions en la même qualité.

3. DE LA FORCE EXECUTOIRE

Comme il a été dit plus haut, il y a que les dispositifs qui sont exécutables. Le jugement donne à la partie qui a gagné le procès le droit de procéder à l'exécution dans les conditions prévues par la loi afin de respecter les droits de la partie qui a succombé. Pour ce faire, la décision bien qu'ayant l'autorité de la chose jugée ne devient exécutoire qu'à partir de l'instant où elle passe en force de la chose jugée. Dans ce cas, l'exécution doit commencer par une notification d'un exploit d'huissier revêtu de la formule exécutoire.

SECTION 3 : DES EFFETS DU JUGEMENT A L'EGARD DES TIERS

Tenant compte du principe « *Res inter alios juridicata aliis neque nocere neque prodesse potest* », la chose jugée entre les uns ne peut nuire ou profiter qu'aux seules personnes qui ont été parties en instance. L'autorité que cet adage attribue à la chose jugée n'a lieu qu'entre les parties prises en la même qualité. Cependant, s'il ne produit d'effets qu'à leur égard, les tiers ne peuvent ignorer la situation juridique créée par le jugement. Ces derniers jouissent d'un droit de recours extraordinaire pour défendre leurs intérêts lésés par un jugement auquel il n'ont pas pris part du début à la fin. Ce recours est porté par voie de demande principale devant la juridiction qui a rendu le jugement.

La décision qui fait droit à la tierce-opposition peut se limiter à une rétractation des points préjudiciables au tiers-opposant. Le jugement primitif peut, en outre, dans certains cas conserver ses effets entre les parties, même sur les points annulés, sauf en cas d'indivisibilité.

Tableau 15 : Résumé schématique du jugement

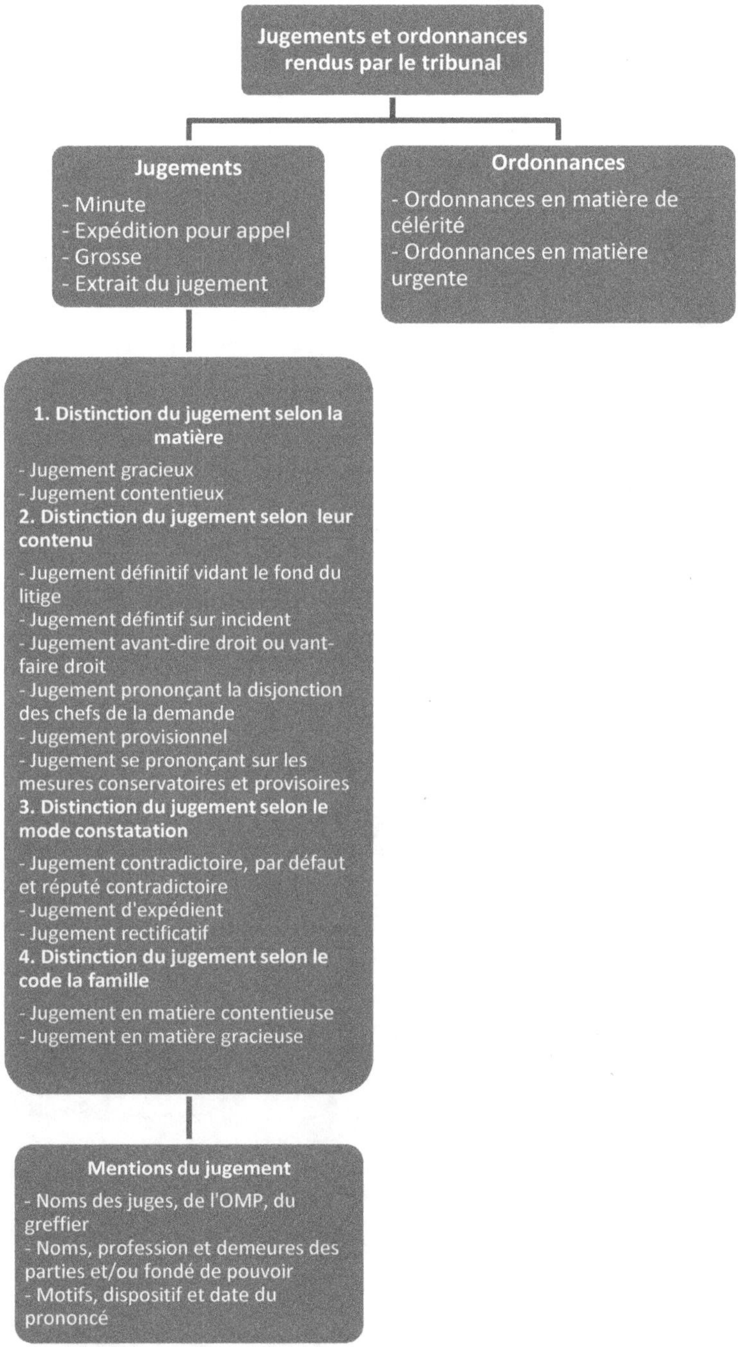

TITRE 5 : DES FRAIS DE JUSTICE

CHAPITRE 1 : DE FRAIS DE JUSTICE

SECTION 1 : DE LA NOTION DE FRAIS DE JUSTICE

La justice signifie l'« *Ensemble des tribunaux et de l'organisation judiciaire : action en justice* »[413]. Elle est gratuite, bien qu'aucune loi ne l'ait consacrée. Cette expression de la gratuité de la justice a fait couler beaucoup d'encres et de salives au point que certains affirment qu'elle n'est pas gratuite. Cependant, contrairement à cette opinion, il y a lieu de confirmer que la justice est réellement gratuite en RDC. Les partisans de cette tendance affirment, de manière générale, que l'introduction d'une action en justice est gratuite dans la mesure où elle n'est pas subordonnée au règlement d'un quelconque montant préalable à payer au greffe. Cependant, c'est l'exécution des actes de procédure y relatifs qui est soumise à des frais. Il ne faut donc pas confondre l'introduction de l'action en justice qui est gratuite et l'exécution des actes de procédures qui est payante. Il faut noter que tout paiement effectué en vue de l'exécution d'un acte de procédure constitue les frais de justice.

Ces frais de justice n'ont pas la même signification en RD Congo et en France. De manière générale, ils concernent différents actes afférents à une instance et à la procédure d'exécution. La doctrine française les définit comme, l'« *Ensemble des frais de procédure exposés à l'occasion d'une instance judiciaire englobant, outre les dépens, tous les irrépétibles* »[414].

En résumé, les frais de justice en France comprennent les dépens et les irrépétibles. Cependant au Congo, il n'en est pas ainsi. Ils se limitent uniquement aux dépens d'instance. Les irrépétibles n'y sont pas compris. Ces frais sont intégralement récupérables auprès de la partie perdante par la partie qui les a avancés, sauf décision contraire du juge dans la mesure où, par application de l'article 20 alinéa 2 du CPC, il peut les mettre, par compensation en tout ou en partie à la charge des parties succombantes selon une proportion qu'il détermine.

1. DES DEPENS

Les dépens sont la « *Partie des frais engendrés par le procès (droit de timbre et d'enregistrement, droits de plaidoirie, frais dus aux officiers ministériels, taxe des*

[413] Ibidem, p. 590.
[414] Ibidem, p. 474.

témoins, frais et vacations des experts) que le gagnant peut se faire payer par le perdant à moins que le tribunal n'en décide autrement »[415].

A la lumière de cette définition donnée par la doctrine française, les dépens comprennent les éléments suivants dont certains n'existent pas en RDC :

- le droit de timbre et d'enregistrement : ce droit désigne les frais de consignation prévu à l'article 144 du CPC ;
- les droits de plaidoirie : ce droit n'existe pas en RDC, mais en France. Il est alloué aux « *Avocats pour chaque décision de justice rendue que ce soit par plaidoirie ou dépôt de dossier devant la plupart des juridictions. Ce droit est payé par le client à son avocat et ensuite recouvré par le barreau de l'avocat qui doit ensuite la reverser à la Caisse nationale des barreaux français. Ce droit finance partiellement le régime de retraite de base des avocats en contrepartie du service public rendu par les avocats* »[416].
- les frais dus aux officiers ministériels : ces frais existent en RDC et sont prévus à l'article 24 de la loi n°16/011 du 15 juillet 2016 portant création et organisation de la profession d'huissier de justice. Mais, ils ne sont pas encore entrés en vigueur dans la mesure où l'installation des huissiers de justice n'a pas encore eu lieu sur le territoire national. Ces frais sont ceux dus aux huissiers de justice. Il faut noter qu'au regard de l'article 2 de la loi précitée, les huissiers sont considérés comme des officiers ministériels ;
- la taxe des témoins : c'est l'indemnité due aux témoins telle que prévue par l'article 149 § 5 du CPC ;
- les frais et vacations des experts : c'est l'indemnité due aux experts, médecins, interprètes telles que prévue par l'article 149 § 5) que le juge fixe ;

Il faut noter qu'au regard de la définition doctrinale du mot dépens, il n'y a que quatre (4) éléments cités qui sont prévus par la loi congolaise, à savoir : les frais de consignation, la taxes des témoins, les indemnités dues aux experts et les frais dus aux officiers ministériels qui ne sont pas encore payables. Contrairement au code de procédure congolais, le NCPC français énumère, sans tarification, de 12 sortes de frais, à son article 695, en des termes clairs de ce qu'il faut entendre par les dépens. Il s'agit de :

[415] Ibidem, p. 327.

[416] Droit de plaidoirie [en ligne]. Disponible sur : https://fr.wikipedia.org/wiki/Droit_de_plaidoirie

1. les droits, taxes, redevances ou émoluments perçus par les secrétariats des juridictions ou l'administration des impôts à l'exception des droits, taxes et pénalités éventuellement dus sur les actes et titres produits à l'appui des prétentions des parties ;
2. les frais de traduction des actes lorsque celle-ci est rendue nécessaire par la loi ou par un engagement international ;
3. les indemnités des témoins ;
4. la rémunération des techniciens ;
5. les débours tarifés ;
6. les émoluments des officiers publics ou ministériels ;
7. la rémunération des avocats dans la mesure où elle est réglementée y compris les droits de plaidoirie ;
8. les frais occasionnés par la notification d'un acte à l'étranger ;
9. les frais d'interprétariat et de traduction rendus nécessaires par les mesures d'instruction effectuées à l'étranger à la demande des juridictions ;
10. les enquêtes sociales ;
11. la rémunération de la personne désignée par le juge pour entendre le mineur ;
12. les rémunérations et frais afférents aux mesures, enquêtes et examens.

Cette énumération du NCPC français a son importance dans la mesure où elle permet de connaitre les différents actes qu'il faut considérer comme dépens avant de s'engager dans un procès. L'énonciation de l'article 149 du CPC est différente et ne dit pas que les actes qui y sont énumérés sont des dépens. Elle n'est qu'une simple tarification des frais de justice dans son ensemble. Cette énumération aurait pu être productive comme celle du droit français, malheureusement elle est libellée en zaïre-monnaie. Aujourd'hui d'ailleurs, elle est a été mise à jour par l'arrêté interministériel n°001 /CAB/MIN/J&DH2012 et n°455/CAB/MIN/FINANCES/2012 du 24 mai 2012 portant fixation des taux des droits, taxes et redevances à percevoir à l'initiative du Ministère de la Justice et Droits Humains.

Il faut signaler au passage que cette nouvelle tarification fixée par l'arrêté interministériel n'est pas du tout appliqué dans la pratique dans la mesure où les greffiers appliquent leur propre taux. D'ailleurs, les usagers des juridictions nationales se sentent le plus souvent escroqués à chaque fois qu'ils s'y rendent car, ils sont livrés à la dictature des greffiers.

Il faudrait noter qu'en RDC la condamnation aux frais de justice est obligatoire, conformément à l'article 20 du CPC. Le juge ne peut pas refuser de condamner même partiellement une partie succombante aux dépens. Cela deviendrait une faute professionnelle. En somme, le juge est tenu de le faire d'office à chaque que les conditions exigées par la loi pour une telle condamnation sont réunies.

Les frais de justice constituent une annexe à la grosse, à l'expédition, à l'extrait ou à la copie du jugement. Ils sont placés au dernier feuillet. En RDC, les preuves de paiement aux caisses du Trésor public doivent y être jointes également, soit en original ou soit en copie. Cette exigence de preuve n'est pas forcément nécessaire à ce niveau, mais elles seront réclamées lors du contrôle du dossier par l'Inspectorat Général des Services Judiciaires, conformément à l'article 2 aliéna 2 de l'ordonnance n°87-215 3 juin 1987 portant création de l'Inspectorat Général des Services du Conseil judiciaire.

2. DES IRREPETIBLES

Comme dit plus haut, les irrépétibles ne sont pas prévus en droit congolais. Ils sont des « *Frais non compris dans les dépens (et qui ne peuvent donc être recouvrés comme tels par le plaideur qui les a exposés, ex. honoraires d'avocat) sauf, s'il est inéquitable de les laisser à la charge de ce dernier, le pouvoir pour le juge de condamner l'autre partie à lui payer une indemnité* »[417].

En d'autres mots, ce sont les honoraires des avocats, etc., les frais de transport exposés et pertes de salaire subies par le justiciable pour se rendre au tribunal ou au cabinet de son avocat, les frais de photocopie etc.

En principe, les honoraires de l'avocat sont, conformément au code de déontologie des avocats, payés par ses propres clients. Cependant, en droit français, les choses sont quelles que peu différentes. En effet, au regard de l'article 700 du NCPC, le tribunal peut condamner la partie tenue aux dépens ou, à défaut, la partie perdante à verser à la partie adverse une somme permettant de compenser au moins partiellement les frais irrépétibles qu'elle a exposés. Pour ce faire, il tiendra compte de l'équité ou de la situation économique de la partie condamnée.

[417] Gérard CORNU, Op. cit., p. 572.

SECTION 2 : DE LA CONSIGNATION DES FRAIS

1. DE LA REGLE DE PRINCIPE DE LA CONSIGNATION

1.1. De la règle de principe

Les frais de justice sont indispensables à la tenue d'un procès. Aucun acte de procédure ne peut être exécuté sans les frais de consignation. Ils sont versés entre les mains du greffier. L'article 144 du CPC fixe la procédure en ce qui concerne la matière contentieuse et en matière non-contentieuse, l'article 3 du décret-loi du 13 mars 1965 relatif aux frais de justice en matière non contentieuse. Dans les deux (2) cas, les tarifs ont été actualisés par l'annexe de l'arrêté interministériel n°001 /CAB/MIN/J&DH2012 et n°455/CAB/MIN/FINANCES/2012 du 24 mai 2012 portant fixation des taux des droits, taxes et redevances à percevoir à l'initiative du Ministère de la Justice et Droits Humains.

Les frais de consignations sont payables en francs congolais. Ils sont doubles au degré d'appel. Cependant, si au cours de la procédure, ils paraissent insuffisants, le greffier peut toujours fixer les sommes suppléments à parfaire. Une cause déjà enregistrée peut être rayée du rôle des affaires en cours à cause du non-paiement des frais de consignation principale ou de son supplément. Il faut noter que le défaut de paiement de la consignation constaté à l'audience publique permet au juge de décréter d'office une fin de non-procéder. Cependant, la partie demanderesse peut couvrir cet incident en effectuant un paiement sur le banc entre les mains du greffier.

1.2. De la différence entre les tarifs prévus à l'article 149 du CPC et de ceux de l'annexe de l'arrêté interministériel n°001 /CAB/MIN/J&DH2012 et n°455/CAB/MIN/FINANCES/2012 du 24 mai 2012

L'article 149 du CPC promulgué par l'ordonnance-loi n°87-058 du 04 octobre 1987 ne contredit pas l'arrêté interministériel n°001 /CAB/MIN/J&DH2012 et n°455/CAB/MIN/FINANCES/2012 du 24 mai 2012. Les deux textes de loi sont complémentaires dans la mesure où le tableau de tarification prévu à l'article 149 du CPC a été promulgué par une ordonnance-loi et, est considérée comme une loi-cadre. Cependant, le tableau présenté en annexe de l'arrêté interministériel est une mesure d'application. Les deux textes n'ont pas la même valeur légale. Ainsi, les énumérations de l'article 149 du CPC demeurent en vigueur à ce jour sauf, que le taux libellé en zaïre-monnaie n'est plus d'actualité car, cette monnaie n'a plus cours légal. Tandis que l'arrêté précité étant la mesure d'application de cette ordonnance-loi intervient pour mettre uniquement à jour le taux jadis fait en une monnaie qui n'existe plus.

Il y a lieu de noter que les actes énumérés à l'article 149 du CPC avec leur tarif en zaïre-monnaie qui ne sont pas repris par l'annexe de l'arrêté précité ne peuvent être tarifés parce qu'ils n'ont pas de référence en monnaie ayant cours légal en RDC.

2. DE LA CONTESTATION DE FRAIS DE CONSIGNATION

Lorsque le demandeur estime que les frais de consignation pour ester en justice ainsi que les autres frais supplémentaire que le greffier lui demande sont hors norme, il peut les contester devant le président de la juridiction. Ce denier appréciera en toute équité quels sont les frais qu'il pourra autoriser et ceux qu'il en sera exemptés.

La constatation des frais se base sur la même procédure que celle de demande de dispense. Le demandeur doit introduire une demande de contestation de frais et expliquer au président de la juridiction pourquoi, il conteste les frais que le greffier lui demande de payer. Il doit apporter les preuves justifiant le motif de sa contestation. Le président décide par une ordonnance.

3. DE LA DISPENSE DES FRAIS DE CONSIGNATION ET DE JUSTICE

3.1. De l'état d'indigence

La loi congolaise ne définit pas ce qu'on entend par l'expression l'« état d'indigence », mais se contente de la signification que la langue française lui accorde, c'est-à-dire une « *Situation de quelqu'un qui manque des choses matérielles les plus nécessaires à la vie, comme la nourriture, l'argent* »[418]. L'état d'indigence se prouve devant la justice selon certains critères légaux. En matière contentieuse, les critères sont prévus aux articles 33 et suivants de l'arrêté d'organisation judiciaire n°299/79 20 août 1979 portant règlement intérieur des cours, tribunaux et parquets et en matière non-contentieuse, par le décret-loi du 13 mars 1965 relatif aux frais de justice en matière non contentieuse.

[418] Indigence [en ligne]. Disponible sur le site : http://www.cnrtl.fr/definition/indigence

Cependant, il faut reconnaitre que l'état d'indigence peut être passager ou permanent. Il est passager lorsque l'indigent qui est dispensé des frais de consignation retrouve une meilleure fortune. Il est permanent qu'une personne continuer à manquer du nécessaire de manière durable.

3.2. Des conditions de dispense

3.2.1. De la dispense en matière contentieuse

Les frais de consignation sont obligatoires pour engager une procédure devant les juridictions nationales et les tarifs actualisés sont fixés par l'annexe de l'arrêté interministériel n°001 /CAB/MIN/J&DH2012 et n°455/CAB/MIN/FINANCES/2012 du 24 mai 2012 précité. Cependant, il arrive que pour des raisons d'indigence que l'une des parties au procès puisse en être exemptée. Cette exemption ne s'arrête pas là. Selon article 146 du CPC, le juge peut également accord une dispense non seulement aux frais de consignation, mais aussi aux dépens comme les frais d'expertise et des taxations à témoins, etc. Dans ce cas, les frais sont couverts par le Trésor public.

L'indigent doit prouver qu'il est dans l'impossibilité de faire face aux frais qui lui sont demandés par le greffier. Pour ce faire, il doit être dans les conditions fixées aux articles 33 et suivants de l'arrêté d'organisation judiciaire n°299/79 20 août 1979 portant règlement intérieur des cours, tribunaux et parquets. S'il est éligible à ces conditions, il peut introduire une requête motivée appuyée des pièces justifiant son état d'indigence.

3.2.1.1. Des critères d'appréciation de la dispense

Pour statuer sur le cas d'indigence, le juge doit se base sur certains critères d'appréciation objectifs. Ceux-ci, comme dit plus haut, sont prévus aux articles 33 et suivants de l'arrêté d'organisation judiciaire n°299/79 20 août 1979 portant règlement intérieur des cours, tribunaux et parquets de la manière suivante :

- lorsque l'indigent est un fonctionnaire, un militaire ou un agent de l'administration publique, l'indigence est appréciée sur la base des accréditifs relatifs au traitement du dernier trimestre précédant l'introduction de la requête ;
- lorsqu'il s'agit des agents des sociétés paraétatiques et des sociétés privées, l'indigence est apprécié d'après les fiches de paie relatives au salaire du trimestre qui précède l'introduction de la requête ;

- lorsqu'il s'agit de commerçants ou d'une personne exerçant une profession libérale, l'appréciation de l'indigence est fondée sur le document de déclaration ou de paiement d'impôts sur les revenus relatifs à l'exercice fiscal précédant l'introduction de la requête ;
- lorsqu'il s'agit d'un chômeur ou de quelqu'un ne rentrant pas dans aucune des catégories précitées, l'indigence est prouvée par l'attestation d'indigence délivrée par les autorités administratives.

3.2.1.2. De la requête en dispense de frais de consignation et des frais de justice

La requête sollicitant la dispense de frais de consignation et des frais de justice doit être introduite devant le président de la juridiction devant laquelle l'action est ou doit être intentée. Ce dernier devra, par un une ordonnance l'en dispenser ou déterminer les limites dans lesquelles ces frais seront pris en charge par le Trésor public.

La dispense peut s'étendre à d'autres documents tels que les frais de délivrance de la grosse, de l'expédition, de l'extrait ou de la copie du jugement[419]. Le juge ou le président de la juridiction qui a rendu le jugement peut ordonner la délivrance en débet des tous ces documents. Cependant, la mention de la délivrance en débet doit être faite au pied de chaque document délivré.

Dans le même sens, le juge peut aussi exempter l'indigent du paiement préalable du droit proportionnel pour la délivrance de la grosse, de l'expédition, de l'extrait ou de la copie du jugement.

Il faut noter au passage que l'indigent bénéficie également des différents barreaux nationaux d'une faveur dans le cadre de l'aide judiciaire. Cette aide aux indigents est organisée par l'article 63 de la décision n°CNO/8/87 du 19 août 1987 portant règlement intérieur cadre des Barreaux de la République Démocratique du Congo tel que modifié par la décision n°04/CNO du 24/02/2001.

Contrairement à la procédure devant les juridictions nationales, l'indigent qui sollicite une aide judiciaire auprès du barreau ne doit pas prouver son état d'indigence à l'appui des preuves, mais doit introduire une simple demande d'assistance auprès du Bâtonnier. Celui-ci dans sa réponse va lui désigner un avocat *pro deo* pour défendre ses intérêts. L'avocat qui prête son concours à l'indigent avant que l'aide judiciaire

---

[419] Article 158 du CPC.

lui soit accordée ne peut refuser pas de continuer son travail sans faire approuver ses motifs d'excuses par le Bâtonnier National ou son propre Bâtonnier.

Lorsque l'aide judiciaire est accordée à un indigent, l'avocat commis n'est pas autorisé à accepter ou à lui demander des honoraires. Cependant, s'il y a lieu de le faire, il ne peut les demander que si la condamnation en principal et dommages et intérêts prononcés contre l'adversaire de ce dernier procure des ressources telles que si elles avaient existé au jour où l'aide judiciaire a été demandée, celle-ci n'aurait pas été accordée.

Les honoraires sollicités à l'indigent bénéficiaire des ressources à l'issue d'un procès ne peuvent être réclamés que lorsque le jugement passe en force de chose jugée, et plus exactement après l'exécution.

3.2.2. De la dispense des frais de consignation et de justice en matière non-contentieuse

La dispense des frais de consignation est fixée par l'article 6 du décret-loi du 13 mars 1965 relatif aux frais de justice en matière non contentieuse. Les indigents sont dispensés de la consignation et du paiement des frais. Cependant ici, l'indigence sera constatée par un certificat délivré par l'autorité administrative compétente la plus proche du lieu où réside l'intéressé.

Il faut noter que la demande de dispense est introduite dans les mêmes conditions qu'en matière contentieuse.

CHAPITRE 2 : DU DROIT PROPORTIONNEL

SECTION 1 : NOTION DE DROIT PROPORTIONNEL

Le droit proportionnel est un impôt qui est dû, selon l'article 152 du CPC, sur toute somme ou valeur mobilière allouée par un jugement passé en force de chose jugée, par une sentence arbitrale ou par un jugement étranger rendu exécutoire. Selon la doctrine congolaise, il est imposable non seulement sur les sommes allouées et les valeurs adjugées, mais aussi sur les dommages et intérêts attribués par le juge[420].

Ainsi, il serait intéressant de voir ces éléments qui sont considérés comme les faits générateurs de cet impôt par la doctrine précitée, à savoir : les sommes allouées, les valeurs adjugées ainsi que les dommages et intérêts.

1. DES SOMMES ALLOUEES

Il s'agit des sommes allouées par le jugement à l'issue d'un procès, c'est-à-dire en d'autres mots, toute somme d'argent que la partie bénéficiaire n'avait pas avant le procès qui lui est nouvellement reconnue par la décision du juge et qui est affecté à son patrimoine. Cette somme peut tout aussi bien englober les dommages et intérêts dans la mesure où par leur forme les deux sont exprimées en numéraire, mais se différencient par leur nature.

Cependant, n'entrent pas dans cette catégorie, les sommes réclamées que l'une des parties avaient déjà dans son patrimoine avant le procès et que la décision du juge intervenue n'a fait que confirmer ce droit, telles que dans les actions en réclamation de créance ou de dette. Dans ce genre d'action la créance ou la dette appartient déjà au demandeur même s'il la réclame en justice. Le jugement à intervenir, s'il est confirmé en sa faveur, il ne devra pas payer le droit proportionnel. Cependant, si cette créance est reconnue en faveur du défendeur, le droit proportionnel est dû parce qu'elle ne faisait pas partie de son patrimoine avant le procès, c'est à la suite du jugement qu'elle lui a été allouée.

2. DES VALEURS ADJUGEES

Les valeurs adjugées par le juge sont des valeurs mobilières. Il y en existe plusieurs. Ils forment une « *Catégorie de titres financiers, qui peut être soit un*

---

420 Antoine SOHIER, Droit de procédure du Congo belge, éd. cit., n°345, pp.157-156.

titre de propriété (action), soit un titre de créance (obligation), et qui confère des droits standardisés (droit au même coupon ou dividende, cotée sur la même ligne en bourse, etc., pour une émission donnée ayant le même montant nominal) »[421].

Les valeurs mobilières suivent la même logique que les sommes allouées pour qu'elles soient imposables. Elles doivent enrichir le patrimoine de l'une des parties. Le juge doit d'abord les évaluer pour déterminer le montant à attribuer à chaque valeur mobilière. S'il ne le fait pas, le greffier peut aussi le faire lui-même ou se faire aider par un expert. C'est sur cette estimation que le droit proportionnel sera calculé et perçu[422].

3. DES DOMMAGES ET INTERETS

Les dommages et intérêts constituent une compensation financière à laquelle peut prétendre toute personne au procès qui a subi un préjudice quelconque ou une atteinte dans son patrimoine ou les deux la fois.

Il existe deux (2) sortes des dommages intérêts que le juge peut allouer à une partie. Les deux sont imposables. Il s'agit de :

- les dommages et intérêts compensatoires ;
- les dommages et intérêts moratoires.

3.1. Des dommages et intérêts compensatoires

Les dommages et intérêts compensatoires sont des « *Dommages-intérêts destinés à réparer tout dommage autre que celui qui résulte d'un retard dans l'exécution d'une obligation* »[423].

Les dommages et intérêts compensatoires sont ceux dus en cas, non seulement d'inexécution d'une obligation, mais aussi de mauvaise exécution ou d'exécution tardive[424]. Contrairement aux dommages et intérêts moratoires la date de la mise en demeure n'a aucune incidence sur le montant des dommages et intérêts compensatoires[425]. Le juge les alloue en fonction du préjudice moral, matériel ou corporel que la victime subit. Ils ont pour objectif de réparer en valeur numéraire un dommage. Ils se présentent comme une compensation.

---

[421] Valeur immobilière [en ligne]. Disponible sur : https://fr.wikipedia.org/wiki/Valeur_mobilière

[422] Article 153 du CPC.

[423] Gérard CORNU, p. 365.

[424] Lexique des termes juridiques, p. 322.

[425] Antoine SOHIER, Droit civil du Congo Belge, éd. cit., n°400, p. 208.

Selon la jurisprudence de l'article 40 du CCLIII, les intérêts compensatoires sont souvent dus à l'occasion des obligations de faire ou de ne pas faire[426].

3.2. Des dommages et intérêts moratoires

Les dommages et intérêts moratoires sont ceux « *Destinés à réparer le préjudice résultant du retard dans l'exécution d'une obligation* »[427]. Le juge les alloue à la partie gagnante en fonction du retard dans l'exécution d'une obligation. « *Contrairement à ce qui ce passe en ce qui concerne les intérêts compensatoires, la date de la mise en demeure a une influence sur le montant ; elle constitue en effet le point de départ du calcul de ceux-ci* »[428]. A défaut de la mise en demeure, si les dommages et intérêts moratoires sont réclamés pendant le procès, le tribunal doit les allouer à partir de la demande en justice[429].

SECTION 2 : DU REGIME JURIDIQUE DU DROIT PROPORTIONNEL

1. DU CARACTERE FISCAL DU DROIT PROPORTIONNEL

Comme dit plus haut, le droit proportionnel est un impôt. Il est payé sur le compte du Trésor public au même titre que les autres frais de justice et, est organisé par l'ordonnance-loi n°18/003 du 13 mars 2018 fixant la nomenclature des impôts, droits, taxes et redevances du pouvoir central. Le fait générateur, selon le § 8 de son annexe, est l'allocation des sommes par un jugement. Ce droit est prélevé, selon l'article 152 du CPC, sur toute somme ou valeur mobilière allouée par un jugement passé en force de chose jugée, par une sentence arbitrale ou par un jugement étranger rendu exécutoires. Son taux était jadis de 10% tel que prévu à l'article 149 du CPC. Depuis la promulgation de l'arrêté interministériel n°001 /CAB/MIN/J&DH2012 et n°455/CAB/MIN/FINANCES/2012 du 24 mai 2012, il a été réduit à 3%.

---

426 ___ - jurisprudence citée par Pierre PIRON et Jacques DEVOS. Codes et Lois du Congo belge (Matières civiles, commerciales, pénale), Tome I, idem,

427 Gérard CORNU, Op. cit., p. 665.

428 Antoine SOHIER, ibidem, n°401, p. 208.

429 App. R.U., 6 avril 1954 (R.J.C.B., p.21), article 480 §4 du CCL III - Jurisprudence citée par Pierre PIRON et Jacques DEVOS. Codes et Lois du Congo belge (Matières civiles, commerciales, pénale), Tome I, idem, p. 136.

Bien que le droit proportionnel assujettisse aussi bien la partie qui a succombé ou que celle qui a gagné le procès, ce ne sont pas celles-ci qui ont la charge le verse sur le compte du Trésor public. C'est le greffier qui en a la charge. Il le prélève et le verse sur toute somme adjugée par le juge à titre des dommages et intérêts ou sur toute valeur mobilière allouée à la partie gagnante. Il faut noter cependant qu'« *Aucun droit n'est dû sur un jugement qui reconnait au possesseur la propriété d'un bien qu'il détient déjà ; aucun droit n'est dû sur un jugement qui reconnaît le bien-fondé des prétentions de droit d'une partie, quand même celle-ci l'aurait estimé en argent (par exemple pour déterminer la compétence) ; par contre, des dommages intérêts alloués ou la condamnation au paiement d'un prix qui était dû avant l'intentement du procès donnent lieu au paiement de droits proportionnels* »[430].

2. DU RECOUVREMENT DU DROIT PROPORTIONNEL

2.1. Du recouvrement du droit proportionnel sur des sommes d'argent

2.1.1. Du principe de recouvrement

Le droit proportionnel est dû sur la minute du jugement. Son paiement est exigé préalablement à la délivrance de la grosse ou de l'expédition ou de l'extrait ou encore de la copie de jugement, sauf pour les cas particuliers. Il ne donne pas lieu à consignation. Le droit est dû par la partie condamnée et payé par elle entre les mains du greffier dans le mois qui suit la date où la décision est passée en force de chose jugée ou a été rendue exécutoire, à défaut il est dû par la personne au profit de laquelle la condamnation a été prononcée, sauf le droit pour celle-ci d'en poursuivre le recouvrement contre celui qui devait le supporter[431].

Le droit proportionnel étant un impôt, il obéit à une procédure spéciale de recouvrement du droit fiscal. Ainsi, en cas de non-paiement, les poursuites en recouvrement sont exercées, en vertu d'un exécutoire délivré par le juge ou par le président de la juridiction qui a rendu le jugement donnant lieu à la perception de ce droit. Celui-ci est immédiatement adressé à l'une des parties qui présente plus des moyens financiers pour payer cet impôt. Si c'est la partie gagnante, elle est malheureusement contrainte de le payer dans les trois (3) jours après un titre exécutoire délivré par le juge, quitte à elle de se retourner contre la partie succombante. Sinon, le juge pourra autoriser au greffier à opérer une saisie conservatoire sur son patrimoine[432].

---

430 Antoine RUBBENS, Op. cit., n°297, p. 313.

431 Article 155 du CPC.

432 Article 156 du CPC.

2.1.2. Des cas d'exception

2.1.2.1. Du ministère public

Si le paiement du droit proportionnel est un préalable à la délivrance de la grosse ou de l'expédition ou de l'extrait ou encore de la copie du jugement pour les parties, comme dit plus haut, cela ne l'est pour le ministère public. Il peut, à tout moment, se faire délivrer chacun des documents précités sans le paiement dudit droit proportionnel, même si au moment où il le demande, la condamnation n'a pas encore acquis force de chose jugée[433].

2.1.2.2. De l'indigent

L'indigent autorisé par le juge ne paie pas le droit proportionnel. C'est l'exception au principe. L'état d'indigence, comme dit plus haut, constaté par l'ordonnance du juge donne à l'indigent le droit d'obtenir la délivrance en débet de toute grosse, toute expédition, tout extrait ou toute copie du jugement avec mention de la délivrance en débet au pied du document délivré[434].

2.1.3. Des effets des voies de recours sur le droit proportionnel

Lorsqu'un jugement par défaut ou contradictoire a été attaqué dans les délais, ce recours a des conséquences sur le droit proportionnel. Tout dépend de l'issue du procès. Si l'opposition ou l'appel d'un jugement sur lequel le droit proportionnel a été perçu par le greffier est, soit rétracté ou, soit réformé, c'est le nouveau dispositif qui sera applicable. Dans ce cas, si le juge d'opposition ou d'appel modifie la décision du premier juge, le nouveau droit proportionnel sera applicable selon la nouvelle condamnation du juge, c'est-à-dire par rapport au premier droit proportionnel déjà payé, le greffier devra soit demander un supplément ou soit restituer en tout ou en partie. Cependant, la restitution ne peut avoir lieu que lorsque la nouvelle décision a acquis force de chose jugée.

Si le droit proportionnel doit être remboursé, l'action en restitution est intentée contre l'Etat congolais s'il a été réellement payé au Trésor public. Sinon, elle est intentée contre le greffier. Dans les deux (2) cas, il faut avoir des preuves de paiement.

---

[433] Article 157 du CPC.

[434] Article 158 du CPC.

Il faut noter que l'action en restitution de droit proportionnel se prescrit par un délai de deux (2) ans, à compter de la date de paiement[435].

2.2. Du recouvrement du droit proportionnel sur les valeurs mobilières

S'il est aisé de calculer le droit proportionnel des sommes alloués, il n'en est pas autant des valeurs mobilières adjugées par le juge. La solution est énoncée à l'article 153 du CPC. Lorsque le juge n'a pas déterminé le montant d'une valeur mobilière qu'il a attribuée à l'une des parties, le greffier peut lui-même le faire ou se faire aider par un expert. Son estimation doit être consignée dans un rapport. Sur base de ce rapport d'évaluation, il pourra percevoir le droit proportionnel.

Cependant, si la partie qui est tenue de l'acquitter ou de supporter cet impôt n'est pas d'accord avec le montant de cette estimation, il peut assigner le greffier en justice aux fins de réviser l'évaluation qu'il a faite. L'action n'est recevable qu'après la liquidation de ce droit.

L'action en révision du droit proportionnel contre le greffier est une action en responsabilité comme toute autre en matière civile. Ici également, les frais de l'instance sont à charge de la partie perdante. Le jugement à intervenir est susceptible des mêmes recours, dans les mêmes conditions et sous les mêmes formes que ceux prononcés en matière civile.

2.3. Du recouvrement du droit proportionnel sur les rentes ou pensions

Les modalités de recouvrement du droit proportionnel sur les condamnations au paiement de rentes ou de pensions sont très différentes de celles des sommes et des valeurs mobilières. Elles sont déterminées à l'article 154 du CPC.

Lorsqu'une des parties fait l'objet d'une condamnation au paiement de rentes ou pensions dont le montant du capital n'est pas exprimé dans le jugement, le greffier doit multiplier le montant taxable, pour calculer le droit proportionnel, par vingt (20) fois la prestation annuelle, s'il s'agit d'une rente viagère et de cinq (5) fois la prestation annuelle, s'il s'agit d'une pension ou dans tous les autres cas.

---

[435] Article 157 alinéa 4 du CPC.

3. DU RECOUVREMENT FORCE DU DROIT PROPORTIONNEL

3.1. De la procédure de recouvrement forcé

Le recouvrement forcé du droit proportionnel est énoncé à article 156 du CPC. En principe, selon l'article 20 du CPC, les dépens incombent à la partie perdante. Cependant, il faut reconnaitre que le droit proportionnel n'est pas n'importe quel frais de justice, mais un impôt que le greffier doit absolument recouvrer. La partie succombante a délai d'un (1) mois pour le payer, à défaut le greffier peut s'adresser à la partie gagnante et en exiger le paiement. La partie au procès à qui le greffier envoie un titre exécutoire pour le recouvrement de cet impôt est tenue de l'acquitter. Sinon, celui-ci pourra engager la procédure de saisie conservatoire à son égard. Le greffier saisit conservatoirement les biens de la partie qui présente plus de moyens financiers.

Ainsi donc, il pourra solliciter du juge président de la juridiction qui a rendu le jugement donnant lieu à la perception de ce droit, une ordonnance motivée avec la formule exécutoire. Dans sa requête, le greffier doit mentionner l'adresse de la partie à qui ce droit proportionnel doit être imputé, l'endroit où les biens qui peuvent être saisis, le montant de ce droit et, l''urgence qu'il y a procéder à la saisie conservatoire. Il faut aussi que les conditions de certitude, d'exigibilité et de liquidité soient réunies. Le président de la juridiction autorise la saisie par une ordonnance exécutoire.

L'ordonnance autorisant la saisie conservatoire doit être accompagnée de la requête du greffier ainsi que d'un commandement pour qu'elle soit signifiée à la partie à qui le droit proportionnel est imputé. Dans les trois (3) jours qui suivent, si ce commandement est resté infructueux, la saisie conservatoire est opérée sans désemparer auprès du tiers-saisie ou sur les biens du saisi lui-même. Un procès-verbal de saisie contenant les sommes ou les objets saisis est aussitôt dressé. Une copie est remise à la partie saisie. Les sommes saisies sont déposées au greffe du tribunal qui a ordonné la saisie tandis que les biens saisis sont rendus indisponibles jusqu'à leur vente. Ils feront l'objet d'une vente publique qui ne peut avoir lieu que dans les quinze (15) jours de la remise du procès-verbal de saisie. Au jour de la vente, il y est mis fin lorsqu'elle atteint une somme suffisante pour couvrir les montant du droit proportionnel.

Il faut noter que les saisies exécutées en recouvrement du droit proportionnel ne font pas l'objet d'une quelconque contestation devant le juge si, elles sont faites conformément à les articles 120 et suivants du CPC.

3.2. De la poursuite du recouvrement contre celui qui doit supporter le droit proportionnel

Comme dit plus haut, les dépens sont supportés par la partie perdante. Si le recouvrement ou le paiement volontaire du droit proportionnel a été réalisé par la partie gagnante, celle-ci a un droit de poursuite contre la partie succombante. Ce droit de récupérer son argent auprès de celui qui devait la payer est un droit réel. L'action en remboursement de droit proportionnel est intentée devant la même juridiction auprès de laquelle il y a eu recouvrement. Le procès qui va s'ouvrir est une instance civile normale. Le jugement à intervenir sera susceptible de recours, dans les mêmes conditions normales et sous les mêmes formes que ceux prononcés en matière civile.

CHAPITRE 3 : DE L'ETAT DE FRAIS

SECTION 1 : DE L'ETABLISSEMENT DE L'ETAT DE FRAIS

1. DES ELEMENTS ENTRANT EN COMPTE DANS L'ETABLISSEMENT DE L'ETAT DE FRAIS

L'état de frais est une représentation de l'un ensemble des frais de justice, c'est-à-dire des dépens tarifés qui ont été réellement engagés et exposés par la mise en œuvre de la procédure judiciaire. Ils sont imputables, conformément à l'article 20 du CPC, à toute partie qui succombe à un procès.

Ainsi, pour établir un état de frais, « *Le greffier tient à jour les comptes des dépens ; il crédite ce compte des provisions qui sont faites par les parties et le débite des frais exposés à leur requête ou par les actes du tribunal* »[436]. Il doit d'abord tenir compte de tous les actes qui ont été posés pendant le procès et ceux liés à l'établissement, selon le cas, de la grosse ou de l'expédition ou de l'extrait ou encore de la copie de jugement. Les frais qui ont déjà fait l'objet d'un paiement par la partie succombante seront déduits de la sommation de l'état de frais. Cependant, si par exemple, les frais de la descente ou d'un jugement avant dire droit, etc. ont été avancés en totalité ou en partie par la partie qui a gagné, ils feront l'objet d'un remboursement par la partie qui a perdu le procès. Si cette dernière refuse, la partie gagnante peut intenter une action en recouvrement des frais de justice contre elle.

Les frais de justice sont listés par le greffier à son état de frais. Il les taxe en fonction des tarifs qui se trouve en annexe de l'arrêté interministériel n°001 /CAB/MIN/J&DH2012 et n°455/CAB/MIN/FINANCES/2012 du 24 mai 2012. Enfin, il doit y ajouter un droit proportionnel de trois (3) % calculé sur toute somme ou valeur mobilière allouée par un jugement passé en force de chose jugée.

En principe, le tableau des tarifs en annexe de l'arrêté précité est minimaliste car, les actes susceptibles d'être posés pendant le procès sont plus nombreux. Il s'agit notamment de ceux prévus à l'article 149 du CPC en matière contentieuse et en matière non contentieuse, ceux prévus à l'article 1er du décret-loi du 13 mars 1965 relatif aux frais de justice en matière non contentieuse. Malheureusement, ces deux (2) textes de loi sont libellés en zaïre-monnaie.

---

[436] Antoine RUBBENS, Op. cit., n°299, p. 316.

Après avoir ajouté les tarifs légaux, le greffier doit faire la sommation de tous les coûts. Généralement, c'est un travail fort simple dans la mesure où il est fait à la main. Néanmoins, cette manière de calculer peut faire courir un risque d'erreur et de contestation. C'est pourquoi, au regard de l'article 148 du CPC, le juge est tenu de les vérifier et de les viser. Mais, en réalité, ce dernier ne le fait pas. Ce sont les greffiers eux-mêmes qui s'en occupent.

Il faut noter que dans la pratique, le greffier rajoute mêmes des actes non posés pour gonfler la facture. On s'en rend compte après avoir retiré les preuves de paiement et lu le dernier feuillet que les frais tels que payés n'étaient pas aussi onéreux. Mais, c'est la cupidité des greffiers qui les rend exorbitants.

1.1 De l'état de frais en matière contentieuse

En matière contentieuse, la plupart des actes tarifés sont énumérés à l'article 149 du CPC, mais exprime en zaïre-monnaie. Cependant, le nouveau taux qui est applicable pour chaque acte posé aujourd'hui est libellé à l'annexe de l'arrêté interministériel précité. Le greffier doit se référer à cette énumération tarifée pour établir l'état de frais. Ces actes sont repris ci-après :

1. la mise au rôle ;
3. l'acte d'assignation, de signification, ou de commandement (non compris les frais de transport et de séjour, lesquels seront fixés par le juge) ;
4. le procès-verbal fait par ministère d'huissier (non compris les frais de transport et de séjour, lesquels seront fixés par le juge) :
   - pour le premier rôle ;
   - pour le deuxième rôle ;
5. le procès-verbal d'enquête, d'audition de témoins, de réception de serment, d'expertise, ou visite des lieux et tout autre procès-verbal quelconque dressé par le greffier (non compris les frais de transport et de séjour, lesquels seront fixés par le juge) :
   - pour le premier rôle ;
   - pour le deuxième rôle ;
6. les indemnités aux experts; médecins, interprètes, témoins (taxés par le juge suivant les circonstances).
7. l'ordonnance du juge ;
8. les jugements avant faire droit ou définitifs (frais de minute) ;

9. la grosse expédition, extrait du jugement ou copie de tout autre document conservé au greffe :
   - pour le premier rôle ;
   - pour le deuxième rôle ;
10. les mesures prises pour faire insérer dans les journaux l'exploit ou l'extrait d'exploit (non compris les frais de publication, lesquels seront taxés par les juges);

Au regard de ce tableau, le greffier ne peut retenir dans sa comptabilité que les actes réellement posés jusqu'à l'établissement du jugement. Les actes posés l'aideront à établir l'état de frais.

1.2 De l'état de frais en matière non-contentieuse

En matière non-contentieuse, il y a lieu de faire la distinction avec les actes tarifés et d'autres qui ne le sont pas, conformément aux articles 4 et 5 du décret-loi du 13 mars 1965 relatif aux frais de justice en matière non contentieuse. Les tarifs mis à jour sont prévus à l'annexe de l'arrêté interministériel n°001 /CAB/MIN/J&DH2012 et n°455/CAB/MIN/FINANCES/2012 du 24 mai 2012.

Parmi les actes tarifés ici, il y a notamment la taxe des témoins, interprètes, experts et gardiens de scellés. Leur indemnité est fixée selon les honoraires que chaque intervenant au procès sollicite au juge ou au représentant de l'autorité publique devant lequel ils ont comparu ou qui les a désignés.

Parmi les actes non-tarifés, il faut noter notamment ceux posés par les agents de l'État. Lorsqu'ils comparaissent comme témoins, interprètes, experts et gardiens de scellés ils ne peuvent réclamer aucune taxe ou indemnité. Cependant, le Ministre de la Fonction publique peut leur allouer tout ou partie de ces taxes.

Il faut noter que c'est juste un principe légal, mais qui, dans la pratique, ne se fait pas. En effet, le Ministre de la Fonction publique n'accorde jamais ce genre de traitement aux agents de l'Etat qui comparaissent comme témoins, etc.

2. DES DEBOURS

Les débours sont des sommes avancés pour le compte de quelqu'un, c'est-à-dire les « *Avances que font les avocats, les officiers ministériels, et les mandataires, relatifs à des dépenses qui ne sont pas inclus dans les honoraires comme les frais de copie, le coût de délivrance d'actes, les frais de transport ou de correspondance, la rémunération de tierces personnes, le règlement d'impôts ou de taxes et frais ou de publicité légale* »[437].

Selon cette définition, pour avancer les débours pour le compte de l'une des parties, il faut être soit avocats, soit huissiers (officiers ministériels) ou soit encore mandataires. Cette vision des choses est une typiquement française. Or, en RD Congo, ces personnes font rarement ou quasiment jamais des avances des dépens pour le compte de quelqu'un.

Dans la pratique, Cependant, c'est plutôt la partie adverse qui avance ses propres frais de procédure lorsqu'elle est pressée d'avoir un avantage. Celle-ci est considérée comme la partie la plus diligente et peut ainsi avancer les frais au greffe pour une question de célérité. En principe, si cette partie n'est pas celle qui a succombé ou celle condamnée aux dépens, elle peut demander au greffier, conformément à l'article 20 du CPC, le remboursement par la partie perdante, des avances qu'elle a faites[438].

SECTION 2 : DE L'IMPUTATION DES FRAIS

1. DE L'IMPUTATION DES FRAIS

1.1. De l'imputation des frais en matière contentieuse

1.1.1. De l'imputation des frais de justice selon l'article 20 du CPC

En RDC, les frais des consignations sont imputables au demandeur de l'action en justice. Quant aux autres frais de justice, le principe de l'imputation des frais, comme dit plus dit plus haut, est énoncé à l'article 20 du CPC. Selon cette disposition, la charge des dépens est imputable à la partie qui a succombé. Cependant, il peut aussi être imputé à d'autres personnes citées par la loi.

S'agissant des personnes citées par l'alinéa 1er de l'article 20 précité. Cette disposition stipule ce qui suit : « *Peuvent, néanmoins, les dépens être compensés, en tout ou en partie, entre conjoints, ascendants, descendants, frères et sœurs ou alliés au même degré* ». Le verbe « compenser » est utilisé ici dans son sens juridique et non dans celui de l'article 181 et suivants du CLIII. Le petit Larousse illustré le définit comme signifiant « *Mettre à charge de*

[437] Débours [en ligne]. Disponible sur : https://www.dictionnaire-juridique.com/definition/debours.php

[438] Article 147 du CPC.

… »[439]. Ainsi, par interprétation de la disposition précitée, il faut entendre par-là que les frais de justice peuvent être imputés en totalité ou en partie entre époux, ascendants, descendants, frères et sœurs ou alliés au même degré, c'est-à-dire entre membres d'une famille de la même lignée.

S'agissant des personnes citées par l'alinéa 2 de l'article 20 précité ; ici, il n'y a pas à polémiquer. Tout est clair. Le juge peut répartir les dépens, en tout ou en partie, sur la tête de chaque partie succombante sur quelque chef de la demande.

Il faut noter que le partage des frais peut se faire selon plusieurs fractions. La doctrine congolaise pense qu'il peut se faire par moitié, tiers, quarts ou dixième, etc., selon la discrétion du juge, qui doit être fondé sur l'équité. En principe, « *La juridiction d'appel ne peut revoir les portions du partage que dans le cas où elle infirme le jugement ; elle pourra reformer un jugement statuant sur les frais dans le cas ou aucun partage n'aurait été fait alors que les parties succombent partiellement ou lorsqu'un jugement omet de statuer sur les dépens. La juridiction de cassation pourrait casser un jugement qui ne statue pas sur les frais ou qui ne met pas la totalité des dépens à la charge de l'ensemble des parties qui succombent ; elle ne pourrait pas casser parce que la proportion du partage est inéquitable* »[440].

1.1.2. De la particularité de l'imputation des frais d'enquêtes, d'expertise et de visite des lieux

Lorsqu'au cours d'un procès, il y a lieu à enquêter, à expertiser ou à opérer une descente sur les lieux, le juge décide par un jugement avant dire droit ordonnant les mesures d'instruction[441] qui détermine les conditions dans lesquelles celles-ci seront faites. Ces conditions varient en fonction de l'objet et des faits à prouver.

Il faut noter cependant que l'intervention de ces mesures d'instruction exige un engagement financier dont l'imputation dépend de la procédure envisagée. Ces frais sont :

- les frais d'enquêtes ;
- les frais d'expertise ;
- les frais de visite des lieux.

[439] Le Petit Larousse illustrée, Paris, Larousse 2008, p. 228.
[440] Antoine RUBBENS, Op. cit., n°300, p. 317.
[441] Voir première partie, titre 5 : « Des mesures d'instruction ».

1.1.2.1. Des frais d'enquêtes

L'enquête commerce principalement par le témoignage et celui-ci est soumis à des frais.

En matière contentieuse, les témoins qui sont appelés à témoigner en justice, ont droit à une indemnité, appelée aussi taxe après leur témoignage. Celle-ci n'est pas considérée comme un salaire ni une rémunération, mais comme une compensation des pertes qu'il a subi par son absence au travail (salaire, manque à gagner) ainsi que des frais de transport ou de séjour qu'ils ont dû exposer pour apporter leur témoignage[442] ou pour se présenter au tribunal.

L'indemnité due aux témoins sont fixées par le juge et, est imputée sur le compte du Trésor public. Ils peuvent la toucher au greffe à l'issue du procès.

En matière non-contentieuse, les témoins sont également récompensés. Cependant, les agents de l'Etat lorsqu'ils comparaissent comme témoins n'ont pas droit à une indemnité[443].

1.1.2.2. Des frais d'expertise

Tant en matière contentieuse que non-contentieuse, lorsqu'il y a lieu à expertiser, le juge peut faire appel à un expert qui peut être, selon les cas, un arbitre, un médecin, un interprète, etc. L'expert fixe librement ses honoraires selon sa propre règle déontologique. Les parties peuvent valablement consigner des acomptes à titre provisionnel. Après avoir déposé son rapport au greffe, il peut bénéficier du solde de ses honoraires.

Les honoraires de l'expert peuvent aussi être conventionnels. Dans ce cas, les modalités de paiement doivent être précisées dans le contrat. Cependant, la répartition des charges entre les parties demeure celle que le juge a ordonnée dans son jugement avant dire droit.

Lorsque les honoraires de l'expert sont exorbitants, le juge peut intervenir pour lui demander une revue à la baisse par un montant plus raisonnable.

---

[442] A. RUBBENS, Op. cit., n°292, p. 310.

[443] Article 5 du décret-loi du 13 mars 1965 relatif aux frais de justice en matière non contentieuse.

L'expert touche ses honoraires auprès du greffier. Ils sont imputables aux parties, selon la répartition que le juge détermine. A cet effet, chaque partie est tenue de consigner au greffe les frais nécessaires à titre de provision. Cette provision peut être complétée selon les exigences ou les difficultés que l'expert rencontre dans son travail.

La provision peut être également avancée en totalité par la partie qui a intérêt à ce que l'expertise soit organisée. Dans ce cas, celle-ci peut demander un remboursement à l'autre qui n'a consigné aucun frais. De tous les cas de figure, cette provision sera remboursée par la partie perdante lors de l'établissement de l'état de frais.

1.1.2.3. Des frais de visite des lieux

Aucun texte de loi ne précise les conditions de prise en charge des frais de visite. Cela dépend des us et coutume de chaque juridiction. C'est qui n'est pas normale et laisse libre court à tout abus. Mais, dans la pratique, lorsque le juge décide de se transporter sur les lieux ou de commettre l'un des juges qui a participé au jugement avant dire droit ordonnant cette mesure d'instruction, il détermine une provision nécessaire pour couvrir son déplacement. Si la somme est exagérée, les parties peuvent lui proposer un montant plus acceptable qu'elles consignent au greffe dans le délai imparti.

Généralement, selon la décision du juge, les frais de visite sont imputables par moitié à chaque partie au procès. Ici, il y a lieu à sa poser la question suivant : si une provision a été avancée en totalité par l'une des parties, peut-il y avoir remboursement ? La réponse est difficile dans la mesure où il n'existe aucun texte qui le prévoit. Il faudrait, peut-être, simplement s'en remettre aux usages de chaque tribunal.

1.1.3. De la particularité de l'imputation des frais de justice en droit français

Tout comme en droit congolais en droit français, la partie perdante est condamnée aux dépens, sauf si le juge en décide autrement, par décision motivée en mettant en totalité ou par fraction à la charge d'une autre partie[444]. Cependant, aux termes des articles 697 et suivants du NCPC français, il faut noter qu'il y a une particularité qui est propre à ce droit. Selon celle-ci les avocats, les anciens avoués et les huissiers de justice peuvent aussi être personnellement condamnés aux dépens.

[444] Article 696 du NCPC français.

En effet, lorsqu'un avocat ou un huissier a agi en dehors des limites du mandat lui confier par son client, en engageant des multiples procédures afférentes aux instances, actes et procédures d'exécution injustifiés et qui sont nulles par l'effet de sa faute, il peut être condamné aux dépens d'instance[445] et en outre, aux dommages et intérêts.

1.2. De l'imputation des frais en matière non contentieuse

L'imputation des frais en matière non contentieuse n'a pas fait l'objet d'une disposition légale particulière. Par interprétation de l'article 3 du décret-loi du 13 mars 1965 relatif aux frais de justice en matière non contentieuse, on peut dire que les frais de consignation sont imputables au requérant lui-même ainsi que les autres frais de justice.

2. DU MOMENT DE L'IMPUTATION ET DE L'EXIGIBILITE DES FRAIS

Il existe plusieurs moments pour l'imputation des différents frais. Ils sont exigibles en fonction de leur catégorie.

S'agissant des frais de consignation ; ils sont dus au moment où le demandeur fournit au greffier les éléments nécessaires à la rédaction de l'assignation[446].

S'agissant du droit proportionnel ; il est dû dès le prononcé de la minute, mais payable dans les conditions de temps particulières selon qu'il s'agit des sommes d'argent et des rentes ou pension ou des valeurs mobilières. Les différents cas se présentent comme suit :

- s'il s'agit des sommes d'argent et les rentes ou pensions ; le droit proportionnel est exigible dès le prononcé de la minute[447]. La partie condamnée a un mois pour payer à dater du jour où la décision est passée en force de chose jugée ou a été rendue exécutoire. Après ce délai d'un mois, la partie qui a gagné peut être tenue de le payer.
- s'il s'agit des valeurs mobilières ; elles ne sont payables qu'après l'estimation de leur valeur vénale. Même, lorsqu'il y a contestation judiciaire, le droit proportionnel demeure dû car, l'action en révision n'est recevable qu'après la liquidation de ce droit.

[445] Article 697 du NCPC français.
[446] Article 144 alinéa 1er du CPC.
[447] Article 155 alinéa 1er du CPC.

S'agissant d'autres frais de justice ; il n'existe pas de moment particulier de leur exigibilité. La loi ne le précise pas.

SECTION 3 : DE LA LIQUIDATION DE L'ETAT DE FRAIS

1. DE LA TENUE DE LA COMPTABILITE

Le greffier est tenu de tenir une comptabilité selon une règlementation publique pour chaque dossier qui lui est confié par sa hiérarchie. Selon l'article 61 de l'arrêté d'organisation judiciaire n°299/79 20 août 1979 portant règlement intérieur des cours, tribunaux et parquets, le greffier doit avoir à son bureau un quittancier, un livre de caisse et un carnet.

S'agissant de son quittancier ; le greffier doit y mentionner les sommes d'argent qu'il a perçues des parties en paiement de tout ou partie des frais de justice dont ces dernières étaient redevables. Il doit remettre une quittance à la partie qui paie. Celle-ci consacre la libération, soit totale ou, soit partielle et ce, à concurrence des sommes a versées.

S'agissant de son livre de caisse ; le greffier doit enregistrer toutes les entrées d'argent (donc tous les paiements en liquide) et toutes les sorties de caisse (donc les prélèvements en liquide). Il enregistre au jour le jour toute opération liée au dossier que les parties font et en garde les preuves.

Il faut noter qu'il existe au greffe plusieurs livres de caisse. Chaque greffier doit posséder le sien qu'il met à jour régulièrement en fonction des divers dossiers qui lui sont confiés par sa hiérarchie.

S'agissant de son carnet ; le greffier doit mentionner toutes les sommes qu'il a perçues en consignation et dont il a donné décharge à quelque titre que ce soit.

2. DE LA LIQUIDATION DE L'ETAT DE FRAIS

En fonction de l'état des frais qu'il a établi, le greffier sait quel montant il doit percevoir ou recouvrir auprès des parties au procès. Ce montant peut être imputé à la partie succombante seule ou peut être partagé par moitié ou par tiers, etc., selon les dispositifs. Le greffier doit cibler les personnes qui sont redevables au Trésor public et les inviter venir procéder au paiement de ce qui est dû.

Après cette opération fastidieux, le greffier est tenu liquider l'état de frais dans son livre de caisse. Comme dit plus haut, cette liquidation se fait selon les règles de la comptabilité publique.

Lorsque le greffier perçoit ou recouvre les frais de justice, il doit en délivrer une quittance et mettre son livre de caisse à jour par l'apurement des comptes des différentes parties. Cela se fait par des opérations usuelles consistant à vérifier chaque compte, de l'actualiser en fonction des sommes reçus et de les déclarer quitte ou pas de tout frais de justice. Lorsque les comptes courants des parties sont quittes, il leur donne un quitus, sinon il continue le recouvrement du solde. Une fois que la liquidation devient totale, l'état de frais est définitivement réglé.

Tableau 16 : Résumé schématique des frais de justice

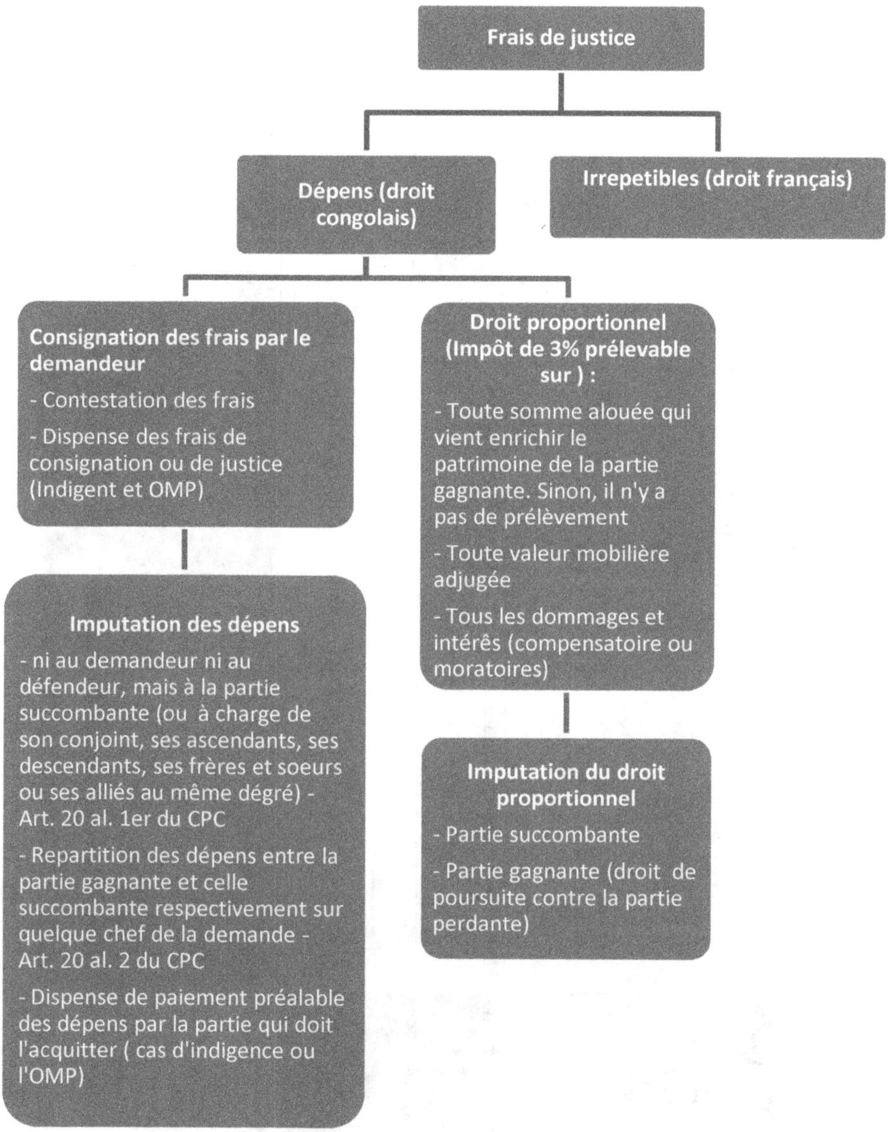

Tableau 17 : Résumé schématique de la phase du procès au premier degré

	Avant le procès	Attributions à l'audience		Décisions	
		Affaire en introduction	**Affaire en continuation ou mise en état**	**Prise en délibéré**	**Prononcé**
Intervention du juge président (en matière de célérité) et du siège ordinaire à 3 juges (en matière de droit commun ou d'opposition à l'injonction)	**<u>Procédure de droit commun (matière de célérité - art. 10 CPC)</u>** Sanction par une ordonnance motivée de la requête sollicitant l'ordonnance abréviative de délai	**<u>Matière de droit commun</u>** - Police des débats - Vérification de la saisine - Identification des parties - Octroi de la première remise pour échange des pièces et des conclusions - Réception de l'avis de l'OMP	**<u>Matière de droit commun</u>** - Police des débats - Instruction - Ordonnancement des mesures d'instruction - Octroi (ou autorisation) des remises pour la mise en état ou renvoi au rôle général ou encore ordonnancement de la plaidoirie - Réception de l'avis de l'OMP	- Vote (les juges le moins ancien du rang le moins élevé donnent leur avis en premier) - Rédaction de la minute du jugement - Ordonnancement de la réouverture des débats pour instruction complémentaire ou éclaircissement	**<u>Matière de droit commun</u>** Jugement contradictoire ou par défaut (dessaisissement du juge)
		<u>Matière d'opposition à l'injonction</u> - Police des débats - Vérification de la saisine (***<u>assignation en opposition à l'injonction + ordonnance portant injonction</u>***) - Identification des parties - Conciliation préalable des parties - Octroi de la première remise - Réception de l'avis de l'OMP	**<u>Matière d'opposition à l'injonction</u>** Audience au jour fixe (en cas d'échec de la conciliation) : - Police des débats - Instruction - Mise en état - Ordonnancement de la plaidoirie - Réception de l'avis de l'OMP		**<u>Matière d'opposition à l'injonction</u>** **Jugement contradictoire même en cas de défaillance de l'opposant** (dessaisissement du juge)
Intervention : **- du juge président (en matière de célérité)** **- de la juridiction présidentielle (siège à juge unique)**	**<u>Procédure d'injonction (art. 1 à 23 de l'AURPSVE) ou de saisie conservatoire (art. 54 à 61)</u>** Sanction par une ordonnance motivée de la requête aux fins d'injonction (de payer, délivrer et de restituer) ou de l'autorisation			**<u>Procédure d'injonction (art. 1 à 23 de l'AURPSVE) ou de saisie conservatoire (art. 54 à 61)</u>** - Décision unique - Rédaction de la minute de l'ordonnance	**<u>Procédure d'injonction (art. 1 à 23 de l'AURPSVE) ou de saisie conservatoire (art. 54 à 61)</u>** Ordonnance portant injonction (de payer, délivrer et de restituer) ou autorisant la saisie conservatoire (dessaisissement du juge)

en matière urgente ou de référé et en matière d'injonction ou de la saisie conservatoir e	préalable de la saisie conservatoire	[redacted]			
	Procédure de droit commun (matière de célérité - art. 10 CPC) Sanction par une ordonnance motivée de la requête sollicitant l'ordonnance abréviative de délai	**Matière urgente ou de référé** - Police des débats - Vérification de la saisine (***assignation en contestation de l'exécution d'un jugement ou de la saisie conservatoire***) - Identification des parties - Vérification de la communication préalable avant l'audience ou pendant l'audience - Pas de remise, sauf par autorité du juge pour préserver le droit de la défense - Instruction - Mise en état sur le banc - Ordonnancement de la plaidoirie	**Matière urgente ou de référé** Audience au jour fixe (en cas de remise) : - Police des débats - Instruction - Mise en état sur le banc - Ordonnancement de la plaidoirie	**Matière urgente ou de référé** - Décision unique - Rédaction de la minute de l'ordonnance	**Matière urgente ou de référé** **Ordonnance rendue contradictoirement entre parties** (dessaisissement du juge)
Demandeur en justice (Titulaire du droit)	Droit subjectif	1. Introduction de l'action en justice par voie de différentes demandes en justice : - Assignation - Requête - Comparution volontaire - intervention volontaire ou forcée - etc. 2. Sollicitation de la première remise	- Echange des pièces et des conclusions (moyens de fond et de forme) - Demande des mesures d'instruction - Demande incidente - Présentation des prétentions en appui des preuves et/ou de l'appel à témoins	Attente ou demande de la réouverture des débats pour justes motifs	1. Délivrance en débet ou paiement des frais de justice par la partie succombante + droit proportionnel 2. Signification du jugement : - Effet déclaratif - Effet constitutif 3. Exécution du jugement
Défendeur en justice	[redacted]	1. Exceptions à soulever *in limine litis* : - Question préalable (exception dilatoire, etc.) - Question préjudicielle 2. Exception d'ordre publique 3. Sollicitation de la première remise	- Exceptions à soulever *in limine litis* (avant d'aborder le fond) et celles d'ordre public (en tout état de cause) - Echange des pièces et des conclusions (moyens de fond et de forme) - Moyens de défense et preuves contraires et/ou appel à témoins - Demande des mesures d'instruction	Attente ou demande de la réouverture des débats pour justes motifs	1. Délivrance en débet ou paiement des frais de justice par la partie succombante + droit proportionnel 2. Signification du jugement : - Effet déclaratif d jugement
	[redacted]		- Demande incidente (intervention et action reconventionnelle)		- Effet constitutif du jugement 3. Exécution du jugement

POSTFACE

Installation de la chambre provinciale des huissiers de justice du ressort de la Cour d'Appel de Kinshasa/Gombe prévue par la loi n° 16/011 du 15 juillet 2016 portant création, organisation de la profession d'huissier de justice

Depuis le 30 décembre 2019, la Cour d'Appel de Gombe a installé les huissiers de justice de son ressort par sa décision n°0006/2019 portant installation de la chambre provinciale des huissiers de justice du ressort de la Cour d'Appel de Kinshasa/Gombe. C'est une première expérience du genre en RDC. La professionnalisation de cette fonction jadis exercée par des fonctionnaires et par des agents publics de l'Etat est une réforme voulue par le législateur afin, comme le précise l'exposé de motifs de la loi précitée du 15 juillet 2016, d'une part, « *...de se conformer à la Constitution du 18 février 2016 telle que modifiée et complétée à ce jour, et aux traités et accords internationaux régulièrement ratifiés notamment le traité OHADA...* » et d'autre part, de palier aux faiblesses et à l'impact négatif de ce ministère sur l'appareil judiciaire congolais. Tout le monde sait que la majorité des huissiers fonctionnaires et agents publics de l'Etat qui exercent cette fonction, n'ont, à la base, aucune formation académique adéquate, et c'est peut-être pour cela qu'ils ont toujours eu d'énormes écarts de conduite dans l'exercice de cette mission et, le plus souvent, en toute impunité car, il existait jusqu'alors aucune déontologie professionnelle à suivre.

En principe, cette réforme devait normalement intervenir depuis juillet 2018, selon les dispositions de l'article 51 de ladite loi. Cependant, nul ne sait pourquoi il y a eu un flottement pour que cette installation se fasse timidement en décembre 2019.

La profession d'huissier de justice prévue par la loi précitée est libérale et indépendante, à l'instar de celle de l'avocat. Elle est soumise à des règles professionnelles propres et strictes que les huissiers doivent scrupuleusement respecter sous peine d'une action disciplinaire de la chambre provinciale à laquelle ils appartiennent. Cette contrainte est suffisante par rapport à ce qui a toujours existé en ce qui concerne les fonctionnaires et agents publics de l'Etat, pour valoriser cette profession qui est noble et qui ne peut être exercée que par des personnes intègres.

Par ailleurs, il faut noter que dans l'exercice de leurs fonctions, les huissiers portent la toge sans rabat quand cela est nécessaire et sont appelés « maître ». C'est qui est tout à fait différent de ce qui s'est passé ou de ce qui se passe encore dans les ressorts où l'installation des huissiers de justice n'a pas encore été organisée.

L'huissier de justice nouvellement installé à la Gombe gère ses activités sous monopole en tant qu'auxiliaire de justice et, est chargé de signifier les actes judiciaires et/ou extra-judiciaires dans son ressort. Il a également pour tâche de procéder à l'exécution forcée des jugements, des arrêts ainsi que des actes notariés. C'est pourquoi, dans l'exercice de sa mission, il peut requérir l'assistance de la force publique lorsque c'est nécessaire.

Un zoom sur le code de procédure civile permettra de comprendre ce qu'on attend de ces huissiers de justice en RDC. Son article 2 stipule que « *L'assignation est rédigée par le greffier…* ». Désormais, cette disposition ne sera plus de mise. Elle est remplacée par l'article 13 de la loi du 15 juillet 2016 qui est la loi la plus spéciale par rapport au code de procédure civile. Ainsi, il faudrait s'attendre dorénavant que l'assignation soit rédigée par un huissier de justice. De même, les significations et les notifications de différents actes et exploits prévus aux articles 3 et suivants du CPC seront faites de manière exclusive par le même huissier de justice. Le greffier y est définitivement exclu au regard de l'article 13 sus-évoqué. Ce denier vient compléter de manière exhaustive toutes les attributions que la loi reconnait aux huissiers de justice de poser. Il s'agit notamment de :

1. rédiger les actes ;
2. signifier les actes et exploits ;
3. faire les notifications prescrites par les lois et règlements lorsque le mode de notification n'est pas précise ;
4. procéder à l'exécution des décisions de justice et des actes ou titres en forme exécutoire ;
5. procéder au renouvellement amiable des créances et aux ventes publiques des meubles ;
6. établir des protêts ;
7. dresser les procès-verbaux.

Il faut noter cependant qu'actuellement toutes les attributions sus-évoquées ne sont accomplies que par des huissiers de justice installés dans le ressort de la Gombe. Cependant, en ce qui concerne les autres, comme il a été dit plus haut, aux termes de l'article 51, alinéa 2 de la loi du 15 juillet 2016 dans les autres ressorts où l'installation n'a pas encore eu lieu, les fonctions d'huissier de justice demeurent encore entre les mains de fonctionnaires et agents publiques de l'Etat. Il faut espérer que, dans les jours à venir, cette installation des huissiers de justice se généralise sur toute l'étendue de la RDC.

Fait à Kinshasa, le 24 janvier 2020.

INDEX ALPHABETIQUE

E

F

G

H

I

J

L

M

N

O

P

BIBLIOGRAPHIE

TEXTES DE LOI

1. Actes uniformes Ohada (AUDCG, AUSCGIE et AUSPRVE).
2. Arrêté d'organisation judiciaire n°299/79 du 20 août 1979 portant règlement intérieur des cours, tribunaux et parquets.
3. Arrêté interministériel n°001 /CAB/MIN/J&DH2012 et n°455/CAB/MIN/FINANCES/2012 du 24 mai 2012.
4. Bulletin officiel de l'Etat Indépendant du Congo, n°11, Librairie C. MUQUARDT (Librairie du Roi), 2ème année, 1886, pp. 188 à 189.
5. Bulletin officiel de l'Etat Indépendant du Congo, n°6, Librairie C. MUQUARDT (Librairie du Roi), 2ème année, 1886, pp. 89 à118.
6. Bulletin officiel de l'Etat Indépendant du Congo, n°8, Librairie C. MUQUARDT (Librairie du Roi), 2ème année, 1886, pp. 131 et 132.
7. Code civil français, édition 2005, Paris, Dalloz, pp. 2269.
8. Code pénal congolais.
9. Code pénal français.
10. Constitution telle que modifiée par la Loi n° 11/002 du 20 janvier 2011 portant révision de certains articles de la Constitution de la République Démocratique du Congo du 18 février 2006.
11. Décret royal du 30 juillet 1888 portant Code civil.
12. Décret royal du 4 mai 1895 portant droit civil des personnes.
13. Décret royal du 7 mars 1960 portant Code de procédure civile.
14. Décret-loi du 13 mars 1965 relatif aux frais de justice en matière non contentieuse
15. Loi n° 015-2002 du 16 octobre 2002 portant Code du travail telle que modifiée par la loi n°16/010 du 15 juillet 2016
16. Loi n° 016/2002 du 16 octobre 2002 portant création, organisation et fonctionnement des tribunaux de travail.
17. Loi n°87-010 du 1er août 1987 portant code de la famille telle que modifiée par la loi n°16/008 du 15 juillet 2016.
18. Loi organique n°13/011-B du 11 avril 2013 portant organisation, fonctionnement et compétences des juridictions de l'ordre judiciaire.
19. Nouveau code de procédure civile français
20. Ordonnance-loi n°66-344 du 09 juin 1966 relatif aux actes notariaux.

21. Ordonnance-loi n°86-033 du 05 avril 1986 portant protection des droits d'auteurs et des droits voisins.

JURISPRUDENCE

1. Bulletin des arrêts de la Cour Suprême de Justice (1980-1984), Kinshasa, 2001, pp. 184-187.
2. Bulletin des arrêts de la Cour Suprême de Justice (1990 à 1999), Kinshasa, 2003, pp. 381-385.
3. Bulletin des arrêts de la Cour Suprême de justice (2004-2009), Tome I, Kinshasa, 2010, pp. 324-327.
4. Bulletin des arrêts de la Cour Suprême de Justice (2004-2009), Tome II, Kinshasa, 2010, p. 28-33.

DIVERS TEXTES OFFICIELS

1. Règlement-intérieur cadre des Barreaux de la République Démocratique du Congo tel modifié par la décision n°04/CNO du 24/02/2001.
2. Circulaire commune n°001/BKM/BRKG/BTR/TK/08/2014 du 15 août 2014.
3. Rapport des états généraux de la justice tenus à Kinshasa du 27 avril au 2 mai 2015, Kinshasa, publié par le Ministère de la Justice et Droits Humains, pp. 111.
4. Allocution de Ministre de la Justice à l'occasion de l'ouverture de la session extraordinaire du Conseil Supérieur de la Magistrature, Kinshasa, publié par le Ministère de la Justice, 18 octobre 2017, pp. 12.

THESES DE DOCTORAT

VERGES Etienne, Les principes directeurs du procès judiciaire : Etude d'une catégorie juridique, pp. 551, Thèse de doctorat, Discipline : Droit, Marseille (Université de droit, d'économie et des sciences d'Aix-Marseille), 2000, n° Réf ANRT : 35469.

SYLLABUS DE COURS

1. BAYONA ba MEYA, (avril 1998), Procédure civile, Syllabus, Université Protestante au Congo, Kinshasa, pp. 241.

2. BOULARBAH Hakim, (2007-2008), Droit privé judiciaire : 1ère année du grade de Master en Droit, T. I, Syllabus, Université de Liège, Liège, pp. 159.
3. BOULARBAH Hakim, (2008-2009) Questions spéciales de droit privé judiciaire : 1ère année du grade de Master en Droit, T. II, Syllabus, Université de Liège, Liège, pp. 160.
4. COULON Olivier, (2010-2011), Droit commercial, Syllabus, Université Catholique de Louvain, Louvain-La-Neuve, pp. 234.
5. LUZOLO BAMBI LESSA, (1999), Procédure civile, Syllabus, Université de Kinshasa, Kinshasa, avril pp. 214.
6. [Anonyme], (2013), Méthodologie du jugement civil, Syllabus, Ecole Nationale de la Magistrature, Bordeaux (France), pp. 40.

OUVRAGES

1. BOSHAB Evariste et MATADI NENGA GAMANDA, Le statut de représentants du peuple dans les assemblées politiques délibérantes, Bruxelles, Academia-Bruylant, 2010, pp 69-70.
2. CABRILLAC, Remy, Dictionnaire du vocabulaire juridique, 3ème édition, Paris, Ed. LexisNexis Litec, Coll. Objectif Licence-Master dico droit, 2008, pp. 417.
3. CORNU Gérard, Vocabulaire juridique, 9ème édition, Paris, PUF/Quadrige, Coll. Dicos Poche, 2011, pp. 1095.
4. Le Petit Larousse illustrée, Paris, Ed. Larousse 2008, p. 228.
5. ENGLEBERT Jacques, Les pièges de la procédure civile, Bruxelles, [inédit], pp. 62
6. GUILLIEN Raymond et VINCENT Jean, Lexique des termes juridiques 2010, 17ème édition, Paris, Dalloz, 2009, pp. 242.
7. GUINCHARD Serge et DEBARD Thierry, Lexique des termes juridiques 2012, 19ème édition, Paris, Dalloz, 2011, pp. 585.
8. KATUALA KABA KASHALA, Code civil congolais annoté, Kinshasa, Edition Batena Ntambua, 2009, pp. 375.
9. KATUALA KABA KASHALA, Code judiciaire zaïrois annoté, Kinshasa, Edition Asyst sprl, 1995, pp. 232.
10. KILALA Pene-AMUNA Gabriel, Organisation, Fonctionnement et Compétences des Juridictions en Droit positif Congolais, Kinshasa, Ed. Universitaire africaines, pp. 195.
11. LUKOO MUSUBAO Ruffin, La jurisprudence congolaise en procédure civile, Tome I, Kinshasa, Ed. On s'en sortira, 2010, pp. 395.

12. LUZOLO BAMBI LESSA, Traité de droit judiciaire : la justice congolaise et ses institutions, Kinshasa, PUC/Centre de recherche sur le Justice Transitionnelle, 2018, pp. 1273.
13. MARTINEAU François, Petit traité d'argumentation judiciaire, Paris, 3ème Ed., Dalloz, 2009-2010, pp. 202.
14. MATADI NENGA GAMANDA, Droit judiciaire privé, Bruxelles, Bruyland/Academia AB, 2006, pp. 735.
15. MBOCK BIUMLA Jean-Michel, Code bleu OHADA : textes annotés, Ed. Juriafrica, Paris, 2014, pp. 59-136, 159-341, 401-595.
16. MERCADAL Barthélémy, Code pratique OHADA annoté : Traité, Actes uniformes et Règlement annotés, Levallois-Perret, Ed. Francis Lefebvre, 2014, pp. 213-448, 597-905, 927-1379.
17. MUKADI BONYI et KATUALA KABA KASHALA, Procédure civile, Kinshasa, Editions Batena Ntambua, 1999, pp. 260.
18. MWILANYA WILONDJO, Néhémie, La responsabilité professionnelle des magistrats en droit congolais : cas de la prise à partie, Kinshasa, Ed. Cabinet MWILANYA, 2ème éd., décembre 2010, pp. 37-42.
19. NEVYL I.K, Code de procédure civile révisé et annoté, [ ], éd. Ebri-collection, [ ], pp. 128.
20. NGANDA FUMABO Luc, L'audience judiciaire, Kinshasa, Coll. La pratique judiciaire, Ed. Rivages africains, pp. 230.
21. NSUMBU KABU, Odon, Cour Suprême de Justice : Héritage de demi-siècle de jurisprudence, Kinshasa, Ed. Les analyses juridiques, 2015, § 3, pp. 1084.
22. PIRON Pierre et DEVOS Jacques, Codes et Lois du Congo belge (Matières civiles, commerciales, pénale), Tome I, Bruxelles et Léopoldville, Maison Ferdinand Larcier SA Editeurs et Ed. des Codes et Lois du Congo Belge, 1960, pp. 98-147.
23. PIRON Pierre et DEVOS Jacques, Codes et Lois du Congo belge (Organisation administrative et judiciaire), Tome II, Bruxelles et Léopoldville, Maison Ferdinand Larcier SA Editeurs et Ed. des Codes et Lois du Congo Belge, 1960, pp. 23-41.
24. RUBENS Antoine, Le droit judiciaire congolais, Tome II, Kinshasa, PUC, 2005, pp. 329.
25. SHEBELE Michel, Petit guide pratique de l'avocat congolais en matières de droits, de devoirs et d'interdits professionnels, Kinshasa, Edition NGSHLaw, 2011, pp. 51-53
26. SOHIER Antoine, Droit de procédure du Congo belge, Bruxelles-Elsabethville, 2ème éd., Maison F. Larcier-Société d'Etudes Juridiques du Katanga, 1955, pp. 371.

27. SOHIER Antoine, Droit civil du Congo Belge, Tome II, Bruxelles, Ed. Maison Fernand Larcier, 1956, pp. 209.
28. STROUVENS Léon, Codes et lois du Congo Belge : textes annotés d'après les rapports du Conseil colonial, les instructions officielles et la jurisprudence des tribunaux, Léopoldville, Ed. de guerre des codes Louwers et Ed. des Codes et Lois du Congo Belge, 1943, pp. 207-220.
29. TAHRI, Cédric, Procédure civile, Paris, Ed. Bréal, coll. Lexifac droit, 2007, pp. 225.
30. WASENDA N'SONGO et MUPILA NDJIKE KAWENDE, « Code de déontologie des avocats », 2ème édition, Kinshasa, Pax-Congo Editions Universitaires, 2010, pp. 319.
31. WOOG, Jean-Claude, Pratique professionnel de l'avocat, Paris, Ed. Litec Gazette du palais, 1987, pp. 569-570.
32. VUNDUAWE te PEMAKO Felix., Traité de droit administratif, Bruxelles, Larcier-Afrique éditions, p. 685.

ARTICLES DIVERS

1. KOLONGELE EBERANDE Désiré-Casimir, L'entrée en vigueur du droit OHADA en République Démocratique du Congo et ses conséquences sur l'ordre juridique, in : *Doc & Juris, revue de droit privé*, janvier-février-mars 2014, n°001, pp.11-22.
2. MALERE MUDEKEREZA Guillain, La saisine du tribunal en matière de travail : Assignation ou requête ?, « Parole de justice », in : *Revue annuelle de doctrine*, RCN Justice & Démocratie, 2005, pp. 135-136.
3. BOUSABER Maan, Les principes généraux de droit et la procédure civile, *Université Saint-Joseph de Beyrouth*, [ ], [ ], pp. 11.
4. GJIDARA-DECAIX Sophie, Les règles de répartition des frais en procédure civile, in : *Université de Paris II (Panthéon-Assas)*, [ ], [ ], pp. 29.
5. BIA BUETUSIWA Hervé-Michel, La saisine ambiguë. Analyse des errements de la terminologie autour de la notion de saisine et des modes de comparution en droit judiciaire congolais, in : *Doc & Juris, revue de droit privé*, janvier-février-mars 2014, n°001, pp. 38-48.

SITES WEB

1. Actions extrapatrimoniales [en ligne]. Disponible sur : https://www.superprof.fr/ressources/droit/penal/droit-judiciaire-prive/actions-extrapatrimoniales-cpc.html
2. Autorité de la chose jugée [en ligne]. Disponible sur : http://www.cours-de-droit.net/l-autorite-de-la-chose-jugee-et-sa-relativite-a121610434
3. Autorité de la chose jugée [en ligne]. Disponible sur : http://www.wikiterritorial.cnfpt.fr/xwiki/wiki/econnaissances/export/Notions-Cles/Lautoritedelachosejugee?format=pdf&pdftoc=0
4. A-venir [en ligne]. Disponible sur : http://www.cnrtl.fr/definition/%C3%A0-venir
5. BAOUSSON Véronique, C. LANGLAMET, S. MARQUET, Delphine VERON. La notion d'urgence en référé [Analyse de la jurisprudence des Cours d'Angers et Rennes], in : Revue judiciaire de l'Ouest, 1987-2, pp.173-179 [en ligne]. Disponible sur : www.persee.fr/doc/juro_0243-9069_num_11_2_1485
6. BRAUDO Serge. Dictionnaire de droit privé [en ligne]. Disponible sur : https://www.dictionnaire-juridique.com/definition/suspicion-legitime.php
7. de LAMBERTERIE Isabelle. La valeur juridique de la signature, perspective de la longue durée [en ligne]. Disponible sur : https://www.cairn.info/article_p.php?ID_ARTICLE=HYP_051_0361
8. Débours [en ligne]. Disponible sur : https://www.dictionnaire-juridique.com/definition/debours.php
9. DJOGBENOU Joseph. Le juge institue par l'article 49 alinéa 1er de l'AUPSRVE à la lumière de la jurisprudence de la CCJA, pp. 9, [en ligne]. Disponible sur : http://everytic.net/cabinet-djogbenou/IMG/pdf/Le_juge_institue_par_l_article_49_al-1er_de_l_AUPSRVE_a_la_lumiere_de_la_jurisprudence_de_la_CCJA.pdf
10. Droit de plaidoirie [en ligne]. Disponible sur : https://fr.wikipedia.org/wiki/Droit_de_plaidoirie
11. Indigence [en ligne]. Disponible sur : http://www.cnrtl.fr/definition/indigence

12. Jurisprudence Ohadata J-02-163 [en ligne]. Disponible sur : http://biblio.ohada.org/pmb/opac_css/index.php?lvl=notice_display&id=6406) et sur : http://www.ohada.com/jurisprudence/ohadata/J-02-163.html
13. Jurisprudence française. 1re Civ., 28 juin 2005, pourvoi n° 00-15.734, Bull. 2005, I, n° 289 ; Com., 28 juin 2005, pourvoi n° 02-14.686, Bull. 2005, IV, n° 138 ; (pour les deux arrêts) RCDIP 2005, p. 645, note B. Ancel et H. Muir Watt ; D. 2005, p. 2853, note N. Bouche ; D. 2005, pan. p. 2748, obs. H. Kenfack ; D. 2006, pan. p. 1495, obs. P. Courbe ; (second arrêt uniquement) RTD com. 2005, p. 872, obs. Ph. DELEBECQUE ; B. ANCEL, Y. LEQUETTE, Les Grands Arrêts de la jurisprudence française de droit international privé, Dalloz, 5e éd., 2006, n° 83). Jurisprudence citée dans le Rapport annuel et étude annuelle 2012 de la Cour de Cassation, Livre 3 : Etude - la preuve, Partie 1 : Objet de la preuve, Titre 1 : preuve du droit, chapitre 2 : Preuve du droit extranational [en ligne]. Disponible sur : https://www.courdecassation.fr/publications_26/rapport_annuel_36/rapport_2012_4571/livre_3_etude_preuve_4578/partie_1_objet_preuve_4579/titre_1_preuve_droit_4580/preuve_droit_26205.html
14. Jurisprudence française. Cass. 2ème civ. 4 juillet 2007, n°06-16.961, Bull. 2007 II n°199 - jurisprudence citée [en ligne]. Disponible sur : https://www.uggc.com/signification-a-personne-dun-acte-de-procedure-lhuissier-na-pas-a-verifier-lidentite-ou-la-qualite-de-la-personne-qui-recoit-lacte-cass-3eme-civ-14-fevrier-2012-n10-22-962/
15. Jurisprudence française. Chambre civile 2, 24 novembre 2016, pourvoi n°16-01646, Bulletin d'information de la Cour de Cassation (BICC) n°860 du 15 avril 2017 [en ligne]. Disponible sur le site : https://www.legifrance.gouv.fr/affichJuriJudi.do?oldAction=rechJuriJudi&idTexte=JURITEXT000033484365&fastReqId=902927339&fastPos=1
16. Manœuvre dilatoire [en ligne]. Disponible sur : https://justice.ooreka.fr/astuce/voir/693023/manoeuvre-dilatoire
17. MWABA KAZADI Tony. Détermination de la compétence des juridictions en matière de référé et d'urgence [en ligne]. Disponible sur :

https://juriafrique.com/blog/2016/09/07/determination-de-la-competence-des-juridictions-en-matiere-de-refere-et-durgence/

18. NORMAND Jacques, Professeur émérite à la Faculté de droit de Reims. L'étendue de la chose jugée au regard des motifs et du dispositif [en ligne]. Disponible sur : https://www.courdecassation.fr/publications_26/bulletin_information_cour_cassation_27/hors_serie_2074/jug_e_18625.html#3)
19. Preuve du droit extranational [en ligne]. Disponible sur : https://www.courdecassation.fr/publications_26/rapport_annuel_36/rapport_2012_4571/livre_3_etude_preuve_4578/partie_1_objet_preuve_4579/titre_1_preuve_droit_4580/preuve_droit_26205.html
20. Procédure civile [en ligne]. Disponible sur : http://cpfd.uphero.com/web_documents/procedure_civile_djp_.pdf
21. Ordonnance-loi n°66-341 du 07 juin 1966 [en ligne]. Disponible sur : [en ligne]. Disponible sur : http://www.leganet.cd/Legislation/Droit%20economique/Societes/OL.66.341.07.06.1966.htm
22. Prendre des mesures [en ligne]. Disponible sur : https://fr.wiktionary.org/wiki/prendre_des_mesures
23. Procédure civile [en ligne]. Disponible sur : http://cpfd.uphero.com/web_documents/procedure_civile_djp_.pdf
24. Procédure civile [en ligne]. Disponible sur : http://data.over-blog-kiwi.com/0/54/07/83/201305/ob_9d6a30d33034f28701950148eabca063_cm-procedure-civile.docx
25. Taxe [en ligne]. Disponible sur : http://www.cnrtl.fr/definition/taxe/substantif
26. Valeur immobilière [en ligne]. Disponible sur : https://fr.wikipedia.org/wiki/Valeur_mobilière

TABLE DES MATIERES

Structures éditoriales du groupe L'Harmattan

L'Harmattan Italie
Via degli Artisti, 15
10124 Torino
harmattan.italia@gmail.com

L'Harmattan Hongrie
Kossuth l. u. 14-16.
1053 Budapest
harmattan@harmattan.hu

L'Harmattan Sénégal
10 VDN en face Mermoz
BP 45034 Dakar-Fann
senharmattan@gmail.com

L'Harmattan Cameroun
TSINGA/FECAFOOT
BP 11486 Yaoundé
inkoukam@gmail.com

L'Harmattan Burkina Faso
Achille Somé – tengnule@hotmail.fr

L'Harmattan Guinée
Almamya, rue KA 028 OKB Agency
BP 3470 Conakry
harmattanguinee@yahoo.fr

L'Harmattan RDC
185, avenue Nyangwe
Commune de Lingwala – Kinshasa
matangilamusadila@yahoo.fr

L'Harmattan Congo
67, boulevard Denis-Sassou-N'Guesso
BP 2874 Brazzaville
harmattan.congo@yahoo.fr

L'Harmattan Mali
ACI 2000 - Immeuble Mgr Jean Marie Cisse
Bureau 10
BP 145 Bamako-Mali
mali@harmattan.fr

L'Harmattan Togo
Djidjole – Lomé
Maison Amela
face EPP BATOME
ddamela@aol.com

L'Harmattan Côte d'Ivoire
Résidence Karl – Cité des Arts
Abidjan-Cocody
03 BP 1588 Abidjan
espace_harmattan.ci@hotmail.fr

Nos librairies en France

Librairie internationale
16, rue des Écoles
75005 Paris
librairie.internationale@harmattan.fr
01 40 46 79 11
www.librairieharmattan.com

Librairie des savoirs
21, rue des Écoles
75005 Paris
librairie.sh@harmattan.fr
01 46 34 13 71
www.librairieharmattansh.com

Librairie Le Lucernaire
53, rue Notre-Dame-des-Champs
75006 Paris
librairie@lucernaire.fr
01 42 22 67 13

www.ingramcontent.com/pod-product-compliance
Lightning Source LLC
LaVergne TN
LVHW050053061026
849532LV00001BA/127